未成年人权益保护研究

条文、解读、案例

行 江 ◎ 著

中国政法大学出版社

2025·北京

声　明　　1. 版权所有，侵权必究。

　　　　　2. 如有缺页、倒装问题，由出版社负责退换。

图书在版编目（ＣＩＰ）数据

未成年人权益保护研究：条文、解读、案例 / 行江著. -- 北京：中国政法大学出版社，2025.1. -- ISBN 978-7-5764-1913-9

Ⅰ. D922.74

中国国家版本馆 CIP 数据核字第 2025Z1P321 号

出 版 者	中国政法大学出版社
地　　址	北京市海淀区西土城路 25 号
邮寄地址	北京 100088 信箱 8034 分箱　邮编 100088
网　　址	http://www.cuplpress.com（网络实名：中国政法大学出版社）
电　　话	010-58908586(编辑部) 58908334(邮购部)
编辑邮箱	zhengfadch@126.com
承　　印	固安华明印业有限公司
开　　本	720mm×960mm　1/16
印　　张	28.75
字　　数	490 千字
版　　次	2025 年 1 月第 1 版
印　　次	2025 年 1 月第 1 次印刷
定　　价	113.00 元

目 录

第一章　未成年人的宪法性权益保护 ………………………………… 001
 第一节　未成年人的生存权 ……………………………………… 001
 第二节　未成年人的国籍权 ……………………………………… 006
 第三节　未成年人的受保护权 …………………………………… 008
 第四节　未成年人的发展权 ……………………………………… 013
 第五节　未成年人的参与权 ……………………………………… 018
 第六节　未成年人的特殊保护权 ………………………………… 021

第二章　未成年人的行政法权益保护 ………………………………… 033
 第一节　未成年人从宽的行政处罚 ……………………………… 033
 第二节　未成年人从宽的治安处罚 ……………………………… 043
 第三节　未成年人不执行处罚 …………………………………… 054
 第四节　对未成年人的特殊保护 ………………………………… 061
 第五节　行政违法中未成年被害人的权利 ……………………… 068
 第六节　行政程序中未成年人的权利 …………………………… 077

第三章　未成年人的民商法权益保护 ………………………………… 083
 第一节　未成年人的财产权 ……………………………………… 083
 第二节　未成年人的姓名权 ……………………………………… 093
 第三节　未成年人的名誉权 ……………………………………… 104

第四节	未成年人的专利权	109
第五节	未成年人在收养法中的权利	114
第六节	未成年人在侵权法中的权利	136
第七节	未成年人在继承法中的权利	149

第四章　未成年人的刑事法权益保护　163

第一节	刑事实体法中对未成年人的保护	163
第二节	未成年人刑罚制度	204
第三节	刑事程序法中的未成年被害人权利保障	211
第四节	刑事程序法中未成年人被告人权利保护	226
第五节	未成年认罪认罚从宽制度	229
第六节	刑事程序法中的未成年被告人特殊程序	237

第五章　未成年人的社会法权益保护　252

第一节	未成年人的家庭保护	252
第二节	未成年人的学校保护	287
第三节	未成年人的社会保护	320
第四节	未成年人的政府保护	418

第一章
未成年人的宪法性权益保护

第一节 未成年人的生存权

一、条文规定

《宪法》[1]**第三十三条第三款** 国家尊重和保障人权。

第四十九条第三款 父母有抚养教育未成年子女的义务……

《未成年人保护法》第三条第一款 国家保障未成年人的生存权、发展权、受保护权、参与权等权利。

第十五条 未成年人的父母或者其他监护人应当学习家庭教育知识,接受家庭教育指导,创造良好、和睦、文明的家庭环境。

共同生活的其他成年家庭成员应当协助未成年人的父母或者其他监护人抚养、教育和保护未成年人。

二、条文解读

1. 生存权的概念

未成年人生存权是指以生命权为基础,最基本的物质保障为前提,最基本的文化生活保障为目的,并由国家尊重和保障的权利。未成年人生存权的具体内容包括:生命权、健康权、相当生活水准权、受抚养权、获得合法身份权、安全的生存环境权。与一般生存权相比较而言,未成年人生存权的内容具有发展性、权利主体具有特殊性、权利的实现具有依赖性和权利易受伤

---

[1] 为表述方便,本书中涉及我国法律文件直接使用简称,省去"中华人民共和国"字样,全书统一,后不赘述。

害性。从权利的性质属性来看，未成年人生存权是作为"法的具体权利"而实现其从应有权利向实有权利的转化。

2. 未成年人生存权的现状

未成年人享有生存权，这一点在联合国通过的《儿童权利公约》得以充分体现。尽管我国《未成年人保护法》所涵盖的范围很广，但仍然存在一些不足之处。例如，法律对其作出的规定多为原则性规定，较为抽象，法律责任不够明晰等。虽然对未成年人予以优先保护，却并不明确。

第一，我国没有建立起以法律保障未成年人生存权利的观念。在对生存权的法律保障原则上，应当充分考虑到国际上关于保护的共识以及我国的经济、社会发展的现实状况，以"最大利益原则"为基本原则。然而，我国现行的相关法律、法规及政策文件均未明确规定该原则，在对子女生存权的法律保障中亦未得到切实落实。

第二，我国有关未成年人生存权利的法律并未得到充分实施。如流浪、残疾的未成年人在城市公共空间中游荡，有些以乞讨为生，有些以偷窃为生，国家对在城市中生活困难的流浪乞讨者进行了救助和管理，对他们进行了救助，保护了他们的基本生活权利。然而，我国的法律一直流于形式，在具体的执行过程中，相关部门对此并没有采取任何的行动，这就造成了城市中的流浪问题仍然十分严重。

第三，对留守儿童的特别保护存在不足。我国还没有出台专门针对留守儿童权利条款的规定，仅能参照相关的未成年人保护法对其进行保护。这种立法的缺失造成了留守儿童特别是农村留守儿童的生存权利遭到侵犯时，难以得到充分的法律救济。

三、典型案例

案例一：南通奶奶重男轻女，踩死孙女获刑 10 年[1]

1. 基本案情

2015 年 11 月 24 日晚上 10 点左右，江苏省南通市如东县中医院住院部妇产科病房里，29 岁的产妇洪某突然发现，出生仅 4 天的女儿不见了。原来，

---

[1] 来源：https://www.sohu.com/a/120913807_171733，访问日期：2024 年 6 月 27 日。

孩子的奶奶张某芬觉得已经有了一个孙女，这次媳妇生的又是个孙女，不禁心烦意乱，于是悄悄地将婴儿床上的小孙女抱至该院住院部大楼东北侧地下室楼梯转角处，采取用脚在女婴头部及身上踩踏等方式将其杀害。经南通市精神卫生中心司法鉴定所鉴定，张某芬罹患癔症，但案发时不处于疾病发作期，具有完全刑事责任能力。案发后，张某芬的丈夫、儿子、儿媳及亲家都对她的行为表示了谅解，邻里多人向法院联名请求对她从宽处罚。近日，南通市中级人民法院公开审理了此案。法院审理认为，被告人张某芬因家庭琐事迁怒于刚出生的孙女，非法剥夺孙女的生命，构成故意杀人罪。考虑到被告人在过度疲劳后，抗压、控制能力相对减弱，案发后儿子、儿媳也原谅了她，可以从轻处罚。最终，法院一审以故意杀人罪判处被告人张某芬有期徒刑10年。

2. 评析

生命权是公民最重要的人身权利，我们每一个人从出生能够独立呼吸起，就具有独立的人身利益，受到法律的保护，任何人不得非法剥夺他人生命。孙女出生只有4天，但具有独立的人身权利，其生命健康权受到法律保护。奶奶采取极端手段故意杀死婴儿，法律不能因为是自家孙女，也不能因为是仅仅生存了4天的婴儿，而放纵犯罪。

案例二：孩童因噎死亡案[1]

1. 基本案情

奶奶带着两岁的宝宝到院中晒太阳。温暖的阳光下，宝宝在草地上尽情地玩耍。半小时后，宝宝要吃水果了。奶奶就将削好皮的苹果一块一块地喂给宝宝吃。一不小心，她把一块带籽的苹果喂给了宝宝。宝宝吃后脸立即憋得通红，奶奶慌忙把宝宝往医院送。但是，因离医院太远，苹果籽堵住宝宝气管的时间太长，抢救无效，一个幼小的生命夭折了。

2. 评析

生命权是最基本的人权。如果没有生命，一切权利便无从谈起。保护未成年人生命权就是保障人类的繁衍生息和人的基本尊严。生命权的内容涉

---

[1] 雨沐：《未成年人四大权利之一：生存权》，载《时事（时事报告）（中学生版）》2007年第1期，第52~54页。

胎儿保健、降低婴幼儿死亡率等方面的内容。上面这个案例说明，家庭对保护未成年人生命权负有极其重要的责任。我国未成年人保护法规定，家庭、学校、社会和司法系统都要对保护未成年人生命权承担重要职责。保护少年的生命，为他们创造一个安全的成长环境，是人类的基本良知。我国《未成年人保护法》第56条规定的"突发事件发生时，应当优先救护未成年人"就是这一思想的集中体现。

案例三：未成年人精神健康受损案[1]

1. 基本案情

小强在课堂上经常心不在焉，功课也无法完成，所以他的学习成绩一直在下滑。父母从他的手机短信里知道他和一个女生走得很近，以为这是初恋，所以对他出言不逊。三人大打出手。没办法，孩子的父母去了学校。老师把小强狠狠地训了一顿，同学们都对他避而远之。小强自尊心大受打击，开始拒人于千里之外，不想吃饭，最后被诊断为自闭症。

2. 评析

未成年人的健康权包括身体健康和精神健康两部分。现实生活中，人们容易忽视未成年人心理健康。在上面案例中，小强父母在对小强的心理状况没有完全了解的情况下，就把问题扩大到了校园，老师也给小强带来了极大的心理压力。这种方式是非常不合适的。未成年人保护法规定，家庭和学校，应根据未成年人身心特点，采取合理方式对其进行社会生活、心理健康和青春期教育。为保护青少年健康成长，我国未成年人保护法规定，除了公安机关因追查犯罪的需要，任何组织或者个人不得侵犯未成年人的个人隐私，不得开拆、查阅未成年人的信件、日记、电子邮件或其他私人通信设备中的内容。

案例四：未成年人合法身份权案[2]

1. 基本案情

城镇居民谭先生到农村落户，因未按村委会规定招女婿上门落户，必须

---

[1] 雨沐：《未成年人四大权利之一：生存权》，载《时事（时事报告）（中学生版）》2007年第1期，第52~54页。

[2] 雨沐：《未成年人四大权利之一：生存权》，载《时事（时事报告）（中学生版）》2007年第1期，第52~54页。

向村委会交纳 2 万元村基本建设基金，村委会拒绝为其妻子开具姓名、年龄、工作单位等证明。这导致谭先生的孩子成了长期没户口的"黑孩子"。

2. 评析

自然人，只有得到法律确定的权利和义务，才能受到法律的保护。身份权涉及未成年人姓名、家庭关系等内容，对未成年人合法成长极为重要。我国法律规定，任何组织或个人不得以任何理由非法剥夺未成年人身份权。在上面这个案例中，村委会以自己的"土政策"阻挠谭先生的孩子上户口，严重侵犯了未成年人身份权。按我国相关法律规定，必须立即予以纠正，相关责任人也应受到行政处罚。

案例五：未成年人生活水准权受侵犯案[1]

1. 基本案情

晓晓的父母在她两岁的时候离异。她靠着妈妈的微薄收入和爸爸每个月给她的一点生活费来维持生计。之后，妈妈失业，晓晓生病。于是，她的母亲去找她的父亲，想要更多的钱，但是她的父亲拒绝了，理由是孩子必须交给孩子的奶奶照顾。妈妈不得不四处借钱给晓晓看病。母女负债累累，日子过得更苦了。晓晓母亲告到法院，法院根据《婚姻法》对她的诉讼请求给予支持。保障未成年人获得与当地平均生活水准相当的权利是家庭、社会和国家的共同责任。

2. 评析

上面的案例，涉及单亲家庭子女抚养费履行问题。根据我国未成年人保护法，当未成年人合法权益受到侵害时，可以依法向人民法院提起诉讼，人民法院应当依法及时审理，并适应未成年人生理、心理特点和健康成长的需要，保障未成年人的合法权益。所以法院支持晓晓母亲的诉讼请求。另外，我国法律还规定，如果未成年人需要法律援助，法律援助机构应当给予帮助。

---

[1] 雨沐：《未成年人四大权利之一：生存权》，载《时事（时事报告）（中学生版）》2007 年第 1 期，第 52~54 页。

第二节　未成年人的国籍权

一、条文规定

《国籍法》第三条　中华人民共和国不承认中国公民具有双重国籍。

第四条　父母双方或一方为中国公民,本人出生在中国,具有中国国籍。

第五条　父母双方或一方为中国公民,本人出生在外国,具有中国国籍;但父母双方或一方为中国公民并定居在外国,本人出生时即具有外国国籍的,不具有中国国籍。

第六条　父母无国籍或国籍不明,定居在中国,本人出生在中国,具有中国国籍。

第十四条　中国国籍的取得、丧失和恢复,除第九条规定的以外,必须办理申请手续。未满十八周岁的人,可由其父母或其他法定代理人代为办理申请。

二、条文解读

1. 概念

根据《国籍法》的相关规定,未成年人的国籍判定是受到我国国籍法的严格限制的。首先,如果孩子出生在中国,那么孩子就是中国国籍。其次,如果孩子出生在外国,但是父母双方都是中国公民且在中国有常住居民身份,则孩子同样是中国国籍。但如果父母双方长期定居在外国且子女出生时具有外国国籍,则孩子是外国国籍。最后,如果孩子出生在中国并带有中国国籍,但父母将其加入外国国籍,孩子未满18岁,则可能存在国籍冲突等问题。国籍法明确规定中国公民不得具有双重国籍。也就是说,如果孩子选择获得外国国籍,那么就要放弃中国国籍。对于一些中外跨国婚姻的家庭,双方希望让孩子持有双重国籍,这在我国是不被允许的。

2. 现状

许多家长在国外生下孩子,之后回到中国,他们通常会为了保留孩子的外国国籍而躲避检查,从而导致事实上的双重国籍。即使查证后,依据《国籍法》第 5 条后半句，剥夺了一名具有中国血统的未成年人的中国国籍，那么未成年人在中国的求学、生活往往会有诸多的不便，对其成长造成不良影响，不符合未成年人保护原则，也忽略了未成年的主观意愿，与国籍法保护未成年人权益的精神背道而驰。

三、典型案例

案例：原告王某诉被告杨某抚养纠纷案[1]

1. 基本案情

王某于 2014 年 4 月 11 日出生于美国，持有美国护照，另持有中华人民共和国驻洛杉矶总领事馆发放的中华人民共和国旅行证。王某之母王 A 系中国国籍，其父杨某系中国国籍。王某以美国国籍身份，诉至法院主张杨某系其生父，要求每月支付抚养费 2 万元直至年满 18 周岁。

北京市朝阳区人民法院经审理认为：《国籍法》第 5 条规定，父母双方或一方为中国公民，本人出生在外国，具有中国国籍；但父母双方或一方为中国公民并定居在外国，本人出生时即具有外国国籍的，不具有中国国籍。虽王某于美国出生并持有美国护照，但其父母为中国公民且并未定居外国，且中华人民共和国驻洛杉矶总领事馆向其发放了中国旅行证，故在中国只承认其具有中国国籍，本案应该适用我国法律审理。判决：杨某每月支付王某抚养费 5000 元，直至王某年满 18 周岁。一审法院判决后，杨某上诉，二审法院维持原判。

2. 评析

未成年人因出生而取得国籍，各国对此或者采取血统主义原则，即以一个人出生时父母的国籍为依据确定其国籍；或者采用出生地主义原则，即以一个人的出生地所属的国家为依据确定其国籍。我国采取的是以血统主义为主，以出生地主义为辅的原则。具体为：父母双方或一方为中国公民，本人出生在中国的，具有中国国籍。父母双方或一方为中国公民，本人出生在外国，具有中国国籍；但父母双方或一方为中国公民并定居在外国，本人出生

---

[1] 来源：https://wenku.baidu.com/view/8711cce202f69e3143323968011ca300a6c3f6f8.html?_wkts_=1719457940073&needWelcomeRecommand=1，访问日期：2024 年 6 月 27 日。

时即具有外国国籍的,不具有中国国籍。我国不支持双重国籍,对在他国出生既持有他国护照又持有中国旅行证的未成年人,中国旅行证是护照的替代证件,可以证明其中国公民身份,中国境内只认可其中国国籍,这种状态一般会一直延续到未成年人18岁成人,他们可以按照自己的个人意愿宣誓放弃一边国籍,回到单国籍状态。即使其父母在未成年人年满18周岁前代表未成年人作出的放弃某一国籍决定,日后也可以被否定。

第三节　未成年人的受保护权

一、条文规定

《未成年人保护法》第三条第一款　国家保障未成年人的生存权、发展权、受保护权、参与权等权利。

第三十九条　学校应当建立学生欺凌防控工作制度,对教职员工、学生等开展防治学生欺凌的教育和培训。

学校对学生欺凌行为应当立即制止,通知实施欺凌和被欺凌未成年学生的父母或者其他监护人参与欺凌行为的认定和处理;对相关未成年学生及时给予心理辅导、教育和引导;对相关未成年学生的父母或者其他监护人给予必要的家庭教育指导。

对实施欺凌的未成年学生,学校应当根据欺凌行为的性质和程度,依法加强管教。对严重的欺凌行为,学校不得隐瞒,应当及时向公安机关、教育行政部门报告,并配合相关部门依法处理。

第四十条　学校、幼儿园应当建立预防性侵害、性骚扰未成年人工作制度。对性侵害、性骚扰未成年人等违法犯罪行为,学校、幼儿园不得隐瞒,应当及时向公安机关、教育行政部门报告,并配合相关部门依法处理。

学校、幼儿园应当对未成年人开展适合其年龄的性教育,提高未成年人防范性侵害、性骚扰的自我保护意识和能力。对遭受性侵害、性骚扰的未成年人,学校、幼儿园应当及时采取相关的保护措施。

第四十一条　婴幼儿照护服务机构、早期教育服务机构、校外培训机构、校外托管机构等应当参照本章有关规定,根据不同年龄阶段未成年人的成长特点和规律,做好未成年人保护工作。

二、条文解读

1. 受保护权的概念

受保护权的内容较为宽泛,包括平等保护、优先保护、全面保护以及困境的特殊保护。其中平等保护有正反两个面向,从正向角度而言,包括地位平等以及资源配置平等;从反向角度而言,平等保护权意味着反对歧视。

2. 未成年人受保护权的现状

在"十四五"新的发展时期,我国对未成年人受保护权利的保护工作已经取得了长足的进展,构建了一种新型的综合性立法保护模式。以举报为中心的权利保障体系日益完善,加强了全社会对未成年人保护的责任感。将校园欺凌预防工作列入法律,增设了"政府保障"和"网络保障"两个部分,推动了对青少年的保护机制的进一步健全。

第一,一体化立法保护格局逐步形成。《民法典》这部被称为"公民生活的百科全书式法典"的出台,为受保护权提供了全方位的立法保障。在监护制度、离婚制度、收养制度等方面,加强了对未成年人的保护力度,强化了对其意愿的尊重。

第二,权利的保护网越来越密。"两法"[1]修改的一个重要内容就是建立了未成年人强制报告制度,旨在调动整个社会的力量,以构建一个完整的少年社会保障体系。

第三,权利保障的内容日趋完善。《未成年人保护法》增加了多项规定,逐步建立起以家庭监护为主,委托监护、临时监护和长期监护为辅的方式,使其与《民法典》规定的监护内容有秩序地衔接。另外,"两法"还对校园霸凌进行了专门的规定,规定了学校在预防和处理欺凌行为中的责任和义务。

---

[1] "两法"指《未成年人保护法》和《预防未成年人犯罪法》。

三、典型案例

案例一：贵州毕节毒害未成年人案[1]

2015年6月9日23时许，毕节市七星关区田坎乡4名未成年人在家中疑似农药中毒，经抢救无效死亡。4名儿童为留守儿童，年龄最小的5岁，最大的13岁，父母均在外打工。4个孩子是一家的，其父打工，母亲3年前"被人拐跑"，爷爷奶奶已过世，外公外婆年纪大了无法照顾孩子，只剩4个孩子在家中。村民张某贵是4个孩子的亲属，他称1个月前，4个孩子因没有生活费辍学在家，家里唯一的食物是去年的玉米。平时，孩子们将玉米磨成玉米面，不用筛子筛干净就凑合吃了。张某贵说，孩子们生前没有和他人闹过矛盾，其父虽留了联系电话，但一直打不通。事件发生后，毕节市委和七星关区委立即召开会议，决定对在该事件中负有相关责任的责任人进行处理。

案例二：检例第174号：未成年人网络民事权益综合司法保护案

1. 基本案情

程某甲于2020年7月，在一家公司研发的一款在线游戏社交APP中，注册为该APP用户，之后，其账号被提升成能够支付巨额费用的高级用户账号。到2021年2月，程某甲多次购买游戏币，打赏游戏主播，共计花费了21.7万多元。程某甲的法定代表人程某和徐某均未对程某甲使用该APP并在其网站上大量购买商品的行为予以认可。

2. 评析

首先，依法能动履行支持起诉职能，保障未成年人民事权益。未成年人保护法明确规定，人民检察院可以通过督促、支持起诉的方式，维护未成年人合法权益。未成年人及其法定代理人因网络服务合同纠纷提出支持起诉申请的，检察机关应当坚持未成年人特殊、优先保护要求，对支持起诉必要性进行审查。对于网络服务提供者未落实未成年人网络保护责任，当事人申请符合法律规定，但存在诉讼能力较弱，采取其他方式不足以实现权利救济等情形的典型案件，检察机关可以依法支持起诉。检察机关可以通过法律释明

---

[1] 来源：https://baijiahao.baidu.com/s?id=1671976515874875861，访问日期：2024年6月27日。

引导、协助当事人收集证据，制发《支持起诉意见书》，还可以派员出席法庭，发表支持起诉意见，更有力维护未成年人合法权益。同时，检察机关可以结合案件办理开展以案释法宣传，为同类案件处理提供指引，提高当事人依法维权能力。

其次，以司法保护推动网络空间诉源治理，增强未成年人网络保护合力。检察机关针对行政机关履行未成年人网络保护监管职责不到位的情况，可以加强磋商联动，以行政公益诉讼促进未成年人网络保护行政监管落地落实。发现有的互联网平台存在未成年人权益保护措施缺失、违法犯罪隐患等问题的，要依法审慎选择履职方式，充分运用检察建议督促企业依法经营，主动落实未成年人网络保护主体责任。检察机关可以加强与相关行政主管部门、行业协会的联动，将个案办理与类案监督、社会治理相结合，推动未成年人网络保护多方协同、齐抓共管。

案例三：检例第 171 号：防止未成年人滥用药物综合司法保护案

2019 年至 2020 年 7 月，杨某某等 7 名未成年人在汪某等成年人（另案处理，已判刑）的纠集下，多次在浙江省湖州市某县实施聚众斗殴、寻衅滋事等违法犯罪活动。经查，杨某某、李某某长期大量服用通过网络购买的氢溴酸右美沙芬（以下简称"右美沙芬"），形成了一定程度的药物依赖。右美沙芬属于非处方止咳药，具有抑制神经中枢的作用，长期服用会给人带来兴奋刺激，易产生暴躁不安、冲动、醉酒样等成瘾性身体表现，易诱发暴力型犯罪或遭受侵害。该药物具有一定的躯体耐受性，停药后会出现胸闷、头晕等戒断反应。

2020 年 10 月，浙江省湖州市某县公安局将杨某某等 7 名未成年人分别以涉嫌聚众斗殴、寻衅滋事罪移送审查起诉，某县人民检察院受理后，及时启动社会调查、心理测评等特别程序。经综合评估 7 名未成年人在共同犯罪中的作用及其成长经历、主观恶性、悔罪表现、监护帮教条件、再犯可能性等因素，依法对杨某某、李某某、杜某某、何某某作出附条件不起诉决定。针对杨某某、李某某的暴力行为与长期大量服用右美沙芬成瘾相关，检察机关将禁止滥用药物、配合戒瘾治疗作为所附条件之一，引入专业医疗、心理咨询机构对二人进行右美沙芬戒断治疗，并阶段性评估和调整帮教措施，使二人的药物依赖问题明显改善。对犯罪情节严重的郭某某、张某某、陈某某等三人，依法提起公诉。后人民法院以聚众斗殴罪、寻衅滋事罪数罪并罚，判处郭某某、张某某、陈某某有期徒刑2年至2年3个月不等。

案例四：检例第173号：惩治组织未成年人进行违反治安管理活动犯罪综合司法保护案

自2018年开始，张某为获取非法利益，采用殴打、言语威胁等暴力手段，以及专人看管、"打欠条"经济控制、扣押身份证等限制人身自由的手段，控制17名未成年女性在其经营的KTV内提供有偿陪侍服务。张某要求未成年女性着装暴露，提供陪酒以及让客人搂抱等色情陪侍服务。17名未成年被害人因被组织有偿陪侍而沾染吸烟、酗酒、夜不归宿等不良习惯，其中吴某等因被组织有偿陪侍而辍学，杜某某等出现性格孤僻、自暴自弃等情形。

2019年6月27日，山东省某市公安局接群众举报，依法查处张某经营的KTV，7月14日，张某到公安机关投案。同年11月，某市人民检察院以组织未成年人进行违反治安管理活动罪对张某提起公诉。2020年4月，某市人民法院作出判决，认定张某具有自首情节，以组织未成年人进行违反治安管理活动罪判处张某有期徒刑2年，并处罚金10万元。一审宣判后，张某以量刑过重为由提出上诉，某市中级人民法院以"积极主动缴纳罚金"为由对其从轻处罚，改判张某有期徒刑1年6个月，并处罚金10万元。

同级检察机关认为二审判决对张某量刑畸轻，改判并减轻刑罚理由不当，确有错误，按照审判监督程序提请山东省人民检察院抗诉。2021年2月，山东省人民检察院依法向山东省高级人民法院提出抗诉，省高级人民法院依法开庭审理。原审被告人张某及其辩护人在再审庭审中提出本罪"情节严重"目前无明确规定，从有利于被告人角度出发，不应予以认定，且张某构成自首，原审判决量刑适当。省检察院派员出庭发表意见：一是侵害未成年人犯罪依法应予严惩，本案查实的未成年陪侍人员达17名，被侵害人数众多；二是张某自2018年开始组织未成年人进行有偿陪侍活动，持续时间较长；三是张某采用殴打、言语威胁、扣押身份证、强制"打欠条"等手段，对被害人进行人身和经济控制，要求陪侍人员穿着暴露，提供陪酒以及让客人搂抱、摸胸等色情陪侍服务，对被害人身心健康损害严重；四是17名被害人因被组织有偿陪侍，沾染吸烟、酗酒、夜不归宿等不良习惯，部分未成年人出现辍学、自暴自弃、心理障碍等情况，危害后果严重。综合上述情节，本案应认定为"情节严重"。此外，张某虽自动投案，但在投案后拒不承认其经营KTV的陪侍人员中有未成年人，在公安机关掌握其主要犯罪事实后才如实供述，依法不应认定为自首。2021年11月29日，山东省高级人民法院依法作出判决，采纳检察机关意见，改判张某有期徒刑5年，并处罚金30万元。

第四节 未成年人的发展权

一、条文规定

《未成年人保护法》第十六条 未成年人的父母或者其他监护人应当履行下列监护职责……（五）尊重未成年人受教育的权利，保障适龄未成年人依法接受并完成义务教育……

第十七条 未成年人的父母或者其他监护人不得实施下列行为……（九）允许、迫使未成年人结婚或者为未成年人订立婚约……

《义务教育法》第四条 凡具有中华人民共和国国籍的适龄儿童、少年，不分性别、民族、种族、家庭财产状况、宗教信仰等，依法享有平等接受义务教育的权利，并履行接受义务教育的义务。

第五条第一款、第二款 各级人民政府及其有关部门应当履行本法规定的各项职责，保障适龄儿童、少年接受义务教育的权利。适龄儿童、少年的父母或者其他法定监护人应当依法保证其按时入学接受并完成义务教育。

二、条文解读

1. 发展权的概念

未成年人的发展权利应当包含对其身体、智力和品德的保障。未成年人的发展权是一种母权，是一种基本的母权。在《未成年人保护法》中，未成年人的发展权与未成年人的受教育权、生存权、参与权、受保护权等不同的权利之间存在着不同的联系，它还包括了一些具体的权利。这意味着，未成年人的发展权是一种更高层次的基本权利，应当在各种权利中居于核心位置，通过其他具体权利的实施来实现自己的价值。

2. 未成年人发展权的现状

首先，我国保证未成年人的受教育权利，致力于增强对未成年人的教育质量，同时，通过对女童、贫困学生、残疾、农民工随迁子女、农村留守儿童等群体的关注，制定相关政策，进一步缩小群体教育差异，提升家庭教育质量。

其次，我国文化产品的数量迅速增加，其质量也在稳步提升，公共文化体育设施逐渐完善，免费开放的范围逐渐扩大，这为未成年人的文化权利和娱乐权利提供了坚实的物质依据，家庭、学校和社区也为丰富孩子们的文化生活提供了良好的环境。媒介使用进展迅速，我国的网络渗透率较高，目前网络已经对孩子们的生活、学习和发展产生了非常重要的影响。

三、典型案例

案例一：神童退学案[1]

1. 基本案情

王某涵学习能力非常强，所以他读完小学只用了3年，而读完中学只用了4年。王某涵所上的中学在当地非常有名，是专门培养超常儿童的学校。有名往往意味着贵，但是王某涵的父母觉得自己的孩子应该上这所学校，于是省吃俭用，供他上学，而王某涵也没有让他们失望。在他14岁的时候，他参加了2001年的高考，并获得了572分的高分。可能很多人认为572分的高考成绩并没有多高，但是要知道高考分数是相对于重点线而言的，王某涵的成绩高出重点线60分，在当时是非常好的成绩。之后，王某涵被沈阳工业大学录取。原本王某涵可以去更好的学校，但是当时沈阳工业大学的领导承诺减免费用，懂事的王某涵自然知道这意味着什么，于是就答应了。在那年的9月，王某涵迈进了大学的校门，他并不知道在前方等待他的是什么。

当王某涵进入大学后，他的身边都是比他大四五岁的人。没有同龄人的感觉，让王某涵感觉到了孤独。另外，大学老师的教学方式也让王某涵非常不适应。在大学之前，老师不仅对每个学生都很熟悉，而且还很负责。但是到了大学，一切都变了，老师上完课就离开了，根本不管学生，这让王某涵不知道怎么和老师交流，也让他感到非常痛苦。

王某涵褪下"神童"光环，不仅仅是因为不适应大学生活，还有更重要

---

[1] 来源：https://www.sohu.com/a/627948982_121378309，访问日期：2024年6月27日。

的原因，那就是王某涵的父亲去世了。在王某涵进入大学没多久，他的父亲就被检查出患有胸膜癌，不久之后，就离开了人世。这件事极大地打击了王某涵，他认为父亲是为了自己过度操劳才去世的，他不能原谅自己。

毫无疑问，父亲在王某涵的生命中扮演了重要的角色，父亲的离世，也是当时王某涵无法承受的痛苦。既然无法承受，王某涵就选择了逃避。从此以后，王某涵的学习成绩越来越差，他不仅不参加学校活动，而且开始逃课。学校曾经尝试过和王某涵进行沟通，但是王某涵的内心是封闭的，没有取得多大的成效。

就这样，王某涵在沈阳工业大学待到了大四。在毕业考试时，王某涵除英语考试外，其他都选择了放弃，这也就意味着除了英语，他的其他成绩都是0分。学校领导自然不能让这样的学生毕业，于是勒令即将毕业的王某涵退学。在王某涵退学之后，许多媒体都闻讯而来，想采访这位曾经被神童化的少年。尽管王某涵并不喜欢媒体，但是他的母亲还是接受了部分媒体的采访。在王某涵的故事被报道后，当地的有关部门注意到了这件事，不仅给予他们家经济援助，而且还让振作起来的王某涵重新回到大学。

2. 评析

在"神童"时期，王某涵像是一台受教育的机器，除学习专业知识之外，没有任何心智上的教育。等到了生活出现变化、环境出现变化，这个弊端变得越来越大，直到最后悲剧的发生。好在王某涵还有第二次机会，否则他的人生真的就要毁掉了。希望各位父母在督促孩子学习的同时，能够关注一下他们的心理。

案例二：小敏申请刑事被害人司法救助案[1]

1. 基本案情

小敏（化名）母亲被害，四川省德阳市中级人民法院作出刑事附带民事判决，认定被告人犯故意杀人罪，判处死刑，缓期2年执行，剥夺政治权利终身；同时判决被告人赔偿附带民事诉讼原告人经济损失4万余元。因被告人无赔偿能力，附带民事判决无法执行到位。

---

[1] 来源：https://www.chinacourt.org/article/detail/2023/05/id/7313755.shtml，访问日期：2024年6月27日。

小敏为未成年人，其母亲生前已与其父亲离婚。小敏的父亲在城市打零工维持生计，居无定所。母亲被害后，小敏因丧母之痛身心遭受巨大打击，不愿在老家小学继续就读，来到城市与父亲生活，家庭生活十分困难。四川省高级人民法院调查发现小敏符合司法救助情形后，及时启动救助程序，在决定向其发放司法救助金的同时，针对小敏辍学后虽恢复上学但只能在小学借读、无正式学籍，以及需要心理疏导等问题，立即与当地妇联及教育部门进行沟通，帮助协调解决了小敏的实际困难。之后，四川省高级人民法院还开展回访工作，为小敏送去书籍、牛奶等学习生活用品，鼓励其认真学习、快乐生活。

2. 评析

本案是人民法院加大司法救助与社会救助衔接力度，保护未成年人受教育权，为其提供学习条件的典型案例。司法救助不是终点，而是帮扶被救助人的起点。本案中，人民法院在救助生活陷入急困的未成年人时，发现其身心因亲历刑事案件惨烈现场而遭受巨大创伤，宁愿失学也不愿再留在原籍地，而是坚持投奔在异地谋生的父亲等特殊情况后，为了尽可能保护未成年人权益，及时向妇女权益保护组织和教育部门通报情况，协调解决被救助未成年人异地入学难题，并提供专业心理疏导等帮扶措施，帮助其逐渐恢复正常的学习生活状态，是未成年人司法保护的生动法治故事，具有很好的示范引领作用。

案例三：浙江省海宁市人民检察院督促规范民办学校办学行政公益诉讼案

1. 基本案情

2021年4月，浙江省海宁市人民检察院在办理某民办新居民（非本地户籍居民）子女学校教师赵某某猥亵、伪造国家机关证件案过程中发现，该市民办新居民子女学校存在教师招录审核不规范、校园安全管理不严格等突出问题，导致未成年学生被性侵。

2. 履职情况

（1）坚持系统审查思维，全面开展入职查询。针对赵某某个案暴露出的问题，海宁市检察院会同公安局、教育局开展全市民办新居民子女学校教职员工违法犯罪记录和教师资格筛查工作，发现1名教师有强奸前科，6名教师无教师资格证，13名教师的教师资格证真伪存疑。根据筛查结果，教育部门责令学校与有强奸前科的教师闫某某解除劳动合同,将无证教师调离教学岗位。

(2)依托统一集中办理,融合运用"四大检察"职能。结合教职员工入职查询和教师资格筛查情况,2021年8月,海宁市检察院向教育局发出规范民办新居民子女学校办学行政公益诉讼诉前检察建议。收到检察建议后,教育局积极部署专项检查,查明上述13人中有5人的教师资格证系伪造后依法予以解聘。海宁市检察院将伪造国家机关证件的线索和证据移送公安机关立案侦查,有效激活了刑事检察与公益诉讼内部转换衔接机制,充分发挥了未检融合式监督模式的最大效能。

(3)主动开展诉源治理,促推"六大保护"协同发力。针对新居民子女学校教师招录不规范、校园安全存在盲区、学生自我保护意识薄弱等问题,海宁市检察院分别向教育局和学校发出社会治理检察建议。在检察建议的推动下,民办新居民子女学校对教师的聘任、考核、培训实行"一人一档"管理,邀请卫健专家开设青春期生理卫生和自我保护课程。教育局联合相关部门对校园内外环境开展专项整顿,实现校园安防体系全覆盖。针对民办新居民子女学校教育资源不均衡的深层次问题,该院以专题报告形式向市委、市政府反映。市政府出资5600余万元将全市4所新居民子女学校收归国有,从公办学校挑选优秀教师组建管理团队、派驻教研骨干、提高教学水平,使全市5000余名新居民子女学生享受教育公平。

3. 评析

受教育权是未成年人一项重要的发展权。检察机关深入贯彻落实未成年人保护法,以"一号检察建议"监督落实为牵引,立足刑事个案办理,重点开展教师资格核查、入职查询等工作,协调教育部门加强校园安全建设,把学校保护不折不扣落到实处。扎实开展"检爱同行 共护未来"未成年人保护法律监督专项行动,统筹运用"四大检察"职能,在办理刑事案件的同时开展其他检察监督。通过行政公益诉讼诉前检察建议、社会治理检察建议、专题报告等多种形式,融入学校保护、政府保护,协同职能部门和相关主体依法履职尽责,共同保障未成年人健康成长。

案例四：检例第 142 号：江苏省宿迁市人民检察院对章某为未成年人文身提起民事公益诉讼案

2017 年 6 月以来，章某在江苏省沭阳县沭城街道中华步行街经营某文身馆，累计为数百人提供文身服务，其中未成年人 40 余名。章某还在未取得医疗美容许可证的情况下，为 7 名未成年人清除文身。其间，曾有未成年人家长因反对章某为其子女文身而与其发生纠纷，公安机关介入处理。部分未成年人及父母反映因文身导致就学、就业受阻，文身难以清除，清除过程痛苦且易留疤痕，但章某仍然向未成年人提供文身服务。

2021 年 6 月 1 日，宿迁市中级人民法院作出一审判决，判令章某停止向未成年人提供文身服务，并在判决生效之日起 10 日内在国家级媒体公开向社会公众书面赔礼道歉。一审宣判后，章某当庭表示不上诉并愿意履行判决确定的义务。2021 年 6 月 3 日，章某在《中国青年报》发表《公开道歉书》，向文身的未成年人、家人以及社会各界公开赔礼道歉，并表示今后不再为未成年人文身。

针对文身行业归类不明、监管主体不清、对为未成年人文身行政执法依据不足等问题，沭阳县人民检察院推动起草并由沭阳县人大常委会审议出台《关于加强未成年人文身治理工作的决议》，明确文身场所不允许未成年人进入，任何人不得为未成年人提供文身服务，不得强迫、劝诱未成年人文身。同时结合各行政部门的职能，对各部门在文身治理中的职责、任务进行规范，并对为未成年人文身的从业人员从信用记录等方面予以规制，提供可操作性规则，促进问题源头治理。

第五节　未成年人的参与权

一、条文规定

《儿童权利公约》第十二条　缔约国应确保有主见能力的儿童有权对影响到其本人的一切事项自由发表自己的意见，对儿童的意见应按照其年龄和成熟程度给以适当的看待。为此目的，儿童特别应有机会在影响到儿童的任何司法和行政诉讼中，以符合国家法律的诉讼规则的方式，直接或通过代表或适当机构陈述意见。

《未成年人保护法》第三条第一款 国家保障未成年人的生存权、发展权、受保护权、参与权等权利。

《民法典》第十九条 八周岁以上的未成年人为限制民事行为能力人,实施民事法律行为由其法定代理人代理或者经其法定代理人同意、追认;但是,可以独立实施纯获利益的民事法律行为或者与其年龄、智力相适应的民事法律行为。

二、条文解读

1. 概念

参与权是指参与家庭、文化和社会生活的权利。1989年,第四十四届联合国大会一致通过了《儿童权利公约》,该公约所确认的几十种权利可概括为生存权、发展权、受保护权和参与权四种基本权利。其中参与权的条款主要体现在第12条和第13条。第12条规定了缔约国应确保能够形成自己看法的儿童有权对影响的一切事项自由发表自己的意见,对儿童的意见应按照其年龄和成熟程度给以适当的重视。第13条规定了儿童应有自由发表言论的权利;此项权利应包括通过口头、书面或印刷、艺术形式或儿童所选择的任何其他媒介,不论国界,寻求、接收和传递各种信息和理想的自由。

从总体上讲,未成年人的参与权就是未成年人的自主选择、自主决定、主动参与的权利,以及以"发言"为中心的活动保障、个人发展权利等组成的一个整体。参与权主要表现在以下三个层面:其一,未成年人不能被单纯地看作一个弱势的群体,只是需要特别的照料,他们应该是一个享有权利的团体,受到大家的尊敬;其二,《儿童权利公约》规定,未成年人参与家庭、文化和社会生活是一项基本权利,而非成年人的特权;其三,未成年人有权利就影响到他们的所有问题自由表达他们的观点,并且他们也有让成年人聆听他们的观点并提出他们的看法的权利。参与是每个孩子与生俱来的权利,我们没有任何理由,也没有任何权力去阻止孩子们享受这种合法的权利。要让未成年人真正享有参与权,还需要两方面的条件:一是营造未成年人参与的气氛,也就是创造有利于未成年人参与的环境与机制;二是赋予权利,让他们有选择的权利,有决定的权利,有行动的权利。

2. 现状

我们国家的传统文化以及现有的教育制度使得孩子的参与程度不够。一个不容否认的现实是，许多关于成长问题的讨论会上，都会提及生存、发展、保护等权利，却极少提及孩子参与的权利。长期以来，由于不鼓励幼儿参与家庭、学校或公共活动，幼儿参与的意识与能力都比较薄弱。幼儿在语言环境中大都保持着缄默，当他们有开口的机会时，却很难形成自己的话语权；甚至当给他们作出决定的时候，大人们往往左右他们的控制力和影响力。就算有参加的机会，在没有大人带领的情况下，也是很困难的。我们并没有听到孩子的自主之声，我们只是用自己的价值观念去评判孩子的是非；孩子们说话的时候，我们都没有听过，只是"我说你做""我讲你听"；我们对"捣乱"这种事很不适应，因为我们已经养成了一步一步地去做事情的习惯。其特征为：服从强于决策，服从强于积极探索，坚持强于自立，接纳强于创造性参与。

三、典型案例

案例：小江酒店受伤案[1]

1. 基本案情

小江是一名六年级学生，妈妈给其报名参加了 A 机构的记忆培训课程，培训中 A 机构告知小江可以参加比赛，小江遂决定前往举办地。该比赛由 B 公司主办，比赛场地设立在一家酒店中。小江和妈妈按时入住了该酒店，在第二天比赛结束后，因妈妈外出购物未在赛场外等候，B 公司也未安排人员看护比赛结束的孩子们，小江至酒店无人值守的前台玩耍，在触碰酒店前台可移动柜面时发生意外，柜面倒下导致小江受伤。小江伤情经鉴定为十级伤残。小江故起诉 A 培训机构、赛事主办方 B 公司和酒店要求承担侵权责任。

法院经审理认为，小江在比赛后推拉酒店柜台，其监护人未尽到监护责任，考虑到小江已具有一定的认知能力，故其对该损害的发生具有过错，其本人和监护人应当承担次要责任。A 机构仅为培训方，在小江参加比赛时其不是主办方，现场无安全保障义务，也无证据证明该比赛是其组织带领，故

---

[1] 来源：https://www.thepaper.cn/newsDetail_forward_18386291，访问日期：2024 年 6 月 27 日。

A机构无责任。B公司作为比赛主办方应切实保障小江的安全,在比赛结束后应将小江交予家长或带至安全场所内,B公司未能证明其现场工作人员或志愿者履行了该项义务,也应当承担次要责任。酒店作为服务机构,应提供安全保障义务,在小江受伤现场无工作人员值守,小江推拉柜台亦无人及时阻止,管理有缺失,故应当承担相应责任。

2. 评析

随着家长对孩子教育的重视程度增加,孩子参加各类培训、比赛活动的次数也不断攀升。家长作为监护人在孩子参加各类活动时应当承担起其监护责任,避免产生意外事故。作为各类培训、比赛活动的主办方以及服务机构,必须提供安全保障义务,力保参与者的人身、财产安全。各方共同协力,保障孩子的安全。

第六节 未成年人的特殊保护权

一、条文规定

《未成年人保护法》第五十六条第一款 未成年人集中活动的公共场所应当符合国家或者行业安全标准,并采取相应安全保护措施。对可能存在安全风险的设施,应当定期进行维护,在显著位置设置安全警示标志并标明适龄范围和注意事项;必要时应当安排专门人员看管。

第五十八条 学校、幼儿园周边不得设置营业性娱乐场所、酒吧、互联网上网服务营业场所等不适宜未成年人活动的场所。营业性歌舞娱乐场所、酒吧、互联网上网服务营业场所等不适宜未成年人活动场所的经营者,不得允许未成年人进入;游艺娱乐场所设置的电子游戏设备,除国家法定节假日外,不得向未成年人提供。经营者应当在显著位置设置未成年人禁入、限入标志;对难以判明是否是未成年人的,应当要求其出示身份证件。

第五十九条 学校、幼儿园周边不得设置烟、酒、彩票销售网点。禁止向未成年人销售烟、酒、彩票或者兑付彩票奖金。烟、酒和彩票经营者应当在显著位置设置不向未成年人销售烟、酒或者彩票的标志;对难以判明是否是未成年人的,应当要求其出示身份证件。

任何人不得在学校、幼儿园和其他未成年人集中活动的公共场所吸烟、饮酒。

二、条文解读

1. 特殊保护权的概念

未成年人作为一个特殊的群体，其特殊性表现为其在社会上的弱势地位。在心理方面，他们还处在由蒙昧到有知，从不成熟到成熟的过渡阶段，他们的精神较为脆弱，对外来的诱惑和外来的入侵都很敏感。法律对未成年人特殊保护，主要有四个内容，即社会保护、学校保护、司法保护和家庭保护。这四方面保护内容将在本书第五章"社会法中的未成年人保护"中详细阐述。

2. 现状

近几年，电子竞技酒店、密室逃脱、剧本杀、点播影院、盲盒销售等越来越受到年轻人喜欢，但是，这些行业中也出现了一些不能忽视的风险和管理漏洞。这些行业中，有些安全水平不达标，质量不达标，经营不规范，对未成年人的特殊保护得不够好，新兴业态的经营行为也有一定的不规范。如电竞酒店按酒店行业管理，导致未成年人可无限制出入，同时使得执法机关的执法依据不足。一些电子竞技酒店还存在着允许未成年人无限制上网、不如实登记住客信息、向未成年人销售烟酒等问题。此外，有些剧本杀网站还会在剧本中加入暴力、恐怖、迷信等内容。

三、典型案例

案例一：小云密室逃脱受伤案[1]

2022年8月28日下午，15岁的小云（化名）与5名同学通过"大众点评"购买了位于南京市秦淮区一家娱乐中心提供的密室逃脱游戏服务，游戏名称为"逃生之电锯惊魂"，游戏难度为"重度恐怖"，适合玩家为"高级玩家"。

在游戏开始后，工作人员扮演的"电锯狂魔"开始制造恐怖气氛，并按

---

[1] 来源：https://m.thepaper.cn/newsDetail_forward_23114236，访问日期：2024年6月27日。

剧情"追杀"小云和她的同学。小云父亲黄先生称:"在这个过程中,由于情节过于暴力和血腥,我的女儿又承担了里面最危险的角色——牺牲者,在一个游戏的环节中,由于 NPC 的暴力推门,造成了她掌骨骨折。"

据黄先生称,在小云受伤后,曾经要求中止游戏,但商家没有理会,继续推进游戏。小云伤情较重,长时间治疗花费了 1.18 万多元。事情发生后,小云的家人曾报警处理,但没有与店家达成一致的协商结果。

小云父亲黄先生称:"我们认为被告在看到这些未成年孩子没有作出相应的措施,由于这些游戏内容被告是非常清楚的,充满了暴力和血腥内容,他们应该有未成年人保护的概念,阻止他们参加游戏。"黄先生起诉到法院要求商家赔偿医药费护理费、营养费、住院伙食补助费、交通费、住宿费等共计 3.6 万多元,并赔偿精神抚慰金 5000 元。

庭审中,被告方称小云和同学已经年满 15 周岁,可以参加这款主题的密室逃脱,并且在进入游戏前告知了相应的风险,还签订了免责责任书。被告律师称,被告已经尽到了充分的安全保障义务,原告对游戏环节已经有认知,在游戏过程中应当量力而为,保障自身的安全,超过自身能力的过于用力抵抗造成了受伤。被告方还提出,小云的父母没有尽到监护职责,因此商家只愿意承担 20%到 30%的责任。

双方争议的焦点为商家是否尽到了安全保障义务。南京市秦淮区人民法院少家庭庭长朱教莉称:"伤者是一个未成年人,经营者对未成年人,参与游戏,应该尽到高于对成年人的保护的标准,尽到特别标准。《未成年人保护法》规定,经营者在向未成年人提供服务的时候,如果可能包含侵犯未成年人身心健康内容的,应作出特别提示。"

法官表示,对于未成年人参加密室逃脱,商家要尽到包括事前、事中和事后的提示和注意义务。2022 年 6 月,公安部等五部门就出台了《关于加强剧本娱乐经营场所管理的通知》,要求对密室逃脱的剧本等进行适龄分级,而本案中的重度恐怖剧本并不适合未成年人,事中没有让参与者佩戴护腕,对未成年人也没有尽到更高的注意义务,在游戏中工作人员没有控制好力度等,事后在小云受伤时也没采取必要的救助,因此法院认定商家没有尽到安全保障义务。免责条款是商家单方面制定好的格式条款,用于免除自身责任,法院认定无效。

南京市秦淮区人民法院少家庭庭长朱教莉介绍:"原告作为 15 周岁的未

成年人，是限制行为能力人，选择在假期和同学在南京室内结伴，没有证据证明家长事先知道孩子会参与恐怖类密室游戏，现有证据也不能证明家长监护不力或者存在过错。"

小云作为未成年人，首次参与这款密室逃脱游戏，挡门是正常反应，因此也不存在行为不当。最终，法院综合评价了各项合理费用，作出了判决：被告赔偿原告小云医疗费 11 930.77 元、住院伙食补助费 150 元、营养费 2000 元、护理费 4210 元、交通费 500 元，共计 18 790.77 元。

南京市秦淮区人民法院少家庭庭长朱教莉认为："现阶段对剧本内容的审查和分级制度缺乏明确的规范和监督，未成年人可能接触到一些恐怖、血腥等剧本内容，我们希望通过裁判，倡导剧本制作者，和经营者进行一些正面引导。"

案例二：上海市检察机关督促履行点播影院监管职责行政公益诉讼案

1. 基本案情

上海市检察机关在办案中发现，2020 年 1 月至 6 月，有部分性侵未成年人案件发生在点播影院内。经选取 30 余家点播影院进行抽样调查发现，点播影院普遍存在登记备案制度落实不到位、治安措施不完善、行业规范不健全、未成年人保护措施落实不到位等问题，侵犯未成年人合法权益。

2. 检察院履职情况

奉贤区人民检察院在办理沈某某强奸案中发现，沈某某有两次性侵行为发生的场所均为点播影院。经调查发现，点播影院在数量快速增长并受到未成年人追捧的同时，普遍存在未依法登记备案、包间高度私密、变相提供住宿服务、未成年人无需身份验证可随意进出等情形，存在未成年人遭受性侵或其他违法犯罪行为侵害的隐患。电影、文化执法等行政主管、监管部门没有充分履行对点播影院的监管职责，违反了《未成年人保护法》《点播影院、点播院线管理规定》《旅馆业治安管理办法》等法律法规，导致对点播影院监管治理不到位，影响未成年人身心健康，侵犯社会公共利益。

2021 年 4 月，奉贤区人民检察院以行政公益诉讼立案，在实地摸排、走访行政监管部门、召开座谈研讨等工作的基础上，于 4 月 15 日分别向区文化执法大队、区新闻出版和电影管理办公室制发检察建议，提出探索建立点播影院接待未成年人管理制度、开展行业专项检查、加强信息沟通形成监管合力等意见。两家被建议单位高度重视,全面采纳检察建议内容,组成联合检查小组对全区点播影院进行检查,并联合区检察院、公安分局出台《奉贤区未成年人出入点播影院五项规定》。5月,区文化执法大队、区新闻出版和电影管理办公室分别对检察建议落实情况向奉贤区人民检察院书面回复。

针对点播影院监管不到位问题,上海市浦东、静安、长宁等区人民检察院也结合各区实际,通过办理公益诉讼案件等方式,推动综合治理。在此基础上,2021年9月,上海市人民检察院向上海市电影局制发检察建议书,提出深入推进点播影院市场规范整治活动、明确点播影院经营监管规范、完善未成年人保护措施、指导点播影院加强行业自治等几方面建议,并同步抄送市文化和旅游局执法总队、市场监督管理局,推动多部门协同履职,齐抓共管。为进一步凝聚共识,唤起社会各方对点播影院涉未成年人保护问题的重视,上海市人民检察院举行了检察建议公开宣告送达活动,邀请被建议单位、被抄送单位相关部门负责人以及部分市人大代表、政协委员、市检察院人民监督员、特邀监督员共同参与,听取相关单位关于整改方案和初步落实情况的介绍,并共商治理措施。

收到检察建议后,各被建议单位高度重视,采取有效措施规范点播影院行业治理。在上海市人民检察院的积极推动下,上海市电影局、文化和旅游局执法总队协同公安局、市场监督管理局集中开展了全市点播影院市场规范整治活动,累计检查相关场所1400余家,立案处罚11件、关停240余家不合格影院,点播影院市场规范程度显著提升。市电影局还指导上海市电影发行放映行业协会成立了全国首个点播影院专业管理委员会,出台行业规范,就场所治安管理、未成年人保护措施、强制报告制度落实等统一规范,补齐法规空白,引领点播影院这一经营模式走上法治化发展的轨道。

3. 典型意义

点播影院作为文化娱乐新模式,在满足人民群众日益增长的文化生活需要的同时,其中隐含的未成年人保护风险也应引起重视。上海市检察机关充分发挥上下级院一体履职的优势,在依法惩治性侵未成年人犯罪类案的同时,敏锐发现公益诉讼案件线索,在依据实际确定监管对象的基础上,通过采取公开宣告送达、将检察建议主送行业主管部门,抄送其他行政执法部门的方式,促进相关职能部门明确权责,齐抓共管,并推动成立全国首个点播影院专业管理委员会,出台行业自治规范,引导企业合规经营,实现了未成年人保护与新兴业态健康发展的共赢。

案例三：浙江省诸暨市人民检察院督促履行电竞酒店监管职责行政公益诉讼案

1. 基本案情

2021年，浙江省诸暨市人民检察院发现，在网吧等单一业态的互联网营业场所监管日益规范的背景下，电竞酒店以"住宿+上网"的混业经营模式，以酒店住宿的方式接纳多名未成年人无限制上网，并引发多起涉未成年人违法犯罪案件。

2. 检察机关履职情况

诸暨市人民检察院在办理未成年犯罪嫌疑人陈某某等人盗窃案中发现，陈某某等人冒用成年人身份入住某电竞酒店，实施无限制上网、在酒店房间盗窃、购买烟酒等行为。电竞酒店存在经营管理漏洞，未能严格执行身份查验、履行未成年人网络保护义务，且存在无证经营并违规向未成年人出售烟酒等问题，危害未成年人身心健康。

发现线索后，诸暨市人民检察院于2022年2月以行政公益诉讼立案。在全市范围内经采取实地踏勘、询问入住及服务人员、发放问卷调查等方式开展梳理调查发现，2021年以来，诸暨市共有电竞酒店11家，内设电竞房190间、上网电脑480台；电竞酒店持有旅馆业特种行业许可证，但均以配置高端电脑、可多人玩网游等互联网上网服务作为主要招揽手段；部分电竞酒店为方便未成年人入住电竞酒店和随意上网，存在他人代开房、一人开房多人上网等现象；部分电竞酒店违规向未成年人出售烟酒等。由此引发未成年人沉迷网络、夜不归宿、逃学辍学等不良行为，严重危害未成年人身心健康，亟需加强监管。

2022年3月，诸暨市人民检察院召开督促履行电竞酒店监管职责行政公益诉讼案公开听证会。依据现有规定，电竞酒店为混业经营模式，经营性质及监管主体不甚明晰。为凝聚多方共识，寻找监管路径，诸暨市人民检察院召开公开听证会，邀请市文化广电旅游局、市场监管局等行政机关代表、专家学者、人大代表、政协委员、公益诉讼观察员担任听证员。会上，听证员围绕法律适用争议及实践困境等方面充分发表意见，对电竞酒店应当按照旅馆住宿及互联网上网服务营业场所进行双重管理达成共识，一致认为各部门应当形成监管合力,主动加强对新兴业态监督管理。在此基础上,诸暨市人民检察院向市文化广电旅游局制发行政公益诉讼诉前检察建议,向市公安局制发社会治理检察建议。建议其依法全面履行监管职责,在对电竞酒店住宿进行监管的同时,重点对电竞酒店接纳未成年人无限制上网问题加强监管。收到检察建议后,相关职能部门及时督促整改,2022年4月,均回复诸暨市人民检察院,积极采纳、全面落实检察建议内容,依法处罚电竞酒店16家,对电竞酒店实行"住宿+上网"双登记制度,为全市电竞酒店的电脑安装了上网登记管理软件,有效对未成年人无限制上网问题进行监管治理。

在个案办理的基础上,为构建机制促推系统治理,2022年3月18日,诸暨市人民检察院在诸暨市市委政法委牵头下,推动市文广旅游局、市市场监管局等十部门出台《"电竞酒店"新业态专项治理工作实施方案》,细化责任分工和目标任务,建立联席会议、信息互通、线索移送、协同治理等机制;并推动市商务局、市公安局、市文广旅游局、市市场监管局四部门出台《"电竞酒店"行业管理规范(试行)》,促推行业长效治理。

在通过案件办理促推电竞酒店治理过程中,诸暨市人民检察院充分发挥数字检察优势,通过数字建模,治理平台应用,以大数据赋能未成年人保护,全面筑牢治理防护网。一是构建数字监督模型。通过归集涉未成年人违法犯罪案件发生地信息、电竞酒店经营信息、未成年人住宿登记信息等核心数据,在浙江检察数据应用平台构建"电竞酒店新业态监督治理模型",通过对上述数据的比对分析,梳理出电竞酒店违规接纳未成年人及电竞酒店发生未成年人违法犯罪情况。二是加强对重点人员和设备的数字监管。通过对电竞酒店入住人员登记数据与未成年人违法犯罪数据碰撞,梳理出经常出入电竞酒店沉迷网络、夜不归宿的罪错未成年人46名,将其纳入诸暨市人民检察院自主研发的"星海守望"未成年人违法犯罪预防治理平台开展教育矫治、分级干预。推动相关部门为全市11家电竞酒店的电脑安装上网登记管理软件,该软件安装后,需经实名登记并人脸识别后才可开卡上网。三是研发应用完善治理路径。研发"电竞酒店数字化监管应用",利用旅馆住宿登记数据、上网登记数据、罪错未成年人数据碰撞比对,实现电竞酒店后续接纳未成年人入住、上网异常情形的实时预警,以数字化手段督促行政机关加强监管,完善"个案办理—类案监督—系统治理"的长效治理路径。

3. 典型意义

作为近年来迅速发展的新兴业态，电竞酒店受到众多未成年青睐。检察机关积极探索符合数字文明的未成年人司法保护工作路径，通过数字化监督系统发现问题，通过数字化应用靶向施治，一体推进电竞酒店涉未成年人保护线索发现、调查核实、检察监督、综合治理。同时积极凝聚未成年人保护工作合力，将个案办理经验上升为类案治理规则，有效堵塞新兴业态监管漏洞，推动未成年人综合司法保护。

案例四：河北省任丘市人民检察院督促履行盲盒市场监管职责行政公益诉讼案

1. 基本案情

近年来，河北省任丘市人民检察院在履职中发现，门类多样的盲盒充斥校园周边市场。经营者针对未成年人消费盲目性强、易沉迷等特点，诱导未成年人冲动消费，借机向未成年人销售质量不合格、真实产品与包装宣传不符、内容不适宜未成年人等问题盲盒产品，侵犯了未成年人合法权益，损害了社会公共利益。

2. 检察机关履职情况

2022年3月，河北省任丘市人民检察院通过央视"3·15"晚会关注到，许多中小学校园周边有盲盒销售盛行的现象。部分家长也反映孩子沉迷盲盒消费，影响身心健康。发现该未成年人保护案件线索后，任丘市人民检察院对本地校园周边盲盒销售情况展开调查，发现4所学校周边13家文具店均有大量问题盲盒在售，涵盖文具、玩具、卡片等多种类型，且全部针对未成年人喜好设计。盲盒乱象对未成年人的影响主要集中在四个方面：一是质量低劣，大量来源不明的"三无"玩具、文具被做成盲盒专门向未成年人销售；二是虚假宣传，大量盲盒外包装与内部实物严重不符；三是内容不适宜，大量产品外包装使用了未获授权的照片、图片，部分产品印有"约女神"等不适宜未成年人的宣传词汇；四是易诱导冲动消费，盲盒产品的不确定性易诱发未成年人冲动消费，并因大量重复购买造成资源浪费。根据《未成年人保护法》《产品质量法》《消费者权益保护法》等相关法律规定，针对盲盒销售监管不到位的问题，在初步调查的基础上，任丘市人民检察院于2022年3月18日以行政公益诉讼立案。

2022年3月25日，河北省任丘市人民检察院召开"规范盲盒市场保护未成年人权益"公益诉讼公开听证会。为进一步凝聚共识，任丘市人民检察院邀请人大代表、政协委员、人民监督员作为听证员，并邀请市人大常委会、团委、教体局、市场监管局等相关单位负责人及部分中小学校教师共同参与，对当前盲盒乱象涉及的相关违法问题、未成年人合法权益所受侵害及如何推进盲盒问题治理进行深入探讨，达成治理共识。听证会后，任丘市人民检察院向市场监督管理局公开宣告送达行政公益诉讼诉前检察建议，建议对全市盲盒市场开展专项执法检查，依法查处不合格盲盒产品；进一步规范盲盒经营者经营行为，经营者向不满8周岁的未成年人销售盲盒应事先征得监护人同意；加强与教育部门联系配合，对校园周边盲盒销售场所实施长效监管；畅通举报渠道，公布举报电话、平台，鼓励线索举报；加大宣传教育，引导经营者知法守法、合规经营。

市场监督管管理局收到检察建议书后高度重视，制定《任丘市市场监督管理局开展盲盒经营专项整治行动方案》，针对货源批发市场和校园周边零售商铺两个重点区域开展拉网式检查，涉及商铺630余户，下架不合格盲盒产品69类3500余件，并向盲盒销售商铺印发《关于整治盲盒等市场秩序的告知书》，明确向未成年人销售盲盒背后存在的常见违法问题，引导经营者守法经营。5月底，市场监督管理局将检察建议整改落实情况书面回复任丘市检察院。

同时，任丘市人民检察院向当地教育部门制发社会治理类检察建议，针对学生购买盲盒普遍、盲盒销售广泛存在于学校周边的问题，建议教育部门加强与市场监管部门的联动合作，指导学校切实履行保护职责，关注校园周边盲盒销售乱象，及时发现并移交线索；加强对在校学生的风险提示和引导教育，维护学生合法权益。任丘市人民检察院联合当地教育部门制作《致家长的一封信》，呼吁家长与学校共同关注未成年人消费状况，帮助未成年人养成良好消费习惯，及时举报侵犯未成年人合法权益的行为。各所学校及时加强对学生消费观念的引导教育，部分学校专门开设财商小课堂，帮助学生培养正确消费观念，实现学校保护与家庭保护同频共振、同向发力。以司法推动社会、政府、学校与家庭同向发力，促进盲盒问题治理。

为保障治理效果，任丘市人民检察院持续跟进，分别于2022年6月和9月对校园周边盲盒销售情况两次开展"回头看"，临时抽查53家盲盒商家，各类不合格盲盒产品在相关商铺中已下架，盲盒产品摆放货架的显著位置张贴有"理性消费""禁止不满8周岁未成年人独自购买"等警示标识，经营者守法意识显著增强，社会保护力量得到有效激活，学生扎堆购买盲盒的现象得到有效改观。

3. 典型意义

校园周边盲盒乱象侵犯广大未成年人合法权益。检察机关聚焦未成年人保护难题，以检察公益诉讼案件办理为抓手，能动履职，推动社会、政府、学校、家庭协同发力，以"我管"促"都管"，形成共治格局，使当地盲盒市场秩序得到有力净化，长效治理机制得以初步建立，有力践行了"以司法保护助推其他五大保护落实落地"的未检工作理念。

案例五：上海市闵行区人民检察院督促履行密室剧本杀监管职责行政公益诉讼案

1. 基本案情

上海市密室逃脱、剧本杀门店数量位居全国第一，门店选址位于学校周边的占比12%，但由于该行业属性不明，准入门槛低，装修设计缺乏标准，存在疏散通道狭小或封闭、消防器材缺失等问题，容易引发火灾等安全隐患。部分剧本包含血腥、暴力、迷信等违禁内容，容易诱发未成年人心理不适甚至模仿违法犯罪行为。大部分商家未根据内容向未成年人作出提示，无时长限制接纳未成年人游玩，严重影响了未成年人的身心健康。

2. 检察机关履职情况

2021年8月，闵行区人民检察院在办案中发现，部分涉案未成年人热衷参与密室逃脱、剧本杀活动；在开展法治副校长工作的过程中，也有多名学生反映，在密室逃脱、剧本杀体验时遭遇人身侵害及因其内容和环境产生心理不适等问题，密室逃脱、剧本杀等业态可能存在侵犯未成年人身心健康的情况和隐患。经调查，闵行区的密室逃脱、剧本杀场所有40余家，经营者无须登记经营范围，无须许可审批，选址与建设存在随意性，不受《娱乐场所管理条例》的约束；许多经营者的内部装修与消防配置不符合消防法及地方消防条例的相关要求，存在火灾风险；有些剧本内容存在暴力、色情及封建迷信等元素；部分经营者为了规避风险，要求玩家签署《免责声明》，特别是面向未成年消费群体时，店家均未根据其身心特点采取特殊的保护措施。同时，经向全区中小学发放并收回近 2 万份调查问卷样本发现，50%左右的中小学生了解或体验过密室逃脱、剧本杀，大多数学生玩过含有恐怖、暴力内容的剧本，部分学生反映曾在密室逃脱中发生跌倒、惊吓甚至是性骚扰的问题。经评估，尽管现行法律并没有禁止未成年人体验密室逃脱、剧本杀活动，但该行业存在的违禁内容与安全隐患已违反了《出版管理条例》及《未成年人保护法》的相关规定，相关行政部门却并未履职到位，未成年人公共利益受到了严重侵犯。2021 年 9 月，闵行区检察院以行政公益诉讼立案。

检察机关在调查中发现，基于现有规定，工商登记无法明确剧本杀行业经营范围，密室逃脱、剧本杀场所是否属于娱乐场所并办理行政许可存在争议，如何落实消防监管尚不明确。面对密室逃脱、剧本杀行业"弱规范"问题突出、经营监管及多个执法单位的难题，闵行区人民检察院召开专题研讨会，邀请专家学者和市区两级相关行政执法单位共同研究，在执法理念、履职协作、监管服务方面达成共识，同时邀请企业代表座谈，听取法治保障需求。2021 年 10 月，闵行区人民检察院聚焦不同的问题分类施策，针对密室逃脱、剧本杀经营场所存在的消防及治安隐患以及剧本内容违禁等问题，根据《文化市场综合行政执法管理办法》《出版管理条例》《营业性演出管理条例》的相关规定，向区文旅局制发磋商函，建议其加强对剧本娱乐活动内容监管并探索落实未成年人保护措施；根据治安管理处罚法、消防法及地方消防条例的规定，建议区公安分局加强对剧本娱乐经营场所的治安管理、消防监督检查及消防宣传教育。相关职能部门立足各自职责，联合开展密室逃脱、剧本杀行业隐患排查治理专项活动，开展检查 240 余次，下架危害未成年人身心健康的剧本 24 个，整改隐患问题 53 处，责令整改 7 家，取得了积极成效。

在个案办理的基础上，闵行区人民检察院聚焦诉源治理，牵头起草了《密室剧本杀行业关于未成年人保护的倡议书》，倡导企业在内容自审和分类管理、设置未成年人专区、落实强制报告等 7 方面履行未成年人保护的社会责任，推动 40 余家企业在经营场所张贴跟进落实，促进行业自治。针对该行业规范性文件不足的问题，闵行区人民检察院又会同公安、文旅、市场、消防等部门于 2021 年 12 月会签了密室剧本杀行业规范管理工作办法，提出探索内容分级、适龄提示、查验未成年人身份、规范时间管理等未成年人特殊保护措施。

3. 典型意义

密室逃脱、剧本杀逐渐成为广受未成年人喜爱的新型娱乐、社交方式，但同时也是社会治理的薄弱环节。检察机关能动履行公益诉讼检察职能，针对行业归属不明确、涉及多部门执法的困境，以专题研讨凝聚共识，以分类施策联合整治，督促各职能部门各司其职、同向发力。

第二章
未成年人的行政法权益保护

第一节 未成年人从宽的行政处罚

一、条文规定

《行政处罚法》第三十条 不满十四周岁的未成年人有违法行为的，不予行政处罚，责令监护人加以管教；已满十四周岁不满十八周岁的未成年人有违法行为的，应当从轻或者减轻行政处罚。

二、条文解读

（一）条文释义

本条是针对行政处罚对象责任年龄的规定。依据年龄来划分责任的承担，是现代法治切实保障人权、维护未成年人等弱势群体权利的重要措施。从世界范围内来看，这种做法是普遍存在的，这也是我国法治与世界法治接轨的显著表现。

2007年，国际儿童权利委员会通过了一项非常重要的决议，简称《第10号一般性意见》。该意见的主要内容是关注司法程序中的儿童权利，期望进一步采取相关举措保证儿童权利的贯彻落实。其中第10条明确指出了儿童的特殊性。儿童权利委员会认为，儿童在生理心理发育，乃至对情感的认知和对教育本身的必然需求方面，与成年人是具有非常大的不同的。[1]这种区别从

---

[1] 联合国儿童权利委员会《第10号一般性意见》第10条规定：所有就实施少年司法采取的决定，都应首先考虑到儿童的最高利益。儿童在身心理发育，及其感情教育需求方面有别于成年人。这种区别构成了减轻触法儿童罪责程度的依据。这些及其他区别是为儿童另行建立少年司法制度且须给予不同待遇的理由。保护儿童的最高利益意味着，在处置少年罪犯时，诸如镇压/惩罚等传统的刑事司法目标都必须让步于实现社会重新融合与自新的司法目的。这可以符合具体关注切实社会安全的方式予以实施。

根本上阐释了减轻违法儿童自我责任的合理性，也是世界各国建设专属少年司法处置程序的理由。因此，他们提出，所有对少年采取司法措施的决定应当慎重，如果必须实施，那么应当首先考虑儿童的最高利益。这种处置原则意味着，在面对违法少年时，传统行政法甚至刑事法律中预防与报应的价值取向将被放置于第二等位，首先要考虑的变成了对违法少年的教育与保护，最终所追求的是使违法少年重新融入社会之中。

违法责任年龄，简单来讲，是指行为人达到某种具体的年龄阶段后才对自己的违法行为承担法律责任。当然，国外各部门法甚至国外的类似法律根据自身情况的不同，对责任年龄的确定不一定完全相同。本条关于责任年龄的划分并不是行政处罚的一家之言，而是借鉴了诸多其他法律的规定，包括但不限于我国的《宪法》《未成年人保护法》《民法典》等。具体到各法的条款上，《宪法》第34条就有责任年龄的相关规定，主要是指中国公民在达到18周岁后就自然享有选举权和被选举权。其以18周岁为公民参与政治管理的年龄界限，核心在于认可此年龄段的人拥有完全控制自己行为的能力，可以成为一个合格的参与者，从另一个角度承认了18周岁为成年人的合理性。《未成年人保护法》第2条则明确表示其所指的未成年人就是未满18周岁的公民，依然沿用《宪法》中的18周岁界限。《民法典》对责任年龄进行了更加细致的划分。譬如，第17条同样确立了18周岁为民事上的成年标准。与此同时，第18条第2款还将以自己的劳动收入作为主要生活来源，但是未满18岁的自然人拟制为民事法律上的成年人。考虑到认识能力问题，又将年龄限制在16周岁以上。这么设定的原因在于，随着社会的不断发展，人们能够认识世界的方式方法愈发多样，就民事而言，不外乎围绕着"钱"来构成完整的民事责任体系。而16周岁和有固定收入就成功兼顾了认识能力和经济能力，因而将其认定为成年人有其内在合理性。《民法典》第19条和20条还特别对"八周岁"这个界限提出了界分。以8周岁为分界线，将未成年人分为限制民事行为能力人和无民事行为能力人。8周岁至18周岁这个区间（不含《民法典》第18条的例外规定）的未成年人称作限制民事行为能力人，8周岁以下的未成年人称为无民事行为能力人。因此处主要讨论的是行政处罚法的责任年龄，所以8周岁在民法中的具体含义在这里不过多赘述。但是对上述《宪法》《未成年人保护法》《民法典》中关于责任年龄的分析，我们可以推出行政处罚法中对责任年龄进行划分的内在科学逻辑。

在参考上述法律规定的基础上,《行政处罚法》根据其本身的特点,将行政违法的责任年龄也分解为两大部分。针对14周岁至18周岁这个区间的未成年人,本条认为他们尚不具备完全的责任能力,认识世界、理解世界的广度有限,不能真正意义上地控制自己,与国际儿童权利委员会《第10号一般性意见》的观点相同,因儿童的主观罪责减轻,所以对他们的处罚较之成年人而言,采取降档处理。而针对不满14周岁的未成年人,本条认为他们尚不具备承担行政责任的能力。本着对未成年人教育为主惩罚为辅的方针,责令由监护人加以管教、引导,比直接对他们处以行政处罚更具有效益性。值得强调的是,关于"对十四到十八周岁的未成年人行政违法应当从轻或者减轻"这一理念的形成,并不是一蹴而就的,在2021年之前学界仍然存在争议。2017年修正的《行政处罚法》第25条对于14周岁至18周岁区间的未成年人行政违法处置没有"应当"二字。不管是理论界还是实务界,对此都有疑问,到底是"可以从轻或者减轻",还是"应当从轻或者减轻"。从保护未成年人的角度出发,结合立法者的立法意图,大部分人认为此处为"应当"是合理的。但这毕竟不是法条原文所规定的,因此产生对"可以"和"应当"的疑问在所难免。现行《行政处罚法》第30条,新增了"应当",彻底明确了对于14周岁至18周岁区间的未成年人行政违法处置的从轻减轻模式,这体现了我国法治在对于未成年人保护上的深入展开,有利于挽回正在走入歧途的未成年人,对于营造和谐的社会环境起到了积极的推动作用,也贯彻落实了我国对于未成年人违法"教育为主惩罚为辅"的方针政策。

(二) 以"十四周岁"作为划分责任界限的原因

本条中关于14周岁作为行政违法责任承担的界限,不是首次提出,在2017年修正的《行政处罚法》中也是如此规定的,新法只是对旧法规定的延续。

与从事一般的民事行为不同,行政违法的责任能力需要更高的认识基础。虽然行政机关是和普通民众生活最息息相关的国家公权力机构,但它所持有的行政管理属性并不是一个未曾系统了解过的未成年人所能掌握的,我们不能苛求未成年人在其当下的年龄阶段必须理解行政违法的内涵。简而言之,行政管理具有更强的专业性,未成年人辨认和控制与行政管理有关的行为,与民事法律中简单的"买零食""打酱油"等合同行为的难度是完全不同的,因此行政处罚并没有一味借鉴民法中以8周岁作为限制责任能力界限的规定。

以"十四周岁"作为责任能力划分界限并不是行政处罚法对未成年人认识能力的独有认识。通过分析行政处罚的属性，我们可以轻易地将其和治安管理处罚和刑事处罚纳入更相近的处罚范畴。因为这三者与民事违法有一点显著不同，他们都带有更强的强制性。如民事违法方就算是法院判决后也会出现执行难的问题，但此三者一般不会出现此种情况。《治安管理处罚法》和《刑法》中都有以"十四周岁"为责任划分年龄界限的规定，如《治安管理处罚法》第12条、《刑法》第17条第2款。与此同时，从比较法角度分析，不少国家和地区都规定"十四周岁"是行政违法责任能力的起算点。如《奥地利行政处罚法》《德国青少年法院法》等都有以"十四周岁"作为违法责任年龄划分的规定。

值得一提的是，社会客观环境是在不断变化着的。关于责任年龄的划分实质上是基于庞大的数据形成的，包括对少年们生理心理发育的医学研究结果，社会中传播媒介的数量，甚至是既定责任年龄下的未成年人的违法数量等。随着这些因素的改变，责任年龄的划分自然也可能会随之降低或者提高。2020年底，《刑法修正案（十一）》通过并发布，对最低刑事责任年龄做出了调整，将14周岁修改为12周岁。虽然其中对于12周岁至14周岁未成年人的犯罪罪名、手段和追诉方式都有所限制，但毕竟是作出了改变，这对诸部门法关于责任年龄的划分是具有里程碑意义的。从法的统一性原则角度考虑，将来《行政处罚法》也可能考虑下调最低责任年龄。当然，与刑法一样对其下调责任年龄后的适用条件有所限制也是可以理解的。

（三）未成年人出生时间的认定

尽管此条文中明确的以"十四周岁"和"十八周岁"作为划分责任年龄的界限，但是应以何种形式的文件或者说证据，来确认违法的未成年人是否达到上述年龄呢？《行政处罚法》对此没有规定，相应的司法解释中也没有解释。考虑到民事法律中有关于"婚姻与继承"等诸多涉及具体年龄认定的部分，因此其对年龄的认定可能更具有科学性，我们可以适当地参考。

《民法典》总则编第15条对证明自然人具体出生或者死亡时间的证据进行了效力排序。《民法典》认为证明自然人年龄的最优证据为出生证明和死亡证明，其次才是户口本或者身份证等身份登记上记载的时间。此外，《民法典》对此还有例外规定，如果有其他的证据能够推翻上述两种认定条件的，那么以该证据记载的时间为准。对于证明年龄证据效力的规定，从社会公众的常识来看，可能不是那么易于理解。因为生活中很少用到出生证明和死亡证明，反倒是身份证和户口本更为常见，且经过国家公权力机关的盖章认定，有切实的法律效力。其实，最高人民法院之前印发的《关于贯彻执行〈中华人民共和国民法通则〉若干问题的意见（试行）》（已失效）已规定户籍证明优先原则。但最终在《民法典》的编纂过程中，众多法律专家经过讨论，本着原始证据优于传来证据的诉讼法基本原理，将出生证明和死亡证明这样第一手记载自然人状态的证据的效力提升至最高。毕竟在婴儿出生到办理身份登记之间，还有不少的时间空隙。同时，在制作身份登记时因当时各种情况的影响，可能出现失真。

《行政处罚法》中我们不得不承认为了更加高效地处理繁多的行政工作，户口本和身份证上的出生时间才是行政机关认定违法未成年人具体年龄的最常用证据。这样的做法并不是没有法律依据。根据《居民身份证法》第3条，我们可以知道，身份证上的出生日期作为经过行政机关的行政行为确认的时间，具有法律效力，并且该时间的认定也是由其监护人在为其办理身份登记时提供的。这也意味着该出生时间是经过当事人和行政机关双重核验的。因此，为了提高行政机关的行政效率，建设高效便民政府，采取首先通过身份证上的出生时间来认定违法未成年人的年龄是符合实践规律的。而且，假设在进行此等行政工作中都需要老百姓提供出生证明才能认定他们的年龄，那身份证的存在意义是否被削弱？出门都得带着出生证明，是否会给老百姓产生不必要的负担？因此，行政机关一定需要用出生证明来认定未成年人的年龄，这显然是不合理的。但是，这并不意味着不考虑出生证明和其他有效证明违法未成年人年龄的证据。如果违法未成年人本人或者其监护人认为行政机关对年龄的认定有误，而用出生证明来否定前述认定，行政机关则需要以出生证明上记载的日期来重新认定违法未成年人的年龄。

在未成年人的年龄认定中还存在一个问题，那就是年龄临界点问题。《行政处罚法》没有对"不满"与"已满"这样关乎年龄具体计算方式的词语进行特别说明。所以，我们对该用语的理解应当采取仅限于字面上的语义。即自然人在14周岁生日当天实施行政违法行为，属于不满十四周岁，不适用行政处罚。自然人在18周岁生日当天实施行政违法行为，属于不满18周岁，适用行政处罚从轻或者减轻的降档处置。我国刑事法律中对周岁的具体计算方式有所规定，是对"不满""已满"采取字面解释的佐证。2006年施行的最高人民法院《关于审理未成年人刑事案件具体应用法律若干问题的解释》第2条规定，刑法中的刑事责任年龄中"周岁"的计算，有两大注意事项。其一，周岁的计算是要以公历日期为准，不能因为当地是偏远地区或是特殊习俗而采用农历计算。其二，要从周岁生日的次日起算，周岁生日当天依然被视为"不满"。在明确周岁的计算方法后，又衍生出一个问题——违法未成年人在不同责任年龄区间实施了不同的违法行为如何处理？这其实依照每个违法行为发生时未成年人的具体年龄进行区分即可。即假设未成年人实施了两个不法行为，一个行为发生在他的14周岁生日当天，另一个行为发生在14岁周岁生日第二天。那么依照《行政处罚法》第30条的规定，第一个行为就不予行政处罚，第二个行为从轻或者减轻处罚。

（四）责令监护人加以管教的适用问题

首先，我们应该明确一点，《行政处罚法》不对不满14周岁的未成年人进行行政处罚，不代表这些未成年人没有违法。他们的违法事实是客观存在的，对社会秩序、公共利益或他人的合法权益切切实实地造成了损害。难道对于"不满十四周岁的未成年人实施违法行为"，行政机关不对该未成年人施以行政处罚，意味着该违法行为没有责任人吗？答案是否定的。违法未成年人的年龄阻却了其在行政处罚上的责任承担，但是普罗大众心中的责任，或者说道德上的责任，社会稳定运行中约定俗成的责任，对违法未成年人来说依然是存在的，他们仍旧是责任人。只是该责任后果不宜由行政机关这个公权力来直接加以处理。据此，《行政处罚法》第30条作出规定，行政机关应当责令监护人加以管教。行政机关如果仅仅对未成年人不予处罚，而未对监护人作出责令加以管教的决定，则构成不履行法定职责。为什么要把该管教的义务转嫁给监护人？因为在违法未成年人成年前，他的监护人对他都具有法律上的教育义务。而且违法未成年人对其监护人的人身、经济具有非常强的依附性，监护人有条件加以管教。此种处理方式是法理与效率的统一。

同时，责令监护人加以管教属于负担性的行政行为，行政机关应当注意履行法定程序，听取监护人的陈述和申辩。不满14周岁的未成年人实施违法行为，既可能由监护人失责导致的，也可能由监护人确实无能为力导致的，但监护人在法律上具有针对未成年人严加看管和教育引导的责任。行政机关对监护人作出责令决定的内容，应当尽可能具体、明确、可执行，且应当与未成年人所实施的违法行为相关。

三、参考条文

◎《宪法》第三十四条　中华人民共和国年满十八周岁的公民，不分民族、种族、性别、职业、家庭出身、宗教信仰、教育程度、财产状况、居住期限，都有选举权和被选举权；但是依照法律被剥夺政治权利的人除外。

◎《未成年人保护法》第二条　本法所称未成年人是指未满十八周岁的公民。

◎《民法典》第十七条　十八周岁以上的自然人为成年人。不满十八周岁的自然人为未成年人。

第十八条　成年人为完全民事行为能力人，可以独立实施民事法律行为。

十六周岁以上的未成年人，以自己的劳动收入为主要生活来源的，视为完全民事行为能力人。

第十九条　八周岁以上的未成年人为限制民事行为能力人，实施民事法律行为由其法定代理人代理或者经其法定代理人同意、追认；但是，可以独立实施纯获利益的民事法律行为或者与其年龄、智力相适应的民事法律行为。

第二十条　不满八周岁的未成年人为无民事行为能力人，由其法定代理人代理实施民事法律行为。

◎《刑法》第十七条　已满十六周岁的人犯罪，应当负刑事责任。

已满十四周岁不满十六周岁的人，犯故意杀人、故意伤害致人重伤或者死亡、强奸、抢劫、贩卖毒品、放火、爆炸、投放危险物质罪的，应当负刑事责任。

已满十二周岁不满十四周岁的人，犯故意杀人、故意伤害罪，致人死亡或者以特别残忍手段致人重伤造成严重残疾，情节恶劣，经最高人民检察院核准追诉的，应当负刑事责任。

对依照前三款规定追究刑事责任的不满十八周岁的人，应当从轻或者减轻处罚。

因不满十六周岁不予刑事处罚的，责令其父母或者其他监护人加以管教；在必要的时候，依法进行专门矫治教育。

第十七条之一　已满七十五周岁的人故意犯罪的，可以从轻或者减轻处罚；过失犯罪的，应当从轻或者减轻处罚。

◎《治安管理处罚法》第十二条　已满十四周岁不满十八周岁的人违反治安管理的，从轻或者减轻处罚；不满十四周岁的人违反治安管理的，不予处罚，但是应当责令其监护人严加管教。

四、典型案例

（一）非法代言类

案例一：全国首例童星违法广告案[1]

1. 基本案情

2016年3月17日至3月21日，甲公司的分公司在上海某连锁超市内的电子设备、纸质海报上发布旗下卷纸品牌的广告。该广告中存在一个年龄较小的孩子的广告代言人形象。同时，在该卷纸的外包装上也存在该儿童的个人形象。根据上海相关部门的调查，该儿童名叫小林，出生于2009年，代言广告时不到7周岁。2014年5月，甲公司和小林以及他的监护人大林签订了广告代言合同，约定小林为甲公司旗下的卷纸品牌做形象宣传。

2. 处罚理由及结果

行政机关认为，甲公司使用不满7周岁的小林作为其卷纸品牌的代言人，违反了《广告法》第38条第2款对广告代言人年龄限制的规定，即广告代言人必须满10周岁。考虑到甲公司在案发后积极配合相关部门的工作，且发布该广告的时间较短，只有5天，因此对其从轻处罚：①甲公司不得再发布该带有小林形象的卷纸广告；②甲公司在行政处罚决定下达后，尽快消除该违法广告在社会范围内产生的影响；③对甲公司罚款10万元。

当事人甲公司于2016年3月21日将上述广告板和卷纸产品全部撤下，并将含有小林形象的卷纸外包装都进行了贴标覆盖。

案例二：彪马公司非法代言案[2]

1. 基本案情

2021年8月，有群众通过12345政府热线，举报有一名为"PUMA"的

---

[1] 沪工商检处字［2016］第320201610042号。
[2] 沪市监黄处［2022］012021001131号。

微信公众号，利用儿童进行广告宣传，可能触犯广告法。上海市某区的市监局收到举报后，立即安排专业人员对该举报内容进行核实。经过专业人员的调查，"PUMA"这个微信公众号是由彪马公司独立运营的。在2021年8月24日，该公众号内发布了一条关于"彪马破格玩家牛某7岁"的文章，其明确该玩家牛某为7周岁。彪马公司发布该与这位7岁玩家牛某闯关挑战的目的，在于为公司旗下的童装作宣传，本质上是把该7岁儿童作为广告代言人。另查明，彪马公司这种行为不是初次。2020年，彪马公司已经因为利用不满10岁儿童做广告被处罚了24万元。

2. 处理理由及结果

"PUMA"是由彪马公司独立掌控的微信公众号。公众号上发布的牛某闯关的文章，实质上通过牛某吸引更多同龄人购买彪马公司的童装，属于利用7岁儿童做广告代言，违反《广告法》第38条第2款。因为彪马公司只通过"PUMA"微信公众号这一个途径发布文章，没有造成过大的社会影响，属于情节轻微，因此决定对彪马公司从轻处罚：①彪马公司不得再发布该带有牛某形象的推文；②彪马公司在行政处罚决定下达后，尽快消除该违法推文在社会范围内产生的影响；③对彪马公司罚款10万元。

关于非法代言类案件的衍生思考。上述两起行政处罚案件中，虽然针对广告主进行了行政处罚，但就童星小林和7岁的牛某而言，他们参与广告代言，是否本身也属于违法主体呢？这是值得探讨的。因为《广告法》第38条第2款对广告代言人年龄限制的规定，针对的处罚对象可能是仅限于广告主，不含未成年人本身。但从广义上来理解，未满10岁的未成年人作为广告代言的行为主体，实施了整个代言行为，其应当属于违法主体，行政机关之所以不处罚，则是以《行政处罚法》第30条中的不满14周岁不予行政处罚作为依据。

为了更好地理解针对未成年人的行政处罚，我们拟制一个更具有代表性案例展开讨论。刘某，男性，15岁，是一位明星练习生。其通过参加某档综艺节目，赢得了众多观众的支持，一跃成为拥有大量粉丝群体的知名人物。某男性护肤品牌乙公司为了宣传旗下的产品，与刘某签订了形象代言合同。刘某未曾实际使用过该面膜，就随意应乙公司要求，拍摄了一段男性面膜的宣传广告。广告发布后，果真吸引了许多粉丝争相购买。但是，因为乙公司的产品原材料质量不达标，许多用户使用面膜后产生了不良反应。经过相关机构的鉴定，该面膜会造成使用者面部皮肤永久损害。刘某作为该面膜的形象代言人，会受到行政处罚吗？答案是肯定的。根据《广告法》第61条第3项的规定，广告代言人为其没有亲自使用过的产品进行广告宣传的，相关的市场监督管理部门会没收其违法所得。并且，对广告代言人以违法所得为基数，处以一倍至两倍的罚款。由于本案中刘某只有15岁，依据《行政处罚法》第30条，对刘某的罚款应当从轻或减轻处罚。

（二）危险驾驶类

案例一：西安未成年无证驾车案[1]

1. 基本案情

2023年8月10日，西安交警支队通过道路上的监控摄像头，结合相应的技术手段，智能识别了在西安市灞桥区内两起未成年人无证驾驶机动车的事件。西安交警支队随即向灞桥交警大队发送这两起涉嫌违法的指令。灞桥交警大队立刻安排了侦查人员进行追踪。经过严密的调查，民警发现涉案的两辆小型轿车均来自西安市某家汽车租赁公司。民警与该汽车租赁公司取得联系，获取了汽车租赁人的联系方式。通过线索追查，最终成功联系上了两位涉案的未成年人。起初，两位未成年人均以消极态度应付民警告知其前往交警大队接受处罚的要求。之后民警上门走访，与两位未成年人的监护人积极沟通。8月11日，两位涉案未成年人都在家长陪同下分别前往交警队接受处理。

2. 处理理由及结果

根据《道路交通安全法》第99条，无证驾驶由交警部门处以200元至2000元区间内的罚款，并且可以对违法当事人并处15日以下拘留。但由于本案中的当事人都属于未成年人，因此根据《行政处罚法》第30条的规定，根据两位涉案未成年人的具体年龄，14岁以下不处罚，14岁到18岁则应当从轻或减轻处罚。

---

[1] 来源：https://new.qq.com/rain/a/20230817A0A3MR00，访问日期：2024年6月27日。

第二章　未成年人的行政法权益保护

案例二：藁城未成年酒后无证驾驶案[1]

1. 基本案情

2022年8月，河北藁城交警大队例行进行酒驾巡查。某日傍晚时分，驾驶员刘某在途经藁城某路口时，被设卡的交警拦下检查。交警闻到刘某身上有酒味，经过酒精检测仪的呼气检查，发现其体内的酒精含量为70mg/100ml，属于饮酒后驾车，但未达到醉酒标准。交警随即让其出示相关驾驶证件，但刘某支支吾吾，迟迟不肯拿出证件。经过后续询问得知，刘某出生于2006年，案发时16周岁，没有申领机动车驾驶证的资格。

2. 处理理由及结果

考虑到刘某是未成年人，且是初犯，主观恶性较小。根据《道路交通安全法》第91条、第99条，民警依法扣留刘某的机动车，对刘某饮酒驾车和无证驾驶的违法行为处以2000元罚款，未给予行政拘留。

第二节　未成年人从宽的治安处罚

一、条文规定

《治安管理处罚法》第十二条　已满十四周岁不满十八周岁的人违反治安管理的，从轻或者减轻处罚；不满十四周岁的人违反治安管理的，不予处罚，但是应当责令其监护人严加管教。

二、条文解读

对于年龄在14周岁至18周岁之间的未成年人，他们正处于青春期的关键阶段，也处在身心发展的重要时期。他们虽然对社会已有了一定的认知和了解，开始具备了一定的辨别是非的能力，并对自己的行为及可能产生的后果拥有了一定的控制力和预见性，但他们的心智尚未完全成熟。他们的人生

---

[1] 来源：https://www.toutiao.com/article/7133025748398457374/?wid=1719459205608，访问日期：2024年6月27日。

观、世界观和道德观正在逐步构建和完善，因此，在某些方面仍然存在着局限性和不成熟之处。

处于这样的年龄段，他们既可能会受到社会不良风气的侵蚀，被外界负面因素所误导，走入歧途；又容易接受正面的教育和引导，通过教育和指导，实现自我改进和成长。因此，当这些未成年人违反治安管理相关规定时，应当秉持教育和引导为主的原则，从轻或减轻对他们的处罚。通过温和而有效的手段，帮助他们认识到自己的错误，引导他们走上正确的道路，实现身心的健康成长。

"从轻或者减轻处罚"在此处是一个"应当"执行的原则，而非一个可选择的选项。这里的"从轻处罚"意味着，在对未成年人进行治安管理处罚时，应当在法定的处罚幅度内，选择相对较轻或者最轻的处罚方式。如对于结伙斗殴的违法行为，原本根据法律规定可能会处以 5 日以上 10 日以下的拘留，然而，考虑到未成年人的特殊身份和情况，实际上可能会选择较轻的处罚，比如 8 日、9 日或 6 日的治安拘留，以体现对未成年人的教育为主、惩罚为辅的原则。"减轻处罚"则意味着在确定处罚时，会在原有处罚档次的下一档次内进行处罚。以盗窃为例，如果原本应处以拘留，但考虑到未成年人的情况，可能会选择罚款作为处罚。

原《治安管理处罚条例》曾规定对此类未成年人应从轻处罚，但现行法律对此进行了修改，增加了减轻处罚的选项。这一修改旨在根据未成年人的具体情况，灵活选择处罚方式，更好地体现教育为主的方针。同时，这也与刑法的规定相对应，刑法对这一年龄段的犯罪者也采取了从轻或减轻处罚的原则。

对于未满 14 周岁的未成年人，他们仍处在幼年阶段，社会经验相对匮乏，对自身行为的后果往往缺乏足够的预见性。因此，在他们违反治安管理规定的情况下，通常不会给予直接处罚。然而，为了确保这些未成年人能够得到适当的教育和引导，法律明确要求对其监护人进行责令，要求他们加强对未成年人的管教，以防止其再次危害社会。监护人作为法定责任人，应当认真履行其监护职责，对违法的被监护人进行耐心的教育和引导，确保他们不再做出危害社会的行为，促进其健康成长。

常见的治安管理处罚模式：

(1) 警告。公安机关对违反治安管理的人员会发出责令，要求其纠正错误并承诺不再重蹈覆辙。警告作为治安管理处罚中最轻微的处罚形式，通常适用于首次违法、偶然违法、违法情节较轻且认错态度端正的个体。值得注意的是，这里的警告与行政处分中的警告以及民事强制措施中的训诫存在显著区别。

根据《治安管理处罚法》的规定，除"非法种植罂粟等毒品原植物""参与或提供赌博条件"以及"传播淫秽物品"等严重违反治安管理的行为外，对于其他各类情节较轻的违反治安管理行为，均可适用警告这一处罚措施。

（2）罚款。公安机关对违反治安管理的人员实行罚款处罚，要求其在规定时间内向国家缴纳一定金额的人民币。此方式既不会限制行为人的人身自由，又能有效地发挥惩戒作用，因此在治安管理处罚中表现出极高的灵活性和广泛性。

通常情况下，罚款的金额在1元至200元之间。然而，对于某些严厉禁止的违反治安管理行为，罚款的幅度则有所变化。《治安管理处罚法》中数额较大的罚款（1000元至5000元）包括：第61条"协助组织或者运送他人偷越国（边）境的，处十日以上十五日以下拘留，并处一千元以上五千元以下罚款"；第66条"卖淫、嫖娼的，处十日以上十五日以下拘留，可以并处五千元以下罚款；情节较轻的，处五日以下拘留或者五百元以下罚款"，等等。

（3）拘留。也被称为治安拘留或行政拘留，是公安机关依法对违反治安管理规定的个人实施的一种行政处罚措施。这一措施的特点在于，将违法者强制关押在特定场所，并在一定期限内剥夺其人身自由，以此作为惩戒手段。在治安管理处罚中，拘留被视为最为严厉的一种处罚方式。

值得注意的是，拘留作为一种处罚措施，在适用范围上具有明确的限制。具体来说，它仅仅适用于自然人，并不适用于法人。拘留主要针对那些违反治安管理行为且情节较为严重的个体，意在通过一定期限的限制自由，来起到惩罚和警示的作用。

然而，在实际操作中，根据相关法律的规定，对于某些特殊群体的人员，通常不会决定或执行拘留。例如，孕妇和正在哺乳自己未满1周岁婴儿的妇女，由于她们的身体状况和特殊需求，不适合接受拘留处罚。同样，未满18岁的未成年人，由于他们正处于身心发展的关键阶段，法律倾向于通过教育和引导来纠正他们的行为，而非简单地采取拘留措施。

综上所述，拘留作为一种处罚措施，在适用时需要严格遵循法律的规定，特别是对于特殊群体的人员，法律通常会给予适当的考虑和照顾。

拘留的期限以天为单位计算，通常最短为1日，最长不超过15日。然而，当个人涉及多种违反治安管理行为时，根据"分别裁决，合并执行"的原则，其拘留期限可以超过15日。

（4）吊销公安机关发放的许可证。对于违反我国治安管理的外国人，除常规处罚外，还可以额外采取限期出境或驱逐出境的措施。

治安管理处罚的种类与幅度的科学设计，对于实现处罚效果至关重要。合理的设置不仅能够有效预防违反治安管理行为的再次发生，还能避免其进一步演变为犯罪行为。然而，若治安管理处罚的种类与幅度未能精心规划，其预期的惩戒效果可能会被严重削弱，难以充分展现其防止违反治安管理行为再次发生以及遏制其向犯罪行为转化的作用。合理的处罚种类能够针对不同性质的违法行为进行精准打击，而适当的处罚幅度则能够既起到惩罚作用，又避免过于严厉引发不必要的抵触情绪。因此，必须审慎考虑处罚种类的设置和幅度的把握，确保治安管理处罚能够真正发挥其应有的震慑和引导作用。

目前，针对未成年人的法制约束力显得较为薄弱，这在日益频发的校园暴力问题中尤为凸显。校园，本应是孩子们学习和成长的乐园，但近年来却成了欺凌事件频发的场所。参与欺凌的群体日趋年轻化，他们往往对法律缺乏敬畏之心，行事肆无忌惮。尽管公安机关在事后会通过法律手段进行惩处，但往往难以有效遏制此类行为的再次发生。

统计数据显示，对于校园欺凌案件的处理，结果并不尽如人意。[1]约有25%的欺凌者仅仅受到了学校层面的校规校纪处罚或口头批评，这样的处罚力度显然不足以对他们产生足够的震慑。另有约10%的欺凌者虽然受到了公安机关的训诫，但这种训诫往往只是口头上的警告，难以真正改变他们的行为。更为严重的是，约有29%的欺凌者被处以治安拘留，但其中高达77%的人因年龄未满16周岁或18周岁且为首次违法而免于执行。这意味着，即使他们被判处了拘留，但由于年龄和首次违法的因素，他们往往能够逃避实际的惩罚。这种情况无疑加剧了校园欺凌问题的严重性，让欺凌者更加肆无忌

---

〔1〕 于小川、韩张琛：《校园欺凌之治安干预机制研究》，载《中国人民公安大学学报（社会科学版）》2023第3期，第131页。

惮。此外，约有17%的欺凌者面临刑事处罚，但这样的比例显然偏低，难以对校园欺凌问题形成有效的打击。还有高达30%的案件处罚结果不明，这更是让人对校园欺凌问题的处理感到担忧。[1]

事实上，部分多次实施欺凌的学生甚至认为公安机关无法有效管制他们。他们在接受训诫或处罚后，并没有真正认识到自己的错误，反而在离开派出所后，其欺凌行为变得更加猖獗。这种对法律的无视和挑衅，无疑是对整个社会法治秩序的严重挑战。

传统的法治治理手段在面对这种低龄化欺凌行为时显得力不从心。尤其对于精神层面的侮辱和伤害，法律往往难以进行有效干预。这使得受害者在遭受欺凌后，往往无法得到及时的保护和救助，心灵受到严重创伤。

目前，仅仅依赖法律对校园欺凌进行事后处理，效果并不理想。我们需要从源头上预防和解决这一问题，加强对未成年人的法治教育和道德教育，提高他们的法律意识和道德水平。同时，也需要完善相关法律法规，加大对校园欺凌行为的惩处力度，让欺凌者付出应有的代价。这样才能真正保护未成年人的合法权益，维护社会的和谐稳定。

从轻、减轻处罚：

（1）从轻。对具有《治安管理处罚法》第12条、第14条从轻处罚情节的违法行为人，要准确适用从轻处罚。如法定处罚为"五日以下拘留或者五百元以下罚款"，从轻处罚适用较轻的处罚种类为"五百元以下罚款"；如法定处罚为"二百元以上五百元以下罚款"，从轻处罚适用较小的处罚幅度为"二百元罚款"等。需要注意，在同种处罚种类内幅度的选择，并非只有该幅度的下限才是从轻处罚，这里的"轻"是与裁量标准相对应的。

例如《治安管理处罚法》第33条规定对盗窃、损毁油气管道设施的，处10日以上15日以下拘留。公安机关根据裁量标准应决定给予13日行政拘留的，但同时行为人有法定"从轻"情节的，给予12日行政拘留仍属于从轻处罚。还有人认为适用从轻处罚，应参照"中间分割法"，例如：处5日以上10日以下拘留，中间值为（10+5）÷2=7.5日，即7.5日以下是从轻。

---

[1] 案例数据基于2019——2023年发生的150余起校园欺凌的典型案例，涉及全国各个省市，部分为学校、基层公安机关调研访谈得到，还有的是根据裁判文书网判决书以及媒体记者报道案例发现。一起案件往往涉及多名欺凌者和多种处罚措施，这里在统计时使用了案件总数而非欺凌人数。

需要注意的是，我国现行法律法规中并未设定关于处罚的中间线这一概念。在具体裁量时，我们必须全面考虑多个因素，包括违法行为人对于违反治安管理行为的态度、目的、动机，他们采用的手段，以及这些行为所造成的后果，还有他们认错的态度等。通过综合评估案情，在初步确定行政处罚的种类与幅度之后，进一步引入从轻情节作为依据，从而更准确地确定处罚。这样的做法旨在确保处罚的公正性和合理性，同时维护社会的治安秩序。

（2）减轻。减轻处罚是公安机关在处理违反治安管理行为案件时，在法律、法规及规章所规定的处罚方式和幅度最低限度之下，针对特定情况所采取的一种相对宽容的治安管理处罚措施。这一措施旨在体现法律的人性化，对于部分情节较轻或者具备特殊情况的违法者，给予一定的从轻处理，以期达到教育、纠正而非单纯惩罚的目的。

在治安案件中，减轻处罚的适用往往涉及《治安管理处罚法》中的多个条款，如第12条关于未成年人的特殊处理、第14条关于盲人或又聋又哑的人的处理原则，以及第19条列举的可以减轻或不予处罚的情节等。这些条款为公安机关在实际操作中提供了明确的法律依据。

然而，减轻处罚并非随意为之，而是需要严格遵循公安部《公安机关执行〈中华人民共和国治安管理处罚法〉有关问题的解释（二）》（公通字[2007]1号）中关于减轻处罚适用问题的具体规定。这些规定对减轻处罚的适用条件、程序以及幅度等都做了详细的说明，确保公安机关在行使这一权力时能够公正、公平、合法。

在实际操作中，公安机关会结合案件的具体情况，如违法行为的性质、情节、后果以及违法者的主观态度等因素，综合考虑是否适用减轻处罚。同时，也会充分听取违法者的陈述和申辩，确保处罚决定的公正性和合理性。总之，减轻处罚是公安机关在处理治安案件时的一种重要手段，旨在通过人性化的处罚方式，达到教育、纠正违法者的目的，维护社会的和谐稳定。具体来说，减轻处罚的适用情形包括：

（1）当法定处罚种类唯一时，应在该种类的处罚幅度以下实施减轻处罚。例如，若法定处罚为"200元以上500元以下罚款"，则减轻处罚应为"200元以下罚款"。

（2）若法定处罚种类唯一且其幅度下已无法再减轻，则不予处罚。例如，法定处罚为"500元以下罚款"，因处罚幅度已涵盖0元至500元，无法再减轻，故应适用不予处罚。

（3）当规定中同时涉及拘留和罚款两种处罚方式时，可以在法律规定的幅度范围内选择单独或同时减轻对拘留和罚款的处罚力度。此外，也可以选择仅在法定幅度内执行拘留处罚。以某一具体规定为例，若法定处罚为"处以 10 日以上 15 日以下的拘留，并同时处以 500 元以上 3000 元以下的罚款"，那么在减轻处罚的情况下，可以包含以下四种情形：一是拘留期限缩短至 10 日以下，并同时处以 500 元以下的罚款；二是拘留期限在 10 日以下，但罚款金额仍在 500 元至 3000 元之间；三是拘留期限保持在 10 日以上 15 日以下，但罚款金额减少至 500 元以下；四是仅执行 10 日以上 15 日以下的拘留，而不进行罚款。这四种情形均是在遵守法律规定的前提下，对处罚的灵活应用。

（4）当规定中涉及拘留并可同时处以罚款时，对于拘留的处罚，应在其法定幅度的下限实施减轻处罚。若拘留的法定幅度已无法进一步减轻，则不应再对其进行处罚。以具体例子说明，若法定处罚规定为"处以 5 日以上 10 日以下的拘留，并可同时处以 500 元以下的罚款"，那么在减轻处罚的情况下，拘留期限应缩短至 5 日以下。然而，若法定处罚为"处以 5 日以下的拘留，并可同时处以 500 元以下的罚款"，由于拘留的法定幅度已无法再减轻，因此应适用不予处罚的原则，不再对其进行拘留处罚。这样的规定旨在确保处罚的灵活性和合理性，根据具体情况进行适度调整。

在具体适用减轻处罚时，需要注意不能跨档减轻，不能突破法条本身规定的处罚种类。

配套完善措施。对于未成年人更应侧重早期干预和预防再犯，可以在以下配套制度方面进行细化。

第一，强化家校的教育管理职能。加强对罪错未成年人的管理、教育及监督。法院、检察院以及公安机关在履职过程中发现监护人不依法履行监护职责的，应当予以训诫，并可以责令其接受家庭教育指导。完善亲职教育制度，预防未成年人犯罪。

第二，完善专门学校的管理体系。首先，专门学校教育的发展必须以规范招生对象为突破口。目前的招生对象是已满 12 周岁不满 18 周岁的未成年人，因专门学校教育惩罚性较弱，为了更好地预防未成年人犯罪，应当放宽专门教育招生年龄至 10 岁。10 岁的未成年人处于形成"良好三观"的关键时期，也初步具备了判断自己的行为是否违反社会规范或法律法规的能力。

其次，完善教育管理机制。对符合条件的未成年人，及时送至专门学校，由专门教育指导委员会负责调查并报送。此外，对未成年人进行评估后，以细致的再分配管理和科学的职业教育防止"交叉感染"，开展心理疏导和法治教育。最后，完善评价体系。定期对未成年人在校不同阶段的表现，课程完成情况，在校期间是否存在违规行为、人身风险等进行评价，并根据评价结果调整教育矫正的目标和相应方式。

第三，构建社会化的帮教体系。首先，满足未成年人的身心康复需求，引进专业力量集中参与到帮教工作中，特别是教育学、心理学、犯罪学等方向的专业人才，对未成年人进行长期跟踪帮扶，提供回归社会后的心理辅导、关系修复以及就业所需的技能训练等。其次，满足未成年人的就业就学需求，可由当地教育主管部门为其办理入学事宜，由人力和社会保障等部门提供就业培训指导和必要的就业信息服务。最后，加大政府购买专业组织社会服务的力度，重视专职人员、专业人员的队伍建设比例，完善社会化帮教保障体系满足罪错未成年人顺利回归社会的需求。

三、参考条文

◎《公安机关执行〈中华人民共和国治安管理处罚法〉有关问题的解释（二）》第四条

关于减轻处罚的适用问题

违反治安管理行为人具有《治安管理处罚法》第十二条、第十四条、第十九条减轻处罚情节的，按下列规定适用：

（一）法定处罚种类只有一种，在该法定处罚种类的幅度以下减轻处罚；

（二）法定处罚种类只有一种，在该法定处罚种类的幅度以下无法再减轻处罚的，不予处罚；

（三）规定拘留并处罚款的，在法定处罚幅度以下单独或者同时减轻拘留和罚款，或者在法定处罚幅度内单处拘留；

（四）规定拘留可以并处罚款的，在拘留的法定处罚幅度以下减轻处罚；在拘留的法定处罚幅度以下无法再减轻处罚的，不予处罚。

四、典型案例

案例一：天津市高级人民法院发布 10 个保护妇女儿童权益典型案例——刘甲某诉天津市公安局蓟州分局撤销行政处罚决定案

1. 基本案情

原告刘甲某为小学在校学生，某日在学校附近被案外人殴打，第三人刘某用手机录像并阻止他人劝架，后原告刘甲某报警。因案发时第三人刘某已满 16 周岁不满 18 周岁，且系初次违反治安管理相关规定，被告公安蓟州分局依据《治安管理处罚法》第 26 条第 4 项、第 12 条和第 21 条第 2 项之规定作出《行政处罚决定书》，对第三人刘某作出行政拘留 5 日，拘留不执行的行政处罚。原告刘甲某不服，诉至法院，请求依法撤销被告作出的行政处罚决定书，依法对第三人刘某加重处罚。

2. 裁判结果

法院生效裁判认为，案外人殴打原告时，第三人刘某用手机录像并阻止他人劝架，案发时第三人刘某已满 16 周岁不满 18 周岁，且系初次违反治安管理相关规定，被告公安蓟州分局在依法履行告知程序后对第三人作出的行政处罚决定，事实清楚、程序合法、适用法律正确。故判决驳回原告刘甲某的诉讼请求。因原告与第三人均为未成年人，为有力敦促第三人刘某父母履行教育义务，切实维护未成年子女合法权益，法院积极创新工作模式，向第三人刘某的父母发出《家庭教育令》，并会同区妇联、区教育局对第三人刘某的监护人进行家庭教育指导，同时请原告刘甲某的监护人到场参与，最终原告息诉服判，未提出上诉。8 个月后，承办法官会同区教育局同志再次来到第三人所在村委会，进行家庭教育回访，了解第三人的思想动态和学习生活情况，向第三人的母亲再次强调了家庭教育令的作用及父母在家庭教育中的重要性。

3. 典型意义

本案是行政诉讼案件中颁布《家庭教育令》的一个具有代表性的例子。随着《家庭教育促进法》的正式实施，家庭教育不再仅仅被视为传统的"家事"，而是被提升到了新时代的重要"国事"层面。这一法律从立法的高度赋予了司法机关对未能正确履行家庭教育职责的未成年人父母或其他监护人进行家庭教育指导的权威。这标志着"依法带娃"新时代的到来，对于保护未成年人的合法权益具有深远的意义。

在本案中，第三人刘某的父母作为法定监护人，在家庭教育中存在严重缺失，他们怠于履行家庭教育责任，未能正确实施家庭教育，也未能尽到应有的监管职责。这种失职行为导致刘某的行为触犯了法律，进而侵犯了受害人的合法权益。本案中，人民法院积极延伸审判职能，在发出《家庭教育令》后，会同区妇联、区教育局进行家庭教育指导及家庭教育回访，切实加强对未成年人监护人的指导和监督，共筑未成年人保护体系。

案例二：湖北省高级人民法院发布10起未成年人司法保护典型案例——黄某某未成年人治安管理处罚案

1. 基本案情

2018年9月26日下午，黄某某等三人（均系未成年人，其中黄某某未满16周岁）协商抢夺手机变卖换钱用，随后三人以买手机为名查看手机实施抢夺，其中一人被现场抓获并报警，黄某某逃离后由其家长送至S市A区公安分局甲派出所。当日，甲派出所民警对黄某某等人分别进行询问。对黄某某进行询问时，其父亲暨法定代理人在场，但现场询问的民警仅有一人。民警依法制作了行政处罚告知笔录，同时告知了黄某某有陈述、申辩、听证的权利，黄某某在笔录上签名。同日，A区公安分局作出行政处罚决定书，对黄某某行政拘留3日（不执行）。2018年10月31日，黄某某向S市人民政府申请行政复议。S市人民政府作出行政复议决定，维持A区公安分局行政处罚决定书。黄某某仍不服，提起行政诉讼。

2. 裁判结果

一审人民法院判决：①确认A区公安分局于2018年9月26日作出的行政处罚决定违法；②确认S市人民政府于2018年12月29日作出的行政复议决定违法。

3. 典型意义

《治安管理处罚法》第12条规定，已满14周岁不满18周岁的人违反治安管理的，从轻或者减轻处罚；不满14周岁的人违反治安管理的，不予处罚，但是应当责令其监护人严加管教。第21条第1项规定，对已满14周岁不满16周岁的违法行为人，应当给予行政拘留处罚的，不执行处罚。第84条第 3 款规定，询问不满 16 周岁的违反治安管理行为人，应当通知其父母或者其他监护人到场。以上均系《治安管理处罚法》为保障未成年人合法权益而作出的特别规定。本案中，违法行为人黄某某未满 16 周岁，公安机关在作出行政处罚决定时，严格执行上述法律规定：一是行政拘留期限在法定处罚幅度以下，即减轻了处罚；二是明确了不执行行政拘留；三是公安机关在进行询问时通知其父亲到场。通过规范执法行为，公安机关保障了黄某某作为未成年人的各项权利，也较好地体现了教育与处罚相结合的办案原则。人民法院在审理本案时，不仅对公安机关的上述做法予以认可，还对执法程序进行全面审查，指出了其在询问时仅有一名民警的程序瑕疵，并据此确认行政处罚决定违法。本案对于充分保障未成年人在治安管理处罚中的程序及实体权利具有较强指导意义。

案例三：怀化市公安局鹤城分局公安行政管理：治安管理（治安）二审行政判决书[1]

1. 基本案情

原审法院审理后认为，根据《治安管理处罚法》第 7 条的规定，县级以上的地方公安机关在其管辖区域内负有治安管理的职责。而依据 2017 年修正的《行政复议法》第 12 条，若对县级以上地方政府的工作部门所作出的具体行政行为存在异议，申请人有权选择向该部门的本级政府或上一级主管部门提出行政复议。因此，鹤城公安局与怀化市公安局在本案中均具备被告资格。

2. 评析

本案的争议核心在于鹤城公安局作出的不予处罚决定是否恰当运用了相关法律。根据《治安管理处罚法》第 12 条，对 14 周岁以上、不满 18 周岁的人违反治安管理的情况，应当从轻或减轻处罚。而第 43 条则明确了殴打或故意伤害他人身体的处罚规定，包括不同情节下的拘留和罚款幅度。同时，公安部《公安机关对部分违反治安管理行为实施处罚的裁量指导意见》第 40 条也详细列出了哪些情况可视为"情节较轻"。

具体到本案，第三人彭某 1、马某 1、林某在案发时均刚满 14 周岁，且为在校学生，初次发生殴打行为，伤害后果并不严重。他们都如实陈述了违法

---

[1] [2020] 湘 12 行终 181 号。

事实，并写下认错具结保证书。鹤城公安局基于这些事实，作出了不予处罚的决定，这符合上述法律和规章的处罚原则，并无不当之处。原告对鹤城公安局的《不予处罚决定书》表示不服，并向怀化市公安局申请了行政复议。怀化市公安局在受理后，依法向鹤城公安局发出了《行政复议提交答复通知书》，并通知了第三人彭某1、马某1、林某参与复议程序，最终作出了维持鹤城公安局不予处罚决定的《行政复议决定书》。怀化市公安局的复议程序合法，适用法律、法规正确，处理结果亦得当。

原告认为鹤城公安局的不予处罚决定违反了相关法律规定，但法院审查后认为这一观点缺乏法律依据，故不予支持。因此，依照《行政诉讼法》第69条的规定，法院作出如下判决：驳回原告刘某1的诉讼请求。本案案件受理费50元，由原告刘某1承担。

第三节 未成年人不执行处罚

一、条文规定

《治安管理处罚法》第二十一条 违反治安管理行为人有下列情形之一，依照本法应当给予行政拘留处罚的，不执行行政拘留处罚：

（一）已满十四周岁不满十六周岁的；
（二）已满十六周岁不满十八周岁，初次违反治安管理的；
（三）七十周岁以上的；
（四）怀孕或者哺乳自己不满一周岁婴儿的。

二、条文解读

对于已经年满16周岁但尚未满18周岁的行为人，如果他们多次违反治安管理规定，且情节严重或重大，这就需要我们深入探讨如何采取更加有效的惩戒措施。在这个年龄段的未成年人，尽管他们还未完全成熟，但已经具备了一定的辨识能力和自我约束能力。当他们的行为屡次触及法律的底线，尤其是当这些行为显示出严重的违法性质时，不能仅仅依赖于警告或罚款等较轻的处罚手段。

第二章　未成年人的行政法权益保护

　　这些较轻的处罚措施虽然在一定程度上可以表达对他们行为的否定，但往往难以对他们产生足够的震慑效果。对于某些行为人来说，这些轻微的处罚可能被视为无足轻重的代价，从而无法彻底纠正他们的违法行为。因此，在严格遵守法律规定的前提下，我们需要审慎地考虑是否应当适用更为严厉的处罚措施。

　　在这种情况下，行政拘留作为一种相对严厉的处罚方式，应当被纳入考虑范围。当然，对于未成年人的行政拘留，必须严格遵循法律的规定，确保处罚的公正性、合理性和必要性。同时，还需要注重对他们的教育引导，帮助他们认识到自己行为的错误，引导他们走上正道，避免再次违法。通过综合运用多种手段，才能更有效地维护社会治安，保护未成年人健康成长。

　　当这些未成年人的行为人的举止扰乱了公共秩序，妨害了公共安全，侵犯了他人的人身权利与财产权利，或者妨害了社会管理，且这些行为表现出一定的社会危害性时，就需要采取相应的行动。虽然他们的行为尚未达到刑事处罚的标准，但这并不意味着可以对他们的行为视而不见或听之任之。相反，应当通过行政拘留这一处罚措施，让他们深刻认识到自己行为的严重性，进而产生改正的动力。

　　行政拘留的处罚方式，既能起到有效的惩戒作用，又能在一定程度上保护社会的公共利益和他人权益。对于这些未满18周岁的行为人来说，虽然他们还未完全成熟，但也需要为自己的行为承担相应的责任。通过行政拘留的处罚，我们可以让他们明白，法律面前人人平等，不论年龄大小，违法行为都将受到应有的惩罚。同时，这也能够提醒其他潜在的违法者，遵守法律是每个人的义务，任何违法行为都将受到法律的制裁。

　　行政拘留，作为公安机关对违反治安管理规定的行为人所采取的最为严厉的一种处罚措施，其本质上是对行为人进行一定期限的关押，在特定场所暂时剥夺其人身自由。这种处罚措施的实施，旨在通过强制性的方式，让行为人深刻认识到其违法行为的严重性，进而达到纠正行为、维护社会秩序的目的。然而我们必须认识到，人身自由是每位公民所享有的神圣权利，它代表着个体的尊严和自主性，是公民在社会生活中不可或缺的一部分。在我国，宪法和相关法律都对人身自由进行了明确的规定和保护，任何单位和个人都无权随意侵犯。

　　特别是对于未成年人、老年人和妇女等特定群体，国家更是予以特别的关注和保护。这些群体往往在社会中处于相对弱势的地位，他们的权益更容易受到侵害。因此，当这些群体中的个体因违反治安管理规定而面临行政拘留时，公安机关在执行处罚措施时更应审慎对待，确保在维护社会秩序的同时，充分保障他们的人身自由和合法权益。总之，行政拘留作为一种严厉的处罚措施，其执行必须严格遵循法律规定，确保在惩罚违法行为的同时，不侵犯公民的人身自由权利，特别是要关注并保护特定弱势群体的合法权益。

以未成年人为例，《未成年人保护法》第113条明确指出，对违法犯罪的未成年人，应以教育、感化、挽救为主，惩罚为辅。公安部门在办案过程中，始终遵循这一原则，对未成年人群体的特殊情况给予充分考虑和特殊保护。例如，公安部曾发布的《公安机关办理未成年人违法犯罪案件的规定》，就明确规定了办理未成年人案件时，应尊重其人格尊严，保障其合法权益，并尽可能避免对未成年人使用治安拘留处罚。

至于"不执行行政拘留处罚"，指的是公安机关虽然依法对违反治安管理规定的行为人作出了行政拘留的决定，但考虑到其特殊情况，实际上并不执行这一处罚。这并不意味着放任不管，公安机关会联合其家庭、单位、学校及社区等，对其进行必要的监管和帮教。与"不决定行政拘留处罚"不同，前者虽不执行处罚，但决定本身已是对行为人违法行为的法律否定，可作为其违法经历的记录，日后若再违法，可依法从重处罚；而后者则未从法律层面对其违法行为进行否定。

以《治安管理处罚法》第30条为例，对于制造、买卖危险物质等违法行为，法律明确规定了行政拘留的处罚。若采取"不决定行政拘留处罚"的做法，则无法对这类行为进行法律惩处，这显然违背了法律的精神。因此，在维护社会治安的同时，也需充分保障公民的合法权益，确保法律的公正与公平。

三、参考条文

◎《公安机关执行〈中华人民共和国治安管理处罚法〉有关问题的解释》第五条

关于不执行行政拘留处罚问题。根据《治安管理处罚法》第21条的规定，对"已满十四周岁不满十六周岁的"，"已满十六周岁不满十八周岁，初次违反治安管理的""七十周岁以上的""怀孕或者哺乳自己不满一周岁婴儿的"违反治安管理行为人,可以依法作出行政拘留处罚决定,但不投送拘留所执行。被处罚人居住地公安派出所应当会同被处罚人所在单位、学校、家庭、居(村)民委员会、未成年人保护组织和有关社会团体进行帮教。上述未成年人、老年人的年龄、怀孕或者哺乳自己不满1周岁婴儿的妇女的情况,以其实施违反治安管理行为或者正要执行行政拘留时的实际情况确定,即违反治安管理行为人在实施违反治安管理行为时具有上述情形之一的,或者执行行政拘留时符合上述情形之一的,均不再投送拘留所执行行政拘留。

◎《公安机关执行〈中华人民共和国治安管理处罚法〉有关问题的解释(二)》第五条

《治安管理处罚法》第二十一条第二项规定的"初次违反治安管理",是指行为人的违反治安管理行为第一次被公安机关发现或者查处。但具有下列情形之一的,不属于"初次违反治安管理":

(一)曾违反治安管理,虽未被公安机关发现或者查处,但仍在法定追究时效内的;

(二)曾因不满十六周岁违反治安管理,不执行行政拘留的;

(三)曾违反治安管理,经公安机关调解结案的;

(四)曾被收容教养、劳动教养的;

(五)曾因实施扰乱公共秩序,妨害公共安全,侵犯人身权利、财产权利,妨害社会管理的行为被人民法院判处刑罚或者免除刑事处罚的。

◎《未成年人保护法》第一百一十三条 对违法犯罪的未成年人,实行教育、感化、挽救的方针,坚持教育为主、惩罚为辅的原则。

对违法犯罪的未成年人依法处罚后,在升学、就业等方面不得歧视。

四、典型案例

案例一:许某诉某市公安局行政复议案[1]

1. 基本案情

2018年12月24日20时许,康某在某培训学校上课,因其讲话声音较大

---

[1] [2021]闽01行终8号。

影响到他人，许某上前劝阻，双方发生口角，而后许某用手勒住康某脖子，并将康某摔倒在地，同时倒地的许某用身子压住康某，后双方被劝开。经鉴定，康某的损伤为轻伤一级。2019年5月15日，某区公安局作出行政处罚决定书，根据《治安管理处罚法》第2条、第21条第1项、第43条第1款，决定对许某处五日拘留，并处200元罚款，由于案发时许某已满14周岁、不满16周岁，对许某不执行行政拘留处罚。2019年5月29日，康某不服上述行政处罚决定，向某市公安局申请行政复议。2019年7月22日，某市公安局作出行政复议决定书，决定撤销前述行政处罚决定，责令某区公安局在收到复议决定20日内重新作出处罚决定，许某未被通知参加本次行政复议程序。2019年8月8日，某区公安局重新作出行政处罚决定书，根据《治安管理处罚法》第2条、第12条、第43条第2款第2项之规定，决定对许某处10日拘留，并处500元罚款，由于违法行为人许某作案时已满14周岁、不满16周岁，根据《治安管理处罚法》第21条第1项之规定，对违法行为人许某不执行行政拘留处罚。许某不服第二次作出的行政处罚决定书，于2019年9月16日向福建省福州市台江区人民法院提起另案诉讼，该院于2019年10月12日向许某的委托代理人寄送第三人某区公安局所提交的证据，许某的委托代理人于同月14日收到相关证据，此时许某及其委托代理人才了解到案涉行政复议决定书的内容。因对该行政复议决定书不服，原告许某以某市公安局为被告向福建省福州市鼓楼区人民法院提起诉讼，即本案。

2. 案件焦点

行政复议程序中，复议机关是否应当追加案件的利害关系人为第三人。

3. 法院裁判要旨

福建省福州市鼓楼区人民法院经审理认为：根据2017年修正的《行政复议法》第10条第3款的规定，同申请行政复议的具体行政行为有利害关系的其他公民、法人或者其他组织，可以作为第三人参加行政复议。《行政复议法实施条例》第9条第1款规定，行政复议期间，行政复议机构认为申请人以外的公民、法人或者其他组织与被审查的具体行政行为有利害关系的，可以通知其作为第三人参加行政复议。尽管上述规定并未对行政复议机关科以通知利害关系人参加行政复议的强制性义务，但基于正当程序的原则，行政复议机关在可能作出对利害关系人不利的决定时，应当给予其实质性地参与到行政复议程序中的机会，保障其享有与复议申请人、被申请人平等的程序权利。本案中，某市公安局审查的行政行为系某区公安局作出的行政处罚决定，许某系被处罚决定人，与该行政处罚决定之间具有直接的利害关系。而某市公安局在行政复议的过程中未通知许某参加行政复议，事实上导致许某与其他行政复议参加人享有的程序权利不平等。在此情况下，某市公安局最终作出对许某不利的被诉复议决定，有违正当程序原则，应属程序违法。

福建省福州市鼓楼区人民法院依照《行政诉讼法》第74条第2款第1项的规定，判决如下：

确认某市公安局作出的行政复议决定违法。

某市公安局提起上诉。福建省福州市中级人民法院经审理认为：本案争议焦点系行政复议机关未听取利害关系人意见即作出行政复议决定是否违反法定程序。根据正当程序原则，行政复议机关拟作出对利害关系人产生不利影响的行政复议决定，应当通知利害关系人参加行政复议，行使复议权利。经查，某市公安局作出的行政复议决定认为，某区公安局认定事实不清，适用法律错误，责令某区公安局重新作出处罚决定。该决定可能对许某产生不利影响，且许某系被处罚决定人，与被审查行政处罚决定有直接的利害关系。复议机关某市公安局应当给予许某表达意见和为自己辩护的机会，而某市公安局在作出复议决定前未听取许某的陈述和申辩意见，违反正当程序原则。一审法院认定某市公安局作出行政复议决定违法并无不当，某市公安局关于其复议程序合法的主张不能成立。

福建省福州市中级人民法院依照《行政诉讼法》第89条第1款第1项之规定，判决如下：驳回上诉，维持原判。

案例二：李某1与沛县公安局行政处罚二审行政判决书[1]

上诉人李某1因不服被上诉人沛县公安局作出的沛公（杨）行罚决字[2019]1173号行政处罚决定一案，不服徐州铁路运输法院[2019]苏8601行初1378号行政判决，向江苏省徐州市中级人民法院提起上诉。

原审审理查明，公安机关接到关于第三人冯某1等四人于2019年7月16日16时许在沛县屯镇苏鲁商贸城玛姿宝化妆品店因琐事殴打原告李某1并致原告受伤的报警。被告沛县公安局工作人员在原告、第三人等未成年人父母

---

[1] [2020]苏03行终408号。

到场的情况下询问了原告、第三人等人，收集了相关证据。被告调查后向第三人告知了拟作出行政处理的事实、理由、依据，听取了第三人的陈述、申辩，于2019年8月22日作出沛公（杨）行罚决字[2019]第1173号行政处罚决定书。

查明"2019年7月16日16时许，在沛县屯镇苏鲁商贸城玛姿宝化妆品店，因为琐事冯某1、奚某1、公某1、魏某某等四人对李某1（2006年12月12日生）殴打"，认定"冯某1的行为违反《治安管理处罚法》第12条、第43条第2款第2项，构成殴打他人"，决定"对冯某1行政拘留十日"，因第三人违反治安管理时已满14周岁不满16周岁，根据《治安管理处罚法》第21条第1项规定，决定"行政拘留不予执行"，并制作相应行政处罚决定书送达第三人及其母胡某某。

因上诉人主张无事实依据，上诉理由不能成立，法院认为一审法院认证正确，依法予以确认。

案例三：王某与驻马店市公安局东高分局治安行政处罚纠纷上诉案[1]

因董某琦指使社会青年宋某豪加徐某QQ好友欲恐吓徐某，徐某未通过好友申请。2019年4月30日18时30分许，驻马店市实验中学放学后，董某琦在教室内与韩某保、王某然商定放学后殴打徐某，后三人在驻马店市实验中学大门口外与社会青年宋某豪、彭某成、王某琪汇合商定拦截地点。路途中，董某琦又约了同学芦某、杨某境一起去殴打徐某，在驻马店经济开发区复兴路与洪河大道交叉口西南角，王某然对宋某豪指认徐某，将徐某带到复兴路福苑花园小区一楼道内，王某然、芦某把守楼道口，董某琦、韩某保、杨某境在边上助威，由宋某豪、彭某成、王某琪对徐某实施殴打。

被告驻马店市公安局东高分局接警后，及时赶赴现场进行调查取证，对当事人、受害人进行调查询问，在对涉案人员询问的过程中，还通知了未成年人的母亲到场，并调取了案发现场视频监控，进行了违法行为人之间的身份辨认。王某然的行为已违反《治安管理处罚法》第26条、第21条等相关规定，被告因此决定对王某然以寻衅滋事违反治安管理违法行为，对其行政拘留5日。因王某然不满16周岁，根据《治安管理处罚法》第21条第1项

---

[1] [2019]豫17行终246号。

之规定不执行行政拘留。原告对此行政处罚决定不服，要求法院依法撤销被告作出的东高公（治）行罚决字［2019］10165号行政处罚决定书。

一审法院另查明，2019年7月31日，被告对涉案的违法人员宋某豪、彭某成、王某琪分别作出了行政拘留10日的治安处罚。

第四节　对未成年人的特殊保护

一、条文规定

《治安管理处罚法》第四十条　有下列行为之一的，处十日以上十五日以下拘留，并处五百元以上一千元以下罚款；情节较轻的，处五日以上十日以下拘留，并处二百元以上五百元以下罚款：

（一）组织、胁迫、诱骗不满十六周岁的人或者残疾人进行恐怖、残忍表演的；

（二）以暴力、威胁或者其他手段强迫他人劳动的；

（三）非法限制他人人身自由、非法侵入他人住宅或者非法搜查他人身体的。

二、条文解读

（一）条文释义：该条涉及在特定情形下对未成年人的保护

对于组织、胁迫或诱骗未满16周岁的未成年人或残疾人参与恐怖、残忍表演的行为，我们必须明确指出，其主体应为具备相应责任年龄及能力的自然人。此外，也不能忽视单位作为责任主体的可能性。这种行为的核心，无疑是侵犯了未成年人及残疾人的人身权利。这些弱势群体在缺乏足够判断和保护能力的情况下，被诱导或强迫参与那些恐怖、残忍的表演，身心健康和尊严都遭受了严重的伤害。我们必须对这类行为予以严厉打击，并加强对未成年人和残疾人的保护，确保他们的权益不受侵犯。

在具体行为方面，组织表现为积极招募或雇佣未满16周岁的未成年人或残疾人，强制他们参与此类表演。胁迫则是一种更为恶劣的手段，它涉及使用暴力威胁、恐吓或其他身心伤害的方式，比如让受害者遭受冻饿之苦、罚跪等，以逼迫他们按照组织者的要求行事。而诱骗则相对隐蔽，通过虚假的承诺、诱惑或欺骗，诱使这些未成年人或残疾人误入歧途，主动或被动地参与表演。

所谓的恐怖表演，其内容充满血腥与暴力，包括但不限于展示血腥的碎尸场景、刀劈活人等令人胆寒的演出。而残忍表演则更为极端，涉及对人体进行残酷折磨的演示，比如吞剑、吞铁球、人吃活蛇等令人触目惊心的行为。这些表演不仅严重摧残了未成年人及残疾人的身心健康，更是对他们人身权利肆无忌惮的侵犯，是对社会公序良俗的公然挑战。我们必须坚决予以打击，保护这些弱势群体的合法权益。

(二) 司法现状

在实践中，我们必须明确区分恐怖、残忍表演行为与普通杂技表演之间的界限。中国杂技作为历史悠久的传统文化之一，不仅有助于身体健康，更在日常生活中以其独特的观赏性吸引着观众。尽管杂技表演中可能包含惊险、奇特的元素，但其核心在于以科学、文明的方式展现其艺术价值。

然而，恐怖、残忍表演则以渲染恐怖、暴力为核心内容，旨在追求感官上的强烈刺激和恐怖氛围。这类表演往往缺乏必要的安全保障，存在极高的危险性，尤其是对未满16周岁的未成年人或残疾人而言，参与此类表演会对其身心健康造成极大的伤害。

根据本条规定，对于组织、胁迫或诱骗不满16周岁的人或残疾人参与恐怖、残忍表演的行为，将处以10日至15日的拘留，并罚款500元至1000元。对于情节较轻的情况，如初次违反本规定或造成的后果较为轻微，将处以5日至10日的拘留，并罚款200元至500元。具体情节的轻重，将由办案部门根据实践经验和公正原则进行判定。若单位涉及此类行为，将直接追究其主管人员和其他直接责任人员的责任，并依照本条规定进行处罚。

三、参考条文

◎《未成年人保护法》第六十一条　任何组织或者个人不得招用未满十六周岁未成年人，国家另有规定的除外。

营业性娱乐场所、酒吧、互联网上网服务营业场所等不适宜未成年人活动的场所不得招用已满十六周岁的未成年人。

招用已满十六周岁未成年人的单位和个人应当执行国家在工种、劳动时间、劳动强度和保护措施等方面的规定，不得安排其从事过重、有毒、有害等危害未成年人身心健康的劳动或者危险作业。

任何组织或者个人不得组织未成年人进行危害其身心健康的表演等活动。经未成年人的父母或者其他监护人同意，未成年人参与演出、节目制作等活动，活动组织方应当根据国家有关规定，保障未成年人合法权益。

◎《刑法》第二百六十二条之一

以暴力、胁迫手段组织残疾人或者不满十四周岁的未成年人乞讨的，处三年以下有期徒刑或者拘役，并处罚金；情节严重的，处三年以上七年以下有期徒刑，并处罚金。

第二百六十二条之二

组织未成年人进行盗窃、诈骗、抢夺、敲诈勒索等违反治安管理活动的，处三年以下有期徒刑或者拘役，并处罚金；情节严重的，处三年以上七年以下有期徒刑，并处罚金。

四、典型案例

案例一：检察院与李某未成年人保护民事公益诉讼纠纷案[1]

1. 案情

2020年10月，李某某租赁涟水县涟城街道同乐坊商业街某店铺经营某酒吧，先后招用60余名未成年人担任营销员、服务员，并通过向未成年人免费提供酒水的方式，招揽附近职业学校的未成年在校生成立"气氛组"，带动酒吧气氛。此外，酒吧未在其经营场所的显著位置设置未成年人禁入、限入标志，并经常接纳未成年人进入饮酒消费。2021年6月30日，酒吧因涉嫌招用王某某等4名未成年工，以及招用石某某等2名童工，被涟水县人社局分别作出罚款8万元、罚款2万元的行政处罚。2021年8月26日，酒吧因不配合劳动保障监察，被涟水县人社局作出罚款1.8万元的行政处罚。酒吧未在限期内缴纳上述罚款，亦未及时整改，并在执法人员对酒吧进行检查时，组织

---

[1] 来源：http://fy.huaian.gov.cn/col/11896_655317/art/16751808/1676860202479Qu3hKxp1.html，访问日期：2024年6月27日。

未成年人逃避检查。淮安市人民检察院遂提起本案民事公益诉讼。

2. 裁判结果

淮安市中级人民法院经审理认为，该酒吧招用未成年工、允许未成年人进入其场所饮酒消费的行为侵害了未成年人的合法权益，损害了社会公共利益，判决李某某和酒吧立即停止招用未成年人、禁止接纳未成年人进入，并在省级媒体及其社交营销账号向社会公众赔礼道歉。同日，淮安市中级人民法院联合淮安市人民检察院共同制作《责令接受家庭教育指导令》，责令案涉未成年人父母在指定的时间、地点接受家庭教育指导，督促和引导其正确履行监护、抚养、教育未成年人的职责，让孩子得以回归正常家庭并健康成长。

3. 典型意义

人心如同一颗优质的幼苗，只有得到妥善的滋养，才能茁壮成长。对于祖国的花朵——未成年人，我们应当怀着细致入微的关怀与培养之心，确保他们的成长环境得到全社会的共同守护。然而，本案中的酒吧却无视这一责任，不仅招用未成年人，还诱导他们饮酒，使得原本应当专注于学习、充满活力的少年们，转而沉迷于酒精的迷幻之中，昼夜颠倒，荒废学业。这不仅严重损害了未成年人的身心健康，更是对他们青春时光的极大浪费，成了摧残这些"幼苗"的罪魁祸首。

对于这种行为，法律应予以严厉的制裁，道德也应给予强烈的谴责。同时，家长在面对孩子深夜不归等问题时，更应切实履行自己的监护职责，成为孩子抵御外界不良诱惑的坚实后盾。本案的判决不仅是对涉案酒吧的惩处，更是对社会的一次警示，有助于全社会形成关心、爱护未成年人的良好风气，清除一切不利于未成年人身心健康发展的隐患。此案不仅是全国首例涉及酒吧侵害未成年人权益的民事公益诉讼案，更是首次由法院和检察院共同对涉案未成年人的父母发出家庭教育指导令的案件，因此也被选为江苏法院弘扬中华优秀传统文化的典型案例。这一判决的深远影响，将激励我们更加积极地保护未成年人的权益，促进他们健康成长。

未成年人是党和国家事业的接班人，是实现民族复兴的希望和后备力量。未成年人的成长和保护问题一直是社会高度关注的领域。部分酒吧招用未成年人担任营销员、服务员，充当"气氛组"，此种社会乱象侵害了社会公共利益。涉事酒吧在执法部门作出处罚后未加以整改，而是通过拖延缴纳罚款、组织未成年人躲避检查等多种方式对抗执法部门的正当执法行为，严重损害了法律的权威与尊严。本案通过民事公益诉讼的方式提起诉讼，对于酒吧的侵权行为从违法行为、损害后果、因果关系、主观过错等方面进行了周延的论证，并通过对监护人开展批评教育等方式从根源上解决问题，维护了风清气正的社会环境。该案件的审理过程是《未成年人保护法》和《家庭教育促进法》颁布实施以来的一场生动实践。此案为今后类似案件的处理提供了很好的思路与参考。

案例二：陈某1、银航管阀（浙江）有限公司工伤保险待遇纠纷一审民事判决书[1]

1. 案情

法院经审理认定事实如下：2021年12月20日，原告在被告公司车间内不慎被机器轧伤右手掌。当日，原告被送往温州滨海医院住院治疗，入院诊断为右手贯通伤：开放性多发性损伤。于当天行右手清创、右环指正中神经掌侧固有神经修复+右环指尺神经掌侧固有神经修复+右第二、第三指总动脉修复+右环指指深、指浅屈肌腱修复+右中指指深、指浅屈肌腱修复+右第三蚓状肌修复+右第二蚓状肌修复+右第二骨间掌侧肌修复+右第三骨间背侧肌修复+右手异物取出术。于2022年1月4日出院，出院诊断为右手贯通伤：右环指正中神经掌侧固有神经断裂，右环指尺神经掌侧固有神经断裂，右第二、第三指总动脉断裂，右环指指深、指浅屈肌腱断裂，右中指指深、指浅屈肌腱断裂，右第三蚓状肌断裂，右第二蚓状肌断裂，右第二骨间掌侧肌断裂，右第三骨间背侧肌断裂，右第四掌骨骨折，右手皮肤软组织异物残留。共计住院15天，产生住院医疗费共计21 648.31元，其中伙食费225元。上述费用已由被告银航公司全部垫付。

…………

另查明，2022年10月13日，温州市龙湾区人民检察院出具温龙检未民支[2022]10号支持起诉书，载明：银航公司招用未满16周岁的陈某1的行为构成非法用工，其非法用工造成陈某1伤残，依法应当支付一次性赔偿金……依据《民事诉讼法》第15条的规定，决定支持起诉。

---

[1] [2022]浙0303民初4648号。

上述事实，有当事人一致陈述及原告身份证复印件、被告国家企业信用信息公示系统、住院病历、出入院记录、手术记录、报告单、住院费用清单、《不予受理案件通知书》《工伤认定申请不予受理决定书》《司法鉴定意见书》及鉴定费发票、证人胡朝杰的证言及微信聊天记录、支持起诉书等证据在卷佐证。

2. 法院认为

法院认为，根据《劳动法》第15条、《未成年人保护法》第61条、《禁止使用童工规定》第2条第1款的规定，禁止用人单位招用未满16周岁的未成年人，即使用童工。用人单位违反法律法规规定使用童工属非法用工，如在用工过程中等造成童工伤残的，应根据《非法用工单位伤亡人员一次性赔偿办法》《工伤保险条例》的相关规定承担赔偿责任。本案中，结合庭审过程及事实认定，原告被被告公司招用从事车床数控工作，于2021年12月20日第一天上班时，操作机器不当而受伤，此时原告尚未满16周岁，事实清楚；原告据此诉请被告公司赔偿其相应损失，温州市龙湾区人民检察院出具的《支持起诉书》，亦支持原告起诉，原告的诉请于法有据，法院予以支持。被告银航公司辩称事故发生当天证人胡某杰和原告只是到公司试工，并非正式上班，但未提供充分证据证明其主张，应承担举证不力的责任。

综上所述，原告诉请合理部分，法院予以支持；超出部分，依法应予驳回。依照《工伤保险条例》第66条，《非法用工单位伤亡人员一次性赔偿办法》第2条、第3条、第4条、第5条、第8条，《浙江省工伤保险条例》第24条、第25条，《民事诉讼法》第67条，最高人民法院《关于适用〈中华人民共和国民事诉讼法〉的解释》第90条之规定判决。

3. 裁判结果

（1）被告银航管阀（浙江）有限公司于本判决生效之日起15日内赔偿原告陈某1一次性赔偿金158 266元、护理费5000元、住院伙食补助费325元、鉴定费1900元，合计165 491元。

（2）驳回原告陈某1的其他诉讼请求。

如未按本判决指定的期间履行金钱给付义务，应当依照《民事诉讼法》第260条之规定，加倍支付迟延履行期间的债务利息。

本案免收案件受理费。

案例三：邹某与茂名市乐意传媒公司合同纠纷二审判决书[1]

1. 一审法院查明

一审法院认定事实：乐意传媒公司作为甲方与作为乙方的邹某于2020年4月25日订立《艺人合作协议（经纪合同）》。该合作协议的主要内容为：①乙方成为甲方的独家签约艺人，甲方成为乙方的经纪公司，乙方同意在经甲乙双方共同选定的直播平台陌陌平台进行直播，除此之外乙方接受甲方安排参加各种有偿、无偿的其他活动（如商业演出、拍摄广告等）；②双方的合作期限为2020年4月25日至2022年4月25日，在此期间双方均确认，甲方作为乙方独家经纪公司，双方在合作期间未届满前，乙方不得单方解除本合作协议，如中途退出，需与公司签订停止合同协议；③甲方对乙方实施补助制度，在乙方当月所分配的纯利润不足3000元时，甲方给予补足3000元的补助，在双方初步合作期间，补助的标准为补足1800元；④乙方了解且同意在本合作期间，甲方只负责对乙方直播事业的扶持，而不干预乙方的其他行为，若乙方实施任何非直播行为的，视为乙方的个人行为，一切后果应由乙方个人承担，甲方对此不知情也不干预，更不用为此承担任何责任；⑤签署本合同后，甲乙双方将开展相关合作，甲方将为乙方提供相关培训、直播机会、商业演出、直播间设计、个人推广等资源；⑥乙方若非因不可抗力导致的因素，而在合作期限内提出终止该协议，乙方需向甲方支付解约金20万元，此解约金为单向性，即只适用于乙方提出解除或终止本协议时，此解约金条款是基于甲方为乙方投入众多资源，培养乙方，提高乙方曝光率，以及处于直播行业特殊行情来共同制定。订立上述合同后，邹某在乐意传媒公司的安排下开始在陌陌平台进行网络直播。2020年9月，邹某在未与乐意传媒公司协商一致的情况下便擅自从乐意传媒公司处离开至今。2020年9月27日，乐意传媒公司委托广东太平洋律师事务所向邹某发出律师函，要求邹某赔偿10万元和支付解约金20万元。2021年1月8日，乐意传媒公司提起本案诉讼，请求判如所诉。

庭审中，邹某述称其自初中毕业后即出来参加工作，工作后的主要经济来源是靠自己工作赚钱。乐意传媒公司主张其在与邹某合作期间支出相关成

---

[1] [2021] 粤09民终1671号。

本对邹某进行栽培,包括教会邹某使用直播设备、为邹某提供住宿等。乐意传媒公司述称在合作期间每月大约向邹某支付2000元至4000元,邹某述称在合作期间每月基本上从乐意传媒公司处都是领取2600元,只有其中一个月是3000元。

2. 一审法院认为

一审法院认为:关于案涉《艺人合作协议(经纪合同)》的效力问题。虽然订立案涉《艺人合作协议(经纪合同)》时邹某的年龄仅为16周岁,但由于邹某述称其自2019年初中毕业后便出来参加工作,工作后的主要经济来源是靠自己工作赚钱,因此根据《民法典》第18条"成年人为完全民事行为能力人,可以独立实施民事法律行为。十六周岁以上的未成年人,以自己的劳动收入为主要生活来源的,视为完全民事行为能力人"的规定,邹某订立案涉《艺人合作协议(经纪合同)》时应视为完全民事行为能力人。同时,案涉《艺人合作协议(经纪合同)》亦是邹某与乐意传媒公司双方的真实意思表示,不违反法律、行政法规的强制性规定,不违背公序良俗,因此案涉《艺人合作协议(经纪合同)》依法成立,合法有效,邹某与乐意传媒公司应当按照约定全面履行自己的义务。

第五节 行政违法中未成年被害人的权利

一、条文规定

《治安管理处罚法》第四十三条 殴打他人的,或者故意伤害他人身体的,处五日以上十日以下拘留,并处二百元以上五百元以下罚款;情节较轻的,处五日以下拘留或者五百元以下罚款。

有下列情形之一的,处十日以上十五日以下拘留,并处五百元以上一千元以下罚款:

(一)结伙殴打、伤害他人的;

(二)殴打、伤害残疾人、孕妇、不满十四周岁的人或者六十周岁以上的人的;

(三)多次殴打、伤害他人或者一次殴打、伤害多人的。

二、条文解读

(一) 条文释义

本条总体上是《治安管理处罚法》对未达到刑事后果，但属于故意伤害行为的处罚依据。其中涉及未成年人的，在本条第 2 款第 2 项。其主要表达的意思是：对不到 14 周岁的未成年人升格保护，具体表现为殴打、伤害他们的违法行为人要加重处罚。

在如今的时代，我们国家、社会、个人等各种层面对于未成年人的保护都是极为重视的，这与我国尊老爱幼的文化传统息息相关。因此成年人殴打、伤害不满 14 周岁的未成年人时，本条文第 2 款第 2 项能够得到充分贯彻落实。因此，这一点上没有值得谈论的地方。但是，当下社会生活中，有一类较为常见的特殊现象使得本条文适用艰难，不论是理论界还是实务界，对这类行为的处罚都争议颇多，即校园暴力，比如近几年发生的绵阳三台校园霸凌事件[1]、湖南辰溪校园霸凌事件[2]等。

校园暴力施暴者由于学生和未成年人的双重身份，国家不论是在政策抑或是法律上都对其给予特别的关注和保护。我国未成年人犯罪要受到刑事处罚，在刑法上有严格的刑事责任年龄和危害程度的限制，即便符合刑法客观上的社会危害性，但未达刑事责任年龄就不能将其定罪。其内在原理是未成年人的认识能力、控制能力有限。现实中亦是如此，行为极其恶劣的不满 14 周岁的校园霸凌者，除非致使受害者死亡、重伤，否则不适用刑法处罚。一部分施暴者会受到《治安管理处罚法》的约束，处罚的措施主要为治安拘留、罚款、训诫等，但更多的是批评教育，在这之后施暴者又继续返回原学校学习。对于这些对同为未成年人的受害者造成身心创伤的人，并不存在与其行为相匹配的处理措施来对其进行约束。适用《治安管理处罚法》，担心过重；一放了之，不但使得施暴者逃避了责任，更是对其变相地放纵。且施暴者后续行为、品行是否改善，对受害者是否造成二次伤害未有定期的考察，这亦是不利于未成年人保护。未成年人违法违规，不能如同针对成年人一般仅仅

---

[1] 来源：https://www.ixigua.com/7168345488943480840，访问日期：2024 年 6 月 27 日。
[2] 来源：https://www.cnr.cn/hunan/zhxw/20221209/t20221209_ 526090658.shtml，访问日期：2024 年 6 月 27 日。

对其自由进行限制。一方面,剥夺自由的刑罚是我国目前最为常见的惩罚措施,其有较高的适用限制,校园暴力通常达不到此程度;另一方面,未成年人的身心都未发展完全,简单地将其限制自由,并不能有效扭转其叛逆的心态和预防其再次实施欺凌甚至犯罪。[1]

(二) 本条中"殴打""伤害"与"刑法上伤害"的区分

我国法律层面对未成年人的保护是全方位、多角度的,绝不是《治安管理处罚法》的特殊规定。在惩罚对公民物理伤害的方面,刑法中也存在相应的规定。虽然不是专门针对未成年人的保护,但相较于治安处罚中最高不过15日的拘留,刑法中的处罚就显得更加严厉。由于治安处罚和刑法中都是针对"伤害"的惩处,所以区分两者有利于更好地适用法律,也能更有效保护未成年的身体权益。毕竟更严苛的处罚会让伤害行为人投鼠忌器,使未成年人处于更安全的生存环境中。

首先,先讨论本条中"殴打"与"伤害"的区别,这有利于判断行政违法人的行为严重性。"殴打"是指行为人对受害人实施的可能损害其身体健康的攻击行为。对于"殴打"所采取的方式,并没有说严格限制于拳脚,根据案件发生时周遭的具体情况,对是否只能采取拳脚方式进行攻击来综合考量。一般来讲,殴打采用的是难以对人的身体产生严重损害的武器,比如木棍、木棒等。"殴打"对受害人所造成的损害结果是非常轻微的,可能只是身体的暂时疼痛,不一定要造成《人体损伤程度鉴定标准》中所列举的程度。这么看来,"殴打"属于一种行为犯,只要行为人确实对受害人进行了打击,那么就可以算是进行了殴打。"殴打"的工具、剧烈程度都只是作为处罚情节考量,原则上并不影响对"殴打"的认定。"伤害"则是比"殴打"更严重的情形,即打击行为造成受害人身体的现实损伤。这个损害程度不用过高,造成人体组织器官结构轻微损害即可,例如头皮挫伤,躯干伤口总计超过1.5厘米等。伤害程度是从根本上区分"殴打"与"伤害"两种情形最有效的方式。攻击手段则不尽然,因为用手指甲也能造成较大的伤口,人的拳脚也能将人打伤,乃至打死。

其次,本条中的"殴打""伤害"与"刑法上伤害"也适用从伤害程度

---

[1] 赵学琴:《校园暴力的影响因素及预防措施研究——评〈校园暴力心理机制研究〉》,载《中国学校卫生》2021年第7期,第954页。

上进行区分。刑法上的故意伤害罪构成要件中，要求必须造成受害人轻伤以上的损害。这也是公安机关判断伤害行为是由行政处罚，还是进入刑事程序的重要依据。除此之外，本条中的"殴打""伤害"，行为人都是带有故意的主观意志的。而刑法上，行为人也可能基于过失造成受害人伤害，即《刑法》第235条规定的过失致人重伤罪。

三、参考条文

◎《公安机关执行〈中华人民共和国治安管理处罚法〉有关问题的解释（二）》

第七条 关于殴打、伤害特定对象的处罚问题

对违反《治安管理处罚法》第四十三条第二款第二项规定行为的处罚，不要求行为人主观上必须明知殴打、伤害的对象为残疾人、孕妇、不满十四周岁的人或者六十周岁以上的人。

四、典型案例

案例一：贾小某与正阳县公安局治安行政处罚案[1]

1. 基本案情

贾小某（不满14周岁）与李大某之子李小某均为正阳县真阳第三小学在校学生。2015年4月某日傍晚，贾小某与李大某之子李小某等学生在上述学校附近玩耍。在玩耍过程中，贾小某与李小某发生了争执，李小某直接原地开始大哭。李大某及其妻子陈某来到现场后，发现李小某在哭泣。在得知其与贾小某产生争执的原因，李大某和陈某分别都对贾小某进行了攻击：李大某用脚打击了贾小某的腿部，陈某用拳头攻击了贾小某的肩膀。贾小某的父亲贾大某来接孩子时看到此事，便直接报警。真阳派出所民警及时赶到现场。经民警现场调解，李大某向贾小某及其父母道歉，陪同贾小某到医院检查伤情。李大某支付了检查费。检查后贾大某夫妇带贾小某到真阳派出所要求对李大某夫妇依法处理。真阳派出所委托相关机构对贾小某的伤情进行鉴定。

---

[1] [2016] 豫17行终28号。

正阳县公安局刑事科学技术室于2015年5月11日出具的鉴定结论为：贾小某的损伤不构成轻微伤。正阳县公安局于2015年5月12日以李大某殴打贾小某为由，依据《治安管理处罚法》第43条第2款第2项、第19条第1项之规定，作出正公（真）行罚决字〔2015〕第0653号行政处罚决定，对李大某作出行政拘留7日、罚款500元的处罚。该拘留7日的行政处罚已执行完毕。贾小某不服，提起行政诉讼，请求正阳县公安局赔偿精神损害抚慰金10万元。

2. 判决理由及结果

一审法院认为，李大某对贾小某进行殴打这一具体事实，已为被告在行政程序中调查的原告、第三人陈述及证人证言所证实。因原告属于不满14周岁的未成年人，依据《治安管理处罚法》第43条第2款第2项的规定本应对第三人作出10日以上15日以下行政拘留。被告鉴于第三人李大某事后陪同原告到医院检查伤情并支付了检查费，且原告的损伤不构成轻微伤，依据《治安管理处罚法》第19条第1项之规定，对第三人的行为减轻处罚，对第三人李大某作出行政拘留7日、罚款500元的处罚并无不当。被告的行政行为并未侵犯原告的人身权，原告请求被告赔偿精神损害抚慰金10万元，未向法院提供证据。原告请求被告赔偿精神损害抚慰金10万元缺乏事实和法律依据。因此判决：驳回原告贾小某的诉讼请求。

原告贾小某不服，提出上诉。

二审经审理查明的事实与一审查明的事实一致，予以确认。二审法院认为，被上诉人李大某殴打不满14周岁的未成年人，依法应当处以10日以上15日以下行政拘留。被上诉人正阳县公安局鉴于上诉人损伤不构成轻微伤，且李大某事后陪同上诉人到医院检查伤情并支付了检查费，根据《治安管理处罚法》第19条第1项之规定，对李大某作出减轻处罚并无不当。一审法院判决正确，予以维持。上诉人请求判令被上诉人正阳县公安局赔偿10万元精神损失没有足够的证据支持，法院不予认可。

案例二：苏某与吴忠市公安局及徐某某等治安管理行政处罚案[1]

1. 基本案情

苏某听其孙女彭某某被第三人徐某某（不满14周岁）索要20元钱，

---

〔1〕〔2015〕吴行终字第37号。

2015年2月17日18时许，与其儿子彭大某、其孙女彭某某到徐某某家问明情况。进屋后苏某、其儿子彭大某殴打徐某某，致其轻微伤。徐某某的奶奶王某某上前制止，双方发生争执，其间王某某感觉心脏不好晕倒在地，送医院抢救十几天后，医治无效死亡。2015年2月26日，吴忠市公安局利通区分局对苏某作出吴利公（东塔）行罚决字〔2015〕第128号行政处罚决定书，对苏某行政拘留10日并处罚款500元的处罚。苏某不服，向吴忠市公安局申请复议，复议维持原处罚决定。苏某不服提起行政诉讼。

2. 判决理由及结果

一审法院认为，根据《治安管理处罚法》的第2条、第7条的规定，对违反治安管理行为的人进行处罚系公安机关的法定职责。被告吴忠市公安局利通区分局具有作出吴利公（东塔）行罚决字〔2015〕第128号行政处罚决定书的法定职责。被告对苏某殴打他人一案的处理，通过依法进行受理、调查取证、事先告知、呈请处罚、作出处罚及送达等程序，被诉处罚决定程序合法。苏某殴打他人事实清楚，证据确凿。且苏某殴打第三人徐某某的事实，有徐某某本人陈述，且与视听资料中王某某的陈述，徐某甲、苏某、马某的证言及受害人伤害部位的照片等其他证据相互印证，形成完整的证据链。苏某未殴打第三人的诉讼理由，没有充分的证据予以佐证。至于苏某殴打王某某一事，虽没有充分证据证实，但王某某晕倒在地，后经医治无效死亡，毕竟是原告到王某某家找徐某某的家长理论徐某某向彭某某索要20块钱后引发的，这一事实有被告提交的视频资料予以证实。依据《治安管理处罚法》第43条第2款第2项，被告吴忠市公安局利通区分局基于原告苏某殴打第三人徐某某致其轻微伤，加之徐某某10周岁不满14周岁有从重情节；基于原告到王某某家为了20块钱的事情引发王某某突发疾病，晕倒在地的事实，对苏某处行政拘留10日并处罚款500元的处罚，适用法律正确。

原告苏某不服，提出上诉。

二审经审理查明的事实与一审查明的事实一致，予以确认。二审法院认为，依据《治安管理处罚法》第43条第2款第2项，殴打、伤害不满14周岁的未成年要加重处罚。本案中，被上诉人出示的视听资料，徐某某、徐某甲、马某等人询问笔录证实上诉人苏某殴打不满14周岁未成年人徐某某，并引发原审第三人徐某某的奶奶王某某在事发现场晕倒在地，被送医院抢救的事实。关于上诉人苏某所提被上诉人吴忠市公安局利通区分局作出的处罚决定事实不清，证据不足，程序违法；被上诉人吴忠市公安局作出的复议决定缺乏法律依据，原判认定事实错误，请求撤销原判，撤销被上诉人吴忠市公安局利通区分局作出的吴利公（东塔）行罚决字［2015］第128号行政处罚决定书，撤销被上诉人吴忠市公安局作出的吴公复决字［2015］第02号行政复议决定书的上诉理由，经查，鉴于徐某某、徐某甲、马某等人询问笔录内容与视听资料中录制内容印证，且制作程序合法，故被上诉人采信上述证据并无不当。综上，维持原判。

案例三：李某与绥阳县公安局、马某公安行政处罚案[1]

1. 基本案情

2014年11月29日17时许，第三人马某（不满14周岁）与刘某（男，9岁）、张某某（男，8岁）、张二某（男，8岁）、李二某（男，8岁）、李三某（女，9岁）等小朋友在坪乐乡小学门口玩耍时，第三人马某抢走李二某的玩具并拒不归还；李某（李二某的爷爷）知道情况后，便赶到小朋友玩耍的地方，要第三人马某归还李二某的玩具，第三人马某仍然拒绝归还，李某便用手打第三人马某脸上一耳光，然后又往第三人马某背部打了一拳。第三人马某的父亲马大某得知后，便向绥阳县公安局坪乐乡派出所报案，坪乐乡派出所接警后随即展开调查。2015年1月20日，绥阳县公安局作出绥公坪行罚决字［2015］26号行政处罚决定，决定对李某处行政拘留10日；并处罚款500元的行政处罚，但拘留不执行。李某不服，提起行政诉讼。

2. 判决理由及结果

一审法院认为，根据《治安管理处罚法》的相关规定，被告绥阳县公安局具有本案所诉具体行政行为的主体资格及行政权限。被告绥阳县公安局依据原告殴打未成年人的事实，依照《治安管理处罚法》第43条第2款第2项殴打、伤害不满14周岁的未成年要加重处罚的规定，对原告进行相应的处罚，其认定结果是符合事实和法律的。原告主张被告认定其殴打他人并致伤的事实，没有相关证据证明，请求撤销对其处罚决定的诉讼请求，但被告适用的相关法律中并未规定致伤才能处罚，只要有殴打不满14周岁的人的事实，就可作为处罚依据，符合法律规定。因此判决驳回原告李某要求撤销行

---

［1］［2015］遵市法行终字第127号。

政处罚的诉求。

原告李某不服，提出上诉。

二审过程中，经过法庭调查和法庭辩论，查明事实与一审认定的事实是相同的。二审法院认为，本案的争议焦点为绥阳县公安局2015年1月20日作出的绥公坪行罚决字［2015］26号《行政处罚决定书》程序和实体上是否合法、合理。程序上，绥阳县公安局有受案登记表，询问通知书，公安行政处罚审批表等材料，并向李某送达了行政处罚告知笔录，告知拟作出的处罚决定，以及享有陈述、申辩权等，其处罚程序符合《治安管理处罚法》及《公安机关办理行政案件程序规定》的规定。实体上，绥阳县公安局在接到马大某的报警后，对李某殴打马某的违法事实进行了调查核实，根据受害人马某陈述，证人刘某、张某某、张二某证言，调解笔录等证据，查明上诉人李某在处理其孙子李二某与马某未成年人纠纷的过程中，未采取合法的方式和途径解决，而是采取殴打马某的方式，其殴打马某的客观事实存在。基于查明的案件事实，2015年1月20日，绥阳县公安局根据《治安管理处罚法》第43条第2款第2项之规定，作出绥公坪行罚决字［2015］26号《行政处罚决定书》，对李某处以10日行政拘留并处罚款500元的行政处罚认定事实清楚，适用法律正确，处罚适当。因作出处罚决定时，上诉人李某已经年满70周岁，绥阳县公安局对其不送拘留所执行，符合《治安管理处罚法》第21条第3项之规定。综上所述，维持原判。

案例四：于某某与威海市公安局文登分局、威海市人民政府行政复议一案[1]

1. 基本案情

于某某原系威海市文登区某校的教师，张某某系该校学生。2015年5月26日，在威海市文登区某校校内，于某某因询问张某某与其子滕某某发生争执一事，动手打了张某某，致张某某轻微受伤。2015年6月3日，威海市公安局文登分局予以立案，后对于某某依法传唤，且在对张某某及李某某等未成年人进行询问时，分别通知了其父母和所在学校老师到场。经调查取证，于2015年7月2日对于某某依法告知。于某某提出申辩意见，威海市公安局文登分局复核后，于2015年7月2日作出文公（天福）行罚决字［2015］

---

［1］［2015］威文行初字第47号。

00127号行政处罚决定书，决定对于某某处以行政拘留5日，并处罚金200元。

2015年7月3日，于某某向威海市人民政府申请行政复议。2015年7月10日，威海市人民政府作出威政复受字［2015］第48号行政复议受理通知书、威政复答字［2015］第48号行政复议答复通知书，对于某某的申请予以受理，并将行政复议申请书副本发送被告威海市公安局文登分局。2015年9月8日，作出威政复延字［2015］第48号行政复议延期审理通知书，告知双方当事人该案审理期限延期至2015年10月8日。2015年9月30日，威海市人民政府作出威政复决字［2015］第48号行政复议决定书，维持了威海市公安局文登分局作出的文公（天福）行罚决字［2015］00127号行政处罚决定书。于某某仍不服，提起行政诉讼。

2. 判决理由及结果

法院认为，被告威海市公安局文登分局作为公安行政执法机关，有权依照《治安管理处罚法》的规定对违反治安管理的行为人进行处罚。根据《治安管理处罚法》第43条第2款第2项的规定，殴打、伤害不满14周岁的人的，处10日以上15日以下拘留，并处500元以上1000元以下罚款。该法第19条第1项也规定情节特别轻微的违法行为应当减轻或者不予处罚。本案中，被告提供的证据可以证实原告于某某殴打第三人张某某的事实，被告威海市公安局文登分局视情节对原告作出行政拘留5日、罚款200元的处罚，符合上述法律规定。

根据《行政复议法》第17条、第22条、第23条、第31条之规定，行政复议机关应当依法受理、审查行政复议申请，并按时作出决定送达当事人。本案中，被告威海市人民政府收到原告于某某的行政复议申请后，依法送达了行政复议受理通知书和行政复议答复通知书。经过研判，认为于某某此案案情复杂，按照相应法律规定延长了审理期限，但却也及时告知了双方当事人。被告威海市人民政府所履行的程序符合上述法律规定，复议程序合法。依据以上分析，二审维持原判。

第六节　行政程序中未成年人的权利

一、条文规定

《治安管理处罚法》第八十四条　询问笔录应当交被询问人核对；对没有阅读能力的，应当向其宣读。记载有遗漏或者差错的，被询问人可以提出补充或者更正。被询问人确认笔录无误后，应当签名或者盖章，询问的人民警察也应当在笔录上签名。

被询问人要求就被询问事项自行提供书面材料的，应当准许；必要时，人民警察也可以要求被询问人自行书写。

询问不满十六周岁的违反治安管理行为人，应当通知其父母或者其他监护人到场。

二、条文解读

（一）条文释义

本条是关于行政程序中询问当事人的一些程序性规定。其中涉及未成年人的，在于本条第3款。此款主要表达的意思是要禁止未达16周岁的违法未成年人受到单独询问。16周岁属于未成年人，由于年龄小，对社会的了解、事物的认识、自身的思想表达和控制自己行为的能力等，都受到一定的限制。为了防止询问对未成年人造成思想压力，使其如实供述，保障询问顺利进行，保护未成年人合法权益，并有利于对其进行教育，保证监护人到场旁听询问不满16周岁的违反治安管理行为人的过程，是必要的。

通知其父母或者其他监护人到场，不仅是被询问的未成年人的权利，也是其父母或者其他监护人的法定权利。根据我国法律的规定，除例外情形外，18岁以下的未成年人，属于限制行为能力人或者无行为能力人，不能独立从事与其认识和控制能力不符的民事行为。在行政处罚中进行陈述、申辩是公民的一项重要权利，未成年人独立进行可能会难以达到立法所预设的效果，其法定代理人帮助行使也是应有之义。

（二）父母或者其他监护人不能及时到场的处理方式

为了保护未成年人的合法权益，监护人在警察询问时在场是无可厚非的。

但是，在经济较为落后的偏远地区存在这样的现象，即留守儿童的父母外出务工不在身旁，爷爷奶奶年龄已经很大，也许身体还有种种疾病，不能够长途跋涉前往派出所等询问机关所在场地，甚至没有其他普通亲属存在，此时本条第3款所规定的"通知其父母或者其他监护人到场"难以达成。这种情况如何处理呢？我们可以借鉴适用刑事诉讼法中的合适成年人在场制度来处理这样的情形，兼顾法理与人情。《未成年人保护法》的110条"司法保护"部分也提到了"合适成年人"一词，可见在行政询问中适用"合适成年人"制度具备可行性。与此同时，《公安机关办理行政案件程序规定》第75条也对上述论述作出了肯定。

三、参考条文

◎《公安机关办理行政案件程序规定》第七十五条　　询问未成年人时，应当通知其父母或者其他监护人到场，其父母或者其他监护人不能到场的，也可以通知未成年人的其他成年亲属，所在学校、单位、居住地基层组织或者未成年人保护组织的代表到场，并将有关情况记录在案。确实无法通知或者通知后未到场的，应当在询问笔录中注明。

四、典型案例

案例一：王某某与大连市公安局金州分局治安管理一案[1]

1. 基本案情

2018年6月7日，大连市公安局金州分局对王某某作出大公金（治）行罚决字[2018]501号行政处罚决定书，认定的事实为：2017年9月22日12时许，在大连市某区某街道大连技师学院主楼一楼大厅内，老师唐某某与学生王小某的父亲王某某因琐事发生口角，王某某用拳头打唐某某胸口一下，在用椅子打唐某某时，将其中一名学生严某某左手腕打伤，王某某后用椅子将唐某某打伤，造成唐某某面部、胳膊多处受伤。根据《治安管理处罚法》第43条第1款之规定，给予王某某拘留3日的行政处罚。原告王某某不服，

---

[1] [2019]辽02行终399号。

向该院提起行政诉讼。

2. 判决理由及结果

一审法院认为，本案原告王某某提起诉讼的时间为 2018 年 11 月 14 日，并未超过 6 个月的起诉期限，故对于被告大连市公安局金州分局主张原告已过起诉期限的抗辩，不予采纳。本案中，通过庭审质证及该院采信的证据，可以证实原告王某某实施了殴打第三人唐某某、严某某（不满 16 周岁）的行为，违反了上述法律规定。被告对原告王某某作出的行政处罚决定，认定事实清楚，适用法律、法规正确。而原告提供的相关证据无法证明其诉讼主张，故对于原告请求撤销被告作出的被诉行政处罚决定的诉讼请求，法院不予支持。另，原告提出对被告提供的视频资料是否为原始素材进行鉴定，并要求调取被告下载该视频资料的 U 盘。因该视频资料并未拍摄到原告与第三人之间发生冲突的主要过程，且被告亦并非仅依据该视频资料认定被告实施了殴打第三人严某某的行为，故对于原告的鉴定以及调取证据申请，法院不予准许。被告大连市公安局金州分局自 2017 年 9 月 23 日立案，至 2018 年 6 月 7 日方才结案，已超过法定办案期限。故被诉行政行为程序轻微违法，但对原告王某某的权利不产生实际影响。综上，一审法院判决：确认被告大连市公安局金州分局于 2018 年 6 月 7 日对原告王某某作出的大公金（治）行罚决字〔2018〕501 号行政处罚决定书违法。

原告王某某对判决结果不服，提出上诉。

经审理，二审查明的事实与一审认定的事实一致。二审法院认为，本案争议焦点是被上诉人作出的案涉行政处罚决定是否合法。①关于职权依据。根据《治安管理处罚法》第 91 条的规定，被上诉人具有对上诉人作出行政处罚决定的法定职权。②关于事实认定和法律适用问题。被上诉人根据王某某询问笔录中的自认"我看见我妻子倒地后，我用双手将折叠椅子举起来朝唐某某砸了过去，具体打在唐某某什么位置我没注意"，证人白某、苗某、吴某、王某、张某、丁某、周某的证言及唐某某受伤照片、视频资料、物证等证据，结合唐某某的医院急诊病志认定上诉人王某某存在殴打原审第三人唐某某、严某某的事实，证据充分。根据《治安管理处罚法》第 43 条第 1 款的规定，被上诉人对上诉人王某某作出行政拘留 3 日的行政处罚，适用法律、法规正确，量罚适当。

3. 关于程序问题

被上诉人受案后,进行了调查、收集证据、告知权利义务及拟作出行政处罚决定的事实、理由、依据,并告知其享有陈述、申辩和要求听证的权利。上诉人提出陈述和申辩意见,被上诉人作出了书面复核书和案涉行政处罚决定书并予以送达,符合程序规定。但被上诉人未在规定的办案期限内作出行政处罚决定,属于程序轻微违法,对上诉人的权利不产生实际影响,原审法院判决确认被上诉人作出的案涉行政处罚决定书违法并无不当。

关于上诉人称被上诉人在对未成年证人(严某某等)进行询问时,应当通知未成年证人的法定监护人到场,而被上诉人未提供相关证据证明履行了通知义务,程序违法。根据当时适用的《公安机关办理行政案件程序规定》第61条的规定,本案被上诉人提供的对未成年证人进行询问的笔录内容中均有载明未成年证人的父母未到场的原因,且有学校老师或未成年人的亲属在场,被上诉人庭审中陈述系以口头通知的方式进行的通知,该方式亦未违反相关规定,故上诉人的主张不能成立。

关于上诉人主张事件的发生系由原审第三人唐某某引起,其行为属于正当防卫,从现有证人证言看,能够证明上诉人与原审第三人唐某某因言语不和,互相指责谩骂,后上诉人双手拿起折叠椅子朝唐某某身上砸,致唐某某及严某某受伤,故其行为不构成正当防卫。关于上诉人提出原审诉讼时其申请对被上诉人提供的视频资料是否为原始素材进行鉴定和要求调取证据,而原审法院未予准许程序违法的主张,原审法院对此已经阐述,法院不再赘述。综上,维持原判。

案例二:唐小某与乳山市公安局治安管理一案[1]

1. 基本案情

2017年5月14日,唐某乙、赵某向乳山市公安局胜利街派出所报案称其自行车被盗,乳山市公安局胜利街派出所于当日对唐某乙、赵某进行询问后作出乳公(胜)受案字〔2017〕10214号受案登记表及受案回执。2017年5月15日11时、11时02分、11时06分、11时12分,乳山市公安局胜利街派出所拨打唐小某父亲唐大谋的电话,告知其将传唤唐小某进行询问,要求

---

〔1〕 〔2018〕鲁10行终27号。

唐小某的法定代理人到场。唐大谋回复称其在外地，并将唐小某奶奶王某的电话号码告知办案人员。当日 11 时 19 分，乳山市公安局胜利街派出所打电话给王某，告知其将传唤唐小某进行询问，要求王某到场。当日，乳山市公安局胜利街派出所作出传唤证、被传唤人家属通知书，对唐小某、张某进行传唤，被传唤人唐小某、王某、张某、宋某在传唤证上签字，王某、宋某在被传唤人家属通知书上签字。乳山市公安局胜利街派出所于当日在对唐小某、张某进行询问后，于 2017 年 5 月 14 日调取了案发现场的监控视频。2017 年 5 月 16 日，乳山市公安局作出乳公（胜）不罚决字［2017］10003 号不予行政处罚决定书，认定 2017 年 5 月 14 日上午 8 时 30 分许，张某伙同唐小某在乳山市华府名居南侧领航教育培训学校门口趁无人之际盗窃自行车两辆。被盗自行车分别价值 900 元、800 元。根据《治安管理处罚法》第 12 条之规定，决定不予行政处罚。上诉人唐小某不服，于 2017 年 5 月 18 日向乳山市政府申请行政复议。2017 年 7 月 3 日，乳山市政府作出乳政复决字［2017］032 号行政复议决定书，维持乳山市公安局作出的乳公（胜）不罚决字［2017］10003 号不予行政处罚决定书。唐小某不服，提起行政诉讼。

2. 判决理由及内容

依据《治安管理处罚法》第 91 条的规定，乳山市公安局对违反治安管理的行为依法进行处理具有法定职责。关于乳山市公安局执法的程序问题，经原审法院依法审查，通过当事人陈述及证据分析，可以看出，乳山市公安局在询问唐小某时依据《公安机关办理行政案件程序规定》第 61 条的规定，电话通知其父亲唐大某到场，因其在外办事，同意由唐小某祖母王某到场陪同，王某作为其他成年家属到场，不违反公安机关办理行政案件的相关程序，乳山市公安局的案情分析室及走廊监控记载了唐小某及其祖母到场接受询问的基本过程，同步录音录像应适用于《公安机关讯问犯罪嫌疑人录音录像工作规定》，而本案中公安机关是根据 2014 年《公安机关办理行政案件程序规定》第 51 条的规定，按照行政处罚案件办理。另外，唐小某在询问笔录中如实反映了事实经过，未作出对自身不利的陈述。综上，乳山市公安局在整个执法过程中履行了法律规定的程序，并无明显不当。

关于事实认定方面，根据乳山市公安局的调查和监控录像，当时唐小某和张某共同处在事发现场，张某盗窃第一辆自行车后交给了唐小某，张某继续盗窃，没有唐小某的协助作用，张某一人不能继续实施盗窃其他车辆的行为。另外，唐小某实际上分得并占有使用了赃物，乳山市公安局通过调查取证对该案件事实性质作出认定，证据充分。乳山市公安局适用《治安管理处罚法》第12条之规定作出处罚，适用法律正确。乳山市政府作出的乳政复决字第［2017］032号行政复议决定书认定事实清楚，符合法律规定。唐小某以乳山市公安局认定事实不清，执法程序违法为由，请求法院撤销被诉处罚决定，但唐某在诉讼中未能提供相关证据反驳乳山市公安局认定的事实，唐某之请求理由不当，证据不足，故不予支持。

原告唐小某不服，提出上诉。

二审经审理查明，一审查明的事实与案件事实相符。二审法院认为，根据《治安管理处罚法》第91条的规定，被上诉人乳山市公安局作为县级以上人民政府公安机关，具有对本辖区内违反治安管理的行为进行处理的法定职权。依据2014年《公安机关办理行政案件程序规定》第61条的规定，本案中，被上诉人乳山市公安局依据该规定，在询问唐小某时电话通知其父唐大某到场，在唐小某父母均不能到场的情况下，由唐小某的奶奶王某到场陪同，并未违反公安机关办理行政案件的相关程序，程序并无不当。

《治安管理处罚法》第12条规定，治安管理违法人不满14周岁，不予处罚。本案中，被上诉人乳山市公安局根据监控录像以及对唐小某、张某所作的询问笔录等证据，认定唐某与张某共同盗窃、唐某实际分得并占有使用赃物的事实，认定事实清楚，证据充分。鉴于案发时唐小某、张某均不满14周岁，被上诉人乳山市公安局依据上述规定决定对唐某不予行政处罚，适用法律正确。

第三章
未成年人的民商法权益保护

第一节 未成年人的财产权

一、条文规定

《民法典》第三条 民事主体的人身权利、财产权利以及其他合法权益受法律保护，任何组织或者个人不得侵犯。

第一百一十三条 民事主体的财产权利受法律平等保护。

二、条文解读

（一）财产权的概念

财产权，是以财产为权利客体，以财产性利益为权利内容的民事权利，该权利主体仅仅限于实际地享有或可取得财产的人，并不像人格权一般能够为所有人普遍地享有。财产权不具有专属性，可以由主体自由地进行转让、放弃，也可以由主体继承。我国的财产权利主要包括两种，即物权和债权。所谓物权，是指对特定的物，权利人依法享有直接支配和排他的权利。所谓债权，是指特定的债权人一方能够请求债务人为或者不为一定行为的权利。

未成年人的财产权利是指年龄不满18周岁的人对其所拥有的财物享有的依法占有、使用、收益、适当处分等权利。未成年人的财产权具有下列三个特点：不满18周岁的公民是权利的主体；多元化的财产来源；权利主体的财产所有权和管理权一般分离。

（二）未成年人财产权的现状

在日常实际生活中，未成年人的财产通常包括：①因为赠与、继承或者其他无偿方式所取得的财产。其他无偿方式获取的财产包括时效原始取得、无主物的先占、埋藏物的发现、接受遗赠、因拾得物品取得的相关报酬和未成年人身遭受非法侵害所得到的赔偿等。②因为经营、劳动或其他有偿方式取得的财产。该种类的财产主要包括经营利润收益、劳动酬金、奖金、知识产权收益等。③专门为未成年人个人所使用的生活用品,例如饰品、衣物及学习用具等。

目前我国对未成年人的财产性权利保护初步形成了以宪法为中心,民法典和未成年人保护法等法为支撑的法律保护体系。我国《宪法》明确规定的保护公民的私有财产的原则,当然也是保护未成年人私有财产权的原则;《民法典》的总则编、物权编、合同编、婚姻家庭编和继承编中均有关于民事主体财产权利的相应条款,未成年人作为民事主体时同样适用;《未成年人保护法》作为保护未成年人权益的专门法,对未成年人的财产权也有相应的规定。

未成年人的合法财产权,第三人不得随意进行侵犯。但实际上,由于年龄、心智成熟程度、知识和社会经验的不足,未成年人的民事行为能力受到一定限制,不能独立地进行民事行为以享有权利和承担义务,因此未成年人保护自己财产权的能力有限,在社会中常处于不利地位,现实生活中忽视或直接侵犯其财产权的现象时常发生。虽然法律规定可以由未成年人的父母或父母之外的其他监护人对未成年人进行监护以弥补其行为能力的缺陷,但当监护人没有有效履行监护职责,在管理、处分未成年人财产时滥用权利而侵害未成年人的财产权时,还并未形成完善的义务承担和责任追究制度。因此在侵害未成年人财产权案件多发的情况下,为了维护未成年人基本人权和生存发展,保护未成年人的财产权至关重要。[1]

三、参考条文

◎《宪法》第十三条　公民的合法的私有财产不受侵犯。国家依照法律规定保护公民的私有财产权和继承权……

◎《民法典》第三十四条第一款　监护人的职责是代理被监护人实施民事法律行为,保护被监护人的人身权利、财产权利以及其他合法权益等。

---

[1] 济南市槐荫区人民检察院、济南市槐荫区教育局、济南市槐荫区关心下一代工作委员会编著:《未成年人权益保护与犯罪预防读本(中学版)》,济南出版社2019年版,第54页。

第三十五条 监护人应当按照最有利于被监护人的原则履行监护职责。监护人除为维护被监护人利益外,不得处分被监护人的财产。

未成年人的监护人履行监护职责,在作出与被监护人利益有关的决定时,应当根据被监护人的年龄和智力状况,尊重被监护人的真实意愿。

成年人的监护人履行监护职责,应当最大程度地尊重被监护人的真实意愿,保障并协助被监护人实施与其智力、精神健康状况相适应的民事法律行为。对被监护人有能力独立处理的事务,监护人不得干涉。

第二百零七条 国家、集体、私人的物权和其他权利人的物权受法律平等保护,任何组织或者个人不得侵犯。

第一千零六十七条第一款 父母不履行抚养义务的,未成年子女或者不能独立生活的成年子女,有要求父母给付抚养费的权利。

第一千零七十条 父母和子女有相互继承遗产的权利。

第一千一百二十条 国家保护自然人的继承权。

◎最高人民法院《关于适用〈中华人民共和国民法典〉婚姻家庭编的解释(一)》**第四十一条** 尚在校接受高中及其以下学历教育,或者丧失、部分丧失劳动能力等非因主观原因而无法维持正常生活的成年子女,可以认定为民法典第一千零六十七条规定的"不能独立生活的成年子女"。

第四十二条 民法典第一千零六十七条所称"抚养费",包括子女生活费、教育费、医疗费等费用。

第四十三条 婚姻关系存续期间,父母双方或者一方拒不履行抚养子女义务,未成年子女或者不能独立生活的成年子女请求支付抚养费的,人民法院应予支持。

◎《未成年人保护法》**第十六条** 未成年人的父母或者其他监护人应当履行下列监护职责……(七)妥善管理和保护未成年人的财产……

第十七条 未成年人的父母或者其他监护人不得实施下列行为……(十)违法处分、侵吞未成年人的财产或者利用未成年人牟取不正当利益……

第二十四条第一款 未成年人的父母离婚时,应当妥善处理未成年子女的抚养、教育、探望、财产等事宜,听取有表达意愿能力未成年人的意见。不得以抢夺、藏匿未成年子女等方式争夺抚养权。

第三十五条第一款 学校、幼儿园应当建立安全管理制度,对未成年人进行安全教育,完善安保设施、配备安保人员,保障未成年人在校、在园期间的人身和财产安全。

第一百二十九条 违反本法规定，侵犯未成年人合法权益，造成人身、财产或者其他损害的，依法承担民事责任。违反本法规定，构成违反治安管理行为的，依法给予治安管理处罚；构成犯罪的，依法追究刑事责任。

四、典型案例

案例一：黄小某诉魏某某、黄某所有权确认纠纷案[1]

1. 基本案情

魏某某在其儿子黄某与儿媳骆某婚姻关系存续期间，将自有房屋一套赠与孙子黄小某，并办理了房屋所有权变更登记。后儿子儿媳协议离婚，约定黄小某由父亲抚养教育，由母亲代管至小学毕业。2020年2月，黄某以黄小某名义，与母亲魏某某签订房屋买卖合同，将前述房屋出卖给魏某某，并完成房屋所有权变更登记，魏某某未支付房款。2020年10月，骆某以黄小某为原告，将魏某某、黄某诉至法院，请求确认房屋买卖合同无效。法院经审理，确认黄某以黄小某名义与魏某某签订的房屋买卖合同无效，但黄某与魏某某拒不协助回转办理房屋所有权变更登记。2021年4月，骆某再次以黄小某为原告，起诉至法院，要求确认案涉房屋归黄小某所有。

2. 裁判结果

本案审理过程中，人民法院基于维护家庭和谐、亲权亲子关系，保护子女利益的司法考量，多次组织当事人调解，最终促使双方达成调解协议：案涉房屋归黄小某所有，魏某某享有该房居住权至黄小某年满18周岁，双方在办理房屋所有权变更手续时一并办理居住权登记。

3. 案例评析

本案中，未成年人黄小某既已获得祖母魏某某赠与的房产，其所有权就应当受到法律保护。依据《民法典》第35条第1款"监护人应当按照最有利

---

[1] 来源：https://www.pkulaw.com/pfnl/95b2ca8d4055fce1bb2d7c68f3e1444e2acbb8fa5ee82eb4bdfb.html?keyword=%e9%bb%84%e5%b0%8f%e6%9f%90%e8%af%89%e9%ad%8f%e6%9f%90%e6%9f%90%e3%80%81%e9%bb%84%e6%9f%90%e6%89%80%e6%9c%89%e6%9d%83%e7%a1%ae%e8%ae%a4%e7%ba%a0%e7%ba%b7%e6%a1%88&way=listView，访问日期：2024年6月27日。

于被监护人的原则履行监护职责。监护人除为被监护人利益外，不得处分被监护人的财产"的规定，作为监护人，即使是父母，对被监护人财产的处分，也必须基于维护被监护人的利益，并符合最有利于被监护人的原则。黄某擅自将黄小某已取得所有权的房产无偿转让给魏某某，损害了未成年人的财产所有权，亦有违监护人履行监护职责的基本原则。通过为案涉房屋设立居住用益物权的方式，消除了原赠与人对于未成年人父母离异后一方可能擅自对外处分未成年人房产的顾虑和担心，最终促成双方达成调解协议，既妥善化解了家事纠纷，又最大限度保护了未成年人财产权益。

案例二：原告郑小甲诉被告郑某丙土地承包经营权纠纷案[1]

1. 基本案情

徐某某系智力三级残疾人，与丈夫郑某甲育有二子郑小甲和徐小甲，郑某甲之兄郑某乙育有一子郑某2，郑小甲、徐小甲、郑某2均为未成年人。郑某甲、郑某乙先后去世。郑某乙作为户代表承包了16.8亩土地，郑某甲及其已故父亲、徐某某、郑小甲、徐小甲、郑某2为共同承包人。后该土地被郑某丙租赁耕种。2021年6月租赁到期后，郑某丙拒不返还土地，一直占用耕种。徐某某及三名未成年子女的监护人同意推举郑小甲作为家庭土地承包户代表，作为原告提起诉讼，要求郑某丙返还土地并支付占有期间的土地使用费。

2. 裁判结果

法院经审理认为，本案土地承包经营权人系三名未成年人和一名智力障碍残疾人，均系弱势群体，土地是其赖以生存的基本保障。为保障其土地承包权益，郑某丙应将案涉土地交付给郑小甲等人。法院结合当地农耕轮作模式及耕种节气，判决郑某丙于指定日期前收取作物、清除地上附着物，将土地返还给郑小甲等人，并支付占有使用费2520元。

3. 案例评析

案涉土地承包经营权人为残疾妇女及未成年人，人民法院以保障妇女和

---

[1] 来源：https://www.pkulaw.com/pfnl/95b2ca8d4055fce1e7800ba7ba0c05fe183e7c01e358d858bdfb.html?keyword=%E5%8E%9F%E5%91%8A%E9%83%91%E5%B0%8F%E7%94%B2%E8%AF%89%E8%A2%AB%E5%91%8A%E9%83%91%E6%9F%90%E4%B8%99%E5%9C%9F%E5%9C%B0%E6%89%BF%E5%8C%85%E7%BB%8F%E8%90%A5%E6%9D%83%E7%BA%A0%E7%BA%B7%E6%A1%88&way=listView，访问日期：2024年6月27日。

未成年人合法权益为原则，同时兼顾本案实际情况，结合当地农时耕种节气，判令郑某丙返还涉案土地。法院判决后，郑某丙及时履行了判决义务，真正做到了案结事了，切实维护了妇女和未成年人的合法权益。

案例三：刘某诉某科技公司合同纠纷案[1]

1. 基本案情

刘某生于2002年，初中辍学。2018年10月23日至2019年1月5日，刘某使用父母用于生意资金流转的银行卡，多次向某科技公司账户转账用于打赏直播平台主播，打赏金额高达近160万元。刘某父母得知后，希望某科技公司能退还全部打赏金额，遭到该公司拒绝。后刘某诉至法院要求某科技公司返还上述款项。

2. 裁判结果

法院在审理该案中，多次组织双方当事人调解，经过耐心细致的辨法析理，最终当事双方达成庭外和解，刘某申请撤回起诉，某科技公司自愿返还近160万元打赏款项并已经履行完毕。

3. 案例评析

本案是一起典型的未成年人参与直播打赏案例。司法实践中涉及的网络打赏、网络游戏纠纷，多数是限制行为能力人，也就是8周岁以上的未成年人。这些人在进行网络游戏或者打赏时，有的几千、几万，这显然与其年龄和智力水平不相适应，在未得到法定代理人追认的情况下，其行为依法应当是无效的。最高人民法院《关于依法妥善审理涉新冠肺炎疫情民事案件若干问题的指导意见（二）》对未成年人参与网络付费游戏和网络打赏纠纷提供了更为明确的规则指引。意见明确，限制民事行为能力人未经其监护人同意，参与网络付费游戏或者网络直播平台"打赏"等方式支出与其年龄、智力不相适应的款项，监护人请求网络服务提供者返还该款项的，人民法院应予支持。该规定更多地考量了对未成年人合法权益的保护，同时引导网络公司进一步强化社会责任，为未成年人健康成长创造良好网络环境。

---

[1] 来源：https://www.pkulaw.com/pfnl/c05aeed05a57db0a687ee8e578d8a22c82fd8f1d10e821b8bdfb.html?keyword=%E5%88%98%E6%9F%90%E8%AF%89%E6%9F%90%E7%A7%91%E6%8A%80%E5%85%AC%E5%8F%B8%E5%90%88%E5%90%8C%E7%BA%A0%E7%BA%B7%E6%A1%88&way=listView，访问日期：2024年6月27日。

案例四：邹某与朱某、李某、朱小某民间借贷案[1]

1. 基本案情

邹某与朱小某（已满16周岁不满18周岁）经人介绍相识，朱某、李某系朱小某的父母。2019年7月，朱小某以资金周转困难为由向邹某借款8000元，并约定了还款时间。朱小某收到邹某出借的款项后，立即进行了支用，直至消耗完毕。后朱小某未向邹某还款，邹某诉至人民法院请求判决朱小某及其父母朱某、李某返还借款本金8000元及利息。诉讼中，朱某、李某作为朱小某的法定代理人，对朱小某的民间借贷行为拒绝追认。

2. 裁判结果

垫江县人民法院经审理认为，朱小某系限制民事行为能力人，其向邹某借款的行为并非纯获利益的民事法律行为，朱某、李某亦拒绝追认，该民间借贷行为应属无效。邹某在明知朱小某系未成年人的情况下，向其提供借款，可能助长其不劳而获和挥霍的不良习惯，同时朱某、李某作为监护人亦未尽到监护责任，双方均有过错。根据过错责任原则，人民法院酌情确定双方各承担50%的责任，由朱小某赔偿邹某4000元，先从其本人财产中支付，不足部分，由朱某、李某赔偿，并驳回邹某的其他诉讼请求。宣判后，双方均未提起上诉。

3. 案例评析

成年人向未成年人提供借款的行为，法律规范应对之进行否定性评价，并从缺乏合同生效要件、不符合民间借贷行为属性、不利于未成年人身心健康保护、有悖公序良俗等方面进行具体评析。未成年人作为无民事行为能力人或限制民事行为能力人，其生活或消费来源均不宜借助民间借贷。人民法院认定成年人向未成年人提供借款，可能承担民间借贷行为无效的法律风险，有利于引导建立良好的社会风尚，也有利于保护未成年人合法权益。

---

[1] 来源：https://www.pkulaw.com/pfnl/08df102e7c10f20605100a4fc83c27226c3ca8ee86c93ee9bdfb.html?keyword=%E9%82%B9%E6%9F%90%E4%B8%8E%E6%9C%B1%E6%9F%90%E3%80%81%E6%9D%8E%E6%9F%90%E3%80%81%E6%9C%B1%E5%B0%8F%E6%9F%90%E6%B0%91%E9%97%B4%E5%80%9F%E8%B4%B7%E6%A1%88&way=listView，访问日期：2024年6月27日。

案例五：刘某等与赣州某公司股权转让纠纷上诉案[1]

1. 基本案情

饶A生前与赣州某公司、张某、葛某成立某公司，饶A认缴出资40万元，占注册资本8%。该公司章程规定股东之间可以互相转让全部或部分股权，并对自然人股东死亡后其合法继承人是否能继承股东资格未作规定。某日，饶A因交通事故死亡。饶A名下股权为其与刘某夫妻共同财产，分割之后，剩余部分由其合法继承人继承。故其妻子刘某、其子饶某豪及其父饶某富均为某公司股东，分别享有的股权已由某市公证处作出公证确认，该公证处同时确认继承人饶某豪系未成年人，后刘某、饶某豪及饶某富与赣州某公司签订了《股权转让合同》，以415 278.42元的价格转让股权。但在工商部门办理股权变更登记手续时，因提供的材料无法证明法定代理人转让未成年人股权是为了未成年人利益，工商部门要求补交材料，其中包括法院的裁判文书，遂本案诉至法院。

2. 裁判结果

刘某、饶某豪及饶某富与赣州某公司均为某公司的股东。因饶某豪系未成年人，刘某为其法定监护人，为饶某豪利益，刘某有权处理饶某豪的财产，包括对饶某豪股权的处分。鉴于某公司的大部分股东，包括刘某、饶某富均同意将某公司股权转让给赣州某公司，刘某代为饶某豪转让股权并无不当，作为饶某豪祖父的饶某富亦未提出异议，在没有相反证据证明刘某代为转让饶某豪股权行为损害饶某豪利益情况下，刘某履行监护的行为应受法律保护。故法院认为，刘某、饶某豪及饶某富与赣州某公司所签订的《股权转让合同》合法有效，并认为刘某、饶某豪主张确认刘某有权代理饶某豪办理转让股权变更手续及领取股权转让款，于法不悖，法院对该主张予以确认。

3. 案例评析

除公司章程另有规定外，未成年人可以继承股权相对应的财产权益。根据国家工商行政管理总局《关于未成年人能否成为公司股东问题的答复》和2013年修正的《公司法》第75条的规定，自然人股东死亡后，其未成年继承人可以继承股东资格，其股东权利可以由法定代理人代为行使，但是公司

---

[1] [2015]沪一中民四（商）终字第915号。

章程另有规定的除外。从上述规定可见，未成年人是可以继承股权资格的。但是，法律有例外规定。基于有限责任公司人合性与资合性的特点，公司章程可对股权继承作出特别规定，排除股东资格的当然继承。所以，创始股东在制定公司章程时，可以考虑加入股东去世后，股权的转让与回收条款，以避免继承纠纷带来的不确定因素与经营决策风险。

由法定代理人代为行使未成年人股东权利，处分未成年人股权需是为保护未成年人的利益。法定代理人代为转让未成年人持有的有限责任公司的股权存在涉诉风险。法定代理人代未成年人保管财产、行使权利时，必须是为了未成年人的利益。实务中，法院将通过审查处分资金的风险和对价是否合理来认定法定代理人的行为是否有效，若无效，将要求法定代理人向未成年人返还处分财产所得并赔偿损失。

案例六：孩子的压岁钱，不是说动就能动[1]

1. 基本案情

2006年，蔡某（男）和王某（女）在朋友婚礼上相识，随后坠入爱河。次年，两人正式登记结婚，并于2012年、2014年分别生育长子蔡某甲、次子蔡某乙。刚开始，夫妻俩感情十分融洽，生活过得幸福美满。但是随着时间的推移，双方在孩子教育等家庭问题上的分歧愈发明显，夫妻间感情也逐渐出现裂痕。2020年初，两人因教育方式和观念的不同，再次发生激烈的争执，争执过后，王某带着两个儿子回到娘家与其父母共同生活。同年4月、7月，王某、蔡某曾分别起诉过离婚，均被法院驳回。分居一年多后，蔡某再次起诉离婚，并要求分割家庭财产。原告蔡某认为，本案中应当作为夫妻共同财产进行分割的财产，包括夫妻双方名下的存款以及两名婚生子名下的存款。蔡某甲名下13.9万元及蔡某乙名下12.6万元存款，虽然名义上是亲戚赠与的压岁钱，但实际上他也给予了亲戚的未成年子女对应金额的红包，亲戚的赠与应当视作对家庭整体的赠与，故该存款理应属于家庭共有财产。被告王某辩称，蔡某平时对孩子学习教育方面关注较少，且两个孩子基本都是她在照顾，两个孩子名下的存款为满月、周岁、逢年过节等时候长辈赠与的红包，

---

[1] 来源：https://www.chinacourt.org/article/detail/2024/02/id/7818565.shtml，访问日期：2024年6月27日。

属于子女个人财产，不应进行分割。现在蔡某要求分割小孩的财产，于情于理都说不过去。

2. 裁判结果

法院审理后认为，蔡某甲、蔡某乙名下存款，是长辈基于亲属关系对晚辈进行的财产性赠与，该存款应归未成年人本人所有。离婚案件分割的财产应当是夫妻共同财产，压岁钱并不是夫妻共同财产，因此，蔡某在离婚案件中要求分割未成年子女名下存款的请求，没有法律依据，法院不予支持。最终，法院判决原、被告离婚，长子蔡某甲由王某抚养、次子蔡某乙由蔡某抚养，驳回了蔡某分割未成年子女压岁钱的诉求。案件宣判后，双方均未上诉。

3. 案例评析

根据《民法典》第657条的规定，赠与合同是赠与人将自己的财产无偿给予受赠人，受赠人表示接受赠与的合同。第658条规定，赠与人在赠与财产的权利转移之前可以撤销赠与。法官认为，蔡某甲、蔡某乙收到的压岁钱系二人在日常生活中接受其亲属长辈的一种财产性赠与，长辈有权决定给还是不给压岁钱，当孩子或者其父母表示接受、钱款发生转移之时，应当认为该财产的所有权归属于未成年人自己而非监护人，即使蔡某主张其对赠与人的未成年子女也有对应金额赠与行为，也无法直接将二者互相抵消。法官表示，根据《民法典》第35条的规定，监护人应当按照最有利于被监护人的原则履行监护职责。监护人除为维护被监护人利益外，不得处分被监护人的财产。即便为履行监护职责，需要作出与被监护人利益有关的决定，也应当根据被监护人的年龄和智力状况，尊重被监护人的真实意愿。法官介绍说，就本案而言，蔡某、王某作为监护人，不论是离婚前还是离婚后，都只能基于监护责任对孩子的压岁钱等财产履行保管义务，并不能拿来为自己消费，更不享有直接没收、随意处置的权利，而只能以孩子的生活教育所需为中心进行安排，专款专用，比如为其购置生活、学习用品，支付课外辅导等费用。法官表示，事实上，许多监护人受到传统观念的影响，对于未成年子女的财产权利普遍缺乏重视，实践中将未成年子女压岁钱等财产据为己有的现象时有发生。因此，监护人应当提高相应的法律意识，尊重孩子的个人财产，教育孩子正确对待和管理自己的财产，保障未成年人包括财产权在内的各项权利。

第二节 未成年人的姓名权

一、条文规定

《民法典》第一百一十条 自然人享有生命权、身体权、健康权、姓名权、肖像权、名誉权、荣誉权、隐私权、婚姻自主权等权利。法人、非法人组织享有名称权、名誉权和荣誉权。

第一千零一十二条 自然人享有姓名权，有权依法决定、使用、变更或者许可他人使用自己的姓名，但是不得违背公序良俗。

二、条文解读

（一）姓名权的概念

姓名是用以识别、确定和代表个体自然人并让该自然人与其他自然人区别开来的文字符号和标记。它在法律上使不同的自然人有所区别，以便于人们参加各种社会活动，行使法律赋予的权利并承担法律规定的相应义务。姓名权，就是指自然人依照规定决定、使用和变更自己姓名的权利。具体而言，姓名权包括：①自我命名权。自然人有权决定自己的姓名，没有人有权加以干涉。自然人对自己的姓氏，原则上无选择权，一般而言是随父姓，或者随母姓。自然人的名，通常都是该自然人出生时由其父母所起，但这并不是剥夺自然人的自我命名权，实际上这是一种父母亲权的表现，是父母实施亲权下的代理行为。②姓名使用权。在民事活动中，自然人可以使用本名，也可以自由选择使用自己的笔名、艺名或化名等，但法律另有规定的除外。③改名权。自然人可以根据自己的意愿依法变更姓名，不受过多的限制。但按照现行法律的规定，自然人改名应当向公安机关登记，否则该姓名的变更不具有法律效力。

（二）未成年人姓名权的现状

未成年人属于无民事行为能力人或限制民事行为能力人，其意思表示能力尚有欠缺，导致他们无法完全准确地理解姓名的社会意义和法律意义，因此暂时由其父母或其他监护人代为行使其姓名决定权、姓名使用权以及姓名变更权。监护人在代未成年人行使这些姓名权时，更多体现的是监护人的意志，而当监护人之间以及监护人和被监护的未成年人之间因姓名权问题产生意见分歧时，便很容易出现姓名权纠纷。在现实中，以"新生儿冠姓纠纷""夫妻离婚后单方变更未成年人姓名纠纷""未成年人请求变更姓名纠纷"以及"未成年人姓名商业化利用纠纷"最为典型。而在这些纠纷中，未成年人往往处于弱势不利地位，对于自己的姓名权往往没有发言权。因此在实践中，处理未成年人姓名权纠纷，尤其是夫妻离婚后一方擅自改变未成年人姓名的纠纷问题上，必须充分考虑未成年人的意见，保护未成年人的姓名权，呵护未成年人幼小脆弱的心灵。

三、参考条文

◎《民法典》第九百九十条　人格权是民事主体享有的生命权、身体权、健康权、姓名权、名称权、肖像权、名誉权、荣誉权、隐私权等权利。

除前款规定的人格权外，自然人享有基于人身自由、人格尊严产生的其他人格权益。

第九百九十一条　民事主体的人格权受法律保护，任何组织或者个人不得侵害。

第九百九十三条　民事主体可以将自己的姓名、名称、肖像等许可他人使用，但是依照法律规定或者根据其性质不得许可的除外。

第一千零一十四条　任何组织或者个人不得以干涉、盗用、假冒等方式侵害他人的姓名权或者名称权。

第一千零一十五条　自然人应当随父姓或者母姓，但是有下列情形之一的，可以在父姓和母姓之外选取姓氏：（一）选取其他直系长辈血亲的姓氏；（二）因由法定扶养人以外的人扶养而选取扶养人姓氏；（三）有不违背公序良俗的其他正当理由。

少数民族自然人的姓氏可以遵从本民族的文化传统和风俗习惯。

第一千零一十六条　自然人决定、变更姓名，或者法人、非法人组织决定、变更、转让名称的，应当依法向有关机关办理登记手续，但是法律另有规定的除外。

民事主体变更姓名、名称的，变更前实施的民事法律行为对其具有法律约束力。

第一千零一十七条 具有一定社会知名度，被他人使用足以造成公众混淆的笔名、艺名、网名、译名、字号、姓名和名称的简称等，参照适用姓名权和名称权保护的有关规定。

第一千零三十四条 自然人的个人信息受法律保护。

个人信息是以电子或者其他方式记录的能够单独或者与其他信息结合识别特定自然人的各种信息，包括自然人的姓名、出生日期、身份证件号码、生物识别信息、住址、电话号码、电子邮箱、健康信息、行踪信息等。

个人信息中的私密信息，适用有关隐私权的规定；没有规定的，适用有关个人信息保护的规定。

第一千一百一十二条 养子女可以随养父或者养母的姓氏，经当事人协商一致，也可以保留原姓氏。

◎《未成年人保护法》**第四条** 保护未成年人，应当坚持最有利于未成年人的原则。处理涉及未成年人事项，应当符合下列要求：（一）给予未成年人特殊、优先保护；（二）尊重未成年人人格尊严；（三）保护未成年人隐私权和个人信息；（四）适应未成年人身心健康发展的规律和特点；（五）听取未成年人的意见；（六）保护与教育相结合。

第四十九条 新闻媒体应当加强未成年人保护方面的宣传，对侵犯未成年人合法权益的行为进行舆论监督。新闻媒体采访报道涉及未成年人事件应当客观、审慎和适度，不得侵犯未成年人的名誉、隐私和其他合法权益。

第一百零三条 公安机关、人民检察院、人民法院、司法行政部门以及其他组织和个人不得披露有关案件中未成年人的姓名、影像、住所、就读学校以及其他可能识别出其身份的信息，但查找失踪、被拐卖未成年人等情形除外。

第一百一十条 公安机关、人民检察院、人民法院讯问未成年犯罪嫌疑人、被告人，询问未成年被害人、证人，应当依法通知其法定代理人或者其成年亲属、所在学校的代表等合适成年人到场，并采取适当方式，在适当场所进行，保障未成年人的名誉权、隐私权和其他合法权益。

人民法院开庭审理涉及未成年人案件，未成年被害人、证人一般不出庭作证；必须出庭的，应当采取保护其隐私的技术手段和心理干预等保护措施。

◎《儿童权利公约》**第七条** 儿童出生后应立即登记，并有自出生之日起获得姓名的权利,有获得国籍的权利,以及尽可能知道谁是其父母并受其父母照料的权利。

第八条 缔约国承担尊重儿童维护其身份包括法律所承认的国籍、姓名及家庭关系而不受非法干扰的权利。

四、典型案例

案例一:未成年人状告生父争取姓名权获支持[1]

1. 基本案情

原告古某某(男)出生于2006年。2008年,原告的父母亲经法院调解离婚,调解协议约定婚生子古某某归生母金某抚养。原告后来一直随母亲生活至今。2009年7月,原告的母亲金某为原告报户口时,未经被告,即原告生父古某同意,将原告的姓名以"金某某"进行登记。2010年7月,被告古某发现上述情况后,至公安机关要求恢复原告的姓名,公安机关又将原告的姓名由"金某某"变更为"古某某"。但原告及母亲均不知道被告古某对原告姓名进行变更的事情。原告从就读幼儿园到小学毕业,均一直使用"金某某"的名字。直至今年原告小学毕业需要进行学籍核实时,原告才发现户籍登记的姓名被变更。庭审中原告本人表示,只知道自己从幼儿园一直到现在就叫"金某某",朋友、同学都叫自己"金某某",自己已经习惯了"金某某"的名字,希望能够将自己户籍登记的姓名由"古某某"改回"金某某",并提供了就读镇江市某实验小学的收据、镇江市围棋学院业余段位证、镇江市社会医疗保险证及社保卡等证件证明自己一直都是用"金某某"的名字,而且提交了原告书写的申请更改姓名呈批表一张及视频文件一份。

2. 裁判结果

法院审理后认为,自然人依法享有姓名权,有权决定、使用和依照规定改变自己的姓名,禁止他人干涉、盗用、假冒。子女可以随父姓,可以随母姓。从本案的情况来看,虽然目前原告户籍登记的姓名为"古某某",但原告

---

[1] 济南市槐荫区人民检察院、济南市槐荫区教育局、济南市槐荫区关心下一代工作委员会编著:《未成年人权益保护与犯罪预防读本(中学版)》,济南出版社2019年版,第62页。

自幼儿园、小学一直使用"金某某"的名字,该姓名已经为老师、亲友及同学熟知,已成为其稳定的生活学习环境的重要组成部分,继续使用该姓名,有利于原告的学习、生活和身心健康。原告已经年满11周岁,属限制行为能力人,按其年龄和智力水平,已经能够理解姓名的文字含义及社会意义,在选择姓名的问题上具备了一定的判断能力,在涉及切身利益的姓名权问题上应当充分考虑其本人的意见。原告继续使用"金某某"的姓名,不会改变其系母亲金某与被告古某子女的事实,也不会损害生父、生母及他人的合法权益。最终法院判决对原告要求将其姓名由"古某某"变更为"金某某"的诉讼请求予以支持。

3. 案例评析

当时《婚姻法》规定,子女可以随父姓,可以随母姓。这是我国婚姻法中对男女平等的重要体现。作为未成年子女的父母,在未成年子女姓名的问题上,应当以保护子女利益、保护子女健康成长作为前提和目的,决不能为了一己之私而置未成年子女的利益于不顾。随着我国离婚案件的日益增多,子女随父姓还是随母姓的纠纷也越来越多,但总的处理原则应该是以子女自身的健康成长为出发点,并充分考虑子女本人的意见。

案例二:姜某与姜某勇姓名权纠纷案[1]

1. 基本案情

李某秀与姜某勇系夫妻,2000年9月19日,姜某出生,在登记户籍时使用姓名为姜某。2004年5月,姜某父母经法院判决离婚,姜某随母亲李某秀共同生活。姜某自上幼儿园起,李某秀为姜某另行取名李某,姜某日常使用姓名"李某"学习生活。2015年6月,因中考考生姓名需与学籍卡一致,姜某重新使用姓名"姜某",姜某使用该姓名后感觉生活学习非常不便。李某秀与姜某勇协商,希望姜某勇配合姜某户籍更名,姜某勇予以拒绝。姜某于2015年9月6日诉至法院,诉求姜某勇协助姜某更改户籍姓名为李某。一审法院支持了其诉请,宣判后姜某勇提出上诉,二审维持原判。

2. 裁判结果

一审法院认为姓名权为法律明文赋予的权利,自然人能够按照自己的意

---

[1] 来源:https://www.findlaw.cn/wenshu/a_1107486.html,访问日期:2024年6月27日。

愿决定、变更和使用自己的姓名。一方面姜某日常生活长期使用"李某"作为自己的姓名，该姓名已经融入其生命。另一方面姜某已年满15周岁，具有一定表达意愿的能力，其自身更倾向于继续使用"李某"。二审法院认为姜某自幼使用现在的姓名"李某"，"如果再变更为原姓名，势必对其产生影响，不利于其身心健康成长"。

案例三："北雁云依"诉济南市公安局历下区分局燕山派出所公安行政登记案[1]

1、基本案情

原告"北雁云依"法定代理人吕某峰诉称：其妻张某峥在医院产下一女取名"北雁云依"，并办理了出生证明和计划生育服务手册新生儿落户备查登记。为女儿办理户口登记时，被告济南市公安局历下区分局燕山派出所（以下简称"燕山派出所"）不予上户口。理由是孩子姓氏必须随父姓或母姓，即姓"吕"或姓"张"。根据《婚姻法》和《民法通则》关于姓名权的规定，请求法院判令确认被告拒绝以"北雁云依"为姓名办理户口登记的行为违法。

被告燕山派出所辩称：依据法律和上级文件的规定不按"北雁云依"进行户口登记的行为是正确的。《民法通则》规定公民享有姓名权，但没有具体规定。而2009年12月23日最高人民法院举行新闻发布会，关于夫妻离异后子女更改姓氏问题的答复中称，《婚姻法》第22条是我国法律对子女姓氏问题作出的专门规定，该条规定子女可以随父姓，可以随母姓，没有规定可以随第三姓。行政机关应当依法行政，法律没有明确规定的行为，行政机关就不能实施，原告和行政机关都无权对法律作出扩大化解释，这就意味着子女只有随父姓或者随母姓两种选择。从另一个角度讲，法律确认姓名权是为了使公民能以文字符号即姓名明确区别于他人，实现自己的人格和权利。姓名权和其他权利一样，受到法律的限制而不可滥用。新生婴儿随父姓、随母姓是中华民族的传统习俗，这种习俗标志着血缘关系，随父姓或者随母姓，都是有血缘关系的，可以在很大程度上避免近亲结婚，但是姓第三姓，则与这种传统习俗、与姓的本意相违背。全国各地公安机关在执行《婚姻法》第22

―――――――――

[1] [2010] 历行初字第4号。

条关于子女姓氏的问题上，标准都是一致的，即子女应当随父姓或者随母姓。综上所述，拒绝原告法定代理人以"北雁云依"的姓名为原告申报户口登记的行为正确，恳请人民法院依法驳回原告的诉讼请求。

法院经审理查明：原告"北雁云依"出生于2009年1月25日，其父亲名为吕某峰，母亲名为张某峥。因酷爱诗词歌赋和中国传统文化，吕某峰、张某峥夫妇二人决定给爱女起名为"北雁云依"，并以"北雁云依"为名办理了新生儿出生证明和计划生育服务手册新生儿落户备查登记。2009年2月，吕某峰前往燕山派出所为女儿申请办理户口登记，被民警告知拟被登记人员的姓氏应当随父姓或者母姓，即姓"吕"或者"张"，否则不符合办理出生登记条件。因吕某峰坚持以"北雁云依"为姓名为女儿申请户口登记，被告燕山派出所遂依照《婚姻法》第22条之规定，于当日作出拒绝办理户口登记的具体行政行为。

该案经过两次公开开庭审理，原告"北雁云依"法定代理人吕某峰在庭审中称：其为女儿选取的"北雁云依"之姓名，"北雁"是姓，"云依"是名。

因案件涉及法律适用问题，需送请有权机关作出解释或者确认，该案于2010年3月11日裁定中止审理，中止事由消除后，该案于2015年4月21日恢复审理。

2. 裁判结果

济南市历下区人民法院于2015年4月25日作出［2010］历行初字第4号行政判决：驳回原告"北雁云依"要求确认被告燕山派出所拒绝以"北雁云依"为姓名办理户口登记行为违法的诉讼请求。

3. 案例评析

法院生效裁判认为：2014年11月1日，第十二届全国人民代表大会常务委员会第十一次会议通过了《关于〈中华人民共和国民法通则〉第九十九条第一款、〈中华人民共和国婚姻法〉第二十二条的解释》。该解释规定："公民依法享有姓名权。公民行使姓名权，还应当尊重社会公德，不得损害社会公共利益。公民原则上应当随父姓或者母姓。有下列情形之一的，可以在父姓和母姓之外选取姓氏：（一）选取其他直系长辈血亲的姓氏；（二）因由法定扶养人以外的人抚养而选取抚养人姓氏；（三）有不违反公序良俗的其他正当理由。少数民族公民的姓氏可以从本民族的文化传统和风俗习惯。"

本案不存在选取其他直系长辈血亲姓氏或者选取法定扶养人以外的抚养

人姓氏的情形，案件的焦点就在于原告法定代理人吕某峰提出的理由是否符合上述解释第2款第3项规定的"有不违反公序良俗的其他正当理由"。首先，从社会管理和发展的角度，子女承袭父母姓氏有利于提高社会管理效率，便于管理机关和其他社会成员对姓氏使用人的主要社会关系进行初步判断。倘若允许随意选取姓氏甚至恣意创造姓氏，则会增加社会管理成本，不利于社会和他人，不利于维护社会秩序和实现社会的良性管控，而且极易使社会管理出现混乱，增加社会管理的风险性和不确定性。其次，公民选取姓氏涉及公序良俗。在中华传统文化中，"姓名"中的"姓"，即姓氏，主要来源于客观上的承袭，系先祖所传，承载了对先祖的敬重、对家庭的热爱等，体现着血缘传承、伦理秩序和文化传统。而"名"则源于主观创造，为父母所授，承载了个人喜好、人格特征、长辈愿望等。公民对姓氏传承的重视和尊崇，不仅仅体现了血缘关系、亲属关系，更承载着丰富的文化传统、伦理观念、人文情怀，符合主流价值观念，是中华民族向心力、凝聚力的载体和镜像。公民原则上随父姓或者母姓，符合中华传统文化和伦理观念，符合绝大多数公民的意愿和实际做法。反之，如果任由公民仅凭个人意愿喜好，随意选取姓氏甚至自创姓氏，则会造成对文化传统和伦理观念的冲击，违背社会善良风俗和一般道德要求。最后，公民依法享有姓名权，公民行使姓名权属于民事活动，既应当依照《民法通则》第99条第1款和《婚姻法》第22条的规定，还应当遵守《民法通则》第7条的规定，即应当尊重社会公德，不得损害社会公共利益。通常情况下，在父姓和母姓之外选取姓氏的行为，主要存在于实际抚养关系发生变动、有利于未成年人身心健康、维护个人人格尊严等情形。本案中，原告"北雁云依"的父母自创"北雁"为姓氏、选取"北雁云依"为姓名给女儿办理户口登记的理由是"我女儿姓名'北雁云依'四字，取自四首著名的中国古典诗词，寓意父母对女儿的美好祝愿"。此理由仅凭个人喜好愿望并创设姓氏，具有明显的随意性，不符合立法解释第2款第3项的情形，不应给予支持。

案例四：冒某与骆某等婚姻家庭纠纷案——变更未成年子女姓名和民族纠纷案件的法律适用[1]

1. 基本案情

冒某与骆某于1999年8月2日登记结婚，双方均系再婚，于2001年3月14日生育一子，取名冒某铜。2005年1月10日，冒某与骆某协议离婚并签署离婚协议书，约定：因冒某已半百之年，冒某铜归骆某抚养。但骆某不得改冒某铜的姓名，必须满足冒某临时带冒某铜在身边生活的要求，必须能让冒某保持与孩子的正常联系。若骆某违约，冒某将带回冒某铜，并收回财产。抚养费由骆某承担。2011年8月24日，骆某为冒某铜向其户口登记机关报出生，并以"骆某发"为姓名、"汉族"为民族为冒某铜申请办理户口登记。本次诉讼前，冒某曾向法院提起诉讼，要求骆某恢复孩子姓名冒某铜，并协助其行使对孩子的探望权等。法院经审理后认为冒某要求骆某恢复孩子姓名为冒某铜的诉讼请求，不属于该案探望权的审查范围，应另行解决。

本案审理过程中，冒某主张骆某擅自将孩子姓名由冒某铜更改为骆某发，违反了离婚协议书中关于孩子姓名的相关约定；离婚协议书中虽对孩子的民族没有做出约定，但传统上，孩子的民族随父亲，且蒙古族作为少数民族享受国家优惠政策，故要求骆某履行离婚协议约定，将婚生子的姓名恢复为冒某铜、民族恢复为蒙古族。骆某对冒某的上述主张均不同意，解释称离婚协议书中对孩子姓名的约定与实际不符，但为达到离婚目的，其才在该协议上签字；称孩子自出生至今姓名始终为骆某发，并为此提交了相关证据材料。北京市海淀区人民法院经审理认为，本案中，骆某与冒某于2005年1月10日签署的离婚协议书系双方自行协商、自愿签写，内容未违反法律、行政法规的强制性规定，应为合法有效，并应由双方当事人共同遵守。该离婚协议书中多次提及双方婚生子，且姓名均为冒某铜。骆某虽解释称该协议中孩子的姓名与事实不符，并提供了孩子的出生医学证明，但其在该协议书上签字的行为，应视为其与冒某在离婚时一致商定孩子姓名为冒某铜。此后，其应在日常生活中使用此姓名称呼孩子，并以该姓名为孩子办理入学、申报户口登记等相关手续。但根据法院查明事实可知，骆某未按协议履行，且在未征得

---

[1] [2018] 京01民终4718号。

冒某同意的情况下，自行确定孩子姓名为骆某发，在孩子日常生活、学习中使用该姓名，并以此为孩子申报户口登记。鉴于此，冒某是否有权依据离婚协议书中相关约定，主张变更孩子现用姓名，并且在离婚协议书中对孩子民族未作约定的情况下，主张变更孩子现在填写的民族？对此，法院结合离婚协议的性质、子女报出生及未成年时变更姓名和民族的相关法律规定、日常生活经验等论证如下：①离婚协议是男女双方就解除婚姻关系、财产处理、子女抚养等问题达成的协议。其中，如财产分割内容明确，且与身份关系相分离的，可参照合同法的相关规定，但涉及子女姓名、抚养等人身关系的内容，因具有人身属性而不适用合同法，亦不适用相关诉讼时效，应适用与人身关系相关的法律予以判定。②根据《婚姻法》第22条，《关于中国公民确定民族成份的规定》第2条、第3条的规定，子女出生后，其父母为其向户口登记机关报出生及办理户口登记时，子女可以随父姓，也可以随母姓；可以随父亲民族，也可以随母亲民族。故骆某申请将孩子的姓名登记为骆某、民族登记为汉族，并未违反法律、行政法规的强制性规定。③根据《中国公民民族成份登记管理办法》第7条的规定，未成年子女变更民族的，应符合法定情形。具体包括：父母婚姻关系发生变化，其民族成份与直接抚养的一方不同的；父母婚姻关系发生变化，其民族成份与继父（母）的民族成份不同的；其民族成份与养父（母）的民族成份不同的。本案中，因不符合上述变更情形，故不得变更双方婚生子的民族成份。④根据《户口登记条例》第18条、《民法总则》第35条第2款和第110条第1款的规定，以及公安部《关于父母离婚后子女姓名变更有关问题的批复》的有关精神，未成年子女变更姓名的，由本人或者其监护人申请，并应根据本人的年龄和智力状况，尊重本人意愿。其中，对于离婚双方未经协商或协商未达成一致意见而其中一方要求变更子女姓名的，公安机关可以拒绝受理，人民法院亦不宜支持单方提出的变更请求。本案中，双方就变更婚生子姓名无法达成一致意见；双方婚生子先后以书面说明和录像的方式明确表示其不愿意更改现在的姓名，且其在出具说明时已年满15周岁，在录制录像时已年满17周岁，可以认定其对姓名等与自身日常生活、学习密切相关的人身权益已形成一定认知，故人民法院应尊重其本人不变更姓名的个人意愿。⑤事实上，除离婚协议书中双方将婚生子的姓名表述为冒某铜外，现有证据均显示孩子在日常生活、学习中长期使用骆某发之名，加之孩子现随骆某共同生活，其姓氏与骆某相同，如变更姓名,可能给孩子学习、生活及日常人际交往等带来不便,故从有利于未成年人身心健康的角度出发,亦不宜变更其姓名。

2. 裁判结果

法院依照《婚姻法》第22条[1],《未成年人保护法》第14条,《民事诉讼法》第64条第1款,最高人民法院《关于民事诉讼证据的若干规定》第2条的规定,判决驳回冒某的全部诉讼请求,未成年人骆某发不必变更姓名和民族。

3. 案例评析

本案中,关于冒某之子是否符合变更姓名的规定情形问题,因没有具体明确的法律法规规定,在此不予定论。但冒某之子虽没有使用冒某与骆某离婚协议中约定的姓名,而随母亲之姓,根据《婚姻法》第22条"子女可以随父姓,可以随母姓"的规定,并无不妥。且冒某之子自出生时便随母亲姓骆,名某发,一直使用至今,其间冒某并未提出异议。考虑到冒某之子使用姓名的连贯性和生活学习中的便利性,其选择不更改姓名的意愿也应得到尊重。再者,冒某之子作为未成年人,其监护人在作出与其利益有关的决定时,根据《民法总则》第35条的规定,应根据被监护人的年龄和智力状况,尊重被监护人的真实意愿。《民法总则》第19条也规定,8周岁以上的未成年人可以独立实施纯获利益的民事法律行为或者与其年龄、智力相适应的法律行为。而冒某之子在本案一审审理时已满15周岁,二审审理时已满17周岁,可以认为其能够充分表达自己意愿并对相关判断具有合理认知。2012年修正的《未成年人保护法》第14条明确规定,父母或者其他监护人应当根据未成年人的年龄和智力发展状况,在作出与未成年人权益有关的决定时告知其本人并听取他们的意见。鉴于其在案件审理过程中多次明确表示不愿变更姓名,故法院应充分尊重冒某之子的意愿,判决不予变更姓名为宜。

---

[1] 原《婚姻法》第22条规定:子女可以随父姓,可以随母姓。现本法已因《民法典》的颁布而失效。

第三节 未成年人的名誉权

一、条文规定

《民法典》第一千零二十四条第一款 民事主体享有名誉权。任何组织或者个人不得以侮辱、诽谤等方式侵害他人的名誉权。

二、条文解读

（一）名誉权的概念

名誉权指民事权利主体在声誉、品行、才华、信用等诸多方面所获得的社会综合评价，是其作为民事主体应当享有并能够保有和维护的具体人格权利。它是人格权的一类，主要表现为对权利主体名誉利益的支配和维护。新闻媒体报道真人真事时，不得歪曲事实，影响社会对民事权利主体原有的评价；所有人均不得以贬低、诽谤或侮辱等方式来损害他人声誉，所有人也都不允许通过捏造事实的方式陷害他人，败坏其名声。

（二）未成年人名誉权现状及保护

作为人格权其中之一的名誉权，自民事权利主体出生便开始享有，至其死亡时权利终止。未成年人也是民事权利主体之一，自然拥有这一权利，其人格尊严当然受到法律的保护。当下未成年人生活在数字化、网络化快速发展的互联网时代中，网络已成为他们生活方式的重要组成部分。互联网固然为人们带来了学习、娱乐、社交上的便利，但也为侵害未成年人权益开辟了新途径。如何加强对未成年人网络名誉权的保护，已成为社会广泛关注的重点问题。侵犯未成年人名誉权的行为须受法律制裁，不能通过贬低、诽谤或侮辱等形式伤害未成年人的名誉，所有组织或个人也均不能通过文字、图片或视频等方法，对未成年人进行人身攻击或网络欺凌。随着网络侵权案件不断增多，司法判决时应坚持未成年人利益最大化原则，及时制止网络空间中侵害未成年人名誉权和身心健康的内容并依法惩处来维护未成年人的合法权益。

然而，目前针对网络诽谤、侮辱未成年人，侵害其名誉的司法判决书并不多见，这并不代表这类问题很少发生。原因可能有以下两种：一是受害未成年人没有通过法律来维护自身的名誉权利；尽管我国未成年人遭网络欺凌和侵害的问题已经非常严重，但从相关司法判决书的数量上可以看出，只有少部分未成年受害者或其监护人利用法律武器保护了被侵犯的权利。二是法院判决书中没有明确说明被侵害者的未成年人身份，因此在检索查阅相关结果中不能显示。我国尚未出台专门的未成年人网络权益保护法律，这也导致尽管未成年人是网络名誉侵权案的重点主体，但司法实践中对未成年人网络权益保护意识仍然不足。

需要指出的是，行为人如若出于新闻报道、舆论监督等公共利益目的而影响到他人名誉，除非存在没有尽到合理审查义务并为他人提供了特别不符合实际的可能侵犯名誉权的内容；捏造或歪曲事实；或使用贬低辱骂性言辞来毁损他人名声等情况，即便对象为未成年人，行为人也不必承担民事责任。

在有关未成年人的名誉权侵权纠纷案件中，未成年人的法定监护人可要求侵权人停止侵害、消除影响、恢复名誉、赔礼道歉、赔偿损失等。权利人除可获物质金钱赔偿外，还可依法向侵权人要求精神损害赔偿。由于未成年人生理、心理均尚未完全发展成熟，外界的负面评价极易影响未成年人的心理活动，且其主要的社交圈大多也同为未成年人，心智尚未发展完善的他们辨识信息真伪的水平较差，受到恶意误导也不自知，可能存在仅基于片面信息就对身边同学恶言相向，甚至引发校园霸凌、网络暴力甚至犯罪等情况。因此，保护未成年人名誉权对维护其合法权益和身心健康重要程度不容忽视，绝不可等闲视之。

三、参考条文

◎《未成年人保护法》第三条　国家保障未成年人的生存权、发展权、受保护权、参与权等权利。

未成年人依法平等地享有各项权利，不因本人及其父母或者其他监护人的民族、种族、性别、户籍、职业、宗教信仰、教育程度、家庭状况、身心健康状况等受到歧视。

◎《民法典》第一千零二十五条　行为人为公共利益实施新闻报道、舆论监督等行为，影响他人名誉的，不承担民事责任，但是有下列情形之一的除外：(一) 捏造、歪曲事实；(二) 对他人提供的严重失实内容未尽到合理核实义务；(三) 使用侮辱性言辞等贬损他人名誉。

第一百七十九条 承担民事责任的方式主要有：(一) 停止侵害；(二) 排除妨碍；(三) 消除危险；(四) 返还财产；(五) 恢复原状；(六) 修理、重作、更换；(七) 继续履行；(八) 赔偿损失；(九) 支付违约金；(十) 消除影响、恢复名誉；(十一) 赔礼道歉。法律规定惩罚性赔偿的，依照其规定。本条规定的承担民事责任的方式，可以单独适用，也可以合并适用。

◎《儿童权利公约》第十六条　儿童的隐私、家庭、住宅或通信不受任意或非法干涉，其荣誉和名誉不受非法攻击。

四、典型案例

案例一：付某某诉某网络公司、某教育中心名誉权、隐私权纠纷案[1]

1. 基本案情

2014年2月至6月，路透社经与某教育中心联系，某教育中心口头同意路透社前往该中心进行采访。路透社与某网络公司签订协议，某网络公司于2014年7月1日至2015年6月30日期间可转载其文件。2014年7月7日，某网络公司旗下的某网站刊出一组《探访北京戒网瘾学校》相关内容的照片和文章，相关网页第一张照片为付某某正面全身照，该图片为付某某坐在汽车后排座中间，左右各有一名成年人。付某某头微微低下，目光朝下，但图片没有打马赛克或者做其他模糊处理。该图片配有说明："北京某教育中心是一所戒网瘾学校，学校通过军事化管理帮助青少年戒除网瘾。目前，类似这样的戒网瘾学校在中国已经多达250所。为了帮助孩子戒除网瘾，很多父母将孩子送到戒网瘾学校，让他们接受心理测验和军事化训练。"另，付某某全身照还出现在第21张照片中，该图片中付某某身穿便装，在沙发上与另外两名身着迷彩服的同龄女生交谈，付某某手托下巴，头朝向另外两名女生。该照片配有说明："5月22日，北京某教育中心，一名刚到中心的女孩子正与其他学生交谈，在父母的要求下，这名女孩到这里戒瘾。"

---

[1] 来源：https://www.chinacourt.org/article/detail/2018/06/id/3324950.shtml，访问日期：2024年6月27日。

2. 裁判结果

法院经审理后认为，网络服务提供者在刊载网络信息时，应特别注意对未成年人个人隐私和个人信息的保护。某网络公司旗下的某网站作为网络服务提供者，转载《探访北京戒网瘾学校》相关内容的照片和文章中，未经法定代理人同意使用未成年人付某某的正面全身照且对其面部图像未进行模糊处理。两张照片均可清晰地辨认出是付某某本人，并配有"一名上网成瘾的女孩"和"这名女孩到这里戒瘾"等文字，侵犯了未成年人隐私权。因某网络公司在国内的影响力，该组照片和文章被大量点击和转载，造成了付某某名誉权受到侵害的事实。依据民法有关规定，判决某网络公司在其某网站上发布向付某某赔礼道歉声明，赔偿付某某精神损害抚慰金10 000元、公证费2500元、律师费30 000元。

3. 典型意义

本案中，某网络公司转载的是其他新闻从业机构的新闻成果，并非亲自采访所得，此时新闻转载者也要对新闻内容进行合理审查，确保真实性。某网络公司虽与路透社签订有转载新闻的协议，具有合法转载路透社新闻的权利，但这不能免除其对新闻内容进行合理审查的义务。某网络公司没有尽到善良管理人必要的注意审查义务，所转载的新闻存在基本事实错误，同时还将未成年人个人隐私予以公布，不仅侵害了未成年人的名誉权，也侵害了其隐私权，给未成年人成长带来了不利影响。本案警示：新闻自由并非毫无边界，网络服务提供者转载新闻时，应承担法律规定的审慎义务，特别是在关涉未成年人或重大敏感事件时要更加慎重，不能侵害他人的合法权益。

案例二：丙某因感情纠纷恶意诽谤毁损甲某未成年子女名誉权案[1]

甲某与被告丙某之间存在感情纠纷，丙某为了发泄情绪，使用其微博账号发布一系列微博，攻击甲某及甲某的未成年人女儿乙某1、乙某2，其中一则公开了乙某1的肖像照；除此之外，丙某还发了数十条短信对甲某及乙某1、乙某2进行辱骂。丙某发送的攻击和辱骂内容包括了针对乙某1外貌的侮辱性评价和"乙某2系非婚生子女""乙某2没有资格就读某某学校""乙某2向某教授行贿"等。甲某认为被告丙某在微博上对乙某1、乙某2进行恶意

---

[1] 来源：https://www.thepaper.cn/newsDetail_forward_23232190，访问日期：2024年6月27日。

侮辱诽谤，导致其社会评价明显降低，给女儿的生活学习带来了巨大困扰，造成了无法挽回的精神伤害，严重侵害了乙某1、乙某2以及甲某本人的名誉权，因此要求丙某赔礼道歉并赔偿精神损失。

法院经审理认为，本案中，被告丙某的涉案博文直接提及乙某1、乙某2的姓名，具有特定指向性。丙某公开了乙某1的肖像照片并使用了带有侮辱性质的词语，既构成了对于乙某1肖像权的侵害，也贬损了乙某1的人格尊严，构成了对乙某1名誉权的侵害。同时，文中还存在围绕乙某2就学情况的负面言论，根据在案证据该言论并无事实基础，系脱离事实基础进行的造谣诽谤。由于该言论足以导致原告乙某2的社会评价降低，因此也构成了对于原告乙某2名誉权的侵害。法院判决被告丙某应向乙某1和乙某2赔礼道歉并赔偿精神损失。

一审判决作出后，双方当事人均未提起上诉，判决已发生法律效力。

案例三：某医院未经允许将未成年人甲某就诊信息公布并配有负面描述侵犯名誉权案[1]

未成年人甲某由亲属陪护到某医院儿科门诊就诊，由主任医师乙某看诊。某医院未经甲某及监护人同意，将甲某看诊过程拍摄并剪辑制作成视频公开发布在以乙某作为实名注册主体的短视频平台账号中。视频内容涉及甲某就诊信息，并配有"毛病"及"坏习惯"等文字描述，点赞量及评论量较多，并含有负面评论。甲某认为某医院、乙某侵犯了其隐私权、肖像权、名誉权，要求乙某及某医院赔礼道歉、赔偿精神损失及维权合理支出，并要求某科技公司作为短视频平台运营主体因未尽平台责任，应承担连带责任。

法院经审理认为，乙某和某医院未经许可，拍摄并在网络短视频平台公开发布含有甲某肖像的视频，构成了对甲某肖像权的侵害。就医内容包含甲某不愿为他人知晓的就诊过程和病症情况，具有一定的私密性，应属于个人隐私。乙某和某医院构成对甲某隐私权的侵害。涉案视频内容一定程度上会造成公众对甲某社会评价降低，构成对甲某名誉权的侵害。故判决乙某及某医院共同承担赔礼道歉、赔偿精神损失及维权合理支出等责任。某科技公司

---

[1] 来源：https://www.chinacourt.org/article/detail/2023/07/id/7376808.shtml，访问日期：2024年6月27日。

在运营短视频平台过程中已尽到了网络服务提供者的义务，不承担责任。

第四节　未成年人的专利权

一、条文规定

《民法典》第一百二十三条　民事主体依法享有知识产权。

知识产权是权利人依法就下列客体享有的专有的权利：

（一）作品；

（二）发明、实用新型、外观设计；

（三）商标；

（四）地理标志；

（五）商业秘密；

（六）集成电路布图设计；

（七）植物新品种；

（八）法律规定的其他客体。

二、条文解读

（一）专利权的概念

知识成果的专属权利，是权利人之智慧结晶。该权利指发明创造者就其特定的创造，依据相关法律明文规定能够在一段期限内独占实施权利，包括使用、收益、处分权，并防止他人不法干涉。此项权利属知识产权范畴。所谓知识产权，指权利主体对其智力劳动成果所应享有之权益，无论发明创意、文艺创作、外观设计，抑或商业中使用之符号、名称、形象等，均在其列。

（二）未成年人专利权的现状

未成年人作为国家的未来，他们的专利申请和实施活动愈发受到社会关注。他们作为国家创新发展的后备力量，知识产权教育对培养新时代科技创新人才具有极为重要的意义。未成年人在日常生活中也会迸发一些新鲜灵感和创意，当其获得一定凝结自己智慧结晶的独特成果时，为了保护该成果不被窃取，必须对未成年人的专利权进行保护。对未成年人专利权保护与该权利保护的基本要求一样,如果是对某发明创造具有创新有效的实质性贡献,就能够成为享有专利权的人,并依法定程序申请有关专利。现在很多地区也都出台了相关政策来鼓励未成年人保护其知识产权,营造了良好的未成年人科技创新氛围。

没有知识产权保护,就很难有自主创新和科技发展。对于严重侵犯专利权的行为,甚至可能入罪。然而,未成年人在知识储备、法律意识等方面的局限性,使得他们在行使专利权时,容易忽视潜在的法律风险;或他们在面对侵权行为时,无法采取有效措施维护自身权益。因此家庭、学校等责任主体应当关注重视未成年人在创新方面的需求,培养未成年人尊重知识产权的意识,通过保留证据、申请专利以及寻求专业帮助等措施帮助未成年人在自己的知识产权受到侵犯时能够依法维权。

三、参考条文

◎《宪法》第四十七条 中华人民共和国公民有进行科学研究、文学艺术创作和其他文化活动的自由。国家对于从事教育、科学、技术、文学、艺术和其他文化事业的公民的有益于人民的创造性工作,给以奖励和帮助。

◎《刑法》第二百一十六条 假冒他人专利,情节严重的,处三年以下有期徒刑或者拘役,并处或者单处罚金。

四、典型案例

案例一:中学生发明安全插座,专利200万元不卖[1]

田家炳中学高一学生曹某最大的梦想是成为像爱迪生一样的发明家,目前他已拥有3项发明。

2018年3月16日,记者在田家炳中学见到了刚参加完军训返校的高一学生曹某。这个16岁的男孩看上去有点腼腆,但是一说起他的发明就眉飞色舞、滔滔不绝,就好像进入了另一个世界,一个属于他自己的世界。

曹某现在拥有3项发明成果,其中一项已经获得国家专利,有人曾出价

---

[1] 济南市槐荫区人民检察院、济南市槐荫区教育局、济南市槐荫区关心下一代工作委员会编著:《未成年人权益保护与犯罪预防读本(中学版)》,济南出版社2019年版,第79页。

200万元购买。

曹某的第一项发明是"多功能安全插座及插头"。插头上面的铜片长度只有传统插头的1/2，插头及插座的安全性较传统产品大大提高：一是因为新发明采用凸凹式设计，人体无法接触导电金属体；二是因为地线导电插片先接触插座，如果漏电的话就可以通过地线跑了，不会伤到人。

2017年5月，还在田家炳中学读初三的曹某，凭借这项发明获得了九龙坡区青少年科技创新大赛二等奖。8月17日，这项发明正式获得了国家知识产权局颁发的实用新型专利证书。据曹某的班主任谭老师介绍，曾经有人出价200万元买这项专利，但被婉言谢绝了。

曹某的另外两项发明，也已经向国家知识产权局申报实用新型专利。目前，两项发明均已被受理。一项是"电热抱枕"，里面有发热装置和保温材料，两只手对插进去，可以取暖。另外一项是"可调折叠式观察车身前部轮胎的后视镜"。曹某说，这项发明的灵感来源于他回农村老家，乡村道路很窄，会车时由于视线不佳，难以判断前轮和路沿之间的距离以及车辆右侧和对面来车之间的距离，经常造成车辆剐擦或侧翻。他的发明是在现有的后视镜舱内加装一个可调节、折叠式的凸面镜，可以观察前轮和路沿之间的距离以及车辆右侧和对面来车之间的距离。

案例二：董某博同学积极创新获取多项专利成果[1]

14岁的董某博痴迷于科学创新世界，脑袋里总有很多新奇的想法。上小学二年级时，他研制出了人生第一个小发明——智能平板支架，解决了大家使用电子产品时，眼睛与屏幕的距离和支架角度调整的问题，该设计适合多种场合、不同人群的使用，非常实用。整个外观像一个机器人，特别酷。"当时，这款智能平板支架深受身边同学和老师的认可。"董某博认为，正是大家的喜爱，让他对发明创造产生了浓厚的兴趣，科学梦想的种子在心里开始生长。

后来，慢慢长大，董某博不再满足于简单的小发明，他开始尝试设计制作复杂的智能控制模型。智能控制产品涉及很多深奥的知识，如绘制草图、

---

〔1〕来源：https://www.xiaoshan.gov.cn/art/2023/8/8/art_1302903_59091553.html，访问日期：2024年6月27日。

建模、搭建电路等，但他依旧兴致勃勃，沉醉其中。"一有空余时间，我就喜欢泡在学校实验室里，一边学习知识，一边动手实践。"在董某博心里，跟着老师一起捣鼓小发明，是他校园生活中最开心、最放松的美好回忆。

凭借着对科技发明的无限热爱，渐渐地，董某博的创造天赋开始崭露头角。在家人和老师的引导下，他自学了电子电路，接触了激光切割、3D打印，掌握了多种编程语言，并参加了大大小小的比赛。无论是创客比赛、编程比赛、无人机编程比赛，还是无线电测向比赛、车辆模型锦标赛，他几乎都没有错过。比赛中，他如同一匹开挂了的黑马，屡获殊荣：全国一二等奖3项，省市区一二三等奖21项，同时还参加IFIC小发明家盛会，获得了学生发明家、爱迪生奖、连续发明家、持续创新奖等荣誉。值得一提的是，他还手握5项数控机床领域的国家实用新型专利。

相较于那些"高大上"的发明，董某博的发明灵感来源于生活和生产，其创造的小发明更接地气。

因为善于观察，董某博在生活中常常能发现很多问题。开学时，他看到老师办公室的绿植因枯萎而被丢弃，回想班级的绿植因放假也会出现同样的问题，于是他开始思考、实践和研究，设计出了一个"绿植管家"智能控制系统。这个"管家"拥有多项功能，能收集雨水进行水箱水位控制、能进行茶水分离灌溉、能实现绿植的温度、湿度、光照等的智能控制。这样为种植绿植带来了极大的方便。该设计也在全国第十八届创客项目展示活动上获得了一等奖。

基于对现实存在的一些现象的思考，董某博将脑海里的"异想天开"转化为多种创意实践。"带闹钟的智能台灯""智能雨伞架""智能小夜灯"，以及在全民抗疫时设计出的"智能消毒车""抗疫升降送餐机器人""方舱温湿度调节器""智能控制门"等装置，都是董某博通过敏锐观察和脚踏实地的行动，收获的有趣又实用的发明成果。

这些"接地气"的发明研究，时不时提醒董某博汲取更多知识，开阔自己的创新思路。于是，他利用课余时间自学了多款建模软件、多种编程语言及相关电子知识，经常与之江汇、MOOC等平台相伴，将所学知识有效地运用于创新实践中，为身边的人设计出更多省时省力、高效便捷的"生活神器"。

像科学家一样进行"科学研究"，像工程师一样进行"创新设计"。随着初中学业压力的增加，董某博在研究小发明的同时，还为自己制定了严格的学习计划。对他而言，时间非常紧张，他要学会抓紧它、利用好它，这样才有更多的时间来探究和研究科学。因此，在高效完成学业任务后，他会钻进他的科研小世界里，不仅沉醉于学习科学知识，也不断挖掘自己在阅读方面的兴趣。编程、科幻、历史等各类书籍都是他的最爱。他说，丰富的学习资源，将启迪他在创新发明的路上坚定前行。"只有多多学习，才能开阔发明思路，才能研发更多对社会有用的东西。"

董某博是这样想的，也是这样行动的。如今，努力学习和发明创造带来的成就感和奇妙感，让他越来越痴迷于科技创新的魅力，而他也正用科技素材，搭建着属于他的梦想。"我希望能实现自己人生的最大价值，用自己的发明帮助更多的人，用知识的力量让这个世界变得更加美好。"在谈及自己的梦想时，董某博稚嫩的脸上闪过一丝成熟。接下来，他将潜心研制一款"宠物管家"智能控制系统，为宠物提供一个舒适、温馨的生活环境。

听到董某博的梦想，北干初中校长张某锋感到十分骄傲和自豪，他表示，董某博不仅发明创造玩得好，学习成绩也名列前茅，还热衷于与同学分享科技成果，帮助同学们解决课业难题。"希望他在今后的学习道路上再接再厉，勤学善思，在发明中收获快乐，全面发展。"

董某博同学积极创新，对于他的各项发明创造他都享有专利权，若被侵害可以主张自己的合法权益。家人和学校在鼓励引导其发明创造的同时，还需要注意董某博同学知识产权的保护，为其排除后顾之忧。

案例三：小学生积极创新发明获专利[1]

2023年，上海音乐学院附属黄浦比乐中学六年级的秦某馨已是第二次亮相上交会了。小学四年级时，她发明的免舔盖酸奶吸管不仅获得了专利，还以5000元的价格实现产品转化。彼时，不少小伙伴和产品用户给她提了建议："舔盖子才是喝酸奶的灵魂啊！"秦某馨觉得很有趣，收到用户意见的她接着发明了"方便舔酸奶的环保酸奶杯"，并带着第二项专利再度亮相上交会。

对于孩子玩科创，秦某馨的父亲很支持，"刷题是一种学习方式，而观察

---

[1] 来源：https://new.qq.com/rain/a/20230615A09KV200，访问日期：2024年6月27日。

生活、用创意让生活变得更好，也是一种学习"。在父亲的鼓励下，秦某馨利用成果转化得来的5000元成立了"科创少年行"公益活动，通过线上面向贵州黔东南地区的小学生分享科创心得、科创书籍等。这个暑假，秦某馨还计划跟父母前往贵州，与当地同龄人面对面分享自己的科创故事。

科技创新的热情，不是只在比赛中昙花一现。周某加对科创的喜爱源于小学二年级时参与学校的一次科技创新比赛，获得特等奖的她感觉自己是"科创天才"，从而信心十足，在科技创新的道路上越走越投入。她的母亲说，起初还担心孩子做科创花费太多时间，会影响学业成绩，几年观察下来，即便深入参与科创，周某加的成绩也始终稳定在班级第一名。"为了参与科创，周某加学会了规划时间，原本她在做数学题时会有些粗心，而今不仅思维更开阔，做题目时也更严谨。"周妈妈说。

张某田也欣喜发现，眼下，越来越多的家长能"恰如其分"地参与到孩子科技创新的过程中。比如，周某加画出了"歪歪扭扭"的工字钉草图，父母帮助她转化为产品图纸，类似的鼓励和支持，是帮助孩子提升科创素养的重要助力。

第五节　未成年人在收养法中的权利

一、条文规定

《民法典》第五十二条　被宣告死亡的人在被宣告死亡期间，其子女被他人依法收养的，在死亡宣告被撤销后，不得以未经本人同意为由主张收养行为无效。

第四百六十四条　合同是民事主体之间设立、变更、终止民事法律关系的协议。

婚姻、收养、监护等有关身份关系的协议，适用有关该身份关系的法律规定；没有规定的，可以根据其性质参照适用本编规定。

二、条文解读

（一）收养的基本原则

儿童利益最大化乃联合国《儿童权利公约》的明文规定，最有利于被收养人是收养行为必须遵循的原则之一。此原则明确收养行为应最有利于被收养人,而非收养人本身。这便要求政府、社会团体组织等在处理收养关系纠纷问题时,须以被收养人利益为准绳,为司法实践中现实存在的这类问题解决提供统一价值导向,为保护被收养人人身和心理健康提供坚强的保障。

同时,这一法条亦从法律层次上明文禁止了在司法实践中存在的假借收养形式来买卖未成年人的违法犯罪行为。

(二) 收养的成立

根据我国《民法典》第1104条的规定,收养8周岁以上的未成年人需要征得被收养人同意。此前我国收养法的相关规定是未成年人10周岁以上被收养的需要征求其同意,新的规定将这一年龄要求下调至8周岁,更充分地体现了尊重未成年人意愿的原则,也更符合最有利于被收养人的理念。随着经济的迅猛发展,当下人们的生活水平不断提高、受教育程度得到提升,未成年人的心智发育速度和程度也在普遍加快。为此,《民法典》总则部分将限制民事行为能力人的年龄限定下调至8周岁,这体现我国法律已经认可从8周岁至18周岁的未成年人拥有独立作出与其年龄和智力相符的民事法律行为的能力。因此,收养制度中同步调整需征求被收养人同意的年龄标准,是与民法典的总则编同步发展的必然结果,也是与时代发展相适应的必然改变。

另一个变化是被收养人的年龄上限限制。此前的收养法规定14周岁以上的未成年人不可被收养,而《民法典》取消了这一限制,《民法典》第1093条的规定使得亲生父母失踪等原因查找不到、亲生父母存在困难而没有能力去抚养、父母已过世的14周岁至18周岁的未成年人也有被收养的机会,从而能够重新体验家庭亲子生活、感受来自家庭的温暖。

《民法典》还增加了"无不利于被收养人健康成长的违法犯罪记录"作为收养人的必需条件之一,该条件能够避免那些曾经虐待或遗弃未成年人的人员去收养子女。同时《民法典》也将原先收养法中规定的"无子女"这一条件放宽为"无子女或仅有一个子女",满足了虽然只生育了一个孩子但希望通过收养制度扩大家庭的需求。

我国已宣布开放二孩政策,这对处理人口老龄化以及应对男女比例失衡等问题的重要性不言而喻。为与现行计划生育政策保持一致,《民法典》对收养人数的相关规定也作出了调整:无子女的收养人能够收养两名子女,已有子女的只能收养一名。换句话说,就是通过亲生和收养方式,一对夫妻最多可以拥有两个子女。

总的来说,《民法典》在收养成立制度方面的这些变化和完善,均是立足于最大限度保护未成年人权益的原则,是倾听未成年人心声,尊重未成年人意愿的目的,同时也与我国现行人口政策相协调。

(三) 收养的效力

一旦收养关系依法成立,依据《民法典》的规定将产生以下法律效力。

首先,养父母与养子女间将形成一种拟制的直系血亲关系,二者的权利义务关系等同于生父母与亲生子女。

其次,养子女与养父母的近亲属之间,也将产生一种拟制的直系或旁系血亲关系,相互之间享有正常近亲属间应有的权利义务。

最后,养子女与亲生父母及其他远近亲属之间,原先存在的一切权利义务关系将完全终止。

此外,本节还对养子女的姓氏作出了有关规定,其有多种选择:养子女既可以随养母姓也可以随养父姓,协商一致还能保留原姓。

综上所述,收养关系一旦合法生效,养子女与原生家庭的法律上的联系便会切断,与养父母及其亲属家庭则建立起新的拟制血亲关系,养子女将完全融入新的家庭,享有与养父母的亲生子女同等的权利义务。

(四) 收养的解除

收养关系的建立需满足一定条件,其解除也不能随意而为。《民法典》规定未成年人收养关系可通过以下两种方式之一解除。

第一,据当事人协议解除。收养人与送养人双方达成一致,可以向民政部门申请办理收养解除的登记手续。根据《中国公民收养子女登记办法》,当事人需持相关户籍证明、身份证、收养登记证件和收养解除协议书,向被收养人常住户口所在地的登记机关共同提出申请。登记机关需要在30天内进行审查,对符合法定条件的予以解除登记、收回原收养登记证件,并发放解除证明。需要注意的是,协议解除收养的也必须尊重被收养的未成年子女的个人意愿。被收养的未成年人年满8周岁的,还应当征得其同意。

第二,按当事人要求解除。收养人如果不能够履行其抚养的义务,存在遗弃被收养人或虐待被收养人等侵害未成年养子女身心健康及权益的行为,送养人可以要求解除养父母与被收养子女之间的收养关系。收养人、送养人之间若不能达成有效的解除收养关系协议,还能够向人民法院提起诉讼。

未成年养子女与养父母之间的收养关系解除后，二者间及与其养父母的近亲属之间的权利义务关系即告终止，同时，未成年人与其亲生父母及亲生父母的近亲属之间的权利义务关系自动恢复。

可见，无论是送养人与收养人协议解除还是其中一方要求解除，收养关系的解除都需经过法定程序，均有明确的条件和法律后果，决不能任意而为。

三、参考条文

◎《未成年人保护法》**第四条** 保护未成年人，应当坚持最有利于未成年人的原则。处理涉及未成年人事项，应当符合下列要求：

（一）给予未成年人特殊、优先保护；

（二）尊重未成年人人格尊严；

（三）保护未成年人隐私权和个人信息；

（四）适应未成年人身心健康发展的规律和特点；

（五）听取未成年人的意见；

（六）保护与教育相结合。

第十一条 任何组织或者个人发现不利于未成年人身心健康或者侵犯未成年人合法权益的情形，都有权劝阻、制止或者向公安、民政、教育等有关部门提出检举、控告。

国家机关、居民委员会、村民委员会、密切接触未成年人的单位及其工作人员，在工作中发现未成年人身心健康受到侵害、疑似受到侵害或者面临其他危险情形的，应当立即向公安、民政、教育等有关部门报告。

有关部门接到涉及未成年人的检举、控告或者报告，应当依法及时受理、处置，并以适当方式将处理结果告知相关单位和人员。

◎《家庭寄养管理办法》**第一条** 为了规范家庭寄养工作，促进寄养儿童身心健康成长，根据《中华人民共和国未成年人保护法》和国家有关规定，制定本办法。

第二条 本办法所称家庭寄养，是指经过规定的程序，将民政部门监护的儿童委托在符合条件的家庭中养育的照料模式。

第三条 家庭寄养应当有利于寄养儿童的抚育、成长，保障寄养儿童的合法权益不受侵犯。

第四条 国务院民政部门负责全国家庭寄养监督管理工作。

县级以上地方人民政府民政部门负责本行政区域内家庭寄养监督管理工作。

第五条 县级以上地方人民政府民政部门设立的儿童福利机构负责家庭寄养工作的组织实施。

第六条 县级以上人民政府民政部门应当会同有关部门采取措施，鼓励、支持符合条件的家庭参与家庭寄养工作。

第七条 未满十八周岁、监护权在县级以上地方人民政府民政部门的孤儿、查找不到生父母的弃婴和儿童，可以被寄养。

需要长期依靠医疗康复、特殊教育等专业技术照料的重度残疾儿童，不宜安排家庭寄养。

第八条 寄养家庭应当同时具备下列条件：

（一）有儿童福利机构所在地的常住户口和固定住所。寄养儿童入住后，人均居住面积不低于当地人均居住水平；

（二）有稳定的经济收入，家庭成员人均收入在当地处于中等水平以上；

（三）家庭成员未患有传染病或者精神疾病，以及其他不利于寄养儿童抚育、成长的疾病；

（四）家庭成员无犯罪记录，无不良生活嗜好，关系和睦，与邻里关系融洽；

（五）主要照料人的年龄在三十周岁以上六十五周岁以下，身体健康，具有照料儿童的能力、经验，初中以上文化程度。

具有社会工作、医疗康复、心理健康、文化教育等专业知识的家庭和自愿无偿奉献爱心的家庭，同等条件下优先考虑。

第九条 每个寄养家庭寄养儿童的人数不得超过二人，且该家庭无未满六周岁的儿童。

第十条 寄养残疾儿童，应当优先在具备医疗、特殊教育、康复训练条件的社区中为其选择寄养家庭。

第十一条 寄养年满十周岁以上儿童的，应当征得寄养儿童的同意。

第十二条 确立家庭寄养关系，应当经过以下程序：

（一）申请。拟开展寄养的家庭应当向儿童福利机构提出书面申请，并提供户口簿、身份证复印件，家庭经济收入和住房情况、家庭成员健康状况以

及一致同意申请等证明材料;

（二）评估。儿童福利机构应当组织专业人员或者委托社会工作服务机构等第三方专业机构对提出申请的家庭进行实地调查，核实申请家庭是否具备寄养条件和抚育能力，了解其邻里关系、社会交往、有无犯罪记录、社区环境等情况，并根据调查结果提出评估意见;

（三）审核。儿童福利机构应当根据评估意见对申请家庭进行审核，确定后报主管民政部门备案;

（四）培训。儿童福利机构应当对寄养家庭主要照料人进行培训;

（五）签约。儿童福利机构应当与寄养家庭主要照料人签订寄养协议，明确寄养期限、寄养双方的权利义务、寄养家庭的主要照料人、寄养融合期限、违约责任及处理等事项。家庭寄养协议自双方签字（盖章）之日起生效。

第十三条 寄养家庭应当履行下列义务：

（一）保障寄养儿童人身安全，尊重寄养儿童人格尊严;

（二）为寄养儿童提供生活照料，满足日常营养需要，帮助其提高生活自理能力;

（三）培养寄养儿童健康的心理素质，树立良好的思想道德观念;

（四）按照国家规定安排寄养儿童接受学龄前教育和义务教育。负责与学校沟通，配合学校做好寄养儿童的学校教育;

（五）对患病的寄养儿童及时安排医治。寄养儿童发生急症、重症等情况时，应当及时进行医治，并向儿童福利机构报告;

（六）配合儿童福利机构为寄养的残疾儿童提供辅助矫治、肢体功能康复训练、聋儿语言康复训练等方面的服务;

（七）配合儿童福利机构做好寄养儿童的送养工作;

（八）定期向儿童福利机构反映寄养儿童的成长状况，并接受其探访、培训、监督和指导;

（九）及时向儿童福利机构报告家庭住所变更情况;

（十）保障寄养儿童应予保障的其他权益。

第十四条 儿童福利机构主要承担以下职责：

（一）制定家庭寄养工作计划并组织实施;

（二）负责寄养家庭的招募、调查、审核和签约;

（三）培训寄养家庭中的主要照料人，组织寄养工作经验交流活动;

（四）定期探访寄养儿童，及时处理存在的问题；

（五）监督、评估寄养家庭的养育工作；

（六）建立家庭寄养服务档案并妥善保管；

（七）根据协议规定发放寄养儿童所需款物；

（八）向主管民政部门及时反映家庭寄养工作情况并提出建议。

第十五条 寄养协议约定的主要照料人不得随意变更。确需变更的，应当经儿童福利机构同意，经培训后在家庭寄养协议主要照料人一栏中变更。

第十六条 寄养融合期的时间不得少于六十日。

第十七条 寄养家庭有协议约定的事由在短期内不能照料寄养儿童的，儿童福利机构应当为寄养儿童提供短期养育服务。短期养育服务时间一般不超过三十日。

第十八条 寄养儿童在寄养期间不办理户口迁移手续，不改变与民政部门的监护关系。

第十九条 寄养家庭提出解除寄养关系的，应当提前一个月向儿童福利机构书面提出解除寄养关系的申请，儿童福利机构应当予以解除。但在融合期内提出解除寄养关系的除外。

第二十条 寄养家庭有下列情形之一的，儿童福利机构应当解除寄养关系：

（一）寄养家庭及其成员有歧视、虐待寄养儿童行为的；

（二）寄养家庭成员的健康、品行不符合本办法第八条第（三）和（四）项规定的；

（三）寄养家庭发生重大变故，导致无法履行寄养义务的；

（四）寄养家庭变更住所后不符合本办法第八条规定的；

（五）寄养家庭借机对外募款敛财的；

（六）寄养家庭不履行协议约定的其他情形。

第二十一条 寄养儿童有下列情形之一的，儿童福利机构应当解除寄养关系：

（一）寄养儿童与寄养家庭关系恶化，确实无法共同生活的；

（二）寄养儿童依法被收养、被亲生父母或者其他监护人认领的；

（三）寄养儿童因就医、就学等特殊原因需要解除寄养关系的。

第二十二条 解除家庭寄养关系，儿童福利机构应当以书面形式通知寄养家庭，并报其主管民政部门备案。家庭寄养关系的解除以儿童福利机构批准时间为准。

第二十三条 儿童福利机构拟送养寄养儿童时，应当在报送被送养人材料的同时通知寄养家庭。

第二十四条 家庭寄养关系解除后，儿童福利机构应当妥善安置寄养儿童，并安排社会工作、医疗康复、心理健康教育等专业技术人员对其进行辅导、照料。

第二十五条 符合收养条件、有收养意愿的寄养家庭，可以依法优先收养被寄养儿童。

第二十六条 县级以上地方人民政府民政部门对家庭寄养工作负有以下监督管理职责：

（一）制定本地区家庭寄养工作政策；

（二）指导、检查本地区家庭寄养工作；

（三）负责寄养协议的备案，监督寄养协议的履行；

（四）协调解决儿童福利机构与寄养家庭之间的争议；

（五）与有关部门协商，及时处理家庭寄养工作中存在的问题。

第二十七条 开展跨县级或者设区的市级行政区域的家庭寄养，应当经过共同上一级人民政府民政部门同意。

不得跨省、自治区、直辖市开展家庭寄养。

第二十八条 儿童福利机构应当聘用具有社会工作、医疗康复、心理健康教育等专业知识的专职工作人员。

第二十九条 家庭寄养经费，包括寄养儿童的养育费用补贴、寄养家庭的劳务补贴和寄养工作经费等。

寄养儿童养育费用补贴按照国家有关规定列支。寄养家庭劳务补贴、寄养工作经费等由当地人民政府予以保障。

第三十条 家庭寄养经费必须专款专用，儿童福利机构不得截留或者挪用。

第三十一条 儿童福利机构可以依法通过与社会组织合作、通过接受社会捐赠获得资助。

与境外社会组织或者个人开展同家庭寄养有关的合作项目，应当按照有关规定办理手续。

第三十二条　寄养家庭不履行本办法规定的义务，或者未经同意变更主要照料人的，儿童福利机构可以督促其改正，情节严重的，可以解除寄养协议。

寄养家庭成员侵害寄养儿童的合法权益，造成人身财产损害的，依法承担民事责任；构成犯罪的，依法追究刑事责任。

第三十三条　儿童福利机构有下列情形之一的，由设立该机构的民政部门进行批评教育，并责令改正；情节严重的，对直接负责的主管人员和其他直接责任人员依法给予处分：

（一）不按照本办法的规定承担职责的；

（二）在办理家庭寄养工作中牟取利益，损害寄养儿童权益的；

（三）玩忽职守导致寄养协议不能正常履行的；

（四）跨省、自治区、直辖市开展家庭寄养，或者未经上级部门同意擅自开展跨县级或者设区的市级行政区域家庭寄养的；

（五）未按照有关规定办理手续，擅自与境外社会组织或者个人开展家庭寄养合作项目的。

第三十四条　县级以上地方人民政府民政部门不履行家庭寄养工作职责，由上一级人民政府民政部门责令其改正。情节严重的，对直接负责的主管人员和其他直接责任人员依法给予处分。

第三十五条　对流浪乞讨等生活无着未成年人承担临时监护责任的未成年人救助保护机构开展家庭寄养，参照本办法执行。

第三十六条　尚未设立儿童福利机构的，由县级以上地方人民政府民政部门负责本行政区域内家庭寄养的组织实施，具体工作参照本办法执行。

第三十七条　本办法自2014年12月1日起施行，2003年颁布的《家庭寄养管理暂行办法》（民发［2003］144号）同时废止。

◎《中国公民收养子女登记办法》第一条　为了规范收养登记行为，根据《中华人民共和国民法典》（以下简称民法典），制定本办法。

第二条　中国公民在中国境内收养子女或者协议解除收养关系的，应当依照本办法的规定办理登记。

办理收养登记的机关是县级人民政府民政部门。

第三条　收养登记工作应当坚持中国共产党的领导，遵循最有利于被收养人的原则，保障被收养人和收养人的合法权益。

第四条 收养社会福利机构抚养的查找不到生父母的弃婴、儿童和孤儿的，在社会福利机构所在地的收养登记机关办理登记。

收养非社会福利机构抚养的查找不到生父母的弃婴和儿童的，在弃婴和儿童发现地的收养登记机关办理登记。

收养生父母有特殊困难无力抚养的子女或者由监护人监护的孤儿的，在被收养人生父母或者监护人常住户口所在地（组织作监护人的，在该组织所在地）的收养登记机关办理登记。

收养三代以内同辈旁系血亲的子女，以及继父或者继母收养继子女的，在被收养人生父或者生母常住户口所在地的收养登记机关办理登记。

第五条 收养关系当事人应当亲自到收养登记机关办理成立收养关系的登记手续。

夫妻共同收养子女的，应当共同到收养登记机关办理登记手续；一方因故不能亲自前往的，应当书面委托另一方办理登记手续，委托书应当经过村民委员会或者居民委员会证明或者经过公证。

第六条 收养人应当向收养登记机关提交收养申请书和下列证件、证明材料：

（一）收养人的居民户口簿和居民身份证；

（二）由收养人所在单位或者村民委员会、居民委员会出具的本人婚姻状况和抚养教育被收养人的能力等情况的证明，以及收养人出具的子女情况声明；

（三）县级以上医疗机构出具的未患有在医学上认为不应当收养子女的疾病的身体健康检查证明。

收养查找不到生父母的弃婴、儿童的，并应当提交收养人经常居住地卫生健康主管部门出具的收养人生育情况证明；其中收养非社会福利机构抚养的查找不到生父母的弃婴、儿童的，收养人应当提交下列证明材料：

（一）收养人经常居住地卫生健康主管部门出具的收养人生育情况证明；

（二）公安机关出具的捡拾弃婴、儿童报案的证明。

收养继子女的，可以只提交居民户口簿、居民身份证和收养人与被收养人生父或者生母结婚的证明。

对收养人出具的子女情况声明，登记机关可以进行调查核实。

第七条 送养人应当向收养登记机关提交下列证件和证明材料：

（一）送养人的居民户口簿和居民身份证（组织作监护人的，提交其负责人的身份证件）；

（二）民法典规定送养时应当征得其他有抚养义务的人同意的，并提交其他有抚养义务的人同意送养的书面意见。

社会福利机构为送养人的，并应当提交弃婴、儿童进入社会福利机构的原始记录，公安机关出具的捡拾弃婴、儿童报案的证明，或者孤儿的生父母死亡或者宣告死亡的证明。

监护人为送养人的，并应当提交实际承担监护责任的证明，孤儿的父母死亡或者宣告死亡的证明，或者被收养人生父母无完全民事行为能力并对被收养人有严重危害的证明。

生父母为送养人，有特殊困难无力抚养子女的，还应当提交送养人有特殊困难的声明；因丧偶或者一方下落不明由单方送养的，还应当提交配偶死亡或者下落不明的证明。对送养人有特殊困难的声明，登记机关可以进行调查核实；子女由三代以内同辈旁系血亲收养的，还应当提交公安机关出具的或者经过公证的与收养人有亲属关系的证明。

被收养人是残疾儿童的，并应当提交县级以上医疗机构出具的该儿童的残疾证明。

第八条 收养登记机关收到收养登记申请书及有关材料后，应当自次日起30日内进行审查。对符合民法典规定条件的，为当事人办理收养登记，发给收养登记证，收养关系自登记之日起成立；对不符合民法典规定条件的，不予登记，并对当事人说明理由。

收养查找不到生父母的弃婴、儿童的，收养登记机关应当在登记前公告查找其生父母；自公告之日起满60日，弃婴、儿童的生父母或者其他监护人未认领的，视为查找不到生父母的弃婴、儿童。公告期间不计算在登记办理期限内。

第九条 收养关系成立后，需要为被收养人办理户口登记或者迁移手续的，由收养人持收养登记证到户口登记机关按照国家有关规定办理。

第十条 收养关系当事人协议解除收养关系的，应当持居民户口簿、居民身份证、收养登记证和解除收养关系的书面协议，共同到被收养人常住户口所在地的收养登记机关办理解除收养关系登记。

第十一条 收养登记机关收到解除收养关系登记申请书及有关材料后，

应当自次日起30日内进行审查；对符合民法典规定的，为当事人办理解除收养关系的登记，收回收养登记证，发给解除收养关系证明。

第十二条 为收养关系当事人出具证明材料的组织，应当如实出具有关证明材料。出具虚假证明材料的，由收养登记机关没收虚假证明材料，并建议有关组织对直接责任人员给予批评教育，或者依法给予行政处分、纪律处分。

第十三条 收养关系当事人弄虚作假骗取收养登记的，收养关系无效，由收养登记机关撤销登记，收缴收养登记证。

第十四条 本办法规定的收养登记证、解除收养关系证明的式样，由国务院民政部门制订。

第十五条 华侨以及居住在香港、澳门、台湾地区的中国公民在内地收养子女的，申请办理收养登记的管辖以及所需要出具的证件和证明材料，按照国务院民政部门的有关规定执行。

第十六条 本办法自发布之日起施行。

◎《外国人在中华人民共和国收养子女登记办法》**第一条** 为了规范涉外收养登记行为，根据《中华人民共和国收养法》，制定本办法。

第二条 外国人在中华人民共和国境内收养子女（以下简称外国人在华收养子女），应当依照本办法办理登记。

收养人夫妻一方为外国人，在华收养子女，也应当依照本办法办理登记。

第三条 外国人在华收养子女，应当符合中国有关收养法律的规定，并应当符合收养人所在国有关收养法律的规定；因收养人所在国法律的规定与中国法律的规定不一致而产生的问题，由两国政府有关部门协商处理。

第四条 外国人在华收养子女，应当通过所在国政府或者政府委托的收养组织（以下简称外国收养组织）向中国政府委托的收养组织（以下简称中国收养组织）转交收养申请并提交收养人的家庭情况报告和证明。

前款规定的收养人的收养申请、家庭情况报告和证明，是指由其所在国有权机构出具，经其所在国外交机关或者外交机关授权的机构认证，并经中华人民共和国驻该国使馆或者领馆认证的下列文件：

（一）跨国收养申请书；

（二）出生证明；

（三）婚姻状况证明；

（四）职业、经济收入和财产状况证明；

（五）身体健康检查证明；

（六）有无受过刑事处罚的证明；

（七）收养人所在国主管机关同意其跨国收养子女的证明；

（八）家庭情况报告，包括收养人的身份、收养的合格性和适当性、家庭状况和病史、收养动机以及适合于照顾儿童的特点等。

在华工作或者学习连续居住一年以上的外国人在华收养子女，应当提交前款规定的除身体健康检查证明以外的文件，并应当提交在华所在单位或者有关部门出具的婚姻状况证明，职业、经济收入或者财产状况证明，有无受过刑事处罚证明以及县级以上医疗机构出具的身体健康检查证明。

第五条 送养人应当向省、自治区、直辖市人民政府民政部门提交本人的居民户口簿和居民身份证（社会福利机构作送养人的，应当提交其负责人的身份证件）、被收养人的户籍证明等情况证明，并根据不同情况提交下列有关证明材料：

（一）被收养人的生父母（包括已经离婚的）为送养人的，应当提交生父母有特殊困难无力抚养的证明和生父母双方同意送养的书面意见；其中，被收养人的生父或者生母因丧偶或者一方下落不明，由单方送养的，并应当提交配偶死亡或者下落不明的证明以及死亡的或者下落不明的配偶的父母不行使优先抚养权的书面声明；

（二）被收养人的父母均不具备完全民事行为能力，由被收养人的其他监护人作送养人的，应当提交被收养人的父母不具备完全民事行为能力且对被收养人有严重危害的证明以及监护人有监护权的证明；

（三）被收养人的父母均已死亡，由被收养人的监护人作送养人的，应当提交其生父母的死亡证明、监护人实际承担监护责任的证明，以及其他有抚养义务的人同意送养的书面意见；

（四）由社会福利机构作送养人的，应当提交弃婴、儿童被遗弃和发现的情况证明以及查找其父母或者其他监护人的情况证明；被收养人是孤儿的，应当提交孤儿父母的死亡或者宣告死亡证明，以及有抚养孤儿义务的其他人同意送养的书面意见。

送养残疾儿童的，还应当提交县级以上医疗机构出具的该儿童的残疾证明。

第六条 省、自治区、直辖市人民政府民政部门应当对送养人提交的证件和证明材料进行审查,对查找不到生父母的弃婴和儿童公告查找其生父母;认为被收养人、送养人符合收养法规定条件的,将符合收养法规定的被收养人、送养人名单通知中国收养组织,同时转交下列证件和证明材料:

(一)送养人的居民户口簿和居民身份证(社会福利机构作送养人的,为其负责人的身份证件)复制件;

(二)被收养人是弃婴或者孤儿的证明、户籍证明、成长情况报告和身体健康检查证明的复制件及照片。

省、自治区、直辖市人民政府民政部门查找弃婴或者儿童生父母的公告应当在省级地方报纸上刊登。自公告刊登之日起满60日,弃婴和儿童的生父母或者其他监护人未认领的,视为查找不到生父母的弃婴和儿童。

第七条 中国收养组织对外国收养人的收养申请和有关证明进行审查后,应当在省、自治区、直辖市人民政府民政部门报送的符合收养法规定条件的被收养人中,参照外国收养人的意愿,选择适当的被收养人,并将该被收养人及其送养人的有关情况通过外国政府或者外国收养组织送交外国收养人。外国收养人同意收养的,中国收养组织向其发出来华收养子女通知书,同时通知有关的省、自治区、直辖市人民政府民政部门向送养人发出被收养人已被同意收养的通知。

第八条 外国人来华收养子女,应当亲自来华办理登记手续。夫妻共同收养的,应当共同来华办理收养手续;一方因故不能来华的,应当书面委托另一方。委托书应当经所在国公证和认证。

第九条 外国人来华收养子女,应当与送养人订立书面收养协议。协议一式三份,收养人、送养人各执一份,办理收养登记手续时收养登记机关收存一份。

书面协议订立后,收养关系当事人应当共同到被收养人常住户口所在地的省、自治区、直辖市人民政府民政部门办理收养登记。

第十条 收养关系当事人办理收养登记时,应当填写外国人来华收养子女登记申请书并提交收养协议,同时分别提供有关材料。

收养人应当提供下列材料:

(一)中国收养组织发出的来华收养子女通知书;

(二)收养人的身份证件和照片。

送养人应当提供下列材料：

（一）省、自治区、直辖市人民政府民政部门发出的被收养人已被同意收养的通知；

（二）送养人的居民户口簿和居民身份证（社会福利机构作送养人的，为其负责人的身份证件）、被收养人的照片。

第十一条 收养登记机关收到外国人来华收养子女登记申请书和收养人、被收养人及其送养人的有关材料后，应当自次日起 7 日内进行审查，对符合本办法第十条规定的，为当事人办理收养登记，发给收养登记证书。收养关系自登记之日起成立。

收养登记机关应当将登记结果通知中国收养组织。

第十二条 收养关系当事人办理收养登记后，各方或者一方要求办理收养公证的，应当到收养登记地的具有办理涉外公证资格的公证机构办理收养公证。

第十三条 被收养人出境前，收养人应当凭收养登记证书到收养登记地的公安机关为被收养人办理出境手续。

第十四条 外国人在华收养子女，应当向登记机关交纳登记费。登记费的收费标准按照国家有关规定执行。

中国收养组织是非营利性公益事业单位，为外国收养人提供收养服务，可以收取服务费。服务费的收费标准按照国家有关规定执行。

为抚养在社会福利机构生活的弃婴和儿童，国家鼓励外国收养人、外国收养组织向社会福利机构捐赠。受赠的社会福利机构必须将捐赠财物全部用于改善所抚养的弃婴和儿童的养育条件，不得挪作它用，并应当将捐赠财物的使用情况告知捐赠人。受赠的社会福利机构还应当接受有关部门的监督，并应当将捐赠的使用情况向社会公布。

第十五条 中国收养组织的活动受国务院民政部门监督。

第十六条 本办法自发布之日起施行。1993 年 11 月 3 日国务院批准，1993 年 11 月 10 日司法部、民政部发布的《外国人在中华人民共和国收养子女实施办法》同时废止。

◎ **北京市人民政府办公厅《关于贯彻执行〈中华人民共和国收养法〉若干问题的通知》（京政办发 [1992] 60 号）**

一、关于送养人的范围。根据《收养法》的规定，送养人应是孤儿的监护人、社会福利机构或有特殊困难无力抚养子女的生父母。其他单位（包括医疗卫生单位）和个人均不能作为送养人。发现被遗弃的婴儿和儿童，应一律送交公安机关，查到被遗弃婴儿或儿童的生父母后，查找期间的费用，由其生父母负担；对三天内查找不到生父母的，由公安机关送交社会福利机构抚养。

二、关于收养人和被收养人的户籍变更。收养关系成立后，收养人和被收养人同属本市城镇常住户口或同属农村户口的，经收养人申请，准许被收养人（收养人）的户口迁入收养人（被收养人）户口所在地。但收养人为本市户口，被收养人是外地户口；或收养人为本市城镇常住户口，被收养人是本市农村户口的，其户口迁移，应依照国家和本市有关外地户口进京和"农转非"政策执行。

三、关于办理户口、粮食供应关系的办法。办理迁移户口和转移粮食供应关系时，收养人应向迁入地户口登记机关和粮食部门提出申请。协议收养的，应提交收养人或被收养人户口所在地公证机关出具的收养公证书。登记收养的，应提交区、县民政部门出具的收养登记证。

四、关于收养人与被收养人的年龄限制。在计划生育及其他各项工作中，凡涉及收养人或被收养人年龄的限制性规定的，一律按照《收养法》对收养人、被收养人年龄的规定掌握执行。

五、民政、公安、公证、粮食等管理部门，要严格依法办事。对收养关系合法的当事人，申请办理的事项符合法律、法规、规章和政策规定的，应提供方便，及时办理；对不合法的收养行为，不得为其办理收养公证、收养登记和户口、粮食等登记事项；对弄虚作假的应依法处罚，收回或注销骗取的收养公证书、收养登记证或户口、粮食供应证等。

四、典型案例

案例一：陈某与厦门市社会福利中心收养关系纠纷案[1]

1. 基本案情

2021年2月25日，陈某与厦门市社会福利中心下属厦门市儿童福利院签

---

[1] 来源：https://pkulaw.com/pfnl/95b2ca8d4055fce14208cdc3ec05d6962cfa2c1054c1e5a6bdfb.html?tiao=1&keyword=2021%E5%B9%B42%E6%9C%8825%E6%97%A5%EF%BC%8C%E9%99%88%E6%9F%90%E4%B8%8E%E5%8E%A6%E9%97%A8%E5%B8%82%E7%A4%BE%E4%BC%9A%E7%A6%8F%E5%88%A9%E4%B8%AD%E5%BF%83%E4%B8%8，访问日期：2024年6月27日。

订《抚养协议》，约定由陈某夫妇抚养儿童于某至成年，于某因身份问题无法办理收养手续，监护权仍归厦门市儿童福利院。7月9日，福利院经评估，认为陈某家庭在人均居住面积等方面不符合寄养条件，不适宜养育于某。7月14日，福利院工作人员前往陈某家中接回于某，陈某在《抚养协议》尾部注明"于2021年7月14日（不）终止抚养协议"，陈某夫妇在协议中签名捺印。陈某起诉主张协议未解除，福利中心应继续履行，福利中心辩称协议已解除。法官审理查明，陈某系残疾人，其妻子张某系主要照料人，于某在陈某家中寄养时曾走失。案件审理期间，陈某、张某离婚，张某声明放弃就本案享有的权利，于某通过录制视频表示不愿意回到陈某家中寄养。

2. 裁判结果

法院经审理认为，《抚养协议》尾部"于2021年7月14日（不）终止抚养协议"为陈某亲笔书写，其中"不"字事后添加的痕迹明显，陈某如无意解除协议并无需书写该内容，故可认定双方自愿解除协议。退一步，即使双方未合意解除协议，福利中心亦有权单方解除。《抚养协议》实为寄养协议，根据《家庭寄养管理办法》的相关规定，家庭寄养指的是经过规定的程序将民政部门监护的儿童委托在符合条件的家庭中养育的照料模式，也即寄养是委托抚养行为，根据《民法典》第464条第2款有关身份关系协议可参照适用合同编规定的规定，参照《民法典》第933条有关委托人任意解除权的规定，福利中心有权随时单方解除协议。此外，结合福利中心的考察评估及陈某的自认，陈某的经济来源主要是亲属资助，住房条件也不符合要求，陈某系残疾人，并不适宜照料于某，而作为主要照料人的张某也已与陈某离婚且放弃对本案权利的主张，故陈某继续履行协议的主要条件已经丧失。现福利中心不同意由陈某继续抚养于某，陈某要求福利中心继续履行协议无事实和法律依据，不予支持。

3. 典型意义

监护权是监护人对被监护人的人身权利、财产权利和其他合法权利实施监督、保护的身份权。监护人将被监护人寄养他人抚养是委托抚养的行为，并不解除监护人与被监护人之间的监护关系，也不影响监护人在必要时单方解除委托抚养协议自行抚养，尤其是在被监护人的身心健康可能遭受不利影响的情况下，委托抚养协议更应及时解除。监护人在选择寄养家庭时应充分考察、评估被寄养家庭的条件，并在寄养过程中及时跟踪、了解被寄养人的生活、学习状况，必要时立即采取措施最大限度维护被监护人的合法权益。

案例二：陈某某诉王某某请求确认收养行为无效案[1]

甘某某系武汉市江夏区山坡乡村民。1996年3月，陈某某与甘某某依当地风俗举办结婚仪式，后开始同居生活，两人未办理结婚登记手续。1997年2月，陈某某生育一女，取名甘某。1998年，甘某某因犯罪被判刑。陈某某后与他人共同生活，甘某未与陈某某生活。

王某某系武汉市江夏区纸坊街居民。1999年2月，王某某从武汉市江夏区纸坊街一幼儿园旁抱养了一名被人遗弃的女婴，取名王某。王某某抱养王某后，未到民政部门办理收养登记，也未办理收养公证，但为王某在武汉市公安局街纸坊派出所申报了户口，户口簿记载王某与王某某系父女关系。陈某某于1999年3月得知女儿被王某某收养。2012年3月29日，甘某某遭遇交通事故死亡。

武汉市公安局江夏分局交巡警大队委托武汉大学医学院法医司法鉴定所对死者甘某某的血样与王某的血样进行亲子鉴定。2012年4月16日，该鉴定所作出武医法［2012］物检字第064号（补）《司法鉴定检验报告书》，认定甘某某系王某的生物学父亲。为此，陈某某前往王某某处，以自己是王某亲生母亲，是其唯一合法监护人为由，要认领王某，但遭到王某拒绝。

陈某某遂诉至一审法院，请求确认其与王某系母女关系。本案一审、二审审理过程中，陈某某提出要与王某做亲子鉴定，王某均明确表示不同意做亲子鉴定。王某在二审中陈述，家人对自己非常好，自己现在生活得很好，不愿与陈某某共同生活。

武汉市江夏区人民法院一审认为，陈某某提出亲子鉴定申请后，因王某明确表示不同意做亲子鉴定，致使鉴定未能进行。因此，陈某某要求确认与王某系母女关系的诉讼请求，缺乏事实依据，判决驳回陈某某的诉讼请求。陈某某对一审判决不服，提起上诉。

武汉市中级人民法院二审认为，陈某某提供的证据只能证明陈某某与甘某某同居并生有一女甘某的事实，陈某某对其诉请没有提供必要证据予以证明，故一审认为陈某某提出的确认与王某系母女关系的请求因缺乏事实依据

---

[1] 来源：https://china.findlaw.cn/lawyers/article/d738747.html，访问日期：2024年6月27日。

而不予支持,并无不当。退而言之,即使陈某某对其诉请提供了必要证据予以证明,王某没有相反证据又拒绝做亲子鉴定,法院仍然不能确认陈某某与王某系母女关系。

本案结合是否有利于维护家庭的和谐稳定和保护未成年人的合法权益等综合确定,未成年人王某拒绝进行亲子鉴定,应当对其意愿进行尊重。本案中未成年人王某与王某某之间虽然未成立合法的收养关系,但王某与王某某已共同生活15年有余,且王某明确表示王某某对其很好,在此情况下确认陈某某与王某系母女关系对未成年人王某反而会产生不利影响。法院在对未成年人王某的意思表示给予一定重视的前提下作出了相对公正合理的判决。

案例三:李某诉张某、王某收养关系不成立案[1]

原告李某于2021年7月诞下一名男婴,因原告系未婚生子且产后身体虚弱,原告父亲遂擅自与二被告张某(男)、王某(女)协商,将孩子交由二被告抚养。一年之后原告思子心切,要求二被告将孩子交还,遭二被告拒绝。于是原告诉至法院,请求确认二被告与孩子的收养关系不成立,并判决由原告抚养并监护该男婴。

裁判结果如下:本案系收养纠纷,案件事实清楚,孩子被送养未经其母即原告同意,二被告亦不符合收养人条件,且收养孩子未在民政部门办理收养登记。通过庭审,法官认为该案法律规定明确,裁判结果预判性强,但若判决处理二被告情感必然难以接受,不仅难以执行,还可能激化矛盾引发极端事件,因此本案适宜调解解决。庭后承办法官与二被告多次谈心,并解读收养的相关法律规定,分析案件走向。但被告坚持认为由于孩子早产体弱多病抚养艰难,而二被告及家人待孩子视如己出精心照顾,花费了巨大的人力、物力以及财力,倾注了全部感情,现被告一家已与孩子建立了深厚感情;若法院认定双方收养关系不成立,则要求原告补偿二被告抚养孩子所支出费用及精神抚慰金。法官又与原告沟通帮其分析即使判决胜诉,之后执行也困难重重,因此双方都愿意寻求更好的解决途径。于是承办法官特邀民政部门相关工作人员,向当事人解释收养的法律法规及本市相关收养流程,二被告认识到虽然对孩子有万般不舍,但未经登记收养孩子不能得到法律保护。最终

---

[1] 来源:https://www.thepaper.cn/newsDetail_forward_22407124,访问日期:2024年6月27日。

在多部门同向发力、多方联动下,双方达成调解协议:①二被告与孩子收养关系不成立;②限期由二被告将孩子交由原告抚养,原告一次性向二被告支付一定数额抚养费及经济补偿。至此,这起收养关系纠纷得以圆满解决。

案例四:收养人弄虚作假致使收养登记行为被撤销案[1]

2009年10月,收养人A和B与被收养人C(某市社会福利院弃婴)在某市某区民政局办理收养登记,后经公安部门DNA信息对比和问话笔录核实,发现A和B与C系亲生子女关系,收养关系不成立。2022年9月,某区民政局作出了撤销该收养登记的决定,并收缴了收养登记证。

某市社会福利院根据公安部门提供的问话笔录和DNA比对结果,向某区民政局提出申请并现场填写撤销收养登记申请书。某区民政局收到申请书后,对申请资料进行了调查核实。核实情况如下:2009年,某市社会福利院凭公安部门出具的"弃婴捡拾证明",为C办理入院登记手续。C实际未在社会福利院生活,直接由A和B(夫妻)带回家抚养,且未办理家庭寄养手续。后A、B向社会福利院申请办理收养登记,社会福利机构所在民政局为其办理收养登记手续,颁发《收养登记证》。

A、B系国家机关工作人员,为规避当时计划生育政策处罚规定,弄虚作假骗取收养登记,并为C上户口。2022年调查核实后,某区民政局依法向行政相对人(A、B)履行了告知程序,并按《民法典》、2019年《中国公民收养子女登记办法》有关规定,拟作出撤销收养登记决定并收回收养登记证,同时告知了其享有的陈述、申辩、听证权利。依据《民法典》第1113条和、2019年《中国公民收养子女登记办法》第12条,某区民政局收缴(某民)收字第×号收养登记证,作出《关于撤销收养登记决定书》送达当事人,并在收养登记机关的公告栏公告30日。

《民法典》第1093条规定:"下列未成年人,可以被收养:(一)丧失父母的孤儿;(二)查找不到生父母的未成年人;(三)生父母有特殊困难无力抚养的子女。"本案中系亲生父母与亲生子女办理的收养登记,不符合被收养的法定条件。依据2019年《中国公民收养子女登记办法》第12条"收养关

---

[1] 来源:http://mzt.hunan.gov.cn/mzt/yasf/202302/t20230209_29242611.html,访问日期:2024年6月27日。

系当事人弄虚作假骗取收养登记的，收养关系无效，由收养登记机关撤销登记，收缴收养登记证"，应当由收养登记机关作出撤销登记，收缴收养登记证的决定，该收养行为无效。依据《民法典》第1113条第2款"无效的收养行为自始没有法律效力"，该收养关系应属无效，且自始没有法律效力。本案中，A、B与其女儿C系亲生子女关系，属于自然血亲关系，不需要通过收养确认其人身关系。

本案收养人与被收养人系亲生子女关系，收养人在办理收养登记时向收养登记机关隐瞒了这一事实，弄虚作假骗取收养登记，依法应当予以撤销。该案的典型意义有如下五条：

（1）民政部门具有办理收养登记的法定职权。根据2019年《中国公民收养子女登记办法》第2条第2款的规定，办理收养登记的机关是县级人民政府民政部门。本案中，某区民政局作为某区人民政府民政部门，具有给本辖区内公民办理收养登记的法定职责。

（2）受理收养登记申请应当符合法定条件，履行相应程序。首先，收养登记必须符合法定条件。权利必须具有合法的来源。收养关系属于法律上的拟制直系血亲关系，收养登记行为属于对人身关系的确认。而亲生父母与子女之间属于自然血亲关系，不需要行政确认行为对其人身关系进行确认。其次，收养登记机关受理收养登记申请应符合规定程序。应当依照《收养登记工作规范》第13条规定的各项条件，依法按照第14条规定的程序进行查验、询问或调查、信息核查申请人提交的材料是否属实。最后，审查工作中注意工作留痕，固定和留存相关证据，尤其是在处理违规办理收养或不符合条件的收养登记时，收养登记机关一方面应当严格按照2019年《中国公民收养子女登记办法》第5条的规定要求当事人提交相关证明材料，另一方面应当严格按照《收养登记工作规范》的规定，向当地公安部门核实情况，必要时可要求经办人员出具签名或盖章的证明材料。

（3）民政部门应当审慎审查收养登记申请，依法作出准予或不予收养登记的决定。收养登记是公民依照法律规定的条件和程序收养他人子女为自己子女，使收养人与被收养人之间产生父母子女关系的法律行为，将对相关人员的人身和财产权益产生重大影响，收养登记机关在办理收养登记时需要充分履行法定职责，尽到审慎的注意义务。2019年《中国公民收养子女登记办法》第7条第1款规定："收养登记机关收到收养登记申请书及有关材料后，应当自次日起 30 日内进行审查。对符合收养法规定条件的，为当事人办理收养登记，发给收养登记证，收养关系自登记之日起成立；对不符合收养法规定条件的，不予登记，并对当事人说明理由。"民政部门在办理收养登记时，应审慎审查收养登记申请人提交的材料，在法定期限内作出准予或不予收养登记的决定。

（4）弄虚作假骗取收养登记的法律后果。2019 年《中国公民收养子女登记办法》第 12 条规定，收养关系当事人弄虚作假骗取收养登记的，收养关系无效，由收养登记机关撤销登记，收缴收养登记证。民政部《关于印发〈收养登记工作规范〉的通知》（民发〔2008〕118 号）第 30 条规定，收养关系当事人弄虚作假骗取收养登记的，按照《中国公民收养子女登记办法》第 12 条的规定，由利害关系人、有关单位或者组织向原收养登记机关提出，由收养登记机关撤销登记，收缴收养登记证。本案中，A、B 与其女儿 C 系亲生子女关系，不符合收养条件，其向某区民政局提交办理收养登记申请材料时，提交了不符合实际情况的材料，属于弄虚作假骗取收养登记，收养关系无效。某区民政局发现收养登记中存在的弄虚作假骗取收养登记的情形后，立即进行调查核实相关情况，并履行了告知程序，主动作出撤销收养登记，收缴收养登记证的决定，符合法律规定。

（5）民政部门接受当事人（行政相对人）的申请，为办事人办理收养登记，是一种行政确认行为。《收养登记工作规范》第 30 条规定，收养关系当事人弄虚作假骗取收养登记的，按照《中国公民收养子女登记办法》第 12 条的规定，由利害关系人、有关单位或者组织向原收养登记机关提出，由收养登记机关撤销登记，收缴收养登记证。为收养关系当事人出具证明材料的组织，应当如实出具有关证明材料。出具虚假证明材料的，由收养登记机关没收虚假证明材料，并建议有关组织对直接责任人员给予批评教育，或者依法给予行政处分、纪律处分。本案中，某市社会福利院在弃婴入院出院流程方面存在严重漏洞，内部管理极不规范，以致申请人得以骗取收养登记，某市社会福利院的相关责任人应当承担相应责任。同时，各级民政部门要加强对儿童福利机构的业务指导、监督和检查责任，督促儿童福利机构落实内部管理制度、规范服务流程。

第六节　未成年人在侵权法中的权利

一、条文规定

《民法典》第一百二十条　民事权益受到侵害的,被侵权人有权请求侵权人承担侵权责任。

第一千一百六十七条　侵权行为危及他人人身、财产安全的,被侵权人有权请求侵权人承担停止侵害、排除妨碍、消除危险等侵权责任。

二、条文解读

(一)侵权的概念

侵权行为,是指行为人由于过错,或者在法律特别规定的场合不问过错,违反法律规定的义务,以作为或不作为的方式,侵害他人的人身权利和财产权利及其利益,依法所应当承担损害赔偿等法律后果的行为。[1]侵权责任,是指行为人因其过错侵害他人人身、财产,依法应当承担的责任,以及没有过错,在造成损害以后,依法应当承担的责任。法律规定侵权人实施侵权行为后应当承担停止侵害、排除妨碍、消除危险等侵权责任,一方面是为了制裁和惩罚侵权人,对其侵权行为进行谴责和惩戒,并及时救济被侵权的民事权利,保护民事主体的合法权益不受侵害;另一方面也是为了在社会中发挥一般的警示作用,教育和告诫群众要遵守法律,尊重民事权利,履行民事义务,防止侵犯他人的合法民事权利,进而规范公民社会秩序,使民事法律关系保持正常地运行,促进社会的安定和睦,确保人民生活安定。

(二)未成年人在侵权法中的权利现状

未成年人作为社会的弱势群体,自身的防范能力与保护能力较弱,因此其被侵权的现象时有发生。无论是从何种类型、程度与层面来侵害未成年人的合法权利,都会给未成年人的身心健康带来不可估量的影响。依据相关侵权法律法规,未成年人一般作为普通的被侵权人来行使权利,请求侵权人承

---

[1] 王利明等:《民法学》(第5版),法律出版社2017版,第872页。

担相应的侵权责任。但也有较为特殊的情况，《民法典》侵权责任编规定，无或限制民事行为能力的未成年人在幼儿园、学校或者其他教育机构学习、生活期间受到人身损害的，幼儿园、学校或者其他教育机构可能需要承担相应的责任。除此之外，面对较为严峻的侵权形势，法律并没有赋予未成年人更多的权利和更多的保护。因此，未成年人被侵权案件应引起家庭、学校和社会的高度重视。保护未成年人在侵权法中的权利，为未成年人的健康快乐成长营造良好的环境和氛围，家长、学校、社会和政府都应当更加积极地承担责任。

三、参考条文

◎**《民法典》第一千一百七十七条**　合法权益受到侵害，情况紧迫且不能及时获得国家机关保护，不立即采取措施将使其合法权益受到难以弥补的损害的，受害人可以在保护自己合法权益的必要范围内采取扣留侵权人的财物等合理措施；但是，应当立即请求有关国家机关处理。

受害人采取的措施不当造成他人损害的，应当承担侵权责任。

第一千一百八十一条　被侵权人死亡的，其近亲属有权请求侵权人承担侵权责任。被侵权人为组织，该组织分立、合并的，承继权利的组织有权请求侵权人承担侵权责任。

被侵权人死亡的，支付被侵权人医疗费、丧葬费等合理费用的人有权请求侵权人赔偿费用，但是侵权人已经支付该费用的除外。

第一千一百八十三条　侵害自然人人身权益造成严重精神损害的，被侵权人有权请求精神损害赔偿。

因故意或者重大过失侵害自然人具有人身意义的特定物造成严重精神损害的，被侵权人有权请求精神损害赔偿。

第一千一百八十五条　故意侵害他人知识产权，情节严重的，被侵权人有权请求相应的惩罚性赔偿。

第一千一百八十七条　损害发生后，当事人可以协商赔偿费用的支付方式。协商不一致的，赔偿费用应当一次性支付；一次性支付确有困难的，可以分期支付，但是被侵权人有权请求提供相应的担保。

第一千一百九十九条　无民事行为能力人在幼儿园、学校或者其他教育机构学习、生活期间受到人身损害的，幼儿园、学校或者其他教育机构应当承担侵权责任；但是，能够证明尽到教育、管理职责的，不承担侵权责任。

第一千二百条 限制民事行为能力人在学校或者其他教育机构学习、生活期间受到人身损害，学校或者其他教育机构未尽到教育、管理职责的，应当承担侵权责任。

第一千二百零一条 无民事行为能力人或者限制民事行为能力人在幼儿园、学校或者其他教育机构学习、生活期间，受到幼儿园、学校或者其他教育机构以外的第三人人身损害的，由第三人承担侵权责任；幼儿园、学校或者其他教育机构未尽到管理职责的，承担相应的补充责任。幼儿园、学校或者其他教育机构承担补充责任后，可以向第三人追偿。

第一千二百零三条 因产品存在缺陷造成他人损害的，被侵权人可以向产品的生产者请求赔偿，也可以向产品的销售者请求赔偿。

产品缺陷由生产者造成的，销售者赔偿后，有权向生产者追偿。因销售者的过错使产品存在缺陷的，生产者赔偿后，有权向销售者追偿。

第一千二百零五条 因产品缺陷危及他人人身、财产安全的，被侵权人有权请求生产者、销售者承担停止侵害、排除妨碍、消除危险等侵权责任。

第一千二百零七条 明知产品存在缺陷仍然生产、销售，或者没有依据前条规定采取有效补救措施，造成他人死亡或者健康严重损害的，被侵权人有权请求相应的惩罚性赔偿。

第一千二百二十三条 因药品、消毒产品、医疗器械的缺陷，或者输入不合格的血液造成患者损害的，患者可以向药品上市许可持有人、生产者、血液提供机构请求赔偿，也可以向医疗机构请求赔偿。患者向医疗机构请求赔偿的，医疗机构赔偿后，有权向负有责任的药品上市许可持有人、生产者、血液提供机构追偿。

第一千二百三十二条 侵权人违反法律规定故意污染环境、破坏生态造成严重后果的，被侵权人有权请求相应的惩罚性赔偿。

第一千二百三十三条 因第三人的过错污染环境、破坏生态的，被侵权人可以向侵权人请求赔偿，也可以向第三人请求赔偿。侵权人赔偿后，有权向第三人追偿。

第一千二百五十条 因第三人的过错致使动物造成他人损害的，被侵权人可以向动物饲养人或者管理人请求赔偿，也可以向第三人请求赔偿。动物饲养人或者管理人赔偿后,有权向第三人追偿。

◎《未成年人保护法》第十一条 任何组织或者个人发现不利于未成年人身心健康或者侵犯未成年人合法权益的情形,都有权劝阻、制止或者向公安、民政、教育等有关部门提出检举、控告。

国家机关、居民委员会、村民委员会、密切接触未成年人的单位及其工作人员,在工作中发现未成年人身心健康受到侵害、疑似受到侵害或者面临其他危险情形的,应当立即向公安、民政、教育等有关部门报告。

有关部门接到涉及未成年人的检举、控告或者报告,应当依法及时受理、处置,并以适当方式将处理结果告知相关单位和人员。

第二十条 未成年人的父母或者其他监护人发现未成年人身心健康受到侵害、疑似受到侵害或者其他合法权益受到侵犯的,应当及时了解情况并采取保护措施;情况严重的,应当立即向公安、民政、教育等部门报告。

◎《学生伤害事故处理办法》第八条 发生学生伤害事故,造成学生人身损害的,学校应当按照《中华人民共和国侵权责任法》及相关法律、法规的规定,承担相应的事故责任。

第九条 因下列情形之一造成的学生伤害事故,学校应当依法承担相应的责任:(一)学校的校舍、场地、其他公共设施,以及学校提供给学生使用的学具、教育教学和生活设施、设备不符合国家规定的标准,或者有明显不安全因素的……(十二)学校有未依法履行职责的其他情形的。

第十条 学生或者未成年学生监护人由于过错,有下列情形之一,造成学生伤害事故,应当依法承担相应的责任:(一)学生违反法律法规的规定,违反社会公共行为准则、学校的规章制度或者纪律,实施按其年龄和认知能力应当知道具有危险或者可能危及他人的行为的;(二)学生行为具有危险性,学校、教师已经告诫、纠正,但学生不听劝阻、拒不改正的;(三)学生或者其监护人知道学生有特异体质,或者患有特定疾病,但未告知学校的;(四)未成年学生的身体状况、行为、情绪等有异常情况,监护人知道或者已被学校告知,但未履行相应监护职责的;(五)学生或者未成年学生监护人有其他过错的。

第十一条 学校安排学生参加活动,因提供场地、设备、交通工具、食品及其他消费与服务的经营者,或者学校以外的活动组织者的过错造成的学生伤害事故,有过错的当事人应当依法承担相应的责任。

第十四条 因学校教师或者其他工作人员与其职务无关的个人行为,或者因学生、教师及其他个人故意实施的违法犯罪行为，造成学生人身损害的，由致害人依法承担相应的责任。

◎《未成年人法律援助服务指引（试行）》

第四十八条 办理学生伤害事故案件，法律援助承办人员可以就以下事实进行审查：（一）受侵害未成年人与学校、幼儿园或其他教育机构之间是否存在教育法律关系；（二）是否存在人身损害结果和经济损失，教育机构、受侵害未成年人或者第三方是否存在过错，教育机构行为与受侵害未成年人损害结果之间是否存在因果关系；（三）是否超过诉讼时效，是否存在诉讼时效中断、中止或延长的事由。

第四十九条 法律援助承办人员应当根据以下不同情形，告知未成年人及其法定代理人（监护人）相关的责任承担原则：（一）不满八周岁的无民事行为能力人在教育机构学习、生活期间受到人身损害的，教育机构依据民法典第一千一百九十九条的规定承担过错推定责任；（二）已满八周岁不满十八周岁的限制民事责任能力人在教育机构学习、生活期间受到人身损害的，教育机构依据民法典第一千二百条的规定承担过错责任；（三）因教育机构、学生或者其他相关当事人的过错造成的学生伤害事故，相关当事人应当根据其行为过错程度的比例及其与损害结果之间的因果关系承担相应的责任。

四、典型案例

案例一：钱某与某美容工作室、龙某生命权、身体权、健康权纠纷[1]

1. 基本案情

2021年1月，13周岁的原告钱某多次前往被告龙某所经营的某美容工作室玩耍，与龙某熟识后，钱某称要文身，龙某遂为钱某进行了大面积文身，并收取文身费用5000元。2021年2月，钱某的母亲送钱某前往某省入学，学校检查身体时发现了钱某身上的文身。为避免对钱某的求学及就业造成影响，

---

[1] 来源：https://www.pkulaw.com/pfnl/95b2ca8d4055fce1ffd3192f0a248d81cc92f6c48a9d6aeabdfb.html?keyword=%E9%92%B1%E6%9F%90%E4%B8%8E%E6%9F%90%E7%BE%8E%E5%AE%B9%E5%B7%A5%E4%BD%9C%E5%AE%A4%E3%80%81%E9%BE%99%E6%9F%90%E7%94%9F%E5%91%BD%E6%9D%83%E3%80%81%E8%BA%AB%E4%BD%93%E6%9D%83%E3%80%81%E5%81%A5%E5%BA%B7%E6%9D%83%E7%BA%A0%E7%BA%B7&way=listView，访问日期：2024年6月27日。

钱某父母要求清洗文身，后双方因对赔偿事宜协商未果，钱某诉至法院，请求被告退还文身费 5000 元，并赔偿精神损失。

2. 裁判结果

法院经审理认为：一方面，原告钱某年仅 13 周岁，属于限制民事行为能力人，以其年龄、智力状况、社会经验等尚不能判断文身行为对自己身体和人格利益带来的损害和影响，且事后其法定代理人未予追认，经营者应当依法返还价款。另一方面，被告某美容工作室在未准确核实钱某年龄身份的情况下，为钱某进行了大面积文身，存在重大过错，应当承担相应的侵权责任。最终判令被告某美容工作室返还原告钱某文身费 5000 元，并支付原告钱某精神抚慰金 3000 元。

3. 案例评析

文身实质上是在人体皮肤上刻字或者图案，属于对身体的侵入式动作，具有易感染、难复原、就业受限、易被标签化等特质。给未成年人文身，不仅影响未成年人身体健康，还可能使未成年人在入学、参军、就业等过程中受阻，侵害未成年人的健康权、发展权、受保护权以及社会参与权等多项权利。因此，经营者在提供文身服务时，应当对顾客的年龄身份尽到审慎注意义务。本案作出由经营者依法返还文身价款，并依法承担侵权损害赔偿责任的裁判结果，对规范商家经营，保障未成年人合法权益，呵护未成年人健康成长具有重要意义。

案例二：原告周某诉被告张某、第三人张某某健康权纠纷案[1]

1. 基本案情

第三人张某某未经行政机关许可、备案，在自住房内开办课外辅导班。被告张某在未取得相关资质的情况下，招收了原告周某等六名儿童，在张某某的培训场地开办中国舞培训班。2018 年 6 月，周某练习下腰动作时，张某指示周某应加大下腰动作幅度，但未指导其适度动作，未予扶托保护，导致

---

[1] 来源：https://www.pkulaw.com/pfnl/a6bdb3332ec0adc4e35462454b90aa0d777d7b79351b3b14bdfb.html?keyword=%E5%8E%9F%E5%91%8A%E5%91%A8%E6%9F%90%E8%AF%89%E8%A2%AB%E5%91%8A%E5%BC%A0%E6%9F%90%E3%80%81%E7%AC%AC%E4%B8%89%E4%BA%BA%E5%BC%A0%E6%9F%90%E6%9F%90%E5%81%A5%E5%BA%B7%E6%9D%83%E7%BA%A0%E7%BA%B7%E6%A1%88&way=listView，访问日期：2024 年 6 月 27 日。

周某摔倒。周某回家当晚，发现有下肢肌力改变等症状，经多家医院住院治疗，后其伤情鉴定为三级伤残。周某遂提起诉讼，要求判令张某承担主要责任，张某某承担次要责任。

2. 裁判结果

法院经审理认为，被告张某未取得相关资格证书，不具备儿童舞蹈教学的资格和能力，在培训教学中，未根据未成年人的生理特点合理安排练习和休息，在原告周某已连续多次下腰练习后指示周某加大动作幅度，且未予扶托保护，导致周某受到严重身体伤害。张某对周某受伤应承担主要过错责任。第三人张某某未经主管机构批准、备案开办校外培训机构，对张某是否具备舞蹈教学的能力和资质进行审查和监督，对周某受伤应承担次要责任。判决被告张某赔偿原告周某各项损失 948 168.26 元；第三人张某某赔偿原告周某各项损失 222 542 元。

3. 案例评析

近年来，校外教育培训市场繁荣，一定程度上为未成年人的全面发展提供了更多的选择。但由于监管机制和安全保障工作有待完善，未成年人在培训机构受到损害的事件时有发生。培训机构及其从业人员因未履行安全保障义务导致未成年人受到伤害的，应当依法承担侵权责任。本案也警示广大家长，在选择校外培训机构时，应认真审查培训机构的办学许可、备案登记情况，对培训机构的安全保障机制、培训人员的从业资质要尽可能有所了解，确保孩子在合法、规范、安全的培训机构接受教育。有关主管部门应当切实强化对校外培训机构的日常监管，对未经许可擅自开办培训机构要及时取缔，对未履行从业人员资质审查、培训场所安全保障等义务的培训机构要依法惩处。

案例三：李某与上海某教育投资有限公司教育机构责任纠纷案[1]

1. 基本案情

2017 年 9 月 13 日至 10 月 18 日期间，李某在上海某教育投资有限公司设

---

[1] 来源：https://www.pkulaw.com/pfnl/a6bdb3332ec0adc4f2efd477b3dd2e8dfea792e626c3cd41bdfb.html?keyword=%E6%9D%8E%E6%9F%90%E4%B8%8E%E4%B8%8A%E6%B5%B7%E6%9F%90%E6%95%99%E8%82%B2%E6%8A%95%E8%B5%84%E6%9C%89%E9%99%90%E5%85%AC%E5%8F%B8%E6%95%99%E8%82%B2%E6%9C%BA%E6%9E%84%E8%B4%A3%E4%BB%BB%E7%BA%A0%E7%BA%B7%E6%A1%88&way=listView，访问日期：2024 年 6 月 27 日。

立的办学中心学习书法。赵某是该中心聘请的书法老师。赵某利用教授李某练习书法之机，贴近李某，用右手搂着李某，对李某进行多次、长时间猥亵，事后，赵某哄骗李某不要将此事告诉父母。法院判决赵某犯猥亵儿童罪，判处有期徒刑3年，并且自刑罚执行完毕之日起5年内禁止从事教育及相关工作。李某认为上海某教育投资有限公司违反《教育法》《教师资格条例》等规定，聘用有劣迹、无资质的赵某，是猥亵儿童的帮凶，应对赵某的犯罪行为向原告承担民事赔偿责任，为此诉至法院。

2. 裁判结果

法院经审理认为，被告上海某教育投资有限公司招生培训时未取得教育培训资质，系重大瑕疵。出于对学生的保护，被告仍然有教育和管理的义务。事发时，原告年仅8周岁，系无民事行为能力人，被告对原告在其处遭受猥亵行为侵害应承担过错推定责任。本案中，被告对原告遭受赵某猥亵行为侵害存在过错。面试过程中未要求赵某填写全部工作经历，未调查审核赵某已经填写的经历，致使其未发现赵某曾有猥亵儿童的前科。安装监控并不等于被告已完全履行管理职责。被告对学生举报赵某的猥亵行为处理不及时，是对赵某猥亵行为的放纵。故判决被告用人"失察"，放纵猥亵发生，支付原告精神损失赔偿金3万元。二审法院调解结案。

3. 案例评析

未成年人在幼儿园、学校或者其他教育机构学习、生活期间遭受性侵害，被害人及其法定代理人、近亲属据此向法院起诉要求有关单位承担赔偿责任，有关单位存在侵权过错的，法院应依法予以支持。性侵案件不仅会导致被害人身体受损，而且会导致其心理和精神受到严重伤害。因此，未成年被害人的康复费用既包括身体康复费用，也包括精神康复费用。法院判令本案培训机构赔偿未成年被害人精神损害赔偿金，对于警示相关单位雇人管人、履行职责，防范侵害未成年人权益具有示范意义。

案例四：王某伟、王某红诉王某、夏某叶监护人责任纠纷案[1]

1. 基本案情

原告王某伟、王某红之女王某1与被告王某、夏某叶之子王某某系恋爱关系。2013年8月19日17时许，王某某来到济南市二环西路附近的家家悦超市找在此打工的被害人王某1，两人在交谈过程中发生争执，被害人王某1欲回超市被王某某阻止，王某某用随身携带的匕首刺伤王某1导致其大出血死亡。后王某某亦用匕首刺伤自己颈部致大出血死亡。两原告以两被告之子王某某未满18周岁造成被害人王某1死亡的严重后果，应由其监护人即本案两被告承担侵权责任为由提起诉讼，要求两被告赔偿其死亡赔偿金515 100元、丧葬费12 877.5元、精神损害抚慰金10 000元。两被告当庭辩称，他们对其子王某某尽到了监护责任，对于以上辩称其没有提供相应的证据予以证实。两被告还辩称王某某本人无个人财产。

2. 裁判结果

济南市槐荫区人民法院审理认为，涉诉侵权行为发生时，两被告之子王某某尚不满18周岁，系限制民事行为能力人，王某某持匕首将被害人王某1杀害，依法应由其监护人即两被告王某、夏某叶承担侵权责任。两被告虽辩称已经尽到监护责任，却未提供任何证据证实其已谨慎、合理地注意到了未成年人王某某的情感动向及困扰，并积极履行了监护职责以尽可能防止损害发生，其要求减轻其侵权责任依据不足，法院不予支持。两被告之子王某某将两原告之女王某1杀害，致使两原告中年丧女，精神上受到严重损害，王某某将被害人王某1杀害后当场自杀，已无法依照刑事法律追究其刑事责任，两原告精神上亦不能因王某某受到刑事追究而得到慰藉，因此，两原告提起的各项民事赔偿要求并无不妥。据此，依法判决被告王某、夏某叶赔偿原告王某伟、王某红死亡赔偿金515 100元、丧葬费12 877.5元和精神损害抚慰金10 000元。济南市中级人民法院二审维持原判。

---

[1] 来源：https://www.pkulaw.com/pfnl/a25051f3312b07f37083af275eaac80845434543eaa2ff04bfb.html?keyword=%E7%8E%8B%E4%BC%A0%E4%BC%9F%E3%80%81%E7%8E%8B%E5%BF%97%E7%BA%A2%E8%AF%89%E7%8E%8B%E6%96%C3%E3%80%81%E5%A4%8F%8D%A3%E5%E5%8F%B6%E7%9B%91%E6%8A%A4%E4%BA%BA%E8%B4%A3%E4%BB%BB%E7%BA%A0%E7%BA%B7%E6%A1%88&way=listView，访问日期：2024年6月27日。

3. 案例评析

本案的裁判结果意在警醒身负监护责任的父母谨慎监管、教育未成年子女，即便他们已经具有一定的社会交往和认知能力，但仍不能疏于监护。尤其对 10 周岁以上的未成年人，他们身处青春期，虽对个人及社会有一定认知，但行为自控和解决问题的能力尚不成熟，父母疏于监护轻则影响学业，重则毁人毁己。致害人父母看似为之所累，却是疏于监护所致。

案例五：解某 1 与北京市朝阳区劲松第一幼儿园侵权责任纠纷案[1]

1. 基本案情

原告解某 1 原系被告北京市朝阳区劲松第一幼儿园大二班学生。2020 年 11 月 4 日，原告参加室外活动后，经洗手池洗手进入活动室，自由活动期间跑步冲向书架取书时，左右两脚相绊，致其摔倒，右手支撑后倒地。事发时，一名教师在洗手池处带领其他幼儿洗手，另一名教师在过道引导幼儿按序自洗手池前往活动室，均未在现场，所处位置亦看不到活动室室内情况。原告起身后，右手两次轻压左手手腕，随后拿书前往书桌，至中午取餐吃饭、下午室外活动，均自行完成，其间亦未告知老师和同学摔倒致伤事宜。当日晚 5 点，原告之法定代理人赵某接原告放学，原告告知手腕疼痛，赵某遂带原告前往医院诊疗。经查，原告诊断为桡骨颈骨折。

2. 裁判结果

法院生效裁判认为，事发时，原告尚不满 6 周岁，事发现场亦无被告教职工对幼儿的现场活动进行指引、组织和管理，未及时制止原告在活动室内跑跳，导致原告摔倒受伤，法院据此认定被告作为教育机构在日常教学活动中未尽到管理职责，存在过错行为，对原告的人身损害依法应承担全部赔偿责任。

3. 案例评析

无民事行为能力人在幼儿园、学校或者其他教育机构学习、生活期间受到人身损害的，学校应当承担责任，但能够证明尽到教育、管理职责的，不承担责任。当事人对自己提出的诉讼请求所依据的事实或者反驳对方诉讼请求所依据的事实有责任提供证据加以证明。没有证据或者证据不足以证明当

---

[1] [2022] 京 0105 民初 26351 号。

事人的事实主张的,由负有举证责任的当事人承担不利后果。

无民事行为能力人的自我保护意识及危险识别能力十分有限,基于此,法律对幼儿园等无民事行为能力人集聚的场所苛以严格、周密的教育、管理和保护义务,并规定在幼儿园不能举证证明自身尽到教育、管理职责的情况下,推定其未尽到安全保障义务。

需要指出的是,原告受伤,确属不幸,家长对其关切和爱护之心,法院深表理解。但是幼儿在此阶段心智发育还不成熟,发生磕碰、受伤在所难免。尤其是这些事件通常具有突发性、意外性,实难苛责托育机构做到万无一失;并且,被告事发后及时跟进治疗情况并积极派员上门探望,亦可看出其对孩子的关切和爱护之情。基于此,法院希望家长对此事故理性对待、冷静处理、合理表达诉求,更为重要的是妥善安抚幼儿,避免孩子受到二次伤害,帮助孩子尽快回归正常学习生活;也希望被告在以后的托育过程中,能够更加专业,更具细心、耐心,更有责任心和同理心,密切关注孩子安全,正确引导孩子行为,倾力保护孩子茁壮成长,防止此类事故再次发生。

案例六:陈某1、王某1等健康权纠纷案[1]

1. 基本案情

双峰县走马街镇香泉幼儿园系被告金蚌中学开办,2021年下学期,原告陈某1与被告王某1均在该幼儿园学前中一班就读,原告缴纳学费2800元(含美术培训费720元)。2021年11月1日下午3时左右,原告与被告王某1在相互玩耍的过程中,原告拉扯了被告王某1的头发,被告王某1就用手抓了原告,致其右脸有抓痕伤。事发后,香泉幼儿园主班老师及时对原告抓伤处予以了消毒处理,并将其送至村卫生室进行了检查。次日,香泉幼儿园园长、主班老师及原告父母又带原告一同至双峰县人民医院看了门诊,由香泉幼儿园支付医疗费68.6元。此后,原告一直在香泉幼儿园就读至同年11月12日,之后原告监护人将其转学。当日,原告监护人以原告在香泉幼儿园就读被抓伤未得到妥善处理为由,向双峰县教育局看投诉,为此,双峰县走马街镇中心学校派员对事件进行了调查,事后,香泉幼儿园将原告转学后剩余就读期间的学费经计算后退还给了其监护人1198元。2021年12月6日,原

---

[1] [2022]湘1321民初213号。

告以香泉幼儿园及王某1、王某2作为被告向法院提起诉讼，因诉讼主体问题，原告于2022年1月11日撤回了起诉，次日，原告再次向法院提起诉讼。

2. 裁判结果

法院生效裁判认为，幼儿园对两儿童均负有教育管理及保护安全的义务，但未进行合理引导，未及时发现、制止二人的肢体冲突行为，导致原告遭受人身损害，因幼儿园系被告金蚌中学开办，其未能提交证据证明尽到了安全教育、管理职责，故本案应根据前述法律规定，适用过错推定原则认定其侵权责任，对于原告的损害后果，被告金蚌中学应承担主要赔偿责任。由于原告的损害后果系被告王某1所致，故被告王某1应承担相应的责任，因被告王某1系无民事行为能力人，其侵权责任由其监护人承担，综合本案案情，法院酌情认定对原告的损害后果由被告金蚌中学承担80%的赔偿责任，由被告王某2承担20%的赔偿责任。

3. 案例评析

《民法典》第1199条规定："无民事行为能力人在幼儿园、学校或者其他教育机构学习、生活期间受到人身损害的，幼儿园、学校或者其他教育机构应当承担侵权责任；但是，能够证明尽到教育、管理职责的，不承担侵权责任。"本案中，原告陈某1与被告王某1均系案涉幼儿园学前班的幼儿，在幼儿园相互嬉戏玩耍过程中，导致原告脸部被王某1抓伤的伤害后果。作为年幼的学龄前儿童，具有活泼好动、自控能力差、缺乏纪律意识等特点，故根据其年龄及认知水平，尚难充分预见相应举动的危险后果，而其在幼儿园生活期间的行为举止亦主要通过幼儿园保教人员的教育、引导和提示等方式来规范，相较儿童监护人，幼儿园具有实时看护的能力与条件，其教育管理及保护职责不容推卸。

案例七：马某某与康某某、子长市秀延小学生命权、身体权、健康权纠纷案[1]

1. 基本案情

原告马某某与被告康某某2020年就读于子长市秀延小学，二人均为六年级10班的学生。2020年11月22日上午10点课间休息时间，原告马某某拍

---

[1] ［2022］陕0623民初1882号。

了一下被告康某某，二人在班级的楼道内追逐打闹，后原告的左手被楼道内的消防箱的尖锐铁皮割伤。原告马某某受伤后，被家长送往子长市人民医院进行急救，因原告伤势严重转院至延安大学附属医院住院治疗8天，被诊断为：左手开放性伤口并肌腱损伤、皮肤逆行撕脱，行左手清创皮肤反削皮回植术。因原告马某某左手三个手指完全无法恢复功能，其又于2022年7月11日在延安市博爱医院住院手术治疗10天，行左手瘢痕肌腱粘连松懈、皮瓣转移修复回植术，诊断为：左食中环指瘢痕挛缩。

2. 裁判结果

法院生效裁判认为，被告子长市秀延小学作为管理教育机构，有对学校内的设施设备进行及时检查和维修的义务，且应当对学生进行安全教育宣传，对课间在校的学生进行有效的管理。但学校没有尽到安全管理职责和安全防范义务，导致原告马某某在与被告康某某相互追赶时被消防箱的不锈钢边框割伤，根据《民法典》第1200条，学校对此次事故的发生存在过错，应当承担此次事故的主要责任，即70%。原告诉求学校承担赔偿责任，符合法律规定，依法予以支持。原、被告均为未成年人，双方应当清楚在课间也应遵守学校纪律，不应在课间相互追赶打闹。被告康某某的谈话也证实其与原告马某某追逐打闹，相互追赶，故被告康某某应当承担次要赔偿责任，即20%。因被告康某某为限制行为能力人，故应当由其父母承担赔偿责任。原告诉求被告康某某承担赔偿责任，符合法律规定，依法予以支持。原告马某某在课间先拍了被告康某某后，双方开始追逐打闹，其对损害发生也有一定过错，也应对自己的行为承担相应的责任，即10%。

案例八：张某诉张某坤、德馨托育有限公司生命权、身体权、健康权案[1]

1. 基本案情

被告张某坤系德馨托育有限公司员工，张某坤利用在德馨托育中心工作的便利，采用捅戳生殖器的方式，对托育中心晚托班的原告（年满4周岁）进行猥亵。公诉机关以张某坤犯猥亵儿童罪提起公诉，法院于2022年7月25日作出［2021］云0114刑初565号刑事判决书，判决张某坤犯猥亵儿童罪，

---

[1] ［2022］云0114民初9033号。

判处有期徒刑4年。张某坤不服提起上诉。2022年9月15日，昆明市中级人民法院作出［2022］云01刑终718号刑事裁定书，裁定驳回上诉，维持原判。后原告向法院提出民事诉讼，请求判令二被告承担民事侵权责任，赔偿原告医疗费、交通费、伙食费、法定代理人误工费、精神损失费等。

2. 裁判结果

法院生效裁判认为，本案中，被告张某坤实施犯罪行为造成原告人身受到损害，该事实已经生效法律文书确认，故原告的损害后果，依法应当由直接侵权人张某坤承担责任。《民法典》第1201条规定："无民事行为能力人或者限制民事行为能力人在幼儿园、学校或者其他教育机构学习、生活期间，受到幼儿园、学校或者其他教育机构以外的第三人人身损害的，由第三人承担侵权责任；幼儿园、学校或者其他教育机构未尽到管理职责的，承担相应的补充责任。幼儿园、学校或者其他教育机构承担补充责任后，可以向第三人追偿。"德馨托育有限公司并未提交证据证明其在人员安排以及幼儿托育上尽到了管理职责，应承担相应的补充责任，该补充赔偿责任的范围仅限于其能够防止或者制止损害的范围，法院认定德馨托育有限公司在张某坤的责任范围内承担20%的补充责任。

第七节 未成年人在继承法中的权利

一、条文规定

《民法典》第一千一百二十条　国家保护自然人的继承权。

二、条文解读

（一）继承的概念

民法中的继承概念在广义和狭义上略有不同。广义上的继承是指承受死者生前的权利义务，不仅包括财产继承，还包括身份继承；狭义的继承是指对死者生前的财产权利义务的承受，又称财产继承。我国继承法所使用的继承概念是狭义概念，即财产继承，是指自然人死亡时，其遗留的个人合法财产归死者生前在法定范围内指定的或者法定的亲属依法承受的法律制度。在继承中，生前所享有的财产因其死亡而移转给他人的死者为被继承人，被继承人死亡时遗留的个人合法财产为遗产，依法承受被继承人遗产的法定范围内的人为继承人。

(二) 未成年人在继承法中的权利现状

由于相关的法律法规并没有规定权利人行使继承权的年龄，因此继承权也应当是未成年人的合法权利之一，即未成年人享有继承他人财产的权利。

在法定继承中，继承人按一定的顺位继承遗产，未成年人通常是作为子女或者兄弟姐妹来继承遗产。《民法典》规定，子女既包括婚生子女，也包括非婚生子女、养子女和有扶养关系的继子女，这引起了许多实践中的法定继承纠纷：如何确认死亡的被继承人与其非婚生子女的亲缘关系，如何及时通知非婚生子女参与遗产的继承，如何认定继子女与继父母之间的扶养关系，这些都是现实中存在的问题。

在遗嘱继承中，法律规定遗嘱必须为没有劳动能力又缺乏生活来源的继承人保留必要的遗产份额，否则遗嘱部分无效。通常情况下，未成年人属于该类继承人，适用该项规定，这在一定程度上有效保护了未成年人的继承权，但是未成年人作为特殊的弱势群体，在遗嘱继承方面仍然存在许多争议性的问题。比如在遗嘱执行时，未成年人的心智不够成熟，缺乏正确使用和保全遗产的能力，也无法有效排除受到他人非法侵害的可能性。

遗赠，是遗嘱继承的一个重要组成部分，未成年人同样可以成为受遗赠人，但民法典明确规定，受遗赠人应当在知道受遗赠后60日内，作出接受或者放弃受遗赠的表示；到期没有表示的，视为放弃受遗赠。对于不满8周岁的无民事行为能力人，其受遗赠权由法定代理人行使，8周岁以上的未成年人为限制民事行为能力人，受遗赠属于纯获利的法律行为，可以独立进行。在这种情况下，其代理人可能出于故意或过失在规定期限内未作出意思表示，导致未成年人的权利受损；或者双方存在利益关系而导致代理人恶意行使代理权，同样会对未成年人的合法受遗赠权造成严重侵害。

因此，在保护未成年人合法权益时，要捍卫未成年人的继承权，充分尊重未成年人自己的意愿，以最有利于未成年人成长的方式处理遗产继承问题。

三、参考条文

◎《民法典》第一千一百二十六条　　继承权男女平等。

第一千一百二十四条 继承开始后,继承人放弃继承的,应当在遗产处理前,以书面形式作出放弃继承的表示;没有表示的,视为接受继承。

受遗赠人应当在知道受遗赠后六十日内,作出接受或者放弃受遗赠的表示;到期没有表示的,视为放弃受遗赠。

第一千一百二十七条 遗产按照下列顺序继承:(一)第一顺序:配偶、子女、父母;(二)第二顺序:兄弟姐妹、祖父母、外祖父母。

继承开始后,由第一顺序继承人继承,第二顺序继承人不继承;没有第一顺序继承人继承的,由第二顺序继承人继承。

本编所称子女,包括婚生子女、非婚生子女、养子女和有扶养关系的继子女。

本编所称父母,包括生父母、养父母和有扶养关系的继父母。

本编所称兄弟姐妹,包括同父母的兄弟姐妹、同父异母或者同母异父的兄弟姐妹、养兄弟姐妹、有扶养关系的继兄弟姐妹。

第一千一百三十条 同一顺序继承人继承遗产的份额,一般应当均等。

对生活有特殊困难又缺乏劳动能力的继承人,分配遗产时,应当予以照顾。

对被继承人尽了主要扶养义务或者与被继承人共同生活的继承人,分配遗产时,可以多分。

有扶养能力和有扶养条件的继承人,不尽扶养义务的,分配遗产时,应当不分或者少分。

继承人协商同意的,也可以不均等。

第一千一百四十一条 遗嘱应当为缺乏劳动能力又没有生活来源的继承人保留必要的遗产份额。

第一千一百四十三条 无民事行为能力人或者限制民事行为能力人所立的遗嘱无效。

遗嘱必须表示遗嘱人的真实意思,受欺诈、胁迫所立的遗嘱无效。

伪造的遗嘱无效。

遗嘱被篡改的,篡改的内容无效。

第一千一百五十五条 遗产分割时,应当保留胎儿的继承份额。胎儿娩出时是死体的,保留的份额按照法定继承办理。

第一千一百五十九条 分割遗产,应当清偿被继承人依法应当缴纳的税款和债务;但是,应当为缺乏劳动能力又没有生活来源的继承人保留必要的遗产。

◎**《未成年人保护法》第一百零七条** 人民法院审理继承案件,应当依法保护未成年人的继承权和受遗赠权。

人民法院审理离婚案件，涉及未成年子女抚养问题的，应当尊重已满八周岁未成年子女的真实意愿，根据双方具体情况，按照最有利于未成年子女的原则依法处理。

四、典型案例

案例一：赵某诉王某丁、张某等人法定继承纠纷案[1]

1. 基本案情

武某系王某甲之母。赵某与王某甲系夫妻关系，二人育有一子王某乙，一女王某丙，王某甲于2009年7月2日死亡。张某与王某乙系夫妻关系，于2004年共同生育一女王某丁，王某乙于2013年11月25日死亡。赵某与王某甲在北京市通州区共有房屋十二间，现王某甲、王某乙均已去世，赵某、张某及王某丁等人对上述房屋继承事宜发生争议，故诉至北京市通州区人民法院，请求依法分割房屋十二间。本案审理过程中，赵某、王某丙、王某丁、张某、武某均同意法院主持调解。

2. 裁判结果

经北京市通州区人民法院调解，双方当事人自愿达成如下协议：①坐落于北京市通州区正房八间归原告赵某所有；②坐落于北京市通州区正房四间中，西数第一间和西数第二间的半间归被告王某丁所有，西数第二间的半间归被告张某所有，西数第三间归被告武某所有，西数第四间归被告王某丙所有，为便于被告武某、王某丙通行使用，被告王某丁、张某应予以协助；③双方就被继承人王某甲的所有遗产均分割完毕，再无其他争议。

3. 案例评析

法定继承纠纷在农村地区属常见民事案件。本案中，王某丁和其母张某系智力残疾，生活能力严重不足，如果严格依照法律规定判决，将对二人十

---

[1] 来源：https://www.pkulaw.com/pfnl/a25051f3312b07f3ce40eec16a9999a358201eb458013e83bdfb.html?keyword=%E8%B5%B5%E6%9F%90%E8%AF%89%E7%8E%8B%E6%9F%90%E4%B8%81%E3%80%81%E5%BC%A0%E6%9F%90%E7%AD%89%E4%BA%BA%E6%B3%95%E5%AE%9A%E7%BB%A7%E6%89%BF%E7%BA%A0%E7%BA%B7&way=listView，访问日期：2024年6月27日。

分不利。为促成双方和解，承办法官尝试将心理学咨询理论引入民事调解工作，引导双方换位思考，启发情感共鸣。最终，双方冰释前嫌，握手言和。结案后，法官注意到王某丁因经济压力无法到特殊教育学校就读。为呵护未成年人健康成长，法官通过北京市高级人民法院向中国人权发展基金会申请了救助基金，并多次与培智学校联系沟通，最终促成王某丁成功入学。

案例二：张小某与张某某等继承纠纷案[1]

1. 基本案情

原告张小某（10周岁）系被继承人程某某的孙女。被告张某某等系程某某的子女、孙子女，均为程某某的法定继承人。程某某生前留下遗嘱，载明其名下两套房产由张小某和程某某的两名子女共同继承，房本写三人名字。程某某于2015年病故后，原、被告就遗嘱的履行发生争议，经多次协商未果，原告遂诉至法院，要求按照遗嘱分割被继承人名下遗产。被告辩称，张小某作为被遗赠人，其法定代理人未在指定受遗赠后两个月内作出接受遗赠的表示，视为放弃遗赠，被继承人的遗产应该按照法定继承分割。庭审中，三位遗嘱继承人表示同意按份共有两套房屋。

2. 裁判结果

法院经审理认为，公民可以依照法律规定立遗嘱处分个人财产。被继承人程某某所立遗嘱系其真实意思表示，内容不违反法律规定，该遗嘱有效。张小某作为未成年人，根据法律规定，赠与人明确表示将赠与物赠给未成年人个人的，应当认定该赠与物为未成年人的个人财产。法定代理人一般不能代理被代理人放弃受遗赠权。法定代理人在知晓遗赠事实时不作表示的，不能视为未成年孙子女已放弃受遗赠权。庭审中，三位继承人表示同意按份共有两套房屋，法院予以照准。综上，法院判决：遗嘱指定的三位继承人按份共有两套涉案房屋，每人所占份额为1/3，相关税费按比例承担。

3. 案例评析

本案系人民法院依法行使审判权，保护未成年人受遗赠权的典型案例。

---

[1] 来源：https://www.pkulaw.com/pfnl/a6db3332ec0adc485a92f2131e8ca35cc10430ba248a3e9bdfb.html?keyword=%E5%BC%A0%E5%B0%8F%E6%9F%90%E4%B8%8E%E5%BC%A0%E6%9F%90%E6%9F%90%E7%AD%89%E7%BB%A7%E6%89%BF%E7%BA%A0%E7%BA%B7%E6%A1%88&way=listView，访问日期：2024年6月27日。

在我国，遗产继承的方式包括四种：法定继承、遗嘱继承、遗赠和遗赠抚养协议，其中遗嘱继承和遗赠的效力优先于法定继承。遗嘱继承是在法定继承人中确定继承人，从法定继承人之外的人选定继承人的为遗赠。未成年人受其年龄、智力或者精神状态的限制，无法独立行使接受或放弃受遗赠权。为给予未成年人特殊保护，最高人民法院《关于贯彻执行〈中华人民共和国民法通则〉若干问题的意见（试行）》（已失效）第129条规定："赠与人明确表示将赠与物赠给未成年人个人的，应当认定该赠与物为未成年人的个人财产。"上述规定中的"赠与"包括遗赠行为。对于未成年孙子女的法定代理人而言，最高人民法院《关于贯彻执行〈中华人民共和国继承法〉若干问题的意见》（已失效）第8条规定："法定代理人代理被代理人行使继承权、受遗赠权，不得损害被代理人的利益。法定代理人一般不能代理被代理人放弃继承权、受遗赠权。明显损害被代理人利益的，应认定其代理行为无效。"本案中，被继承人程某某无其他债务，遗赠对于未成年人张小某是纯获利益的行为，即使其法定代理人代其作出了放弃遗赠权的表示，该行为亦不能发生法律效力，不能对继承产生影响。根据举重以明轻的释法规则，法定代理人在知晓遗赠事实时不作表示的，更不能视为未成年孙子女已放弃受遗赠权。本案中，法院通过对法律规定的准确分析与适用，依法合理分割被继承人的遗产，有效维护了未成年人的财产权利。

案例三：李某诉张某、胡某李、胡某江被继承人债务清偿案[1]

1. 基本案情

胡某于2013年12月至2014年12月期间向其同事李某借款本金共计78万元，后已偿还15万元，2021年胡某因病去世，随后李某作为原告将胡某的妻子张某和两名未成年子女胡某李、胡某江诉至法院，要求偿还胡某生前欠付的本金及利息。

---

[1] 来源：https://www.pkulaw.com/pfnl/95b2ca8d4055fce1dbca41e099f0d683d043e5b4e7d348d3bdfb.html?keyword=%E6%9D%8E%E6%9F%90%E8%AF%89%E5%BC%A0%E6%9F%90%E3%80%81%E8%83%A1%E6%9F%90%E6%9D%8E%E3%80%81%E8%83%A1%E6%9F%90%E6%B1%9F%E8%A2%AB%E7%BB%A7%E6%89%BF%E4%BA%BA%E5%80%BA%E5%8A%A1%E6%B8%85%E5%81%BF%E6%A1%88&way=listView，访问日期：2024年6月27日。

2. 裁判结果

法院经审理认为，根据《民法典》第 1159 条规定："分割遗产，应当清偿被继承人依法应当缴纳的税款和债务；但是，应当为缺乏劳动能力又没有生活来源的继承人保留必要的遗产。"本案中，胡某李和胡某江系未成年人，应给其二人保留必要的份额，最后法院判令被告张某、胡某李、胡某江在管理胡某的遗产范围内向原告李某清偿剩余借款及相应利息。清偿时应为胡某李、胡某江保留必要的份额。李某不服提出上诉，二审法院维持一审判决。

3. 案例评析

本案是涉及被继承人债务清偿保障未成年人权益的典型案件。尊老爱幼是中华民族的传统美德，未成年人由于不具备独立生活能力，是尚需社会提供必要生活保障的社会弱势群体，在司法实践中应给予更多关注，其权益应受到相应保障。在本案中，胡某、张某名下的财产均为夫妻共同财产，分割遗产时应当先将共同所有的财产的一半分出为配偶张某所有，其余的为被继承人胡某的遗产。胡某李、胡某江作为未成年人，在其父胡某离世后，其作为第一顺序继承人，即使胡某的财产不足以清偿全部债务，根据相关法律规定，也应当为胡某李、胡某江保留适当的遗产，这是养老育幼原则的体现，也是依法保护未成年人权益的必然要求，更体现了民法典的立法本意。

案例四：天津某银行股份有限公司与伏某、张某、沈某被继承人债务清偿纠纷案[1]

1. 基本案件

2018 年，被继承人张某某以个人名义与天津某银行签订了金融借款合同，借款 55 万元，以其名下个人房产提供抵押担保，后办理了抵押登记。2019 年，张某某因病去世。2020 年，因借款到期后未能全额还本付息，天津某银

---

[1] 来源：https://www.pkulaw.com/pfnl/95b2ca8d4055fce128e4372252a457a7d82dd3ab4d11a70bbdfb.html?keyword=%E5%A4%A9%E6%B4%A5%E6%9F%90%E9%93%B6%E8%A1%8C%E8%82%A1%E4%BB%BD%E6%9C%89%E9%99%90%E5%85%AC%E5%8F%B8%E4%B8%8E%E4%BC%8FE6%9F%90%E3%80%81%E5%BC%A0%E6%9F%90%E3%80%81%E6%B2%88%E6%9F%90%E8%A2%AB%E7%BB%A7%E6%89%BF%E4%BA%BA%E5%80%BA%E5%8A%A1%E6%B8%85%E5%81%BF%E7%BA%A0%E7%BA%B7%E6%A1%88&way=listView，访问日期：2024 年 6 月 27 日。

行股份有限公司将张某某的继承人伏某（张某某之妻）、张某（张某某与伏某之婚生女，张某某去世时为 5 周岁）、沈某（张某某之母）诉至法院，要求在涉案房产担保范围内享有优先受偿权，伏某、张某、沈某在继承的其他财产范围内对张某某欠付债务承担清偿责任。

2. 裁判结果

法院生效裁判认为，张某某与原告天津某银行股份有限公司签订的金融借款合同真实合法有效，故张某某继承人对张某某所欠天津某银行股份有限公司的债务应在继承遗产的范围内清偿。但鉴于张某系未成年人，根据查明的被继承人的遗产情况、伏某的收入能力及从利于保障张某受教育及生活来源的实际情况考虑，认定在张某某的遗产中优先为张某留存自张某某死亡至张某成年的生活费用 151 000 元，剩余遗产再行负担债务。

3. 案例评析

本案是人民法院依法审理被继承人债务清偿纠纷案件，为未成年人保留必要遗产，保障未成年人权益的典型案例。《民法典》第 1159 条规定："分割遗产，应当清偿被继承人依法应当缴纳的税款和债务；但是，应当为缺乏劳动能力又没有生活来源的继承人保留必要的遗产。"该条确立了遗产必留份制度，系为维护继承人生存权，为其生活需要保留必不可少的财产。本案中，被继承人张某某欠付银行贷款，且该债务设立了抵押登记，由于被抵押房屋价值并不高，如果优先偿还债务后剩余的金额极少，且被继承人张某某其他遗产价值亦较低，张某作为未成年人缺乏劳动能力，虽有母亲抚养，但其母收入有限，如上述房屋被执行后，母女俩生活将难以为继。经综合考量上述案件情况，法院依法认定优先给张某留存必要的遗产，剩余抵押房产变现价款再行清偿欠付银行债务。案件裁判结果依法维护了未成年人的生存权益，实现了法律效果和社会效果的统一。

案例五：李某、郭某阳诉郭某和、童某某继承纠纷案[1]

1. 基本案情

1998 年 3 月 3 日，原告李某与郭某顺登记结婚。2002 年，郭某顺以自己的名义购买了涉案建筑面积为 45.08 平方米的房屋，并办理了房屋产权登记。

---

[1] [2006] 秦民一初字第 14 号。

2004年1月30日，李某和郭某顺共同与南京军区南京总医院生殖遗传中心签订了人工授精协议书，对李某实施了人工授精，后李某怀孕。2004年4月，郭某顺因病住院，其在得知自己患了癌症后，向李某表示不要这个孩子，但李某不同意，坚持要生下孩子。5月20日，郭某顺在医院立下自书遗嘱，在遗嘱中声明他不要这个人工授精生下的孩子，并将房屋赠与其父母郭某和、童某某。郭某顺于5月23日病故。李某于当年10月22日产下一子，取名郭某阳。原告李某无业，每月领取最低生活保障金，另有不固定的打工收入，并持有夫妻关系存续期间的共同存款18 705.4元。被告郭某和、童某某系郭某顺的父母，居住在同一个住宅小区，均有退休工资。2001年3月，郭某顺为开店，曾向童某某借款8500元。南京大陆房地产估价师事务所有限责任公司受法院委托，于2006年3月对涉案房屋进行了评估，经评估房产价值为19.3万元。

2. 裁判结果

法院生效裁判认为，本案争议焦点主要有两方面：一是郭某阳是否为郭某顺和李某的婚生子女。二是在郭某顺留有遗嘱的情况下，对房屋应如何析产继承。

关于争议焦点一，最高人民法院《关于夫妻离婚后人工授精所生子女的法律地位如何确定的复函》（已失效，下同）指出："在夫妻关系存续期间，双方一致同意进行人工授精，所生子女应视为夫妻双方的婚生子女，父母子女之间权利义务关系适用《婚姻法》的有关规定。"郭某顺因无生育能力，签字同意医院为其妻子即原告李某施行人工授精手术，该行为表明郭某顺具有通过人工授精方法获得其与李某共同子女的意思表示。只要在夫妻关系存续期间，夫妻双方同意通过人工授精生育子女，所生子女均应视为夫妻双方的婚生子女。《民法通则》（已失效，下同）第57条规定："民事法律行为从成立时起具有法律约束力。行为人非依法律规定或者取得对方同意，不得擅自变更或者解除。"因此，郭某顺在遗嘱中否认其与李某所怀胎儿的亲子关系，是无效民事行为，应当认定郭某阳是郭某顺和李某的婚生子女。

关于争议焦点二，《继承法》（已失效，下同）第5条规定："继承开始后，按照法定继承办理；有遗嘱的，按照遗嘱继承或者遗赠办理；有遗赠扶养协议的，按照协议办理。"被继承人郭某顺死亡后，继承开始。鉴于郭某顺留有遗嘱，本案应当按照遗嘱继承办理。《继承法》第26条第1款规定："夫妻在婚姻关系存续期间所得的共同所有的财产，除有约定的以外，如果分割遗产，应当先将共同所有的财产的一半分出为配偶所有，其余的为被继承人的遗产。"最高人民法院《关于贯彻执行〈中华人民共和国继承法〉若干问题的意见》（已失效）第38条规定："遗嘱人以遗嘱处分了属于国家、集体或他人所有的财产，遗嘱的这部分，应认定无效。"登记在被继承人郭某顺名下的房屋，已查明是郭某顺与原告李某夫妻关系存续期间取得的夫妻共同财产。郭某顺死亡后，该房屋的一半应归李某所有，另一半才能作为郭某顺的遗产。郭某顺在遗嘱中，将房屋归其父母，侵害了李某的权益，遗嘱的这部分应属无效。此外，《继承法》第19条规定："遗嘱应当对缺乏劳动能力又没有生活来源的继承人保留必要的遗产份额。"郭某顺在立遗嘱时，明知其妻子腹中的胎儿而没有在遗嘱中为胎儿保留必要的遗产份额，该部分遗嘱内容无效。《继承法》第28条规定："遗产分割时，应当保留胎儿的继承份额……"因此，在分割遗产时，应当为该胎儿保留继承份额。综上，在扣除应当归李某所有的财产和应当为胎儿保留的继承份额之后，郭某顺遗产的剩余部分才可以按遗嘱确定的分配原则处理。

3. 案例评析

该案例旨在明确通过人工授精出生子女的法律地位问题。随着科学技术的发展，体外受精技术日趋成熟，人工授精子女的出现解决了许多家庭不孕不育的难题，但同时也引发了许多伦理与法理难题，诸如人工授精子女法律地位的讨论、对人工授精所生子女继承权的争议等。但是，我国目前尚未通过专门的立法予以明确人工授精所生子女的法律地位，目前关于人工授精所生子女的继承权问题，主要依据有关胎儿的立法规定来处理。《民法通则》第9条规定："公民从出生时起到死亡时止，具有民事权利能力，依法享有民事权利，承担民事义务。"根据该立法规定，胎儿不具备民事权利能力。为了保护胎儿出生后的利益，《继承法》第28条规定："遗产分割时，应当保留胎儿的继承份额……"但是对于人工授精所孕胎儿，其法律地位如何，亦无明确法律规定。关于人工授精所生子女的法律地位，目前仅有最高人民法院《关于夫妻离婚后人工授精所生子女的法律地位如何确定的复函》规定："在夫妻关系存续期间，双方一致同意进行人工授精，所生子女应视为夫妻双方的婚生子女，父母子女之间的权利义务关系适用《婚姻法》的有关规定。"这是我国首次对人类辅助生殖技术子女的法律地位作出规定。但在婚姻法以及相关司法解释中，对这一问题并没有予以明确。该起案例明确了夫妻关系存续期间，双方一致同意利用他人的精子进行人工授精并使女方受孕后，男方反悔，而女方坚持生出该子女，该子女出生后应当认定为婚生子女，以及在夫妻一方所订立的遗嘱中没有为胎儿保留遗产份额的遗嘱效力等。该指导性案例有利于依法保护通过人工授精出生子女及妇女的合法权益，统一类似案件的裁判标准。

案例六：原告申某1诉被告王某、申某2法定继承纠纷案[1]

1. 基本案情

被继承人申某3于2010年10月12日因病死亡。原告申某1于2011年1月9日出生，系申某3的非婚生子。被告王某系申某3之母，被告申某2系申某3生前与前妻刘某1的婚生子。申某3与前妻刘某1于1994年11月11日离婚。原告申某1之母于某，未与申某3办理结婚登记。被继承人申某3生前无遗嘱，亦未与他人签订遗赠抚养协议。申某3之父申某4于1972年8月死亡。

被继承人申某3去世后，王某（甲方）、申某2（乙方）、于某（丙方）签订有遗产分配协议，其中载有"经甲方授权，乙方代表甲方签订本协议"以及"丙方作为胎儿的遗产管理人"等内容。该协议明确遗产范围为：①北京市昌平区回龙观镇龙兴园北区某室房产一套（以下简称"回龙观房产"）；②小汽车一辆；③北京圣永制药在北京、东北三省、广西、河南、重庆等省市的药品代理销售市场。遗产分配方案及债务承担为：①回龙观房产归乙方所有；②小汽车归丙方所有；③北京圣永制药在北京市场两家医院（任选两家）的药品代理销售市场归乙方，除此之外的其他药品销售市场归丙方；④丙方愿意承担申某3生前在北京圣永制药的药品销售代理市场的相关债务。该协议第6条注明签订时间为2010年10月，未写明具体日期。签订该协议时，原告申某1尚未出生。

2011年3月25日，北京市海诚公证处出具公证书，公证内容主要为：继承人申某2向公证处申请继承被继承人申某3遗留的房产一套，坐落在北京市昌平区回龙观镇龙兴园北区某号楼某单元某层某号；被继承人申某3生前

---

[1] [2014] 昌民再初字第10812号。

未留遗嘱，亦未与他人签订遗赠抚养协议，截至公证书出具之日未有他人提出异议；王某表示放弃被继承人申某3的遗产继承，申某3之父申某4早于申某3死亡；故被继承人申某3遗有的房产由其子申某2继承。2011年4月20日，申某2凭此公证书办理了上述房屋的产权转移登记，将房屋产权由申某3变更至申某2名下。2011年5月15日，申某2与案外人谢某签订房屋买卖合同，将上述房屋以182万元总价卖予谢某。2011年6月16日，上述房屋产权变更至谢某名下。2011年9月13日，王某作出书面声明："我儿子申某3去世后，我因年老行动不便，委托孙子申某2代表我签订了遗产分配协议，对遗产中我应得的份额进行了处分，我同意遗产分配协议对申某3遗产的处理。现在我确认上述委托，并对遗产分配协议中对遗产的处理再次表示认可。"同日，辽宁省盘锦市公证处出具公证书，对上述声明予以公证。

另查，2010年2月1日，申某3曾向大连欣隆达房地产开发有限公司交纳房屋预交款5万元。

2. 裁判结果

法院生效裁判认为，根据本案查明的事实，被继承人申某3生前没有留下遗嘱亦未与他人签订遗赠抚养协议，故其死亡后，原告申某1、被告王某、申某2有权按照法定继承的相关法律规定继承申某3遗留的个人合法财产。本案的争议焦点主要为：①被继承人申某3的遗产范围；②被告王某授权被告申某2与原告申某1的法定代理人于某签订的遗产分配协议效力问题；③被继承人申某3的遗产如何分割。

关于被继承人申某3的遗产范围，原被告双方均无争议的遗产包括：回龙观房产一套、小汽车一辆、5万元房屋预交款。现回龙观房产已出售，故该遗产已转化为售房款。被告申某2主张房屋出售总价仅为115万元的依据不足，法院不予采纳。关于售房款的具体数额，法院确认为182万元。因回龙观房产由被告申某2卖出，法院推定182万元存放于被告申某2处；关于小汽车，原被告双方均认可车辆残值为3万元，现仍在申某3名下，但由原告申某1法定代理人于某实际控制；5万元房屋预交款系申某3生前向案外公司交纳，尚未取回。原被告存有争议的遗产范围如下：申某3生前与北京圣永制药有限公司及其他药品经营单位业务往来中形成的债权、申某3生前享有的药品销售代理权限以及其他现金或存款是否属于遗产。被告申某2虽提供部分药品出货单或调拨单的复印件以证明其主张，但未提供原件进行质证，且未能在法院指定的合理举证期限内提供充分证据明确债权及现金或存款数额；同时，申某3生前享有的药品销售代理权限具有特定的人身属性，不符合法律规定的遗产的构成要件，因此被告申某2的上述主张，欠缺法律依据，法院不予采纳。

关于被告王某授权被告申某2与原告申某1的法定代理人于某签订的遗产分配协议效力问题。被告王某经事后书面声明，认可曾授权被告申某2处理被继承人申某3遗产分割，法院不持异议。鉴于签订遗产分配协议时，原告申某1尚未出生，该协议中亦明确约定有保留胎儿继承份额、丙方作为胎儿的遗产管理人、丙方代表胎儿接受遗产等内容，故于某作为丙方，同时亦是原告申某1的法定代理人，系代理原告申某1与被告申某2达成遗产分配协议。遗产分配协议中第2条遗产分配方案及债务承担的约定第3条中，药品销售市场不属于遗产，故关于该条的约定应属无效。那么，该协议中约定归属于丙方的遗产仅为该方案中的第2条小汽车一辆，但同时第4条又约定由丙方承担申某3生前药品销售产生的相关债务。该条约定内容明显减损了原告申某1的财产利益，增加了原告申某1所附义务，于保护未成年人权益不利，于某代理申某1同意的该条遗产分配方案及债务承担应认定无效。故该遗产分配协议内容属于部分有效，部分无效。

关于遗产分割的问题，现被告王某已公证声明放弃对回龙观房产的继承权，故由回龙观房产出售转化的购房款182万元由原告申某1、被告申某2继承，由被告申某2给付原告申某1相应款项；小汽车由原告申某1、被告王某、申某2继承，车辆归属于原告申某1所有，由原告申某1给付被告王某、申某2相应折价款；5万元房屋预交款，由原告申某1、被告王某、申某2继承，因预交款尚未取回，法院仅判决确认原被告对该预交款项应当继承的份额。考虑到原告申某1年纪尚幼，无论成长、求学均需要较大物质保障，本着保护未成年人合法权益的基本原则，对于原告申某1分得遗产的份额给予适当倾斜照顾，故原告申某1主张继承售房款100万元的诉讼请求，法院予以支持；对于原告申某1需要给付给被告王某、申某2的车辆折价款，法院确定由原告申某1给付被告王某、申某2各1万元；关于5万元房屋预交款，原告申某1、被告王某、申某2分别继承1/3份额。

3. 案例评析

被继承人死亡时遗留的个人合法财产，继承人有权继承；有遗嘱的，按照遗嘱继承办理,无遗嘱的,按照法定继承办理。非婚生子女与婚生子女均属于第一顺位继承人,适用法律关于父母子女关系的规定。遗产分割时,继承人之间可以就遗产分配进行协商,但应当保留胎儿的继承份额。法定代理人代理被代理人行使继承权,不得损害被代理人的利益。

第四章
未成年人的刑事法权益保护

第一节 刑事实体法中对未成年人的保护

一、摘取未成年人器官

(一) 条文规定

《刑法》第二百三十四条之一 组织他人出卖人体器官的,处五年以下有期徒刑,并处罚金;情节严重的,处五年以上有期徒刑,并处罚金或者没收财产。

未经本人同意摘取其器官,或者摘取不满十八周岁的人的器官,或者强迫、欺骗他人捐献器官的,依照本法第二百三十四条、第二百三十二条的规定定罪处罚……

(二) 条文解读

未经本人同意摘取其器官或者摘取未成年人器官的或者强迫、欺骗他人捐献器官的,以故意伤害罪、故意杀人罪定罪。

根据我国《人体器官移植条例》(已失效,下同)的规定,我国对未成年人活体器官捐献采取的是绝对禁止的原则。

(三) 参考条文

◎《人体器官移植条例》**第九条** 任何组织或者个人不得摘取未满18周岁公民的活体器官用于移植。

第二十五条 违反本条例规定,有下列情形之一,构成犯罪的,依法追究刑事责任:

(一) 未经公民本人同意摘取其活体器官的;

(二) 公民生前表示不同意捐献其人体器官而摘取其尸体器官的;

(三) 摘取未满 18 周岁公民的活体器官的。

(四) 典型案例

案例：江苏省南通市儿童福利院"切除智障少女子宫案"[1]

南通市儿童福利院原副院长陈某燕、院长缪某荣、主刀医生南通大学附属医院妇产科医生王某毅和苏某华等四名被告人，被告人缪某荣、陈某燕在对两名精神发育迟滞（重度）女孩富某、通某霜行使监护人职责过程中，为降低监护难度，由被告人陈某燕提议，并经被告人缪某荣决定切除两被害人子宫；被告人苏某华在被告人陈某燕与其联系后，伙同被告人王某毅，在无手术指征的情况下对两被害人施行子宫次全切除术，致两被害人构成重伤。

二、强奸不满 14 周岁的幼女

(一) 条文规定

《刑法》第二百三十六条 以暴力、胁迫或者其他手段强奸妇女的，处三年以上十年以下有期徒刑。

奸淫不满十四周岁的幼女的，以强奸论，从重处罚。

强奸妇女、奸淫幼女，有下列情形之一的，处十年以上有期徒刑、无期徒刑或者死刑：

(一) 强奸妇女、奸淫幼女情节恶劣的；
(二) 强奸妇女、奸淫幼女多人的；
(三) 在公共场所当众强奸妇女、奸淫幼女的；
(四) 二人以上轮奸的；
(五) 奸淫不满十周岁的幼女或者造成幼女伤害的；
(六) 致使被害人重伤、死亡或者造成其他严重后果的。

(二) 条文解读

强奸幼女中的幼女不满 14 周岁，不需要幼女性同意，此时在刑法上幼女不具有性自主权。

侵害不满 14 周岁未成年人犯罪有所上升。2020 年至 2022 年，检察机关

---

[1] 来源：https://www.chinacourt.org/article/detail/2005/04/id/160570.shtml，访问日期：2024 年 6 月 27 日。

起诉侵害不满14周岁未成年人犯罪人数分别为27 234人、31 213人、34 066人，2022年较2021年同比升9.1%[1]，反映出低龄未成年人保护亟需加强。

(三) 参考条文

◎最高人民法院、最高人民检察院《关于办理强奸、猥亵未成年人刑事案件适用法律若干问题的解释》

第一条 奸淫幼女的，依照刑法第二百三十六条第二款的规定从重处罚。具有下列情形之一的，应当适用较重的从重处罚幅度：

(一) 负有特殊职责的人员实施奸淫的；

(二) 采用暴力、胁迫等手段实施奸淫的；

(三) 侵入住宅或者学生集体宿舍实施奸淫的；

(四) 对农村留守女童、严重残疾或者精神发育迟滞的被害人实施奸淫的；

(五) 利用其他未成年人诱骗、介绍、胁迫被害人的；

(六) 曾因强奸、猥亵犯罪被判处刑罚的。

强奸已满十四周岁的未成年女性，具有前款第一项、第三项至第六项规定的情形之一，或者致使被害人轻伤、患梅毒、淋病等严重性病的，依照刑法第二百三十六条第一款的规定定罪，从重处罚。

第十二条 对强奸未成年人的成年被告人判处刑罚时，一般不适用缓刑。

对于判处刑罚同时宣告缓刑的，可以根据犯罪情况，同时宣告禁止令，禁止犯罪分子在缓刑考验期限内从事与未成年人有关的工作、活动，禁止其进入中小学校、幼儿园及其他未成年人集中的场所。确因本人就学、居住等原因，经执行机关批准的除外。

第十四条 对未成年人实施强奸、猥亵等犯罪造成人身损害的，应当赔偿医疗费、护理费、交通费、营养费、住院伙食补助费等为治疗和康复支付的合理费用，以及因误工减少的收入。

根据鉴定意见、医疗诊断书等证明需要对未成年人进行精神心理治疗和康复，所需的相关费用，应当认定为前款规定的合理费用。

---

[1] 来源：最高人民检察院《未成年人检察工作白皮书（2022）》。

（四）典型案例

案例：最高人民检察院第十一批指导性案例——齐某强奸、猥亵儿童案（检例第 42 号）

被告人齐某，男，1969 年 1 月出生，原系某县某小学班主任。2011 年夏天至 2012 年 10 月，被告人齐某在担任班主任期间，利用午休、晚自习及宿舍查寝等机会，在学校办公室、教室、澡堂、男生宿舍等处多次对被害女童 A（10 岁）、B（10 岁）实施奸淫、猥亵，并以带 A 女童外出看病为由，将其带回家中强奸。齐某还在女生集体宿舍等地多次猥亵被害女童 C（11 岁）、D（11 岁）、E（10 岁），猥亵被害女童 F（11 岁）、G（11 岁）各一次。奸淫幼女具有最高人民法院、最高人民检察院、公安部、司法部《关于依法惩治性侵害未成年人犯罪的意见》规定的从严处罚情节，社会危害性与《刑法》第 236 条第 3 款第 2 至 4 项规定的情形相当的，可以认定为该款第 1 项规定的"情节恶劣"。行为人在教室、集体宿舍等场所实施猥亵行为，只要当时有多人在场，即使在场人员未实际看到，也应当认定犯罪行为是在"公共场所当众"实施。

三、与未成年人发生性关系

（一）条文规定

《刑法》第二百三十六条之一 对已满十四周岁不满十六周岁的未成年女性负有监护、收养、看护、教育、医疗等特殊职责的人员，与该未成年女性发生性关系的，处三年以下有期徒刑；情节恶劣的，处三年以上十年以下有期徒刑。

有前款行为，同时又构成本法第二百三十六条规定之罪的，依照处罚较重的规定定罪处罚。

（二）条文解读

已满 14 周岁不满 16 周岁的未成年女性负有监护、收养、看护、教育、医疗等特殊职责的人员，与该未成年女性发生性关系同时又构成强奸罪，以强奸罪论处。

侵害未成年人犯罪案件总量有所下降，但性侵案件仍呈上升趋势。2020

年至2022年，检察机关批准逮捕侵害未成年人犯罪分别为38 854人、45 827人、39 380人，同期提起公诉57 295人、60 553人、58 410人，2022年批捕、起诉人数较2021年分别下降14.07%、3.54%。2022年，起诉强奸、猥亵儿童等性侵未成年人犯罪36957人，同比上升20.4%[1]。

（三）参考条文

◎最高人民法院、最高人民检察院《关于办理强奸、猥亵未成年人刑事案件适用法律若干问题的解释》

第五条 对已满十四周岁不满十六周岁的未成年女性负有特殊职责的人员，与该未成年女性发生性关系，具有下列情形之一的，应当认定为刑法第二百三十六条之一规定的"情节恶劣"：

（一）长期发生性关系的；

（二）与多名被害人发生性关系的；

（三）致使被害人感染艾滋病病毒或者患梅毒、淋病等严重性病的；

（四）对发生性关系的过程或者被害人身体隐私部位制作视频、照片等影像资料，致使影像资料向多人传播，暴露被害人身份的；

（五）其他情节恶劣的情形。

第十三条 对于利用职业便利实施强奸、猥亵未成年人等犯罪的，人民法院应当依法适用从业禁止。

（四）典型案例

案例：江西省高级人民法院发布2023年未成年人权益保护典型案例之七：郑某负有照护职责人员性侵案——教职人员与已满14周岁不满16周岁的学生自愿发生性关系构成犯罪典型案例

2020年9月，被害人周某（2005年7月出生）到某技工学校美术班学习。2021年3月，被告人郑某入职该技工学校，并负责该美术班的数学教学工作。郑某对周某展开追求，后两人多次发生性关系，并发展成男女朋友关系。人民法院经审理认为，被告人郑某作为对周某负有学业教育职责的人员，明知被害人周某系已满14周岁但未满16周岁的未成年人，仍与其发生性关系，其行为构成负有照护职责人员性侵罪，判处被告人郑某有期徒刑1年，

---

[1] 来源：最高人民检察院《未成年人检察工作白皮书（2022）》。

并禁止其在刑满释放后 5 年内从事密切接触未成年人的工作。

四、猥亵儿童

(一) 条文规定

《刑法》第二百三十七条 以暴力、胁迫或者其他方法强制猥亵他人或者侮辱妇女的,处五年以下有期徒刑或者拘役。

聚众或者在公共场所当众犯前款罪的,或者有其他恶劣情节的,处五年以上有期徒刑。

猥亵儿童的,处五年以下有期徒刑;有下列情形之一的,处五年以上有期徒刑:

(一) 猥亵儿童多人或者多次的;

(二) 聚众猥亵儿童的,或者在公共场所当众猥亵儿童,情节恶劣的;

(三) 造成儿童伤害或者其他严重后果的;

(四) 猥亵手段恶劣或者有其他恶劣情节的。

(二) 条文解读

猥亵儿童罪,是指猥亵不满 14 周岁儿童的行为。

侵害不满 14 周岁未成年人犯罪有所上升。2020 年至 2022 年,检察机关起诉侵害不满 14 周岁未成年人犯罪人数分别为 27 234 人、31 213 人、34 066 人,2022 年较 2021 年同比升 9.1%,反映低龄未成年人保护亟需加强。[1]

(三) 参考条文

◎最高人民法院、最高人民检察院《关于办理强奸、猥亵未成年人刑事案件适用法律若干问题的解释》

第七条 猥亵儿童,具有下列情形之一的,应当认定为刑法第二百三十七条第三款第三项规定的"造成儿童伤害或者其他严重后果":

(一) 致使儿童轻伤以上的;

(二) 致使儿童自残、自杀的;

(三) 对儿童身心健康造成其他伤害或者严重后果的情形。

第八条 猥亵儿童,具有下列情形之一的,应当认定为刑法第二百三十七条第三款第四项规定的"猥亵手段恶劣或者有其他恶劣情节":

---

[1] 来源:最高人民检察院《未成年人检察工作白皮书(2022)》。

（一）以生殖器侵入肛门、口腔或者以生殖器以外的身体部位、物品侵入被害人生殖器、肛门等方式实施猥亵的；

（二）有严重摧残、凌辱行为的；

（三）对猥亵过程或者被害人身体隐私部位制作视频、照片等影像资料，以此胁迫对被害人实施猥亵，或者致使影像资料向多人传播，暴露被害人身份的；

（四）采取其他恶劣手段实施猥亵或者有其他恶劣情节的情形。

第十条 实施猥亵未成年人犯罪，造成被害人轻伤以上后果，同时符合刑法第二百三十四条或者第二百三十二条的规定，构成故意伤害罪、故意杀人罪的，依照处罚较重的规定定罪处罚。

（四）典型案例

案例：最高人民检察院发布第十一批指导性案（检例第43号）

被告人骆某，男，1993年7月出生，无业。2017年1月，被告人骆某使用化名，通过QQ软件将13岁女童小羽加为好友。聊天中得知小羽系初二学生后，骆某仍通过言语恐吓，向其索要裸照。在被害人拒绝并在QQ好友中将其删除后，骆某又通过小羽的校友周某对其施加压力，再次将小羽加为好友。同时骆某还虚构"李某"的身份，注册另一QQ号并添加小羽为好友。之后，骆某利用"李某"的身份在QQ聊天中对小羽进行威胁恐吓，同时利用周某继续施压。小羽被迫按照要求自拍裸照十张，通过QQ软件传送给骆某观看。后骆某又以在网络上公布小羽裸照相威胁，要求与其见面并在宾馆开房，企图实施猥亵行为。因小羽向公安机关报案，骆某在依约前往宾馆途中被抓获。行为人以满足性刺激为目的，以诱骗、强迫或者其他方法要求儿童拍摄裸体、敏感部位照片、视频等供其观看，严重侵害儿童人格尊严和心理健康的，构成猥亵儿童罪。

五、绑架婴幼儿

（一）条文规定

《刑法》第二百三十九条 以勒索财物为目的绑架他人的，或者绑架他人作为人质的，处十年以上有期徒刑或者无期徒刑，并处罚金或者没收财产；

情节较轻的，处五年以上十年以下有期徒刑，并处罚金。

犯前款罪，杀害被绑架人的，或者故意伤害被绑架人，致人重伤、死亡的，处无期徒刑或者死刑，并处没收财产。

以勒索财物为目的偷盗婴幼儿的，依照前两款的规定处罚。

（二）条文解读

以勒索财物为目的偷盗婴幼儿的依照绑架罪论处。

中国社会科学院法学研究所发布的2023年《法治蓝皮书》显示，近20年来，故意杀人罪、抢劫罪、绑架罪等严重暴力犯罪持续下降，2022年起诉人数较2003年下降67.7%。

（三）参考条文

◎最高人民法院《关于对在绑架过程中以暴力、胁迫等手段当场劫取被害人财物的行为如何适用法律问题的答复》

行为人在绑架过程中，又以暴力、胁迫等手段当场劫取被害人财物，构成犯罪的，择一重罪处罚。

（四）典型案例

案例：最高检发布第一批指导案例（检例第2号）

被告人忻某龙，男，1959年2月1日出生，汉族，浙江省宁波市人，高中文化。2005年9月15日，因涉嫌绑架罪被刑事拘留，2005年9月27日被逮捕。被告人忻某龙因经济拮据而产生绑架儿童并勒索家长财物的意图，并多次到浙江省慈溪市进行踩点和物色被绑架人。2005年8月18日上午，忻某龙驾驶自己的面包车从宁波市至慈溪市浒山街道团圈支路老年大学附近伺机作案。当日下午1时许，忻某龙见女孩杨某某（女，1996年6月1日出生，浙江省慈溪市浒山东门小学三年级学生，因本案遇害，殁年9岁）背着书包独自一人经过，即以"陈老师找你"为由将杨某某骗上车，将其扣在一个塑料洗澡盆下，开车驶至宁波市东钱湖镇"钱湖人家"后山。当晚10时许，忻某龙从杨某某处骗得其父亲的手机号码和家中的电话号码后，又开车将杨某某带至宁波市北仑区新碶镇算山村防空洞附近，采用捂口、鼻的方式将杨某某杀害后掩埋。8月19日，忻某龙乘火车到安徽省广德县（今广德市）购买了一部手机，于20日凌晨0时许拨打杨某某家电话，称自己已经绑架杨某某并要求杨某某的父亲于当月25日下午6时前带60万元赎金到浙江省湖州市长兴县交换其女儿。尔后，忻某龙又乘火车到安徽省芜湖市打勒索电话，因其将记录电话的纸条丢失，将被害人家的电话号码后四位2353误记为7353，电话接通后听到接电话的人操宁波口音，而杨某某的父亲讲普通话，由此忻某龙怀疑是公安人员已介入，遂停止了勒索。2005年9月15日，忻某龙被公安机关抓获，忻某龙供述了绑架杀人经过，并带领公安人员指认了埋尸现场，公安机关起获了一具尸骨，从其面包车上提取了杨某某头发两根（经法医学DNA检验鉴定，是被害人杨某某的尸骨和头发）。公安机关从被告人忻某龙处扣押手机一部。

六、拐卖儿童

（一）条文规定

《刑法》第二百四十条 拐卖妇女、儿童的，处五年以上十年以下有期徒刑，并处罚金；有下列情形之一的，处十年以上有期徒刑或者无期徒刑，并处罚金或者没收财产；情节特别严重的，处死刑，并处没收财产：

（一）拐卖妇女、儿童集团的首要分子；

（二）拐卖妇女、儿童三人以上的；

（三）奸淫被拐卖的妇女的；

（四）诱骗、强迫被拐卖的妇女卖淫或者将被拐卖的妇女卖给他人迫使其卖淫的；

（五）以出卖为目的，使用暴力、胁迫或者麻醉方法绑架妇女、儿童的；

（六）以出卖为目的，偷盗婴幼儿的；

（七）造成被拐卖的妇女、儿童或者其亲属重伤、死亡或者其他严重后果的；

（八）将妇女、儿童卖往境外的。

拐卖妇女、儿童是指以出卖为目的，有拐骗、绑架、收买、贩卖、接送、中转妇女、儿童的行为之一的。

（二）条文解读

行为对象仅限于妇女与儿童，既包括具有中国国籍的妇女与儿童，也包括具有外国国籍和无国籍的妇女与儿童。被拐卖的外国妇女、儿童没有身份证明的，不影响本罪的成立。妇女包括真两性畸形人和女性假两性畸形人。

儿童指不满 14 周岁。出卖捡拾的婴儿的，成立拐卖儿童罪。拐卖已满 14 周岁的男性公民的行为，不成立本罪，符合其他犯罪构成的，可按其他犯罪论处。行为内容为拐骗、绑架、收买、贩卖、接送、中转妇女、儿童。

概括与梳理中华人民共和国成立以来拐卖人口犯罪数量年际变化，可分为平稳发展期（1949 年至 1978 年）、快速增长期（1979 年至 1990 年）、波动下降期（1991 年至 1999 年）、低发稳定期（2000 年至今）四个时期。中华人民共和国成立初期，物资较为匮乏且交通不便，拐卖人口犯罪数量保持在较低水平。自 1978 年改革开放后，经济得到恢复和发展，交通设施逐步完善，人口的流动性增强，拐卖人口案件数量明显上升。1982 年，计划生育成为我国基本国策，紧缩性人口政策下拐卖人口犯罪数量迅速增长，至 20 世纪末达到顶峰。进入 21 世纪，我国"打拐"力度持续增强，相继出台了许多政策和法律，拐卖人口犯罪数量波动下降。随着我国公安部多次高压打拐活动的开展和 2000 年以后人口政策的放宽，拐卖人口案件数量迅速下降，此后虽有起伏，但整体处于低发稳定期。据 1995 年至 2007 年拐卖人口案件数量的年际变化可以发现，2000 年前后是拐卖人口犯罪的高发时期，大多数案件虽得到破获却仍留有积案。从累计未破获案件增长趋势判断，2000 年至 2003 年累计数量增长较快，该阶段积案数量较大。随着侦查水平的提高，2003 年后每年末破获案件数量增速减缓，大多案件得到及时破获。由此可见，2000 年前后积案数较大，现今破获案件有一定比例来源于该时期。[1]

（三）参考条文

◎最高人民法院《关于审理拐卖妇女儿童犯罪案件具体应用法律若干问题的解释》

第一条 对婴幼儿采取欺骗、利诱等手段使其脱离监护人或者看护人的，视为刑法第二百四十条第一款第（六）项规定的"偷盗婴幼儿"。

第二条 医疗机构、社会福利机构等单位的工作人员以非法获利为目的，将所诊疗、护理、抚养的儿童出卖给他人的，以拐卖儿童罪论处。

第三条 以介绍婚姻为名，采取非法扣押身份证件、限制人身自由等方式，或者利用妇女人地生疏、语言不通、孤立无援等境况，违背妇女意志，

---

[1] 陈俊秀、张楚彬：《收买与拐卖"异罪同罚"立场之反思》，载《闽江学院学报》2022 年第 4 期，第 54~63 页。

将其出卖给他人的,应当以拐卖妇女罪追究刑事责任。

以介绍婚姻为名,与被介绍妇女串通骗取他人钱财,数额较大的,应当以诈骗罪追究刑事责任。

第九条 刑法第二百四十条、第二百四十一条规定的儿童,是指不满十四周岁的人。其中,不满一周岁的为婴儿,一周岁以上不满六周岁的为幼儿。

◎最高人民法院《关于审理拐卖妇女案件适用法律有关问题的解释》

第一条 刑法第二百四十条规定的拐卖妇女罪中的"妇女",既包括具有中国国籍的妇女,也包括具有外国国籍和无国籍的妇女。被拐卖的外国妇女没有身份证明的,不影响对犯罪分子的定罪处罚。

第二条 外国人或者无国籍人拐卖外国妇女到我国境内被查获的,应当根据刑法第六条的规定,适用我国刑法定罪处罚。

第三条 对于外国籍被告人身份无法查明或者其国籍国拒绝提供有关身份证明,人民检察院根据刑事诉讼法第一百二十八条第二款的规定起诉的案件,人民法院应当依法受理。

(四)典型案例

案例:最高人民法院关于拐卖儿童犯罪案件的三起典型案例之一(2012年5月31日)李某英等拐卖儿童案

被告人李某英,女,汉族,1955年10月26日出生,农民。被告人许某理,男,汉族,1968年6月22日出生,农民。被告人万某莲,女,汉族,1963年11月18日出生,农民。被告人潘某芝,女,汉族,1963年2月15日出生,农民。被告人高某玲,女,汉族,1965年5月2日出生,农民。2007年8月至2009年6月,被告人李某英从外地人贩子手中大肆收买婴幼儿,后在山东省枣庄市贩卖给被告人许某理,许某理将婴幼儿加价转手贩卖给被告人万某莲,万某莲通过潘某芝、高某玲、马某玲、李某荣、孙某英(均系同案被告人,已判刑)等人,将婴幼儿贩卖给枣庄市峄城区、市中区、薛城区等地的居民,牟取利益。其中,李某英、许某理、万某莲参与作案37起,拐卖儿童38人;潘某芝参与作案9起,拐卖儿童9人;高某玲参与作案6起,拐卖儿童6人。被拐儿童来源不明,破案后,均已解救。法院认为,被告人李某英、许某理、万某莲、潘某芝、高某玲等人以出卖为目的,贩卖儿童,其行为均构成拐卖儿童罪。李某英、许某理、万某莲贩卖儿童人数众多,情节特别严重,应依法严惩。潘某芝、高某玲认罪态度较好,可酌情从轻处罚。据此,依法以拐卖儿童罪分别判处被告人李某英、许某理、万某莲死刑,缓期2年执行,剥夺政治权利终身,并处没收个人全部财产;以拐卖儿童罪分别判处潘某芝、高某玲有期徒刑15年、13年,并处罚金。

七、收买被拐卖的儿童

(一) 条文规定

《刑法》第二百四十一条 收买被拐卖的妇女、儿童的,处三年以下有期徒刑、拘役或者管制。

收买被拐卖的妇女,强行与其发生性关系的,依照本法第二百三十六条的规定定罪处罚。

收买被拐卖的妇女、儿童,非法剥夺、限制其人身自由或者有伤害、侮辱等犯罪行为的,依照本法的有关规定定罪处罚。

收买被拐卖的妇女、儿童,并有第二款、第三款规定的犯罪行为的,依照数罪并罚的规定处罚。

收买被拐卖的妇女、儿童又出卖的,依照本法第二百四十条的规定定罪处罚。

收买被拐卖的妇女、儿童,对被买儿童没有虐待行为,不阻碍对其进行解救的,可以从轻处罚;按照被买妇女的意愿,不阻碍其返回原居住地的,可以从轻或者减轻处罚。

(二) 条文解读

所谓收买,是指行为人以货币或其他财物换取他人拐卖的妇女、儿童。收买被拐卖的妇女、儿童,实际上是将妇女、儿童当作商品买回,将人作为商品购买,就侵犯了被害人的人格尊严权,同时在人贩子和收买人之间的卖与买的交易中,被害人被当作"物"而没有决定自己去向的权利,故意侵犯了被害人的身体自由权。拐卖妇女、儿童罪中的收买,是为了出卖而收买,"收买"只是拐卖妇女、儿童犯罪的一个中间环节,犯罪分子收买被拐妇女、儿童后,便将被害妇女、儿童又转手倒卖与他人,从中谋取不义之财。或者虽然不是为了出卖而收买,但是收买后又出卖的,也按照拐卖妇女、儿童罪处罚。

审判实务中对于该罪的处罚整体上是偏轻的。并且,收买被拐卖的妇女罪被追究刑事责任的案件数量远低于同一时期（2009年至2021年12月）拐卖妇女罪案件数量的1/5。即便被追究刑事责任,整体处罚也偏轻。[1]

（三）参考条文

◎ "两高一部"等《关于打击拐卖妇女儿童犯罪有关问题的通知》

凡是拐卖妇女、儿童的,不论是哪个环节,只要是以出卖为目的,有拐骗、绑架、收买、贩卖、接送、中转、窝藏妇女、儿童的行为之一的,不论拐卖人数多少,是否获利,均应以拐卖妇女、儿童罪追究刑事责任。对收买被拐卖的妇女、儿童的,以及阻碍解救被拐卖的妇女、儿童构成犯罪的,也要依法惩处。出卖亲生子女的,由公安机关依法没收非法所得,并处以罚款;以营利为目的,出卖不满十四周岁子女,情节恶劣的,借收养名义拐卖儿童的,以及出卖捡拾的儿童的,均应以拐卖儿童罪追究刑事责任。出卖十四周岁以上女性亲属或者其他不满十四周岁亲属的,以拐卖妇女、儿童罪追究刑事责任。

（四）典型案例

案例：最高人民法院发布6起《依法惩治侵害未成年人犯罪的典型案例》第1号

2015年9月,被告人余某的妻子周某怀孕,2015年年底,余某让被告人高某寻找需要婴儿并能支付6万元"营养费"的人。经高某联系,被告人黄某美因儿媳结婚多年未生育,愿意收养。经协商,余某同意以5.6万元的价格将婴儿"送"给黄某美。2016年6月21日,余某以假名为周某办理住院手续,次日周某生育一男婴。6月23日,余某以给孩子洗澡为由私自将男婴从家中抱走送给黄某美,得款5.6万元。黄某美将男婴带至安徽省淮北市相山区家中抚养。男婴母亲周某获悉后到公安机关报案,公安人员至黄某美住处将被拐卖的男婴解救。

---

[1] 郭晓红、刘宗玮：《收买被拐卖的妇女罪处罚畸轻的理论反思与对策完善——基于402份样本案例的实证研究》,载《法治论坛》2023年第1期,第269~284页。

八、聚众阻碍解救被收买的儿童

（一）条文规定

《刑法》第二百四十二条　以暴力、威胁方法阻碍国家机关工作人员解救被收买的妇女、儿童的，依照本法第二百七十七条的规定定罪处罚。

聚众阻碍国家机关工作人员解救被收买的妇女、儿童的首要分子，处五年以下有期徒刑或者拘役；其他参与者使用暴力、威胁方法的，依照前款的规定处罚。

（二）条文解读

聚众阻碍国家机关工作人员解救被收买的妇女、儿童的，以妨害公务罪定罪。2012年至2015年，法院在判决书中涉及"阻碍解救"被收买妇女情节描述的案件较少，仅有11例。2016年至2017年，涉及"阻碍解救"被收买妇女情节描述的案件数量呈上升趋势，并在2017年达到最高。2020年，涉及"阻碍解救"被收买妇女情节描述的案件数量有较大幅度的下降，由2019年的12例下降为4例。2012年至今，全国31个省、自治区、直辖市（港澳台地区未列入统计检索范围）中有17个省、自治区、直辖市的人民法院在判决书中涉及"阻碍解救"被收买妇女情节的描述。山东省、安徽省、河北省、福建省与云南省涉及案件数量较多，其中山东省涉及案件数量最多，为12例，约占总比17.4%。辽宁省、吉林省、湖北省、湖南省以及湖北省涉及案件数量较少，仅有6例。截至2022年2月20日，"元典智库"司法案例数据库中未检索到黑龙江省、青海省、浙江省、西藏自治区、宁夏回族自治区等14个省、自治区、直辖市人民法院在判决书中涉及"阻碍解救"被收买妇女情节的描述[1]。

（三）参考条文

◎最高人民法院《关于审理拐卖妇女儿童犯罪案件具体应用法律若干问题的解释》

第四条　在国家机关工作人员排查来历不明儿童或者进行解救时，将所收买的儿童藏匿、转移或者实施其他妨碍解救行为，经说服教育仍不配合的，属于刑法第二百四十一条第六款规定的"阻碍对其进行解救"。

---

[1] 来源：https://mp.weixin.qq.com/s/svoAs9eKZGQ2aZ0FFG3mw，访问日期：2024年6月28日。

第七条 收买被拐卖的妇女、儿童,又以暴力、威胁方法阻碍国家机关工作人员解救被收买的妇女、儿童,或者聚众阻碍国家机关工作人员解救被收买的妇女、儿童,构成妨害公务罪、聚众阻碍解救被收买的妇女、儿童罪的,依照数罪并罚的规定处罚。

(四) 典型案例

案例:最高人民法院关于拐卖妇女儿童犯罪案件的典型案例之一:蔡某光收买被拐卖的妇女案

2008年农历四月的一天上午,在福建省霞浦县下浒镇延亭村长沙自然村后门山一偏僻树林内,被告人蔡某光从"陈某"(另案处理)手中以33 000元收买了被拐卖的被害人王某某"做老婆"。公安机关接到被害人父亲报案,前往解救王某某时,蔡某光提前将王某某转移到霞浦县城松城街道燕窝里租房居住,由蔡某光的母亲林某看管,自己则到霞浦县海岛乡渔船上打工。2010年1月3日,公安机关在蔡某光的租住房内解救出王某某。两天后,王某某产下一男婴,现由林某抚养。王某某已返回原籍。同年2月1日,蔡某光在霞浦县海岛乡一出租房内被公安机关抓获。法院认为,被告人蔡某光明知被害人王某某是被拐卖的妇女而予以收买,并用转移被害人的方法阻碍解救,其行为已构成收买被拐卖的妇女罪,依法应当追究刑事责任。

九、雇用童工从事危重劳动

(一) 条文规定

《刑法》第二百四十四条之一 违反劳动管理法规,雇用未满十六周岁的未成年人从事超强度体力劳动的,或者从事高空、井下作业的,或者在爆炸性、易燃性、放射性、毒害性等危险环境下从事劳动,情节严重的,对直接责任人员,处三年以下有期徒刑或者拘役,并处罚金;情节特别严重的,处三年以上七年以下有期徒刑,并处罚金。

(二) 条文解读

违反劳动管理法规,雇用未满16周岁的未成年人从事超强度体力劳动的,或者从事高空、井下作业的,或者在爆炸性、易燃性、放射性、毒害性等危险环境下从事劳动,情节严重的,对直接责任人员以强迫劳动罪论处。

广东省江门市 5 月 2 日对第一季度 14 宗用人单位重大劳动保障违法行为进行了曝光，其中包括非法使用童工、不依法缴纳社保等。而 2016 年 4 月 26 日，新华社报道，14 岁童工王某由其母亲介绍进入某公司工作，并与公司签订劳动合同，但不久后被发现非正常死亡在出租屋内。另据 2016 年 11 月 24 日新华社报道，常熟服装城是全国最大规模的专业流通市场之一，在常熟服装城周边社区的服装业黑作坊中，非法雇佣童工现象较为突出。[1]

（三）参考条文

◎《劳动法》

第九十六条 用人单位有下列行为之一，由公安机关对责任人员处以十五日以下拘留、罚款或者警告；构成犯罪的，对责任人员依法追究刑事责任：

（一）以暴力、威胁或者非法限制人身自由的手段强迫劳动的；

（二）侮辱、体罚、殴打、非法搜查和拘禁劳动者的。

（四）典型案例

案例：最高人民法院公布八起侵害未成年人合法权益典型案例之一（2015 年 8 月 31 日）

被告人范某、李某玮是夫妻关系，租用广州市越秀区王圣堂大街十一巷一房屋作手表加工及住宿场所。2013 年 4 月至 10 月间，被告人范某与李某玮以招工为名，先后从中介处招来钟某（案发时 16 岁）、苏某园（案发时 13 岁）、周某（案发时 15 岁）三名被害人，使用锁门禁止外出的方法强迫三名被害人在该处从事手表组装工作。其间，被告人范某对被害人钟某、周某有殴打行为，被告人李某玮对三名被害人有语言威胁的行为，被告人罗某龙于 2013 年 5 月入职后协助被告人范某看管三名被害人。2013 年 10 月 20 日，经被害人报警，公安人员到场解救了三名被害人，并将被告人范某、李某玮、罗某龙抓获归案。经法医鉴定，被害人钟某和周某的头部、颈部、臂部受伤，损伤程度属轻微伤。广东省广州市越秀区人民法院经审理认为，被告人范某、李某玮、罗某龙以暴力、胁迫和限制人身自由的方法强迫未成年人劳动，其行为均侵犯了他人的人身权利，共同构成强迫劳动罪，情节严重。被告人范某在共同犯罪中起主要作用，应认定为主犯；被告人李某玮、罗某龙在共同

---

[1] 陈文瑞：《童工现象为何屡禁不绝》，载《检察日报》2017 年 6 月 17 日。

犯罪中起次要或辅助作用,应认定为从犯,依法应当从轻处罚。被告人范某、李某玮自愿认罪,能如实供述自己的罪行,依法可以从轻处罚。依照刑法有关规定,认定被告人范某犯强迫劳动罪,判处有期徒刑3年,并处罚金10 000元;被告人李某玮犯强迫劳动罪,判处有期徒刑10个月,并处罚金5000元;被告人罗某龙犯强迫劳动罪,判处有期徒刑7个月,并处罚金1000元。

十、虐待未成年人

(一) 条文规定

《刑法》第二百六十条之一对未成年人、老年人、患病的人、残疾人等负有监护、看护职责的人虐待被监护、看护的人,情节恶劣的,处三年以下有期徒刑或者拘役。

单位犯前款罪的,对单位判处罚金,并对其直接负责的主管人员和其他直接责任人员,依照前款的规定处罚。

有第一款行为,同时构成其他犯罪的,依照处罚较重的规定定罪处罚。

(二) 条文解读

对未成年人、老年人、患病的人、残疾人等负有监护、看护职责的人虐待被监护、看护的人,以虐待罪论处。

在司法实务中,虐待罪属于刑事诉讼中不告不理的犯罪。根据2022年4月29日于中国裁判文书网上所发布的涉虐待罪刑事诉讼文书的检索,2021年仅有55件涉及虐待罪的诉讼文书,其中31件属于对案件不予立案、不予受理、驳回起诉或者维持不予受理原判的裁定书,进入审判流程的20例案件(5例审判结果不予公开)中,5例案件对被告人判处了3年以上有期徒刑(受害人重伤或死亡),12例案件对被告人判处了3年以下有期徒刑,并且大部分案件都由于行为人的悔罪情节予以从轻处罚,剩下3件文书属于减刑刑事裁定书。

(三) 典型案例

案例:最高人民法院公布三起侵犯未成年人权益犯罪典型案例之一(2013年5月29日)

被告人李某勤借"教育"之名,经常对继女申某然进行打骂虐待,并最终将申某然殴打致死。鉴于李某勤有抢救被害人行为,归案后如实供述主要犯罪事实,认罪态度较好,法院为此依法判处被告人李某勤死刑,缓期2年执行,剥夺政治权利终身。

十一、遗弃未成年

(一)条文规定

《刑法》第二百六十一条 对于年老、年幼、患病或者其他没有独立生活能力的人,负有扶养义务而拒绝扶养,情节恶劣的,处五年以下有期徒刑、拘役或者管制。

(二)条文解读

对于年老、年幼、患病或者其他没有独立生活能力的人,负有扶养义务而拒绝扶养,以遗弃罪论处。

根据现行刑法立法规定来看,我国立法并没有对本罪的犯罪主体的范围进行明确,但在司法适用中往往被解读为家庭成员内部之间的犯罪。

(三)参考条文

◎《残疾人保障法》

第六十七条 违反本法规定,侵害残疾人的合法权益,其他法律、法规规定行政处罚的,从其规定;造成财产损失或者其他损害的,依法承担民事责任;构成犯罪的,依法追究刑事责任。

(四)典型案例

案例:最高法公布未成年人司法保护典型案例(2021年3月)

2018年7月22日,刘某在医院生育一名女婴后,7月24日,将该女婴遗弃在医院女更衣室内。女婴被发现后由民政局下属的某儿童福利院代为抚养。公安局经调查发现,刘某还曾在2015年1月29日,将其所生的一名男婴遗弃在居民楼内。民政局向法院提起诉讼,以刘某犯遗弃罪,已不适合履行监护职责,申请撤销刘某的监护权,民政局愿意承担该女婴的监护责任,指定其下属的某儿童福利院抚养女婴。法院经审理认为,刘某将出生三天的未成年子女遗弃,拒绝抚养,严重侵害了被监护人的合法权益,符合撤销监护人资格的情形。被监护人自被生母刘某遗弃以来,某儿童福利院代为抚养至今,综合考虑被监护人生父不明、刘某父母年龄和经济状况、村民委员会的具体情况，由民政部门取得被监护人的监护权，更有利于保护被监护人的生存、医疗、教育等合法权益。综上，法院判决撤销刘某的监护权，指定民政局作为该名女婴的监护人。其后，刘某被法院以遗弃罪判处刑罚。

十二、拐骗儿童

（一）条文规定

《刑法》第二百六十二条 拐骗不满十四周岁的未成年人，脱离家庭或者监护人的，处五年以下有期徒刑或者拘役。

（二）条文解读

拐卖儿童是指以出卖为目的，有拐骗、绑架、收买、贩卖、接送、中转妇女、儿童的行为之一的。拐骗不满14周岁的未成年人脱离家庭或者监护人的行为，往往是出于收养，也可以是出于奴役等目的，但是拐骗不具有出卖目的。拐卖与拐骗的最大区别在于"主观目的"，拐卖必须以出卖为目的，拐骗的目的可能是自己养、送养、使唤、奴役等。

拐卖、拐骗人口是严重的国际社会问题。在我国，拐卖、拐骗人口逐渐从落后偏远的农村地区向经济发达的城市地区发展，案件数量庞大，跨区域作案、流窜作案增多，手段隐蔽恶劣，其中尤以拐卖、拐骗儿童罪最为突出。同时，犯罪分子集团化、职业化特征愈加明显，集团犯罪活动迈入网络化进程。犯罪集团的内部结构、运作方式逐步智能化、体系化，在遭到查处后往往可以自行调节与修复，生存能力极强，社会危害性极大。在国际社会，为了预防人口贩运，保护被贩卖人口，联合国发布了《打击跨国有组织犯罪公约关于预防、禁止和惩治贩运人口特别是妇女和儿童行为的补充议定书》，用以号召世界各国严厉打击人口贩运行为。

（三）参考条文

◎《刑法》

第二百六十二条之一 以暴力、胁迫手段组织残疾人或者不满十四周岁的未成年人乞讨的，处三年以下有期徒刑或者拘役，并处罚金；情节严重的，处三年以上七年以下有期徒刑，并处罚金。

第二百六十二条之二 组织未成年人进行盗窃、诈骗、抢夺、敲诈勒索等违反治安管理活动的,处三年以下有期徒刑或者拘役,并处罚金;情节严重的,处三年以上七年以下有期徒刑,并处罚金。

(四) 典型案例

案例：刑事审判参考案例第 173 号：胡某方拐骗儿童案

被告人胡某方自 1994 年刑满释放后在浙江省临海市红光镇上岙村净业寺出家做和尚。因无子嗣,胡某方萌生了偷养婴儿以防老的念头。2000 年 7 月 12 日凌晨 2 时许,胡某方在浙江省黄岩红十字医院 4 楼妇产科住院部室,乘人熟睡之机,偷走陈某琴刚生下 1 日的女婴,并将该婴儿放在临海市红光镇上岙村杨某富家门口。同日,该婴儿被杨某富家人发现并收养。同月 22 日,该婴儿被其父母领回。2000 年 7 月 14 日凌晨 1 时许,被告人胡某方来到台州市黄岩区第三人民医院 3 楼妇产科住院部,乘人熟睡之机,偷走郑某君生下刚 7 日的女婴,先将婴儿放在自己住处即临海市红光镇上岙村净业寺的后门,后假装发现了弃婴并收养。当天下午,该婴儿被其家人找到领回。2000 年 12 月 20 日凌晨 1 时许,被告人胡某方来到台州市路桥区第二人民医院妇产科住院部,乘人熟睡之机,偷走孔某芬生下刚 2 天的男婴,后将该婴儿托养在临海市沿溪乡昌岙村朱某明家。2001 年 1 月 5 日,该婴儿被解救回家。

十三、组织未成年人乞讨

(一) 条文规定

《刑法》第二百六十二条之一 以暴力、胁迫手段组织残疾人或者不满十四周岁的未成年人乞讨的,处三年以下有期徒刑或者拘役,并处罚金;情节严重的,处三年以上七年以下有期徒刑,并处罚金。

(二) 条文解读

以暴力、胁迫手段组织残疾人或者不满 14 周岁的未成年人乞讨的,以组织未成年人乞讨罪论处。

2010 年至 2013 年,全国检察机关共起诉猥亵儿童罪 7963 件 8069 人;起诉拐骗儿童罪 681 件 892 人;起诉嫖宿幼女罪 150 件 255 人;起诉引诱幼女卖淫罪 68 件 121 人;起诉拐卖妇女、儿童罪 6597 件 13831 人;起诉组织残疾人、儿童乞讨罪 15 件 32 人[1]。

（三）参考条文

◎《治安管理处罚法》

第四十一条 胁迫、诱骗或者利用他人乞讨的，处十日以上十五日以下拘留，可以并处一千元以下罚款。

反复纠缠、强行讨要或者以其他滋扰他人的方式乞讨的，处五日以下拘留或者警告。

（四）典型案例

2007 年度 CCTV 十大法治人物之一北京离休老干部曹大澄，对街头流浪乞讨儿童进行详细调查两个多月，揭开了流浪儿童被残害、胁迫行乞的真相。随后，他将两万字的调查报告《救救孩子，救救孩子——深圳街头弃婴和病残乞儿生存状况调查手记》上书温家宝总理，使 19 个拐卖、残害、胁迫未成年人的犯罪团伙的"头目"依法受到处理，4200 余名未成年人获得解救。[2]

十四、组织未成年人进行违反治安管理活动

（一）条文规定

《刑法》第二百六十二条之二 组织未成年人进行盗窃、诈骗、抢夺、敲诈勒索等违反治安管理活动的，处三年以下有期徒刑或者拘役，并处罚金；情节严重的，处三年以上七年以下有期徒刑，并处罚金。

（二）条文解读

组织未成年人进行盗窃、诈骗、抢夺、敲诈勒索等违反治安管理活动的，以组织未成年人进行违法反治安管理活动罪论处。

我国司法机关对这些一般违法行为的惩罚只能局限于治安处罚的范畴。这对于当前严峻的操纵、利用未成年人进行违反治安管理活动的发展趋势来说，不啻于杯水车薪，难以起到有效的惩治和预防作用，同时也与该类行为的社会危害性程度不相当。因而将组织未成年人进行违反治安管理活动行为犯罪化，将能更好地与《未成年人保护法》《预防未成年人犯罪法》相

---

[1] 周斌：《全国检察机关 4 年 8069 人被诉猥亵儿童罪》，载《法制日报》2014 年 5 月 29 日。

[2] 来源：https://news.cntv.cn/law/20101013/102849_1.shtml，访问日期：2024 年 6 月 28 日。

适应。[1]

(三) 参考条文

◎《治安管理处罚法》

第四十一条 胁迫、诱骗或者利用他人乞讨的,处十日以上十五日以下拘留,可以并处一千元以下罚款。

反复纠缠、强行讨要或者以其他滋扰他人的方式乞讨的,处五日以下拘留或者警告。

(四) 典型案例

案例:检例第173号:惩治组织未成年人进行违反治安管理活动犯罪综合司法保护案(2023年发布第43批)

原审被告人张某,女,1986年11月出生,个体工商户。自2018年开始,张某为获取非法利益,采用殴打、言语威胁等暴力手段,以及专人看管、"打欠条"经济控制、扣押身份证等限制人身自由的手段,控制17名未成年女性在其经营的KTV内提供有偿陪侍服务。张某要求未成年女性着装暴露,提供陪酒以及让客人搂抱等色情陪侍服务。17名未成年被害人因被组织有偿陪侍而沾染吸烟、酗酒、夜不归宿等不良习惯,其中吴某等因被组织有偿陪侍而辍学,杜某某等出现性格孤僻、自暴自弃等情形。

十五、引诱未成年人参加聚众淫乱活动

(一) 条文规定

《刑法》第三百零一条 聚众进行淫乱活动的,对首要分子或者多次参加的,处五年以下有期徒刑、拘役或者管制。

引诱未成年人参加聚众淫乱活动的,依照前款的规定从重处罚。

(二) 条文解读

引诱未成年人聚众淫乱罪,以聚众淫乱罪处罚。

引诱未成年人参加聚众淫乱活动的,从重处罚。这里所说的"引诱",是指通过语言、观看录像、表演及做示范等手段,诱惑未成年的男女参加淫乱

---

[1] 李文聪:《论组织未成年人进行违反治安管理活动罪》,华东政法大学2011年硕士学位论文。

活动的行为。实践中，往往是通过传播淫秽物品、宣讲性体验、性感受甚至直接进行性表演等方法进行拉拢、腐蚀，引诱未成年男女参与淫乱活动。未成年人身心发育不完全，辨别是非的能力差，正确的性道德观、人生观尚未定型，引诱未成年人参加聚众淫乱活动，会严重影响未成年人的健康成长。因此，有必要给予特殊保护。对引诱未成年人参加聚众淫乱活动的犯罪，依照对聚众淫乱犯罪的规定从重处罚，即在5年以下有期徒刑拘役或者管制的量刑幅度内，判处较重的刑种或刑期。

（三）参考条文

◎最高人民检察院、公安部《关于公安机关管辖的刑事案件立案追诉标准的规定（一）》

第四十一条 组织、策划、指挥三人以上进行淫乱活动或者参加聚众淫乱活动三次以上的，应予立案追诉。

（四）典型案例

案例：刘某猥亵儿童、引诱未成年人聚众淫乱案

刘某在明知是未成年人的情况下，仍引诱多名未成年人参与聚众淫乱活动，其行为构成引诱未成年人聚众淫乱罪并应从重处罚；被告人刘某为寻求刺激，利用各种机会，触摸未成年男童阴茎，对多名未成年男童进行猥亵，其行为严重侵害了儿童的隐私权，对被害儿童的健康成长造成了伤害，已构成猥亵儿童罪并应从重处罚，依法应当承担相应的刑事责任。[1]

十六、利用、教唆未成年人涉毒

（一）条文规定

《刑法》第三百四十七条 走私、贩卖、运输、制造毒品，无论数量多少，都应当追究刑事责任，予以刑事处罚。

……

利用、教唆未成年人走私、贩卖、运输、制造毒品，或者向未成年人出售毒品的，从重处罚……

---

[1] [2020] 赣1025刑初104号。

（二）条文解读

利用、教唆未成年人走私、贩卖、运输、制造毒品，或者向未成年人出售毒品的，从重处罚。

最高人民检察院发布的《未成年人检察工作白皮书（2021）》显示，2017年至2021年，检察机关受理审查起诉未成年人毒品犯罪分别为2003人、1504人、1201人、942人、978人，分别占同期受理审查起诉未成年犯罪嫌疑人数的3.36%、2.58%、1.96%、1.71%、1.32%。[1]

（三）参考条文

◎ 2023年《全国法院毒品案件审判工作会议纪要》

毒品数量接近实际掌握的死刑适用数量标准，具有累犯，毒品再犯，利用、教唆未成年人走私、贩卖、运输、制造毒品，或者向未成年人出售毒品等法定从重处罚情节的，可以判处被告人死刑。

（四）典型案例

案例：最高人民法院公布10起毒品犯罪及涉毒次生犯罪典型案例之七

杨某贩卖毒品案——利用未成年人贩卖毒品，依法从重处罚。杨某，男，汉族，1993年7月27日出生，农民。被告人杨某和蒲某（未成年人，另案处理）均系吸毒人员。2016年6月中旬以来，蒲某暂住在杨某租住的四川省射洪县（今射洪市）太和镇文化路一出租房内。二人同住期间，杨某向许某、罗某、李某及杨某某（未成年人）贩卖甲基苯丙胺（冰毒）共计10次，约4克，其中9次指使蒲某送货。2016年7月21日，公安人员在杨某租住处将其与蒲某抓获，当场查获甲基苯丙胺6.9克。综上，杨某贩卖甲基苯丙胺共计10.9克。

十七、引诱、教唆、欺骗未成年人吸毒

（一）条文规定

《刑法》第三百五十三条 引诱、教唆、欺骗他人吸食、注射毒品的，处三年以下有期徒刑、拘役或者管制，并处罚金；情节严重的，处三年以上七年以下有期徒刑，并处罚金。

---

[1] 来源：最高人民检察院《未成年人检察工作白皮书（2021）》。

强迫他人吸食、注射毒品的，处三年以上十年以下有期徒刑，并处罚金。

引诱、教唆、欺骗或者强迫未成年人吸食、注射毒品的，从重处罚。

（二）条文解读

引诱、教唆、欺骗他人吸毒罪，强迫他人吸毒罪，这里的他人，是指从未吸毒的人，或者曾经吸食但已戒除的人。

引诱未成年人吸毒的情况在近年时有发生，司法实践中往往认定为引诱、教唆、欺骗他人吸毒罪，学理上存在争议。无论是哪一方观点，在论证逻辑上均存在错误，将事实先入为主地表述为"引诱、教唆、欺骗未成年人吸毒"容易导致错误的结论。从机能性的角度考察，引诱、教唆、欺骗未成年人吸毒之所以与强迫他人吸毒罪存在法定刑上的巨大差异，原因在于强迫他人吸毒罪同时侵害了他人的意志决定自由，因此，在他人不知情或者心神丧失的情况下使得对方吸毒的只能成立强迫他人吸毒罪，属于"其他方式"当中利用被害人不能反抗状态实施犯罪的情形。[1]

（三）参考条文

◎《预防未成年人犯罪法》

第三十九条 未成年人的父母或者其他监护人、学校、居民委员会、村民委员会发现有人教唆、胁迫、引诱未成年人实施严重不良行为的，应当立即向公安机关报告。公安机关接到报告或者发现有上述情形的，应当及时依法查处；对人身安全受到威胁的未成年人，应当立即采取有效保护措施。

（四）典型案例

案例：最高人民检察院第四十五批指导性案例（检例第178号）

2017年11月底至2019年1月，王某为牟取非法利益，组织龙某、王某湘、米某华在四川省攀枝花市零包贩卖毒品海洛因36次，并容留多人在其租住房内吸毒。2018年6月、7月，为掩盖毒品犯罪事实，王某以赠送吸毒人员吉某货值100元的海洛因为条件，"收养"其两个儿子安某甲和安某乙，并控制、胁迫二人帮助其贩毒，还对二人长期殴打、虐待。自2018年8月起，王某在其租住房内，多次强迫安某乙吸食海洛因等毒品（经检测，在安某乙

---

[1] 陈文昊、纪康：《诱使儿童吸毒行为的界定——兼论刑法中的"其他手段"》，载《云南警官学院学报》2017年第1期，第123~128页。

头发样本中检出吗啡、单乙酰吗啡和甲基苯丙胺成分，安某乙左侧外耳廓因被王某等人殴打未及时医治而出现明显畸形）。2018 年 11 月以来，王某安排龙某带领 8 岁的安某乙在市东区华山一带贩卖毒品，王某带领 11 岁的安某甲购买用于贩卖的毒品后"零星贩毒"。王某等人还备有塑料管、电击棍等工具，用于殴打、控制安某甲和安某乙。2019 年 1 月 22 日晚至次日凌晨，王某从龙某处得知安某甲将团伙贩毒情况告知其母吉某后，不顾王某湘劝阻，伙同龙某在租住房内用烟头烫，用塑料管、电击棍等工具殴打、电击安某甲，并强迫安某乙殴打安某甲，还指使龙某逼迫安某甲吸毒。23 日上午，安某甲因全身大面积皮肤及软组织挫伤，皮下出血致失血性和创伤性休克死亡。

十八、组织、强迫未成年人卖淫

（一）条文规定

《刑法》第三百五十八条 组织、强迫他人卖淫的，处五年以上十年以下有期徒刑，并处罚金；情节严重的，处十年以上有期徒刑或者无期徒刑，并处罚金或者没收财产。

组织、强迫未成年人卖淫的，依照前款的规定从重处罚。

犯前两款罪，并有杀害、伤害、强奸、绑架等犯罪行为的，依照数罪并罚的规定处罚。

为组织卖淫的人招募、运送人员或者有其他协助组织他人卖淫行为的，处五年以下有期徒刑，并处罚金；情节严重的，处五年以上十年以下有期徒刑，并处罚金。

（二）条文解读

强迫卖淫罪的理论研究集中于本罪的犯罪构成，对于本罪的犯罪客体研究混乱，将强迫卖淫行为可能侵害到的法益，包括人身权利、社会秩序、社会风尚、性权利等权利都放在本罪中进行考量，忽略了强迫卖淫罪的规制目的，也未与其他犯罪的客体进行严格区分。罪与非罪，此罪与彼罪的区分依赖于法条和司法解释的直接规定。不少学者提出，不满 14 周岁的幼女和已经满 14 周岁的未成年人区别对待，不能将其作为强迫卖淫罪的犯罪对象，但其理由仅限于幼女的应当特殊保护，没有从刑法体系的角度比较本罪与强奸罪的区别。[1]

(三) 参考条文

◎最高人民法院、最高人民检察院《关于办理组织、强迫、引诱、容留、介绍卖淫刑事案件适用法律若干问题的解释》

第六条 强迫他人卖淫,具有下列情形之一的,应当认定为刑法第三百五十八条第一款规定的"情节严重":

(一) 卖淫人员累计达五人以上的;

(二) 卖淫人员中未成年人、孕妇、智障人员、患有严重性病的人累计达三人以上的;

(三) 强迫不满十四周岁的幼女卖淫的;

(四) 造成被强迫卖淫的人自残、自杀或者其他严重后果的;

(五) 其他情节严重的情形。

行为人既有组织卖淫犯罪行为,又有强迫卖淫犯罪行为,且具有下列情形之一的,以组织、强迫卖淫"情节严重"论处:

(一) 组织卖淫、强迫卖淫行为中具有本解释第二条、本条前款规定的"情节严重"情形之一的;

(二) 卖淫人员累计达到本解释第二条第一、二项规定的组织卖淫"情节严重"人数标准的;

(三) 非法获利数额相加达到本解释第二条第四项规定的组织卖淫"情节严重"数额标准的。

(四) 典型案例

案例:最高人民检察院发布20起检察机关依法严惩侵害未成年人犯罪加强未成年人司法保护典型案例之九:朱某某等组织卖淫、强迫卖淫、协助组织卖淫案

协作追捕追诉组织强迫未成年人卖淫犯罪。2016年至2017年期间,朱某某跨省组织包括6名未成年人在内的10余名女性在酒店卖淫。福建省武平县人民检察院在审查逮捕期间与公安机关协作追捕4人,在审查起诉阶段引导公安机关侦查取证,成功查实朱某某等2人强迫多名未成年人多次卖淫的犯

---

[1] 吴章韬:《强迫卖淫罪研究》,江西理工大学2020年硕士学位论文。

罪事实,又追诉协助组织卖淫的同案犯1人。同时,检察机关针对本案中可能存在为卖淫团伙通风报信、提供幕后帮助的"保护伞"行为,将线索移交监察委员会,挖出相关主管部门人员陈某某。最终朱某某等6人因犯组织卖淫罪、强迫卖淫罪、协助组织卖淫罪分别被判处12年至1年1个月不等有期徒刑,目前,陈某某因涉嫌徇私枉法、受贿罪被依法提起公诉。

十九、引诱幼女卖淫

(一)条文规定

《刑法》第三百五十九条 引诱、容留、介绍他人卖淫的,处五年以下有期徒刑、拘役或者管制,并处罚金;情节严重的,处五年以上有期徒刑,并处罚金。

引诱不满十四周岁的幼女卖淫的,处五年以上有期徒刑,并处罚金。

(二)条文解读

《刑法修正案(九)》对幼女性权利的保护有着十分重大的意义,但同时也带来了相应的问题,即如何理解"组织、强迫、引诱幼女卖淫"的规定,以及如何在组织、强迫卖淫罪,引诱幼女卖淫罪,以及强奸罪之间进行司法适用。对于第一个问题,通过对卖淫本质的考察,揭示出肉体与性服务二元分离现象,并以此为基础,从经济学、刑法学的综合视角出发,得出幼女并非性交易的主体,性交易的主体是组织、强迫与引诱者,即是他们在卖淫(交易性服务)的结论。继而将"组织、强迫、引诱幼女卖淫的"规定解读为"组织、强迫、引诱者以幼女为手段,通过幼女来交易性服务",在刑法解释学上为上述理解扫清了障碍。对于第二个问题,有学者认为,组织、强迫、引诱幼女卖淫的行为在触犯组织、强迫卖淫罪,引诱幼女卖淫罪之外,还同时触犯强奸罪,对其应当以想象竞合原理处断。[1]

(三)参考条文

◎最高人民法院、最高人民检察院《关于办理组织、强迫、引诱、容留、介绍卖淫刑事案件适用法律若干问题的解释》

第二条 组织他人卖淫,具有下列情形之一的,应当认定为刑法第三百

---

[1] 周啸天:《"组织、强迫、引诱幼女卖淫"规定再解读》,载《华东政法大学学报》2016年第2期,第43~52页。

五十八条第一款规定的"情节严重":

（一）卖淫人员累计达十人以上的；

（二）卖淫人员中未成年人、孕妇、智障人员、患有严重性病的人累计达五人以上的；

（三）组织境外人员在境内卖淫或者组织境内人员出境卖淫的；

（四）非法获利人民币一百万元以上的；

（五）造成被组织卖淫的人自残、自杀或者其他严重后果的；

（六）其他情节严重的情形。

第三条 在组织卖淫犯罪活动中，对被组织卖淫的人有引诱、容留、介绍卖淫行为的，依照处罚较重的规定定罪处罚。但是，对被组织卖淫的人以外的其他人有引诱、容留、介绍卖淫行为的，应当分别定罪，实行数罪并罚。

（四）典型案例

案例：宋某引诱幼女卖淫罪，刘某龙协助组织卖淫、寻衅滋事罪，赵某、刘某旭、鲁某、刘某阳、韩某、胡某协助组织卖淫案

被告人宋某采用引诱手段，为吕某组织卖淫集团招募不满14周岁的卖淫女，其行为构成引诱幼女卖淫罪，被告人刘某龙、赵某、刘某旭、鲁某、刘某阳、韩某为吕某组织卖淫集团招募卖淫女，协助该集团管理卖淫女，收取卖淫女所得嫖资，向吕某卖淫集团缴纳管理费，被告人胡某协助顾明管理吉林省东丰县地区的卖淫女，为吕某组织卖淫集团提供报单、收取管理费等帮助行为，其行为均构成协助组织卖淫罪，被告人刘某龙伙同吕某等人在公共场所持械随意殴打他人，其行为构成寻衅滋事罪[1]。

二十、向未成年人传播淫秽物品

（一）条文规定

《刑法》第三百六十四条 传播淫秽的书刊、影片、音像、图片或者其他淫秽物品，情节严重的，处二年以下有期徒刑、拘役或者管制。

组织播放淫秽的电影、录像等音像制品的，处三年以下有期徒刑、拘役

---

[1] [2020]吉0605刑初49号。

或者管制，并处罚金；情节严重的，处三年以上十年以下有期徒刑，并处罚金。

制作、复制淫秽的电影、录像等音像制品组织播放的，依照第二款的规定从重处罚。

向不满十八周岁的未成年人传播淫秽物品的，从重处罚。

（二）条文解读

在我国过去制定的淫秽物品类犯罪中，一直认为其侵犯的法益是性道德、性风尚以及社会公共秩序，而非未成年人身心健康，因而并未考虑传播淫秽物品类犯罪所侵犯的成年人和未成年人的法益并不相同，应当在立法中进行区别。[1]

（三）参考条文

◎全国人民代表大会常务委员会《关于惩治走私、制作、贩卖、传播淫秽物品的犯罪分子的决定》

一、以牟利或者传播为目的，走私淫秽物品的，依照关于惩治走私罪的补充规定处罚。不是为了牟利、传播，携带、邮寄少量淫秽物品进出境的，依照海关法的有关规定处罚。

二、以牟利为目的，制作、复制、出版、贩卖、传播淫秽物品的，处三年以下有期徒刑或者拘役，并处罚金；情节严重的，处三年以上十年以下有期徒刑，并处罚金；情节特别严重的，处十年以上有期徒刑或者无期徒刑，并处罚金或者没收财产。情节较轻的，由公安机关依照治安管理处罚法的有关规定处罚。

为他人提供书号，出版淫秽书刊的，处三年以下有期徒刑或者拘役，并处或者单处罚金；明知他人用于出版淫秽书刊而提供书号的，依照前款的规定处罚。

三、在社会上传播淫秽的书刊、影片、录像带、录音带、图片或者其他淫秽物品，情节严重的，处二年以下有期徒刑或者拘役。情节较轻的，由公安机关依照治安管理处罚法的有关规定处罚。

组织播放淫秽的电影、录像等音像制品的，处三年以下有期徒刑或者拘

---

[1] 张若楣、任思琪、曹雪峰：《传播淫秽物品类犯罪所侵犯的法益和立法改革研究》，载《经济研究导刊》2018年第6期，第186~190页。

役，可以并处罚金；情节严重的，处三年以上十年以下有期徒刑，并处罚金。情节较轻的，由公安机关依照治安管理处罚法的有关规定处罚。

制作、复制淫秽的电影、录像等音像制品组织播放的，依照第二款的规定从重处罚。

向不满十八岁的未成年人传播淫秽物品的，从重处罚。

不满十六岁的未成年人传抄、传看淫秽的图片、书刊或者其他淫秽物品的，家长、学校应当加强管教。

四、利用淫秽物品进行流氓犯罪的，依照刑法第一百六十条的规定处罚；流氓犯罪集团的首要分子，或者进行流氓犯罪活动危害特别严重的，依照关于严惩严重危害社会治安的犯罪分子的决定第一条的规定，可以在刑法规定的最高刑以上处刑，直至判处死刑。

利用淫秽物品传授犯罪方法的，依照关于严惩严重危害社会治安的犯罪分子的决定第二条的规定处罚，情节特别严重的，处无期徒刑或者死刑。

五、单位有本决定第一条、第二条、第三条规定的违法犯罪行为的，对其直接负责的主管人员和其他直接责任人员，依照各该条的规定处罚，对单位判处罚金或者予以罚款，行政主管部门并可以责令停业整顿或者吊销执照。

六、有下列情节之一的，依照本决定有关规定从重处罚：

（一）犯罪集团的首要分子；

（二）国家工作人员利用工作职务便利，走私、制作、复制、出版、贩卖、传播淫秽物品的；

（三）管理录像、照像、复印等设备的人员，利用所管理的设备，犯有本决定第二条、第三条、第四条规定的违法犯罪行为的；

（四）成年人教唆不满十八岁的未成年人走私、制作、复制、贩卖、传播淫秽物品的。

七、淫秽物品和走私、制作、复制、出版、贩卖、传播淫秽物品的违法所得以及属于本人所有的犯罪工具，予以没收。没收的淫秽物品，按照国家规定销毁。罚没收入一律上缴国库。

八、本决定所称淫秽物品，是指具体描绘性行为或者露骨宣扬色情的诲淫性的书刊、影片、录像带、录音带、图片及其他淫秽物品。

有关人体生理、医学知识的科学著作不是淫秽物品。

包含有色情内容的有艺术价值的文学、艺术作品不视为淫秽物品。

淫秽物品的种类和目录，由国务院有关主管部门规定。

（四）典型案例

案例：李某等传播淫秽物品案[1]

2014年10月，原审被告人彭某在互联网上组建QQ群，并且担任该群群主，后原审被告人黄某、李某、何某先后加入该群，并担任该群管理员，截至2014年11月4日，该群群成员达635人。在原审被告人彭某担任群主及原审被告人黄某、李某、何某担任管理员期间，该群成员多次在群内发布淫秽视频及图片，原审被告人彭某等人未对上述行为制止，放任淫秽视频、图片的传播。经电子证物检查，从该QQ群中提取到210张图片和120个动画视频，经鉴定，上述图片和动画视频均属于淫秽物品。公安机关于2014年11月4日将原审被告人彭某、黄某、何某抓获归案，于2014年12月16日将原审被告人李某抓获归案，并扣押作案工具笔记本电脑2部、手机5部。

二十一、针对未成年人的寻衅滋事罪

（一）条文规定

《刑法》第二百九十三条 有下列寻衅滋事行为之一，破坏社会秩序的，处五年以下有期徒刑、拘役或者管制：

（一）随意殴打他人，情节恶劣的；

（二）追逐、拦截、辱骂、恐吓他人，情节恶劣的；

（三）强拿硬要或者任意损毁、占用公私财物，情节严重的；

（四）在公共场所起哄闹事，造成公共场所秩序严重混乱的。

纠集他人多次实施前款行为，严重破坏社会秩序的，处五年以上十年以下有期徒刑，可以并处罚金。

（二）条文解读

未成年人寻衅滋事有其特殊的表现，在办理此类案件时应从主客观相一致和罪责刑相适应的角度出发，对未成年人寻衅滋事罪中的"强拿硬要"、人身伤害及双方临时起意互相挑衅的互殴行为进行妥当认定，以正确适用法律，

---

[1] ［2015］珠中法刑一终字第205号。

体现宽严相济的政策。[1]

（三）参考条文

◎**最高人民法院、最高人民检察院《关于办理寻衅滋事刑事案件适用法律若干问题的解释》**

第一条　行为人为寻求刺激、发泄情绪、逞强耍横等，无事生非，实施刑法第二百九十三条规定的行为的，应当认定为"寻衅滋事"。

行为人因日常生活中的偶发矛盾纠纷，借故生非，实施刑法第二百九十三条规定的行为的，应当认定为"寻衅滋事"，但矛盾系由被害人故意引发或者被害人对矛盾激化负有主要责任的除外。

行为人因婚恋、家庭、邻里、债务等纠纷，实施殴打、辱骂、恐吓他人或者损毁、占用他人财物等行为的，一般不认定为"寻衅滋事"，但经有关部门批评制止或者处理处罚后，继续实施前列行为，破坏社会秩序的除外。

第三条　追逐、拦截、辱骂、恐吓他人，破坏社会秩序，具有下列情形之一的，应当认定为刑法第二百九十三条第一款第二项规定的"情节恶劣"：

（一）多次追逐、拦截、辱骂、恐吓他人，造成恶劣社会影响的；

（二）持凶器追逐、拦截、辱骂、恐吓他人的；

（三）追逐、拦截、辱骂、恐吓精神病人、残疾人、流浪乞讨人员、老年人、孕妇、未成年人，造成恶劣社会影响的；

（四）引起他人精神失常、自杀等严重后果的；

（五）严重影响他人的工作、生活、生产、经营的；

（六）其他情节恶劣的情形。

第四条　强拿硬要或者任意损毁、占用公私财物，破坏社会秩序，具有下列情形之一的，应当认定为刑法第二百九十三条第一款第三项规定的"情节严重"：

（一）强拿硬要公私财物价值一千元以上，或者任意损毁、占用公私财物价值二千元以上的；

（二）多次强拿硬要或者任意损毁、占用公私财物，造成恶劣社会影响的；

（三）强拿硬要或者任意损毁、占用精神病人、残疾人、流浪乞讨人员、

---

[1] 田丽静、校元元：《未成年人寻衅滋事罪法律适用问题探析》，载《中国检察官》2013年第18期，第25～27页。

老年人、孕妇、未成年人的财物,造成恶劣社会影响的;

(四) 引起他人精神失常、自杀等严重后果的;

(五) 严重影响他人的工作、生活、生产、经营的;

(六) 其他情节严重的情形。

第五条 在车站、码头、机场、医院、商场、公园、影剧院、展览会、运动场或者其他公共场所起哄闹事,应当根据公共场所的性质、公共活动的重要程度、公共场所的人数、起哄闹事的时间、公共场所受影响的范围与程度等因素,综合判断是否"造成公共场所秩序严重混乱"。

第六条 纠集他人三次以上实施寻衅滋事犯罪,未经处理的,应当依照刑法第二百九十三条第二款的规定处罚。

第七条 实施寻衅滋事行为,同时符合寻衅滋事罪和故意杀人罪、故意伤害罪、故意毁坏财物罪、敲诈勒索罪、抢夺罪、抢劫罪等罪的构成要件的,依照处罚较重的犯罪定罪处罚。

第八条 行为人认罪、悔罪,积极赔偿被害人损失或者取得被害人谅解的,可以从轻处罚;犯罪情节轻微的,可以不起诉或者免予刑事处罚。

(四) 典型案例

案例:广东省珠海市中级人民法院发布涉澳妇女儿童权益司法保护十大案例之十

谭某熙、谢某贤寻衅滋事罪案——对涉澳未成年人犯罪贯彻教育为主、惩罚为辅原则。被告人谭某熙、谢某贤均为澳门居民(犯罪时均未满18周岁)。2018年8月4日凌晨,谭某熙、谢某贤酒后误认为被害人陈某瑚偷拍同行女性朋友,双方在珠海某酒吧街争夺手机过程中发生冲突,俩人对被害人拳打脚踢离开后,谭某熙又返回现场,趁被害人醉酒昏睡之际扒窃其裤袋内现金86元。经鉴定,被害人伤情构成轻伤二级。

二十二、针对农村留守儿童实施的抢劫罪

(一) 条文规定

最高人民法院《关于审理抢劫刑事案件适用法律若干问题的指导意见》

第一条 对于多次结伙抢劫,针对农村留守妇女、儿童及老人等弱势群体实

施抢劫,在抢劫中实施强奸等暴力犯罪的,要在法律规定的量刑幅度内从重判处。

(二)条文解读

最高人民法院《关于审理抢劫刑事案件适用法律若干问题的指导意见》指出,坚持贯彻宽严相济刑事政策。对于多次结伙抢劫,针对农村留守妇女、儿童及老人等弱势群体实施抢劫,在抢劫中实施强奸等暴力犯罪的,要在法律规定的量刑幅度内从重判处。对抢劫刑事案件适用死刑,应当坚持"保留死刑,严格控制和慎重适用死刑"的刑事政策,以最严格的标准和最审慎的态度,确保死刑只适用于极少数罪行极其严重的犯罪分子。对被判处死刑缓期2年执行的抢劫犯罪分子,根据犯罪情节等情况,可以同时决定对其限制减刑。

(三)参考条文

◎**最高人民法院《关于审理抢劫刑事案件适用法律若干问题的指导意见》**

二、关于抢劫犯罪部分加重处罚情节的认定

1. 认定"入户抢劫",要注重审查行为人"入户"的目的,将"入户抢劫"与"在户内抢劫"区别开来。以侵害户内人员的人身、财产为目的,入户后实施抢劫,包括入户实施盗窃、诈骗等犯罪而转化为抢劫的,应当认定为"入户抢劫"。因访友办事等原因经户内人员允许入户后,临时起意实施抢劫,或者临时起意实施盗窃、诈骗等犯罪而转化为抢劫的,不应认定为"入户抢劫"。

对于部分时间从事经营、部分时间用于生活起居的场所,行为人在非营业时间强行入内抢劫或者以购物等为名骗开房门入内抢劫的,应认定为"入户抢劫"。对于部分用于经营、部分用于生活且之间有明确隔离的场所,行为人进入生活场所实施抢劫的,应认定为"入户抢劫";如场所之间没有明确隔离,行为人在营业时间入内实施抢劫的,不认定为"入户抢劫",但在非营业时间入内实施抢劫的,应认定为"入户抢劫"。

2. "公共交通工具",包括从事旅客运输的各种公共汽车,大、中型出租车,火车,地铁,轻轨,轮船,飞机等,不含小型出租车。对于虽不具有商业营运执照,但实际从事旅客运输的大、中型交通工具,可认定为"公共交通工具"。接送职工的单位班车、接送师生的校车等大、中型交通工具,视为

"公共交通工具"。

"在公共交通工具上抢劫",既包括在处于运营状态的公共交通工具上对旅客及司售、乘务人员实施抢劫,也包括拦截运营途中的公共交通工具对旅客及司售、乘务人员实施抢劫,但不包括在未运营的公共交通工具上针对司售、乘务人员实施抢劫。以暴力、胁迫或者麻醉等手段对公共交通工具上的特定人员实施抢劫的,一般应认定为"在公共交通工具上抢劫"。

3. 认定"抢劫数额巨大",参照各地认定盗窃罪数额巨大的标准执行。抢劫数额以实际抢劫到的财物数额为依据。对以数额巨大的财物为明确目标,由于意志以外的原因,未能抢到财物或实际抢得的财物数额不大的,应同时认定"抢劫数额巨大"和犯罪未遂的情节,根据刑法有关规定,结合未遂犯的处理原则量刑。

根据《两抢意见》第六条第一款规定,抢劫信用卡后使用、消费的,以行为人实际使用、消费的数额为抢劫数额。由于行为人意志以外的原因无法实际使用、消费的部分,虽不计入抢劫数额,但应作为量刑情节考虑。通过银行转账或者电子支付、手机银行等支付平台获取抢劫财物的,以行为人实际获取的财物为抢劫数额。

4. 认定"冒充军警人员抢劫",要注重对行为人是否穿着军警制服、携带枪支、是否出示军警证件等情节进行综合审查,判断是否足以使他人误以为是军警人员。对于行为人仅穿着类似军警的服装或仅以言语宣称系军警人员但未携带枪支、也未出示军警证件而实施抢劫的,要结合抢劫地点、时间、暴力或威胁的具体情形,依照常人判断标准,确定是否认定为"冒充军警人员抢劫"。

军警人员利用自身的真实身份实施抢劫的,不认定为"冒充军警人员抢劫",应依法从重处罚。

三、关于转化型抢劫犯罪的认定

根据刑法第二百六十九条的规定,"犯盗窃、诈骗、抢夺罪,为窝藏赃物、抗拒抓捕或者毁灭罪证而当场使用暴力或者以暴力相威胁的",依照抢劫罪定罪处罚。"犯盗窃、诈骗、抢夺罪",主要是指行为人已经着手实施盗窃、诈骗、抢夺行为,一般不考察盗窃、诈骗、抢夺行为是否既遂。但是所涉财物数额明显低于"数额较大"的标准,又不具有《两抢意见》第五条所列五种情节之一的,不构成抢劫罪。"当场"是指在盗窃、诈骗、抢夺的现场以行为人刚离开现场即被他人发现并抓捕的情形。

对于以摆脱的方式逃脱抓捕,暴力强度较小,未造成轻伤以上后果的,可不认定为"使用暴力",不以抢劫罪论处。

入户或者在公共交通工具上盗窃、诈骗、抢夺后,为了窝藏赃物、抗拒抓捕或者毁灭罪证,在户内或者公共交通工具上当场使用暴力或者以暴力相威胁的,构成"入户抢劫"或者"在公共交通工具上抢劫"。

两人以上共同实施盗窃、诈骗、抢夺犯罪,其中部分行为人为窝藏赃物、抗拒抓捕或者毁灭罪证而当场使用暴力或者以暴力相威胁的,对于其余行为人是否以抢劫罪共犯论处,主要看其对实施暴力或者以暴力相威胁的行为人是否形成共同犯意、提供帮助。基于一定意思联络,对实施暴力或者以暴力相威胁的行为人提供帮助或实际成为帮凶的,可以抢劫共犯论处。

四、具有法定八种加重处罚情节的刑罚适用

1. 根据刑法第二百六十三条的规定,具有"抢劫致人重伤、死亡"等八种法定加重处罚情节的,处十年以上有期徒刑、无期徒刑或者死刑,并处罚金或者没收财产。应当根据抢劫的次数及数额、抢劫对人身的损害、对社会治安的危害等情况,结合被告人的主观恶性及人身危险程度,并根据量刑规范化的有关规定,确定具体的刑罚。判处无期徒刑以上刑罚的,一般应并处没收财产。

2. 具有下列情形之一的,可以判处无期徒刑以上刑罚:

(1) 抢劫致三人以上重伤,或者致人重伤造成严重残疾的;

(2) 在抢劫过程中故意杀害他人,或者故意伤害他人,致人死亡的;

(3) 具有除"抢劫致人重伤、死亡"外的两种以上加重处罚情节,或者抢劫次数特别多、抢劫数额特别巨大的。

3. 为劫取财物而预谋故意杀人,或者在劫取财物过程中为制服被害人反抗、抗拒抓捕而杀害被害人,且被告人无法定从宽处罚情节的,可依法判处死刑立即执行。对具有自首、立功等法定从轻处罚情节的,判处死刑立即执行应当慎重。对于采取故意杀人以外的其他手段实施抢劫并致人死亡的案件,要从犯罪的动机、预谋、实行行为等方面分析被告人主观恶性的大小,并从有无前科及平时表现、认罪悔罪情况等方面判断被告人的人身危险程度,不能不加区别,仅以出现被害人死亡的后果,一律判处死刑立即执行。

4. 抢劫致人重伤案件适用死刑,应当更加慎重、更加严格,除非具有采取极其残忍的手段造成被害人严重残疾等特别恶劣的情节或者造成特别严重后果的,一般不判处死刑立即执行。

5. 具有刑法第二百六十三条规定的"抢劫致人重伤、死亡"以外其他七种加重处罚情节,且犯罪情节特别恶劣、危害后果特别严重的,可依法判处死刑立即执行。认定"情节特别恶劣、危害后果特别严重",应当从严掌握,适用死刑必须非常慎重、非常严格。

··········

七、关于抢劫案件附带民事赔偿的处理原则

要妥善处理抢劫案件附带民事赔偿工作。审理抢劫刑事案件,一般情况下人民法院不主动开展附带民事调解工作。但是,对于犯罪情节不是特别恶劣或者被害方生活、医疗陷入困境,被告人与被害方自行达成民事赔偿和解协议的,民事赔偿情况可作为评价被告人悔罪态度的依据之一,在量刑上酌情予以考虑。

(四)典型案例

案例:朱某荣抢劫罪一案

2015年3月19日晚,被告人朱某荣和本村人赵某在一起喝酒,当晚22时30分许,二人分开。23时40分许,被告人朱某荣翻墙进入本村独居的贾某(女,72岁)院内,将院内东北角的电源切断后踹门进入贾某所居住的屋内。进屋后,被告人朱某荣将贾某从炕上拖至地下,对贾某进行拉扯、用脚踩背等暴力行为,并先后对贾某所居住房屋、南房及西正房内的躺柜或立柜、炕上的床垫等乱翻,寻找财物,后离开。次日,被害人贾某报案至公安。[1]

二十三、未成年罪错行为分级干预

(一)条文规定

《刑法》第十七条 已满十六周岁的人犯罪,应当负刑事责任。

已满十四周岁不满十六周岁的人,犯故意杀人、故意伤害致人重伤或者死亡、强奸、抢劫、贩卖毒品、放火、爆炸、投放危险物质罪的,应当负刑事责任。

---

[1] [2016]晋09刑终190号。

第四章　未成年人的刑事法权益保护

已满十二周岁不满十四周岁的人，犯故意杀人、故意伤害罪，致人死亡或者以特别残忍手段致人重伤造成严重残疾，情节恶劣，经最高人民检察院核准追诉的，应当负刑事责任……

（二）条文解读

刑事责任年龄，就是法律规定的应当对自己犯罪行为负刑事责任的年龄。只有达到法定年龄的人实施了犯罪行为，才能追究其刑事责任。对于没有达到法定年龄的人，即使实施了危害社会的行为，也不负刑事责任。这主要是考虑到犯罪行为不只是具有社会危害性的行为，同时还是人的有意识的行为，而人们控制、认识自己行为的能力，是受到年龄的限制的，只有在人们达到一定年龄，其接受社会教育的程度和社会经验有了一定的积累时，才能具备辨别是非善恶、并在行动中自我控制的能力，才能要求其对自己的犯罪行为承担刑事责任。我国刑法总结了新中国成立以来同犯罪斗争的经验，充分借鉴了国外刑事立法中一些有益的经验，对刑事责任年龄作了明确规定。[1]

实践中对很大一部分实施犯罪行为但未达到行使责任年龄的未成年人，缺乏有效的干预措施，很多时候一放了之，使得他们毫无顾忌，甚至多次作案，也引得其他有不良习性的未成年人仿效。此外，现有制度安排无法对辍学、流浪未成年人不良行为进行干预。[2]

（三）典型案例

案例：未成年人盗窃案

2021年3月，苏州工业园区检察院接到辖区公安机关提前介入一起盗窃案的邀请：一名未成年人多次实施盗窃，但每次都因年龄太小无法追究其刑事责任，这让辖区内居民困惑不已，也给治安工作带来了较大压力。接到线索后，苏州工业园区检察院迅速派检察官至相关社区、派出所了解情况。经调查，该未成年人刘某13岁，几年前随父亲到苏州生活，母亲早已下落不明。父亲在苏州从事快递员工作，因为工作忙碌，且已重组家庭，根本无力对刘某进行有效监管。刘某在老家读过小学，因其出生时未上户口，到苏州

---

[1] 王爱立主编：《中华人民共和国刑法解读》（第4版），中国法制出版社2015年版，第53页。
[2] 宋英辉等：《未成年人保护与犯罪预防问题专题研究》，中国检察出版社2020年版，第164页。

后无法入学，每天就在街头闲逛。据了解，在老家时，刘某就曾因偷窃同学财物被学校开除。到苏州后，由于沉迷网络游戏花销较大，没有经济来源的他开始"重操旧业"。经查，自10岁起，他便伙同一些社会青年，在居民小区、手机店、小吃摊等场所频繁盗窃电动车、手机、现金等财物，每每得手，几人便在销赃后到网吧将钱款挥霍一空。公安机关虽将部分钱物追回，但由于刘某年龄较小，无法追究他的刑事责任。一次次被免予刑罚，让刘某自以为可以游离于法律管束之外，行事愈加肆无忌惮的他逐渐陷入"犯了抓、抓了放、放了犯"的恶性循环，真正成了没人管的"问题少年"。

刘某的情况令苏州工业园区检察院副检察长感到震惊和心痛。为了对刘某的严重不良行为进行矫治，并帮助解决其家庭监管不力和入学问题，检察院迅速与公安机关、教育局等职能部门进行沟通，秉持"教育、感化、挽救"原则，对刘某展开矫治教育工作。家庭对孩子有着莫大的影响，要让刘某走上正轨，良性的家庭教育是第一步。为帮助修复亲子关系、促使刘某父亲履行法定监护职责，一方面，检察院对刘某父亲发出督促监护令，并与公安机关共同对其进行训诫，向他讲解监护相关法律规定，并委托专业老师传授正确教育方式；另一方面，检察院为刘某及其父亲联系了专业心理机构的医生，进一步确认刘某多次偷窃是否存在偷窃成瘾的心理问题，并对父子二人进行沟通疏导，帮助化解"心结"。经训诫，刘某父亲认识到自己的责任和义务，但同时他也表示，由于与儿子隔阂已久，自己确实存在管束困难。要想从根本上帮助矫治刘某的严重不良行为，必须尽快解决户口问题，让刘某继续学业。通过联系刘某父亲，苏州工业园区检察院与公安机关共同协调刘某出生地派出所，为其办理了户籍，这个男孩13年"悬而未决"的户口终于有了着落。"能不能找一所特殊教育学校，帮助进行矫治教育？"考虑到刘某的特殊情况，检察院提出新的思路。为此，苏州工业园区检察院与公安机关共同派专人到多地进行实地考察，调查相关学校办校资质，最终决定将刘某送至江苏省内一所教育罪错未成年人的专门学校，根据他的学习能力和兴趣进行针对性教学。

2021年7月的一天，刘某从检察官手里接过了沉甸甸的户口簿和某特殊教育学校入学通知。至此，他随父亲到苏州后整整三年的"边缘人生"终于画上句号。送刘某入学后，检察院还指派专人进行跟踪回访，通过司法机关、学校、家长三方组建的聊天群组，由学校定期向检察院、家长汇报刘某在校期间的学习生活状况、实践劳动情况，"检家校"三方共同凝聚起监管力量，护航刘某健康成长。

2021年6月1日，修订后的《未成年人保护法》《预防未成年人犯罪法》（以下简称"两法"）正式实施，这为保障未成年人身心健康、培养未成年人良好品行提供了法律依据，也明确了预防未成年人违法犯罪的原则和机制。结合两法相关规定，2021年8月，苏州工业园区检察院以刘某案为契机，充分发挥未成年人保护社会支持体系的作用，协调园区公安、法院、教育局、社会事业局、妇工委、团工委6部门共同出台《苏州工业园区罪错未成年人分级干预制度实施细则》，提出了罪错分级、干预措施、帮教跟进方法等5方面共26条工作要求，对罪错未成年人教育、感化、挽救工作作出具体规定，为各职能部门依法履职提供参考遵循，推动辖区内罪错未成年人分级干预规范化、制度化。[1]

二十四、未成年犯罪从宽处理

（一）条文规定

《刑法》第十七条　……对依照前三款规定追究刑事责任的不满十八周岁的人，应当从轻或者减轻处罚。

因不满十六周岁不予刑事处罚的，责令其父母或者其他监护人加以管教；在必要的时候，依法进行专门矫治教育。

（二）条文解读

这要求法院在对未成年人犯罪案件进行审理的过程中，应该始终遵循从轻或减轻处罚的要求，即按照案件的性质和严重程度，在《刑法》规定的幅度内采取较轻的刑罚措施，或者依照刑罚种类采取法定最低的刑罚判决。这不仅充分体现我国刑事方针中对于未成年犯罪人始终遵循"感化、教育、挽救"的基本原则，也能够对未成年人的合法权益进行有效保障，同时也能够进一步打击未成年人犯罪，减少未成年人犯罪的发生频率。[2]

---

[1] 来源：https://www.spp.gov.cn/zdgz/202202/t20220224_545528.shtml，访问日期：2024年6月28日。

[2] 孙其华：《我国未成年人犯罪治理体系的重构与完善——以刑罚的正当化根据为切入点》，载《预防青少年犯罪研究》2020年第2期，第73~78页。

在案件审理的过程中,这一原则的落实情况仍待提升,由于规定并未明确指出在什么样的情况下可以从轻处罚、在什么样的情况下可以减轻处罚,也没有具体规定从轻或减轻处罚的幅度。因此,在实际判决中,法官并没有统一完善的标准作为判决的指导,这就使得法官具有较为宽泛的自由裁量权,因此有可能导致同一个案件在不同法官审理时出现较大的判决差异,这不利于法律的公平性和公正性,在一定程度上也会对我国法律造成严重的冲击。因此,针对未成年人犯罪刑罚的从宽处理原则仍需不断完善。

第二节 未成年人刑罚制度

一、累犯

(一)条文规定

《刑法》第六十五条第一款 被判处有期徒刑以上刑罚的犯罪分子,刑罚执行完毕或者赦免以后,在五年以内再犯应当判处有期徒刑以上刑罚之罪的,是累犯,应当从重处罚,但是过失犯罪和不满十八周岁的人犯罪的除外。

(二)条文解读

我国刑法明确规定了未成年人不构成一般累犯,并通过司法解释进一步明确了"犯前罪时不满18周岁"即可排除累犯的适用,充分体现了刑法对于未成年人这一特殊群体的特别保护。

当下,未成年人犯罪的形势依然严峻,未成年人恶性案件频发,使得未成年人犯罪治理与预防成为民众普遍的诉求。由此,未成年犯罪人的保护与惩治之间的矛盾不断凸显,对未成年人犯罪预防的需求也随之增加。累犯制度的立法价值在于通过对累犯从重处罚来实现对犯罪的预防。当下,对未成年人一概排除累犯的适用体现了对未成年人保护一边倒的价值追求,而忽略了对未成年人犯罪的惩治与预防。[1]就目前我国对于未成年人犯罪的司法现状而言,对涉罪未成年人的保护主义刑事政策并没有使未成年人重新犯罪率下降多少,低龄涉罪未成年人恶性案件的发生越来越多,民众对于未成年人

---

〔1〕 龙敏:《我国未成年人累犯制度的反思与完善》,载《青少年犯罪问题》2022年第4期,第74~85页。

犯罪现状越来越焦虑。[1]

(三) 参考条文

◎最高人民法院《关于〈中华人民共和国刑法修正案(八)〉时间效力问题的解释》

第三条第一款 被判处有期徒刑以上刑罚，刑罚执行完毕或者赦免以后，在2011年4月30日以前再犯应当判处有期徒刑以上刑罚之罪的，是否构成累犯，适用修正前刑法第六十五条的规定；但是，前罪实施时不满十八周岁的，是否构成累犯，适用修正后刑法第六十五条的规定。

(四) 典型案例

案例：最高检指导案例第19号：张某、沈某某等7人抢劫案

被告人沈某某（2010年因犯抢劫罪被判处拘役6个月，缓刑6个月）、胡某某、许某（2008年、2010年分别因犯抢劫罪、盗窃罪被判处有期徒刑6个月和7个月）均系未成年人。被告人张某、吕某、蒋某、杨某，均为成年人。在张某教唆、召集和提供帮助下，2010年3月，7名被告人多次在上海市内公共场所实施抢劫。

在该案审查起诉中，上海市静安区检察院认为，本案虽系未成年人与成年人共同犯罪，但鉴于多名未成年人系共同犯罪中的主犯，不宜分案起诉。2010年12月15日，静安区法院一审判决认定7名被告人均构成抢劫罪，其中许某系累犯。对未成年被告人量刑如下：沈某某撤销缓刑，决定执行有期徒刑5年6个月，并处罚金人民币5000元；胡某某判处有期徒刑7年，并处罚金人民币7000元；许某判处有期徒刑5年，并处罚金人民币5000元。静安区检察院以原判决对胡某某量刑偏重、对未成年被告人罚金刑没有依法从轻、未成年被告人许某不构成累犯为由提出抗诉。2011年6月16日，上海市第二中级人民法院二审采纳抗诉意见，改判：沈某某犯抢劫罪，撤销缓刑，决定执行有期徒刑5年6个月，并处罚金人民币2000元；胡某某犯抢劫罪，判处有期徒刑5年，并处罚金人民币2000元；许某犯抢劫罪，判处有期徒刑4年，并处罚金人民币1500元。

---

[1] 贾健：《我国未成年人犯罪刑事政策的反思与重构》，载《西南政法大学学报》2020年第4期，第63~73页。

二、缓刑

（一）条文规定

《刑法》第七十二条第一款　对于被判处拘役、三年以下有期徒刑的犯罪分子，同时符合下列条件的，可以宣告缓刑，对其中不满十八周岁的人、怀孕的妇女和已满七十五周岁的人，应当宣告缓刑：

（一）犯罪情节较轻；

（二）有悔罪表现；

（三）没有再犯罪的危险；

（四）宣告缓刑对所居住社区没有重大不良影响。

（二）条文解读

对未成年犯合理适用缓刑不仅符合刑法谦抑性原则和轻刑化趋势，而且能有效避免未成年犯受监狱文化的交叉感染，有利于其健康回归社会。

未成年人缓刑适用的刑期条件是3年以下有期徒刑、拘役，还必须同时满足以上4个条件，但是这些缓刑适用的条件是对成年人和未成年人同等适用，并没有进行区分，这样来看的话对未成年人就显得严苛，同时看不出对未成年人的轻缓化。

目前我国尚未建立起专门的未成年犯缓刑制度，致使我国未成年犯缓刑的适用比例较低。由于我国未成年犯和成年犯缓刑适用同样的条件，缓刑的主体根据刑罚的种类、刑期的长短、犯罪情节和罪犯的悔意确定，适用缓刑范围过窄，对未成年犯较为苛刻，会导致适用率低下[1]。我国目前未成年人缓刑在立法上还存在缓刑种类单一以及司法上的裁量标准不明确的问题[2]。

---

〔1〕张素敏：《未成年犯缓刑制度司法适用误区与匡正——以H省Z市所辖法院审判实践为分析样本》，载《河南司法警官职业学院学报》2021年第4期，第74~79页。

〔2〕范天文：《我国的未成年人缓刑制度：反思与建构》，载《河北公安警察职业学院学报》2019年第4期，第56~59页。

(三) 典型案例

案例：2021 年 3 月 2 日最高人民法院发布 7 起未成年人司法保护典型案例之一——于某某抢劫案

被告人于某某系某中学学生，先后持刀在大学校园内抢劫被害人杜某某、王某某、胡某某、徐某某等，劫得手机 3 部（共计价值人民币 753.96 元）及现金人民币 487.5 元。到案后，于某某如实供述了抢劫罪行，赃款、赃物均已返还被害人。

人民法院经审理认为，被告人于某某持刀劫取他人财物，其行为已构成抢劫罪，应予惩处。综合考虑本案的事实、情节，于某某系未成年人，认罪、悔罪态度较好，已积极赔偿被害人经济损失，得到被害人谅解；于某某在校期间表现良好，一直担任班级学生干部，连续三年被评为区、校级三好学生；此次犯罪与家庭关系紧张、与父母存在沟通障碍有一定关系等。于某某的主观恶性及社会危害性相对较小，人民法院决定依法从轻处罚，以抢劫罪判处被告人于某某有期徒刑 3 年，缓刑 3 年，并处罚金人民币 6000 元。

三、死刑

(一) 条文规定

《刑法》第四十九条第一款 犯罪的时候不满十八周岁的人和审判的时候怀孕的妇女，不适用死刑。

(二) 条文解读

未成年犯罪人不适用死刑，包括死刑立即执行与死刑缓期 2 年执行的死刑。这种制度规定，不仅体现了我国刑罚制度所遵循的轻缓化原则，也体现了我国《刑法》的谦抑性特点，并且充分体现了我国《刑法》在制定过程中考虑了未成年人的特殊年龄阶段和身心特点。

我国严格执行未成年人犯罪不适用死刑。但是当社会中发生未成年重大恶性犯罪时，会引起民众对该规定的质疑和讨论。

（三）参考条文

◎《儿童权利公约》

第三十七条 缔约国应确保任何儿童不受酷刑或其他形式的残忍、不人道或有辱人格的待遇或处罚。对未满18岁的人所犯罪行不得判以死刑或无释放可能的无期徒刑。

（四）典型案例

案例：四少年杀人勒索案

2004年3月，任某找到南某和杨某，三个人都表示手头没有钱了，得想办法弄点钱花。他们在商议如何弄钱的过程中，其中一人提了一句："咱们要做就做个大的，反正咱们都是小孩，没到18岁，法律会从轻的，不能判死刑。"就这样，三个人决定在附近熟悉的学校寻找一名有钱的学生作为绑架目标，杀死后再向家属勒索钱财。随后，他们先是找到一处偏僻的地方，选好埋尸地点，然后又开始寻找作案目标。南某通过朋友认识了大兴区内某实验中学的16岁学生晓雨（化名），南某向任某介绍说："这小孩家里肯定有钱，他家住干部楼。"于是，他们把目标锁定在晓雨身上。2004年4月20日晚上8点多，任某、南某、杨某分别携带尖刀、电线等作案工具。来到实验中学门前，由南某将晓雨骗出来，然后带着晓雨来到大兴区亦庄镇星岛嘉园莱茵河畔住宅小区北侧的一块拆迁地，任某拿起木棍一下将晓雨打倒在地，南某、杨某随后用电线、腰带猛勒晓雨的颈部，导致晓雨机械性窒息死亡。并掩埋了尸体。第二天一早，任某等人多次给晓雨家人拨打电话，勒索150万元赎金。晓雨的家属马上报警。4月22日晚8时许，警方将任某、南某、杨某抓获，继而，参与犯罪的于某也被抓获。据几人交代，因南某和人质相识，他们怕放了人质后，警察会抓到他们。所以他们在索要赎金之前，就将人质杀了。2004年11月11日，第一中级人民法院以绑架罪判处任某和南某无期徒刑，判处杨某有期徒刑15年，以包庇罪判处于某有期徒刑2年。[1]

---

[1] 来源：https://news.sina.com.cn/c/2004-11-14/18504915198.shtml，访问日期：2024年6月28日。

四、无期徒刑

（一）条文规定

最高人民法院《关于审理未成年人刑事案件具体应用法律若干问题的解释》第十三条 未成年人犯罪只有罪行极其严重的，才可以适用无期徒刑。对已满十四周岁不满十六周岁的人犯罪一般不判处无期徒刑。

（二）条文解读

在审判实践中，对未成年人犯罪一贯坚持的"教育为主、惩罚为辅"的原则和"教育、感化、挽救"的方针与当前所倡导的宽严相济刑事政策是一脉相承的，是宽严相济刑事政策在少年司法领域的具体体现，符合未成年人犯罪的特点和规律，对于减少和预防未成年人犯罪，教育改造失足少年，促进社会的和谐稳定意义重大。[1]

2017年至2019年，法院对未成年被告人作出生效判决101 601人，其中无期徒刑147人，10年以上有期徒刑1049人，3年以上10年（含10年）以下有期徒刑9294人，3年有期徒刑3853人，3年以下有期徒刑68 730人，拘役14 333人，管制668人，单处罚金2057人。[2]

（三）典型案例

案例：《刑事审判参考》（第184号）扎某等抢劫案

2000年9月23日15时许，被告人扎某、索某、尼某、次某在一块闲聊时，议论到西藏自治区勘探集团公司退休职工翁某兴有许多钱。在索某的提议下，四被告人预谋抢劫翁某兴的钱财。之后，扎某安排次某去翁某兴的住房周围察看情况兼望风，自己则伙同索某、尼某借故进入翁某兴的住处。当听到次某按约定发出附近无人的信号后，扎某又让索某将次某也叫进屋里。扎某随即按原定计划从背后用手勒住翁某兴的脖子，尼某则持事先准备好的石块击打翁某兴的额部、脸部，后二人又共同将翁某兴摁倒在床上，使其不能反抗。其间索某、次某则在屋里四处搜寻财物，并从一军用挎包中找到1

---

[1] 胡云腾：《宽严相济刑事政策与未成年人犯罪量刑》，载《预防青少年犯罪研究》2017年第1期，第50~58页。

[2] 来源：最高人民检察院《未成年人检察工作白皮书（2014—2019）》。

把匕首、1条领带及若干人民币。索某用该领带勒紧翁某兴的脖子，被扎某、尼某劝阻。索某将领带松开后，又与次某一起用匕首撬屋里的箱子。翁某兴此时开始大声喊救，索某便拿起屋内的铁锹砍砸翁某兴的手，并将匕首递给了扎某，尼某则用脚猛踢翁某兴的腹部。扎某用匕首架在翁某兴的脖颈处进行威胁，但翁某兴仍高声呼救。扎某询问他人要不要把翁某兴杀掉，尼某等人起初不同意，后见翁某兴仍在继续喊叫，唯恐事情败露，便示意扎某下手杀死翁某兴。于是，扎某用匕首朝翁某兴的颈部、胸部、腹部等处连捅7刀致其死亡。经法医鉴定，被害人翁某兴系被他人用单刃锐器刺击躯干部致失血性休克死亡。在杀死被害人后，四被告人用被子、大衣覆盖在尸身上，将匕首及被害人的身份证等物品扔入附近的厕所或藏匿在墙缝中，锁上房门以后，携带从被害人处劫取的现金共计人民币8700元逃离现场。同年10月9日，公安人员将潜逃至外地的四被告人全部抓获归案，并查获部分赃款人民币3233.5元及用赃款购买的赃物。拉萨市中级人民法院认为，被告人扎某、索某、尼某、次某实施暴力抢劫他人钱财的行为，均已构成抢劫罪，且有入户抢劫、抢劫致人死亡的严重情节，情节特别恶劣，后果特别严重。在共同犯罪中扎某、索某、尼某起主要作用，系本案主犯；次某在共同犯罪中起辅助作用，系本案从犯，且犯罪时未满16周岁，依法予以减轻处罚。依照《刑法》第263条第1项、第5项、第57条第1款、第25条第1款、第26条第1款、第27条、第49条、第17条第1款、第2款、第3款、第64条的规定，于2001年6月16日判决如下：

（1）被告人扎某犯抢劫罪，判处无期徒刑，剥夺政治权利终身，并处罚金3000元；（2）被告人索某犯抢劫罪，判处无期徒刑，剥夺政治权利终身，并处罚金3000元；（3）被告人尼某犯抢劫罪，判处无期徒刑，剥夺政治权利终身，并处罚金3000元；（4）被告人次某犯抢劫罪，判处有期徒刑4年，并处罚金1000元；（5）追缴的赃款人民币3233.5元依法退还被害人亲属，作案工具依法予以没收。

一审宣判后，被告人尼某以其在共同犯罪中仅起辅助作用，应为从犯；且犯罪时未成年，归案后认罪态度好，依法应从轻、减轻处罚，原判对其判处无期徒刑量刑畸重为由，向西藏自治区高级人民法院提出上诉。其他被告人未上诉。西藏自治区高级人民法院经审理认为，上诉人尼某以及原审被告人扎某、索某、次某以非法占有为目的，实施暴力当场劫取他人钱财的行为，均已构成抢劫罪，且抢劫数额巨大，又具有入户抢劫和抢劫致人死亡的情形，扎某、索某、尼某均系本案主犯，次某系从犯，依法均应惩处。但鉴于上诉人尼某及原审被告人索某的作用较扎某要小，量刑上应有所区别。上诉人尼某的上诉理由中关于原判量刑过重的意见成立，予以采纳。原判认定的事实清楚，证据确实、充分，定罪准确，对原审被告人扎某、次某量刑适当。审判程序合法。但对上诉人尼某及原审被告人索某的量刑不当，应予纠正。改判被告人尼某犯抢劫罪，判处有期徒刑15年，并处罚金人民币3000元；被告人索某犯抢劫罪，判处有期徒刑15年，并处罚金人民币3000元。就本案而言，被告人索某、尼某在共同犯罪中虽起主要作用，且对造成被害人死亡负有共同责任，但与本案第一主犯相比，仍有适用从轻处罚的余地，故二审法院以抢劫罪分别改判被告人索某、尼某有期徒刑15年是适宜的。

第三节 刑事程序法中的未成年被害人权利保障

一、知情权

（一）条文规定

《刑事诉讼法》第一百八十七条 人民法院决定开庭审判后，应当确定合议庭的组成人员，将人民检察院的起诉书副本至迟在开庭十日以前送达被告人及其辩护人。

在开庭以前，审判人员可以召集公诉人、当事人和辩护人、诉讼代理人，对回避、出庭证人名单、非法证据排除等与审判相关的问题，了解情况，听取意见。

人民法院确定开庭日期后，应当将开庭的时间、地点通知人民检察院，传唤当事人，通知辩护人、诉讼代理人、证人、鉴定人和翻译人员，传票和通知书至迟在开庭三日以前送达。公开审判的案件，应当在开庭三日以前先期公布案由、被告人姓名、开庭时间和地点。

上述活动情形应当写入笔录，由审判人员和书记员签名。

第一百九十五条 公诉人、辩护人应当向法庭出示物证，让当事人辨认，对未到庭的证人的证言笔录、鉴定人的鉴定意见、勘验笔录和其他作为证据的文书，应当当庭宣读。审判人员应当听取公诉人、当事人和辩护人、诉讼代理人的意见。

第二百零二条 宣告判决，一律公开进行。

当庭宣告判决的，应当在五日以内将判决书送达当事人和提起公诉的人民检察院；定期宣告判决的，应当在宣告后立即将判决书送达当事人和提起公诉的人民检察院。判决书应当同时送达辩护人、诉讼代理人。

（二）条文解读

知情权除具有基本人权之地位外，也是未成年被害人作为当事人享有的参与案件的基本权利，应受到各方的支持与保护。未成年人受制于自身年龄小和认知能力不足的天生劣势，在参与诉讼活动的全过程都需要有合适的成年人在旁对其进行帮助和指导，但对于有意愿参与案件和享受知情权的未成年被害人，不能以这些制约因素来限制他们对权利的行使。《刑事诉讼法》明确规定了未成年被害人享有全面的知情权，不论是司法机关和其他组织或是个人都无权也不得限制权利的行使。[1]

通过实证调研可以发现，对于整个刑事案件的进展情况，除了进入审判阶段，在其他阶段很难做到将案件进展情况有效告知被害人。即使进入审判阶段，大部分情况下法院也只是通知涉及附带民事诉讼的被害人（附带民事诉讼原告），让其做好出庭的相关准备，而对于其他涉及人数众多的案件中，很难做到通知每一个被害人。同时，有法官表示，对于强奸等类案件，到底该不该通知被害人出庭较为困惑。一旦被害人出庭直面被告时难免会出现情绪激动或者对心理造成二次伤害的情况。另外，在调研过程中，发现有些承办法官出于审限的压力，主观上不太愿意通知被害人出庭，认为不仅通知的程序复杂费时，而且被害人出庭也会拖延庭审时间，还有可能给庭审造成一定混乱。[2]

（三）参考条文

◎最高人民法院、最高人民检察院、公安部、司法部《关于办理性侵害未成年人刑事案件的意见》

第十二条 人民法院、人民检察院办理性侵害未成年人案件，应当及时告知未成年被害人及其法定代理人或者近亲属有权委托诉讼代理人，并告知

---

[1] 王含允：《刑事案件中的未成年被害人权益保障研究》，沈阳师范大学2023年硕士学位论文。
[2] 刘玫、程绍燕：《论公诉案件被害人诉讼权利的完善及保障》，载《中国政法大学学报》2017年第1期，第132~147页。

其有权依法申请法律援助。

第十三条 人民法院、人民检察院、公安机关办理性侵害未成年人刑事案件，除有碍案件办理的情形外，应当将案件进展情况、案件处理结果及时告知未成年被害人及其法定代理人，并对有关情况予以说明。

第十四条 人民法院确定性侵害未成年人刑事案件开庭日期后，应当将开庭的时间、地点通知未成年被害人及其法定代理人。

（四）典型案例

案例：贵州习水案

在"贵州习水案件"中，受害女生康某的父亲甚至不知道开庭的日期，在他申请进入法庭时也被阻止。康父拿出户口簿，试着解释作为未满15岁的女儿的监护人，自己应该进入法庭旁听。但法官说："你进去，一是影响不好，二是确实违法。判了以后判决书会给你，你可以过几天提起民事诉讼。"而另一位法官向康父解释说，本案分两个案件开庭，与康某相关的被告母某（县人大代表、利民房地产开发公司经理）当天暂时不审，所以康父无权进入法庭。但这是明显地侵犯被害人权利。根据媒体报道，当天审理的是袁某的"强迫、容留、介绍妇女卖淫罪"，而这个罪就与被害人康某相关。司法机关认为有公诉人代表了被害人的权益，所以被害人出庭与否都不重要。但这种观点是完全错误的，公诉人代表的是国家，被害人有权代表自身维护权益。[1]

二、表达意见权

（一）条文规定

《刑事诉讼法》第二百八十二条 对于未成年人涉嫌刑法分则第四章、第五章、第六章规定的犯罪，可能判处一年有期徒刑以下刑罚，符合起诉条件，但有悔罪表现的，人民检察院可以作出附条件不起诉的决定。人民检察院在作出附条件不起诉的决定以前，应当听取公安机关、被害人的意见。

对附条件不起诉的决定，公安机关要求复议、提请复核或者被害人申诉的，适用本法第一百七十九条、第一百八十条的规定。

---

[1] 佟丽华：《司法新规：依法惩治性侵害未成年人犯罪》，载《中国青年社会科学》2015年第6期，第67~73页。

未成年犯罪嫌疑人及其法定代理人对人民检察院决定附条件不起诉有异议的，人民检察院应当作出起诉的决定。

第一百七十三条 人民检察院审查案件，应当讯问犯罪嫌疑人，听取辩护人或者值班律师、被害人及其诉讼代理人的意见，并记录在案。辩护人或者值班律师、被害人及其诉讼代理人提出书面意见的，应当附卷。

犯罪嫌疑人认罪认罚的，人民检察院应当告知其享有的诉讼权利和认罪认罚的法律规定，听取犯罪嫌疑人、辩护人或者值班律师、被害人及其诉讼代理人对下列事项的意见，并记录在案：

（一）涉嫌的犯罪事实、罪名及适用的法律规定；

（二）从轻、减轻或者免除处罚等从宽处罚的建议；

（三）认罪认罚后案件审理适用的程序；

（四）其他需要听取意见的事项。

人民检察院依照前两款规定听取值班律师意见的，应当提前为值班律师了解案件有关情况提供必要的便利。

第一百八十七条 人民法院决定开庭审判后，应当确定合议庭的组成人员，将人民检察院的起诉书副本至迟在开庭十日以前送达被告人及其辩护人。

在开庭以前，审判人员可以召集公诉人、当事人和辩护人、诉讼代理人，对回避、出庭证人名单、非法证据排除等与审判相关的问题，了解情况，听取意见。

人民法院确定开庭日期后，应当将开庭的时间、地点通知人民检察院，传唤当事人，通知辩护人、诉讼代理人、证人、鉴定人和翻译人员，传票和通知书至迟在开庭三日以前送达。公开审判的案件，应当在开庭三日以前先期公布案由、被告人姓名、开庭时间和地点。

上述活动情形应当写入笔录，由审判人员和书记员签名。

（二）条文解读

尽管未成年人存在因为年龄因素导致的普遍存在的缺乏社会经验，思想不成熟，文化水平低，无法获得采取正确手段保护自身合法权益等问题，但他们也拥有自我认识。在遭受到因刑事犯罪而产生的侵害后，他们有能力明确当时发生的犯罪行为，对于因遭受侵害而受到的伤害也能精准表达和控诉。不能因为未成年的身份而限制其自由表达的权力，然正因其身份之特殊性，司法机关更要充分保障其权利，并且于司法实践中积极采取有关举措来保障他们充分享有自由表达权，享受言论自由。在涉及未成年被害人的案件中，针对所有有关他们利益的司法实践里，关于对被告人的处理、是否使用和解协商程序、是否请求赔偿、是否接受出庭接受质问等问题，允许他们使用一切合法手段，直接或间接地补充和转达他们的意见，充分保护其自由表达权。

法律程序上的保护与救济更偏向于未成年犯罪人，与之相比，针对未成年刑事被害人的保护体例不均，法律规定较少。当下，被害人的参与更多的是集中体现在涉及人身伤害的案件之中，办案机关多会采取书面或当面的方式听取被害人的意见，除此之外的其他案件则很少听取被害人的意见。[1]

（三）参考条文

◎最高人民法院、最高人民检察院、公安部、司法部《关于办理性侵害未成年人刑事案件的意见》

第十四条　人民法院确定性侵害未成年人刑事案件开庭日期后，应当将开庭的时间、地点通知未成年被害人及其法定代理人。

（四）典型案例

案例：未成年人强奸案

江西省15岁女生钟某某被同班同学柳某某强奸杀害的案件在江西省高级人民法院二审后裁定维持原判。柳某某以暴力手段强行与未成年人发生性关系，并故意杀害他人，最终被判处无期徒刑，并剥夺政治权利终身。然而，法院在民事赔偿方面仅支持了5.5万余元的丧葬费，而驳回了被害人家属提出的157万余元的诉求。家属对于二审的最终判决并不接受，并表示会继续上诉，被害女孩的姑姑称：我们不要赔偿，只要判处被告人死刑。[2]

三、获得有效援助权

（一）条文规定

《未成年人保护法》第一百零四条　对需要法律援助或者司法救助的未成年人，法律援助机构或者公安机关、人民检察院、人民法院和司法行政部门应当给予帮助，依法为其提供法律援助或者司法救助。

---

[1] 刘玫、程绍燕：《论公诉案件被害人诉讼权利的完善及保障》，载《中国政法大学学报》2017年第1期，第132~147页。

[2] 来源：https://new.qq.com/rain/a/20231130A07HDY00，访问日期：2024年6月28日。

法律援助机构应当指派熟悉未成年人身心特点的律师为未成年人提供法律援助服务。

法律援助机构和律师协会应当对办理未成年人法律援助案件的律师进行指导和培训。

（二）条文解读

我国的刑事诉讼法没有赋予未成年被害人受法律援助权，司法解释的效力明显低于基本法，不仅规定过于简单，而且将性侵未成年被害人申请法律援助的前提规定为必须符合家庭经济困难或其他原因，审核程序较为严格。[1]

在刑事犯罪的案件处理过程和诉讼程序中，更多的工作重点在保障犯罪人的权益，特别是辩护权之保障方面，犯罪人被赋予必须给予法律援助之帮助。于我国特别程序方面，也仅仅以未成年犯罪人之权益保障为保护对象，在程序上确保未成年犯罪人基本权益，而忽视了未成年被害人这一群体。《刑事诉讼法》明确规定了未成年犯罪嫌疑人、被告人享有法律援助辩护权。在此之后出台的《法律援助条例》《关于刑事诉讼法律援助工作的规定》也仅是对未成年犯罪嫌疑人、被告人的法律援助辩护权进行进一步的规范，而对未成年被害人的法律援助却没有进行具体规定。

（三）参考条文

◎最高人民法院《关于适用〈中华人民共和国刑事诉讼法〉的解释》

第五百六十五条 未成年被害人及其法定代理人因经济困难或者其他原因没有委托诉讼代理人的，人民法院应当帮助其申请法律援助。

（四）典型案例

案例：对未成年人的法律援助

2017年4月19日19时许，被告人李某酒后步行途经天津市南开区咸阳路地铁站，见被害人刘某某独自一人，遂上前与其搭讪。后李某强行将被害人带至位于天津市南开区雅安西里的家中，并将被害人按在床上强行脱掉其裤子。被害人反抗并呼救，李某使用布料堵住被害人口部不让其呼喊，强行与其发生性关系。被害人趁机逃离现场，并向出租车司机借电话与其父亲取

---

〔1〕未成年人检察专业委员会秘书处编：《检察视角下的未成年人司法保护——兼论〈未成年人保护法〉〈预防未成年人犯罪法〉修改完善建议》，中国检察出版社2020年版，第245页。

得联系，后其父亲报警，民警于 4 月 20 日在案发地点李某家中将其抓获。代理人接到天津市南开区法律援助中心的指派后，第一时间与被害人家长取得联系并见面了解案情。为更全面了解案情，代理人翻阅了全部卷宗。在阅卷的过程中，代理人换位思考，试着去解释案卷中有疑点的地方。比如为什么被害人看不见父母就蹲在路边哭泣，却对一个陌生人的接近丝毫没有防备之心？为什么被害人明明应该害怕却跟着一个陌生人步行很远，至被告人住处没有跑反而跟随被告人上楼？代理人对上述问题的思考及对被害人成长教育方式的了解对庭审起到了重大影响，也为公诉人提供了新的思路。[1]

四、隐私权

（一）条文规定

最高人民法院、最高人民检察院、公安部、司法部《关于办理性侵害未成年人刑事案件的意见》

第十六条 办理性侵害未成年人刑事案件，对于涉及未成年人的身份信息及可能推断出身份信息的资料和涉及性侵害的细节等内容，审判人员、检察人员、侦查人员、律师及参与诉讼、知晓案情的相关人员应当保密。

对外公开的诉讼文书，不得披露未成年人身份信息及可能推断出身份信息的其他资料，对性侵害的事实必须以适当方式叙述。

办案人员到未成年人及其亲属所在学校、单位、住所调查取证的，应当避免驾驶警车、穿着制服或者采取其他可能暴露未成年人身份、影响未成年人名誉、隐私的方式。

《公安机关办理未成年人违法犯罪案件的规定》

第五条 办理未成年人违法犯罪案件，应当保护未成年人的名誉，不得公开披露涉案未成年人的姓名、住所和影像。

（二）条文解读

为充分保障未成年被害人权益，避免因案件办理给未成年人造成次生伤害，最高人民法院、最高人民检察院、公安部、司法部《关于办理性侵害未成年人刑事案件的意见》第 12 条至第 16 条就未成年被害人法律援助、知情

---

[1]《天津市南开区法律援助中心 对未成年人刘某某被强奸提供法律援助案》，载 https://alk.12348.gov.cn/Detail? dbID=46&sysID=64，访问日期：2024 年 8 月 18 日。

权、参与权保障、出庭保护、隐私保护等作出了详细规定。对于未成年被害人隐私保护的要求，检察机关应注意监督落实。

隐私权保护不平衡。一是审理方式。现行法律只是对未成年被告人犯罪的案件作出了不公开审理的规定，但对于涉及未成年被害人的案件的审理方式却没有直接规定。实践中，只有涉及隐私权的案件，能够依法不公开审理。二是"二次、三次被害"现象时有发生。被害化不仅是指被害人的身体受到的物理性损伤或其财产遭受到的物质性损失，更包括人格权意义上的人格尊严受损，以及心理学意义上的精神折磨和心理伤害。犯罪人是首次被害的催生者，但当犯罪行为被追究之后，司法机关的反复询问、不当言行，或是新闻媒体的不当报道等，都在加深被害化的进程，形成二次、三次被害。[1]

（三）典型案例

案例：史某阳强迫卖淫案（最高人民法院2014年11月24日发布未成年人审判工作典型案例98例）

2009年6月至8月期间，被告人史某阳（男，汉族，1987年5月生，初中文化，农民）以同他人谈恋爱为手段，诱骗刘某（15岁）、徐某（16岁）、王某某（16岁）后，又以看管、殴打、恐吓等手段先后强迫上述3名少女多次卖淫，从中获利2000余元。法院认为，被告人史某阳强迫未成年人多人、多次卖淫，其行为构成强迫卖淫罪。据此，依照相关法律规定，被告人史某阳犯强迫卖淫罪，判处有期徒刑10年，并处罚金人民币20 000元。未成年人遭受性侵害，会给未成年人身心健康造成严重的伤害。本案中，审判人员一直坚持保护隐私和不伤害的原则，避免对未成年被害人造成"二次伤害"。对于受伤害的未成年人，审判人员对其进行心理辅导，帮助其克服心理障碍，促使其健康、阳光地回归社会。

五、公开性侵未成年人犯罪人员信息

（一）条文规定

慈溪市《性侵害未成年人犯罪人员信息公开实施办法（试行）》：具有

---

[1] 安凤德、赵德云、陈轶：《论未成年被害人与被告人权利的平衡与保护》，载《法律适用》2017年第19期，第26~33页。

以下情形之一的犯罪人员，法院、检察院、公安局、司法局应当公告其个人信息。其中包括：曾因强奸未成年人、猥亵未成年人、引诱、容留、介绍未成年人卖淫或者组织、强迫未成年人卖淫犯罪被判处徒刑，后又实施上述针对未成年人的犯罪行为而被判处刑罚的；多次强奸或者强奸多名未成年人的；经鉴定，具有严重的性侵害未成年人病态心理、人格异常，无法矫治的；实施的性侵害未成年人犯罪情节极其恶劣、人身危险性极大的；应当履行信息登记义务，无正当理由，经多次催促或者逾期六十天未履行登记义务的。上述严重犯罪人员的户籍信息、照片、罪名、判处刑期将通过法院、检察院、公安局、司法局的门户网站公告；也将在未成年人所在村（社区）、教育培训机构和医疗机构、游乐场所等其他未成年人聚集的区域公告。

（二）条文解读

结合我国当前侵害未成年人案件多发上升态势，从保护未成年人健康成长和完善犯罪记录制度角度，着眼推进建立全国性一体化的犯罪记录制度，应当先行构建侵害未成年人犯罪记录制度。[1]

公开性侵害儿童犯罪人员信息，目前尚未在法律层面予以明确。需要在立法上进行明确，让职能部门开展工作时有法律层面的保障。对公开性侵前科劣迹人员的标准、范围、程序有待明确，且公开信息制度只有与对该类人员的特殊矫治、管控措施协调配合，才能更好发挥应有的预防作用，而相关的上位法律依据均付之阙如，亟需立法作出明确规定，补足社会治理短板，构建对儿童更加安全、有力的社会保护网络。

（三）典型案例

案例：性侵未成年人的信息被公开案

2017年12月1日，江苏省淮安市淮阴区法院对4名强奸、猥亵未成年人的被告人进行宣判。根据由淮阴区9家单位发布的《关于性侵未成年人犯罪人员从业禁止及信息公开制度》规定，在刑事判决生效一个月后，4名被告人的个人信息将通过司法机关的门户网站、微信公众号、微博等渠道向社会进行公

---

[1] 未成年人检察专业委员会秘书处编：《检察视角下的未成年人司法保护——兼论〈未成年人保护法〉〈预防未成年人犯罪法〉修改完善建议》，中国检察出版社2020年版，第123页。

开,并被禁止从事与未成年人密切接触的工作,此举在江苏省尚属首次[1]。

六、获得赔偿权

(一) 条文规定

《刑事诉讼法》第一百零一条 被害人由于被告人的犯罪行为而遭受物质损失的,在刑事诉讼过程中,有权提起附带民事诉讼。被害人死亡或者丧失行为能力的,被害人的法定代理人、近亲属有权提起附带民事诉讼。

如果是国家财产、集体财产遭受损失的,人民检察院在提起公诉的时候,可以提起附带民事诉讼。

(二) 条文解读

被害人因受制于被告人的经济条件,或犯罪嫌疑人未归案,或被告人被宣判无罪等原因而无法获得相应财产赔偿,此种情况下可以通过国家补偿机制先予以实现。但是,由于我国并没有建立统一的国家补偿机制,只在各个地方依据自身情况建立起了各具特色的刑事被害人司法救助制度。

刑事附带民事诉讼对未成年被害人的保护有待加强。一是法律规定的赔偿范围过窄。死亡赔偿金、残疾赔偿金,以及理论界一直在呼吁的精神损害赔偿均未纳入刑事附带民事赔偿范围。有学者以"长春周某军盗车杀婴案"为例,进行了对比分析。分析显示,按照刑事附带民事诉讼的赔偿标准,长春市中级人民法院判决周某军赔偿被害人家属经济损失17 098.5元,且被二审维持。但如果此案是一起普通的交通肇事纠纷,根据《侵权责任法》(已失效)、最高人民法院《关于审理人身损害赔偿案件适用法律若干问题的解释》以及相关赔偿标准计算,死者父母将得到丧葬费17 098.5元、死亡赔偿金355 931.4元、精神损害赔偿金5000元,合计378 029.9元。由此可见,对于造成更大精神损害、构成犯罪的侵害不支持死亡赔偿和精神赔偿,既不利于抚平被害人及其家属的创伤,也不利于公平正义的彰显。二是对于刑事附带民事诉讼的赔偿,我国的司法实践大都将赔偿与否作为酌定量刑情节,而排除国家的过多干预。但是,在未成年被害人刑事案件中,尤其是双方均为未成年人的刑事案件中,如果能够通过鼓励、督促未成年被告人履行赔偿和道

---

[1] 来源: https://www.chinacourt.org/article/detail/2017/12/id/3099375.shtml,访问日期:2024年6月28日。

歉之责，无疑将会既对未成年被害人的救治、心理治疗以及创痛修复产生积极影响，又能为未成年被告人赢得更多司法利益。[1]

(三) 参考条文

◎最高人民法院、最高人民检察院、公安部、司法部《关于办理性侵害未成年人刑事案件的意见》

第三十六条 对未成年人因被性侵害而造成人身损害，不能及时获得有效赔偿，生活困难的，人民法院、人民检察院、公安机关可会同有关部门，优先考虑予以救助。

(四) 典型案例

案例：小敏申请刑事被害人司法救助案

5月29日，最高人民法院举行新闻发布会，与全国妇联联合发布保护未成年人权益十大司法救助典型案例。由四川省高级人民法院提供的"小敏申请刑事被害人司法救助案"入选。小敏（化名）母亲被害，德阳市中级人民法院作出刑事附带民事判决，认定被告人犯故意杀人罪，判处死刑，缓期2年执行，剥夺政治权利终身，同时判决被告人赔偿附带民事诉讼原告人经济损失4万余元。因被告人无赔偿能力，附带民事判决无法执行到位。

小敏为未成年人，其母亲生前已与小敏父亲离婚。小敏的父亲在城市打零工维持生计，居无定所。母亲被害后，小敏因丧母之痛身心遭受巨大打击，不愿在老家小学继续就读，来到城市与父亲生活，家庭生活十分困难。

省高级人民法院调查发现小敏符合司法救助情形后，及时启动救助程序，在决定向其发放司法救助金的同时，针对小敏辍学后虽恢复上学但只能在小学借读、无正式学籍，以及需要心理疏导等问题，立即与当地妇联及教育部门进行沟通，帮助协调解决了小敏的实际困难。之后，法院还开展回访工作，为小敏送去书籍、牛奶等学习生活用品，鼓励其认真学习、快乐生活。

据介绍，该案是人民法院加大司法救助与社会救助衔接力度，保护未成年人受教育权，为其提供学习条件的典型案例。司法救助不是终点，而是帮扶被救助人的起点。这起案件中，人民法院在救助生活陷入急困的未成年人

---

[1] 安凤德、赵德云、陈轶：《论未成年被害人与被告人权利的平衡与保护》，载《法律适用》2017年第19期，第26~33页。

时，发现其身心因亲历刑事案件惨烈现场而遭受巨大创伤，宁愿失学也不愿再留在原籍地，而是坚持投奔在异地谋生的父亲等特殊情况后，为了尽可能保护未成年人权益，及时向妇女儿童权益保护组织和教育部门通报情况，协调解决被救助未成年人异地入学难题，并提供专业心理疏导等帮扶措施，帮助其逐渐恢复正常的学习生活状态，是未成年人司法保护的生动法治故事，具有很好的示范引领作用。[1]

七、请求上诉权

（一）条文规定

《刑事诉讼法》第113条、第180条、第282条、第229条规定：被害人不服公安机关不予立案，不服检察机关不起诉决定、附条件不起诉决定，不服法院作出的判决，可以提出申诉或抗诉。

（二）条文解读

被害人与被告人的上诉权不同。申诉或抗诉程序的启动，不与被害人意见为中心，若检察机关不予支持，则未成年被害人的诉求无法得到满足。[2]

未赋予未成年被害人上诉权。在享有请求上级法院对公诉案件进行重新审理的权利方面，被害人一方要明显弱于被告人一方。被告人一方上诉权的行使，不仅人多、势众、面广（对裁定判决不服的，均可上诉），而且要直接得多，不必经过任何审批；被害人一方上诉权的行使，不仅人少、势孤、面窄（仅涉及判决），而且颇费周折，一旦检察院不同意提起抗诉，被害人一方请求上级法院对案件重审的权利便无从行使。事实上，检察院在诉讼中并不能完全代表被害人，只有在一审裁判确有错误和具有其他法定理由时，才提起抗诉。作为一种监督手段，检察院是否决定抗诉，不受被害人意见的约束，如果检察院不抗诉，被害人诉求得不到满足，那么，被害人要么寄希望于审判监督程序，要么走上漫漫"上访路"，使刑事诉讼难以达到定分止争的目的。

---

[1]《最高人民法院、中华全国妇女联合会发布保护未成年人权益司法救助典型案例》，载 https://www.chinacourt.org/article/detail/2023/05/id/7317606.shtml，访问日期：2024年6月28日。

[2] 未成年人检察专业委员会秘书处编：《检察视角下的未成年人司法保护——兼论〈未成年人保护法〉〈预防未成年人犯罪法〉修改完善建议》，中国检察出版社2020年版，第244页。

(三) 典型案例

案例：赖某强奸案

在该案件中，赖某因涉嫌实施强奸罪而被县人民检察院指控，同时同级法院收到了检察院给出的量刑建议——有期徒刑3年至5年，经审理后，法院最终的判决结果是4年6个月。随后，对于此判决结果被告人、检察院均无异议。但本案的被害人龙某及其丈夫表示无法接受，在判决书送达之日，就提请县人民检察院予以抗诉。接到被害人的申请后，检察院在审查后表示本案的判决量刑适当，并不符合适用抗诉的法定条件，因此决定不予抗诉。被害人在得知不予抗诉决定后，反应极为激烈，并借助各种方式和手段表达其对判决结果和不予抗诉的强烈不满，在此过程中，县市两级的各个司法机关、政府部门都收到了被害人递交的反映情况的材料和申请，即强烈要求从重处罚被告人赖某，不然就竭尽全力举家前往北京上访，其给社会带来的负面影响不言而喻。[1]

八、提出量刑建议权

(一) 条文规定

最高人民法院、最高人民检察院、公安部、国家安全部、司法部《关于规范量刑程序若干问题的意见》

第十条 在刑事诉讼中，自诉人、被告人及其辩护人、被害人及其诉讼代理人可以提出量刑意见，并说明理由，人民检察院、人民法院应当记录在案并附卷。

《人民检察院办理认罪认罚案件开展量刑建议工作的指导意见》

第二条第三项 客观公正。应当全面收集、审查有罪、无罪、罪轻、罪重、从宽、从严等证据，依法听取犯罪嫌疑人、被告人、辩护人或者值班律师、被害人及其诉讼代理人的意见，客观公正提出量刑建议。

第九条第一款 人民检察院办理认罪认罚案件提出量刑建议，应当听取被害人及其诉讼代理人的意见……

---

[1] 庄雅琦：《公诉案件被害人上诉权之探析》，南昌大学2022年硕士学位论文。

（二）条文解读

我国法律未赋予未成年被害人量刑建议的权利，法官若能听取未成年被害人表达惩治性侵犯罪人的意见，可以在一定程度上抚慰未成年被害人。

被害人参与量刑程序是我国量刑程序改革的重要内容，是对被害人正当、合理诉权的积极回应。赋予被害人量刑建议权不仅能够提升被害人在刑事诉讼中的地位，抚平其复仇情绪，同时还可以使无法完全由国家公诉机关代表的个体利益得以实现。《关于规范量刑程序若干问题的意见》第10条实际已经初步确立了被害人的量刑建议权，但需要进一步在《刑事诉讼法》中予以明确。现代社会在追诉犯罪问题上奉行国家主导主义。尽管检察机关与被害人在根本立场上是一致的，作为公共利益代表的公诉人在相当程度上也代表被害人，然而不容忽视，被害人利益是具体的，被害人在刑事诉讼中仍有自己的特殊利益需要保护，不能用被害人与国家利益的一致性抹杀被害人利益的独立性。在司法实践中，由于有的办案人在认识上存在偏差，一向主张国家和社会利益至上，后来随着保护犯罪嫌疑人、被告人人权的呼声日益高涨，只是越来越重视保障犯罪嫌疑人、被告人的合法权益，忽视了刑事被害人这个非常无辜的群体，造成许多被害人合法权益得不到保护。

九、异议权

（一）条文规定

《刑事诉讼法》第二百八十二条第一款 对于未成年人涉嫌刑法分则第四章、第五章、第六章规定的犯罪，可能判处一年有期徒刑以下刑罚，符合起诉条件，但有悔罪表现的，人民检察院可以作出附条件不起诉的决定。人民检察院在作出附条件不起诉的决定以前，应当听取公安机关、被害人的意见。

（二）条文解读

根据本款规定，人民检察院在作出决定前还应听取公安机关和被害人的意见，充分了解案件情况和未成年人的个人情况，在此基础上判断对其使用附条件不起诉是否合适。[1] 附条件不起诉决定的作出，不以"被害人同意"为必要条件，其实质性条件就是犯罪嫌疑人的犯罪情况和悔罪表现。《刑事诉讼法》"人民检察院在作出附条件不起诉的决定以前，应当听取公安机关、被

---

[1] 李寿伟主编：《中华人民共和国刑事诉讼法解读》，中国法制出版社2018年版，第1262页。

害人的意见"的规定,体现出立法对被害人权益保障的关注、重视和加强,但却不能因此忽视附条件不起诉制度的设计初衷,即在价值选择上,相较于被害人的情绪平复、利益恢复,更倾向于未成年犯罪嫌疑人的改过自新。在具体实践过程中,附条件不起诉制度就未成年刑事被害人而言仍有许多不足之处有待解决:一是未成年刑事被害人提起意见的方式,法律未予以明确的规定;二是未成年刑事被害人提起的意见和建议检察机关是否予以采纳,若未被采纳未成年刑事被害人如何保障自己的知情权。这些实践中出现的问题需要我国司法机关积极探索相关的措施的基础上,完善相关法律法规。[1]

十、刑罚执行知情权、异议权

(一) 条文规定

未成年被害人的知情权仅限于审判阶段,对于被告人的刑事执行过程,目前法律没有赋予被害人知情权与异议权,如对性侵犯罪作出减刑、假释、暂予监外执行等决定前,没有听取未成年被害人意见的程序。我国《刑法》《刑事诉讼法》中关于刑罚变更的制度,如减刑、假释、监外执行等,均未对相关刑事被害人的告知提出异议,以及参与刑罚变更的决定程序等作出规定,从而导致在刑事执行程序中,未成年被害人及其法定代理人缺乏实质的知情权和参与权。[2]

(二) 条文解读

未成年被害人知情权是参与刑事执行程序的基础,知悉刑法执行情况,能够疏导未成年被害人情绪损害,修复被害创伤,防范未成年被害人二次被害。未成年被害人有获得通知权,应当加强刑罚执行机关和执行变更机关的告知义务,刑事处罚的执行机关应当将执行情况定期通知未成年被害人,即及时让未成年被害人知晓服刑人员的刑罚执行和改造表现,从而在最大程度上安抚未成年被害人心理创伤。对于刑法变更执行,尤其应当关注未成年被害人心理状态和权益保护。未成年被害人有申请获取信息的权利,未成年被害人有权随时向执行机关了解刑罚执行和刑罚变更的具体情况。有必要增强

---

[1] 陈会会:《我国未成年刑事被害人诉讼权利保护问题研究》,青岛大学2021年硕士学位论文。

[2] 未成年人检察专业委员会秘书处编:《检察视角下的未成年人司法保护——兼论〈未成年人保护法〉〈预防未成年人犯罪法〉修改完善建议》,中国检察出版社2020年版,第244页。

未成年被害人主动获取信息的权利。执行阶段应当选取熟悉未成年被害人身心特点的相关工作人员，作为专门联络人告知未成年被害人案件的执行情况。

未成年被害人作为犯罪侵害的直接承受者，有权就刑罚变更执行发表意见。人民法院作出刑罚变更刑事裁决时，应当认真听取未成年被害人的陈述意见，在考量未成年被害人的利益基础上，慎重作出减刑、假释等裁定。此外，为防止极端报复心理造成意见不实，未成年被害人仅具有向国家机关充分表达意见的权利，由人民法院最终裁决是否变更执行。[1]

第四节　刑事程序法中未成年人被告人权利保护

一、双向保护原则

（一）条文规定

《人民检察院刑事诉讼规则》第四百五十七条　人民检察院办理未成年人刑事案件，应当贯彻"教育、感化、挽救"方针和"教育为主、惩罚为辅"的原则，坚持优先保护、特殊保护、双向保护，以帮助教育和预防重新犯罪为目的。

人民检察院可以借助社会力量开展帮助教育未成年人的工作。

《刑事诉讼法》第二百七十七条　对犯罪的未成年人实行教育、感化、挽救的方针，坚持教育为主、惩罚为辅的原则。

人民法院、人民检察院和公安机关办理未成年人刑事案件，应当保障未成年人行使其诉讼权利，保障未成年人得到法律帮助，并由熟悉未成年人身心特点的审判人员、检察人员、侦查人员承办。

《未成年人保护法》第一百一十三条第一款　对违法犯罪的未成年人，实行教育、感化、挽救的方针，坚持教育为主、惩罚为辅的原则。

（二）条文解读

"教育、感化、挽救"的方针，是指办理未成年人刑事案件，不能只注重追究犯罪未成年人的刑事责任，而是要将相关工作的目的和出发点建立在教育、感化、挽救未成年人之上，通过教育、感化、增强法治观念，使其认识

---

[1]　王含允：《刑事案件中的未成年被害人权益保障研究》，沈阳师范大学2023年硕士学位论文。

错误，改过自新，重新回归社会。"教育为主、惩罚为辅"的原则，主要是指在依法追究犯罪未成年人刑事责任时，要正确处理惩罚与教育的关系，对未成年人要以教育为主，辅之以必要的惩罚，而这种必要的惩罚本身不是目的，而是作为对其教育的一种手段，这种手段是否使用，如何使用，要服从于教育、感化、挽救的工作方针，服务于最终促使犯罪未成年人顺利回归社会的目的。这就要求在办理未成年人犯罪案件过程中应当查清犯罪事实，确保法律正确适用，保护其合法权利，同时根据犯罪原因和个人情况，有针对性地对其进行法治教育，以矫正其犯罪心理和不良行为习惯，促其改过自新，重新融入社会。[1]

2023年1月至9月，全国检察机关通过帮教回访、心理疏导、家庭教育指导等形式对不批捕、不起诉、被判处刑罚、未达刑事责任年龄不受刑事处罚等人员开展特殊预防5118次，开展法治巡讲2.1万次。[2]

（三）典型案例

案例：最高人民法院发布98起未成年人审判工作典型案例——第13号刘某强奸案

被告人刘某（1995年8月14日出生）明知被害人洪某某系未满14周岁的幼女，仍然以谈恋爱之名，先后三次与洪某某发生性关系。被告人刘某到案后如实供述自己罪行，并检举揭发他人犯罪行为且查证属实。江苏省句容市人民法院认为，被告人刘某明知被害人洪某某系不满14周岁的幼女，仍与其发生性关系，其行为构成强奸罪，且依法应当从重处罚。被告人刘某犯罪时未满18周岁，到案后检举揭发他人犯罪行为并经查证属实，应认定有立功表现，归案后能如实供述自己罪行，认罪态度较好，积极争取被害方的谅解，确有悔罪表现，依法可从轻处罚。依照相关法律规定认定被告人刘某犯强奸罪，判处有期徒刑3年，缓刑3年；禁止被告人刘某在缓刑考验期限内接触被害人及其家庭。本案中，被告人和被害人均系不满18周岁的未成年人，人民法院坚持双向保护原则，在依法认定被告人构成犯罪予以处罚的基础上，

---

[1] 李寿伟主编：《中华人民共和国刑事诉讼法解读》，中国法制出版社2018年版，第1182页。
[2]《2023年全国检察机关主要办案数据》，载https://www.spp.gov.cn/xwfbh/wsfbt/202403/t20240310_ 648482. shtml#1，访问日期：2024年6月28日。

注重矛盾化解，修复两个家庭的裂痕，还多次邀请当地妇联及由人大代表、政协委员组成的未成年人权益司法保护观察团代表参与，通过努力，被告人父母积极主动替子向被害人亲属赔礼道歉，并自愿给予经济补偿，被害人亲属也对被告人行为予以谅解。为让被告人约束自己，也为打消被害人亲属顾虑，人民法院对被告人作出禁止令的判决，禁止其在缓刑考验期内接触被害人及其家庭。

二、不受歧视权

（一）条文规定

《未成年人保护法》第一百一十三条第二款　对违法犯罪的未成年人依法处罚后，在升学、就业等方面不得歧视。

《预防未成年人犯罪法》第五十八条　刑满释放和接受社区矫正的未成年人，在复学、升学、就业等方面依法享有与其他未成年人同等的权利，任何单位和个人不得歧视。

（二）条文解读

这种笼统的规定，既没有正视大多数涉罪未成年人刑罚执行完毕后已经成年，无法享受所谓和其他未成年人同等权利，更没有区别对待这些占绝大多数的轻罪未成年人，没有给予其更特殊的保护。[1]

很多用人单位一旦发现有犯罪记录，甚至是被行政处罚的记录或线索，用人单位就会以类似于岗位要求不符等各种理由，将其排除在外。

（三）典型案例

案例：重庆高考政审案

"11月7日至16日，重庆市将进行2019年普通高考报名。重庆市教育考试院发布消息称：政审材料是参加高考录取的必备材料，将反映在考生综合素质评价中，是高考录取时的重要参考依据，政审不合格者不能参加普通高校的录取。"只因为"政审"这个词本身就很敏感，曾经有很多渴望求学、才华横溢的人因为它而丢失了继续求学的机会，甚至因为它丢失了尊严和生命。

---

[1] 未成年人检察专业委员会秘书处编：《检察视角下的未成年人司法保护——兼论〈未成年人保护法〉〈预防未成年人犯罪法〉修改完善建议》，中国检察出版社2020年版，第210页。

而后取消"政审"也被称为高考的一项重大改革,这也使我们有了平等的受教育的权利。

未成年时期的污点信息记录将会对信息主体未来的生存发展带来不利影响。重庆考试院以"政审"或是"思想政治品德考核"为由对普通高校招生考试中的考生进行审查,以未成年时期的污点信息作为入学的重要考量因素,是违反《未成年人保护法》等一系列法律规定的,对被审查对象的生存权与发展权产生损害。未成年人不仅应当享有封存犯罪记录的保障措施,还应当享有污点信息被遗忘的权利,该项权利主要包括污点信息的删除权以及相关主体的禁止查阅义务等。核心要义便是不能以一个人在未成年人阶段的污点信息作为其信誉评价的依据。

第五节 未成年认罪认罚从宽制度

一、实体从宽处理

(一) 条文规定

《刑事诉讼法》第十五条 犯罪嫌疑人、被告人自愿如实供述自己的罪行,承认指控的犯罪事实,愿意接受处罚的,可以依法从宽处理。

第一百七十四条 犯罪嫌疑人自愿认罪,同意量刑建议和程序适用的,应当在辩护人或者值班律师在场的情况下签署认罪认罚具结书。

犯罪嫌疑人认罪认罚,有下列情形之一的,不需要签署认罪认罚具结书:

(一) 犯罪嫌疑人是盲、聋、哑人,或者是尚未完全丧失辨认或者控制自己行为能力的精神病人的;

(二) 未成年犯罪嫌疑人的法定代理人、辩护人对未成年人认罪认罚有异议的;

(三) 其他不需要签署认罪认罚具结书的情形。

(二) 条文解读

认罪认罚从宽制度包括"认罪"和"认罚"两个方面的内容。所谓认罪,是指犯罪嫌疑人、被告人自愿如实供述自己的罪行,承认指控的犯罪事实。犯罪嫌疑人、被告人认罪,必须是一种积极主动的认罪,也就是说,必须自己如实供述自己的罪行，或者对侦查机关已经掌握并指出的犯罪事实，明确主动表示承认。对于实践中不供述自己的罪行，既不承认也不否认侦查机关已经掌握并指出其犯罪事实的，一般不宜认定为构成认罪认罚从宽制度中的"认罪"。所谓"认罚"，是指明确表示愿意接受司法机关给予的刑罚等处罚。在以往的司法实践中，也存在犯罪嫌疑人、被告人的"认罚"，也就是悔罪、愿意接受处罚。

人民法院、人民检察院和公安机关在刑事诉讼过程中，一方面需要确保认罪认罚从宽制度的实施，在诉讼过程中依法告知当事人认罪认罚的法律规定，使其了解到认罪认罚可以从宽处罚这一法律精神，鼓励其认罪认罚，并将其认罪认罚的情况记录在案，并随案移送。对于已经认罪认罚的犯罪嫌疑人、被告人，要在充分考虑其认罪认罚情况的基础上，结合其犯罪的事实、情节等，依法采取宽缓的强制措施，适用简易程序、速裁程序等更便利其诉讼的程序，提出从宽处理的量刑建议，依照从宽量刑等。另一方面，也要严格以事实为依据，以法律为准绳，对于犯罪嫌疑人、被告人认罪认罚的，公安机关、人民检察院、人民法院仍然要按照事实清楚、证据确实充分的要求，收集、固定、审查和使用证据，特别是人民法院在审判过程中，无论是适用普通程序、简易程序还是速裁程序，都还要对认罪认罚的自愿性和认罪认罚具结书的真实性、合法性进行审查，防止出现在事实不清、证据不足的情况下草草结案，犯罪嫌疑人、被告人借承认较轻犯罪逃避对其较重犯罪的追究等情形，避免放纵犯罪。[1]

（三）典型案例

案例：最高人民法院发布九起未成年人权益司法保护典型案例——未成年被告人贾某某诈骗案

2019年1月至2020年3月，未成年被告人贾某某因参加电竞比赛需要资金，采用化名，虚报年龄，谎称经营新媒体公司，以网上刷单返利等为幌子，诱骗多名被害人在网络平台购买京东E卡、乐花卡，或是诱骗被害人在支付宝等小额贷款平台借款后供其使用，骗得人民币共计30余万元。到案后，贾某某如实供述了上述犯罪事实。法院审理期间，贾某某父亲对被害人退赔，

---

[1] 李寿伟主编：《中华人民共和国刑事诉讼法解读》，中国法制出版社2018年版，第66页。

获得了被害人的谅解。法院经审理认为，贾某某系未成年人，到案后能如实供述犯罪事实，自愿认罪认罚，其父亲已代为退赔被害人经济损失，取得被害人谅解。经综合考量，对其依法从轻处罚，以诈骗罪判处贾某某有期徒刑3年，缓刑3年，并处罚金人民币3万元。

二、不捕少捕

（一）条文规定

《刑事诉讼法》第八十一条第二款　批准或者决定逮捕，应当将犯罪嫌疑人、被告人涉嫌犯罪的性质、情节，认罪认罚等情况，作为是否可能发生社会危险性的考虑因素。

第二百八十条第一款　对未成年犯罪嫌疑人、被告人应当严格限制适用逮捕措施。人民检察院审查批准逮捕和人民法院决定逮捕，应当讯问未成年犯罪嫌疑人、被告人，听取辩护律师的意见。

《人民检察院刑事诉讼规则》第四百六十二条　人民检察院对未成年犯罪嫌疑人审查逮捕，应当根据未成年犯罪嫌疑人涉嫌犯罪的性质、情节、主观恶性、有无监护与社会帮教条件、认罪认罚等情况，综合衡量其社会危险性，严格限制适用逮捕措施。

第四百六十三条　对于罪行较轻，具备有效监护条件或者社会帮教措施，没有社会危险性或者社会危险性较小的未成年犯罪嫌疑人，应当不批准逮捕。

对于罪行比较严重，但主观恶性不大，有悔罪表现，具备有效监护条件或者社会帮教措施，具有下列情形之一，不逮捕不致发生社会危险性的未成年犯罪嫌疑人，可以不批准逮捕：

（一）初次犯罪、过失犯罪的；

（二）犯罪预备、中止、未遂的；

（三）防卫过当、避险过当的；

（四）有自首或者立功表现的；

（五）犯罪后认罪认罚，或者积极退赃，尽力减少和赔偿损失，被害人谅解的；

（六）不属于共同犯罪的主犯或者集团犯罪中的首要分子的；

（七）属于已满十四周岁不满十六周岁的未成年人或者系在校学生的；

（八）其他可以不批准逮捕的情形……

（二）条文解读

《刑事诉讼法》第280条是对未成年犯严格限制适用逮捕措施的法律依据，该条使用了"严格限制适用"的表述，体现了立法者对未成年犯的特殊保护与立法倾向，也是实施未成年犯逮捕工作应当遵循的基本原则。要对认罪认罚的未成年人，扩大适用非羁押强制措施，适当扩大对认罪认罚未成年人不捕的条件，扩大适用羁押替代性措施。

2023年1月至9月，全国检察机关共批准逮捕未成年犯罪嫌疑人1.8万余人，不捕3万余人，不捕率为62%。同期，对侵害未成年人犯罪批准逮捕4.1万人。[1]2003年至2015年，全国检察机关分别对16 524名、14 892名、14 499名未成年犯罪嫌疑人作出不批捕决定，不捕率分别为25.23%、26.66%、29.41%，分别对5209名、5269名、4954名未成年犯罪嫌疑人作出不起诉决定，不诉率分别为6.6%、7.34%、8.43%，不捕率、不诉率均呈逐年上升趋势。这几个数据充分表明，在社会各界共同努力下，近年来未成年人犯罪形势整体向好发展，未成年人犯罪案数逐年下降，重新犯罪率也持续走低。[2]

（三）典型案例

案例：未成年人少捕不捕

河北省邢台市任泽区人民检察院第一检察部主任举例道，在一起未成年人故意伤害案中，刘某某一时冲动将被害人打成轻伤。承办检察官实地走访乡邻了解刘某某基本情况、日常表现及案发时情景，和办案干警、村委会人员、律师一起释法说理，刘某某赔偿损失并赔礼道歉，双方达成刑事和解。最终，任泽检察院对刘某某不捕不诉。

---

[1]《2023年全国检察机关主要办案数据》，载https://www.spp.gov.cn/xwfbh/wsfbt/202403/t20240310_648482.shtml#1，访问日期：2024年6月28日。

[2] 戴佳：《最高检召开新闻发布会通报未成年人检察工作30年有关情况》，载https://www.spp.gov.cn/spp/zdgz/201605/t20160528_118986.shtml，访问日期：2024年6月28日。

第四章 未成年人的刑事法权益保护

三、附条件不起诉

（一）条文规定

《刑事诉讼法》第二百八十二条第一款　对于未成年人涉嫌刑法分则第四章、第五章、第六章规定的犯罪，可能判处一年有期徒刑以下刑罚，符合起诉条件，但有悔罪表现的，人民检察院可以作出附条件不起诉的决定……

（二）条文解读

《刑事诉讼法》在特别程序中设立了未成年人刑事案件诉讼程序专章。其中第282条第1款规定："对于未成年人涉嫌刑法分则第四章、第五章、第六章规定的犯罪，可能判处一年有期徒刑以下刑罚，符合起诉条件，但有悔罪表现的，人民检察院可以作出附条件不起诉的决定……"该条首次在我国法律条文中明确了针对未成年犯罪嫌疑人的附条件不起诉制度。附条件不起诉制度给犯轻罪的未成年人一次改过自新的机会，避免了执行刑罚对其造成的不利影响，有利于使其接受教育，重新融入正常的社会生活。

最高人民检察院发布2023年前三季度全国检察机关主要办案数据：2023年1月至9月，全国检察机关共对未成年犯罪嫌疑人决定起诉2.6万人，不起诉2.8万人，不诉率51.8%。审结时，作出附条件不起诉决定2.2万人，占审结数的38.7%。同期，对侵害未成年人犯罪决定起诉4.6万人。[1]

（三）典型案例

案例：胡某某抢劫案（检例第103号）

被附条件不起诉人胡某某，男，作案时17周岁，高中学生。2015年7月20日晚，胡某某到某副食品商店，谎称购买饮料，趁店主方某某不备，用网购的电击器杆方某某腰部索要钱款，致方某某轻微伤。后方某某将电击器夺下，胡某某逃跑，未劫得财物。归案后，胡某某的家长赔偿了被害人全部损失，获得谅解。检察机关综合评估认为：胡某某此次犯罪主要是由于家庭变故、亲子矛盾、青春期叛逆，加之法治意识淡薄，冲动犯罪，认罪悔罪态度好，具备帮教条件，同时鉴于其赔偿了被害人损失，取得了被害人谅解，遂

---

[1] 《2023年全国检察机关主要办案数据》，载 https://www.spp.gov.cn/xwfbh/wsfbt/202403/t20240310_648482.shtml#1，访问日期：2024年6月28日。

依法作出不批准逮捕决定。综合评估，依法适用附条件不起诉。检察机关认真审查并听取各方面意见后认为，抢劫罪法定刑为3年有期徒刑以上刑罚，根据各种量刑情节，调节基准刑后测算胡某某可能判处有期徒刑10个月至1年，不符合犯罪情节轻微不需要判处刑罚或可以免除刑罚，直接作出不起诉决定的条件。从最有利于未成年人健康成长出发，对胡某某附条件不起诉更有利于其回归社会。2016年3月11日，检察机关对胡某某作出附条件不起诉决定，考验期1年。

四、异议权

（一）条文规定

《刑事诉讼法》第二百八十二条第三款 未成年犯罪嫌疑人及其法定代理人对人民检察院决定附条件不起诉有异议的，人民检察院应当作出起诉的决定。

（二）条文解读

该"异议"条款表达了这样一种基本倾向，即尽量保障未成年犯罪嫌疑人的诉讼权益，在附条件不起诉程序中赋予未成年犯罪嫌疑人"异议"权，凡未成年犯罪嫌疑人及其法定代理人不同意适用附条件不起诉的检察机关就不能适用附条件不起诉。换言之，检察机关要适用附条件不起诉应征得未成年人一方同意。[1]

该条款旨在保障未成年犯罪嫌疑人的诉讼权益符合司法实际需要也符合国际刑事司法准则的基本要求。检察机关应根据"异议"的不同内容作出恰如其分的处理。为保障"异议"权的落实有必要在实务运作中建立细化规则。

（三）典型案例

案例：最高检通报10件加强未成年人司法保护典型案（事）例之一

王某某（14岁）因和父母吵架于凌晨负气出走，在街上闲逛。当发现被害人李某某一人在路边打电话后，便采用捂嘴、用随身携带的折叠刀威胁等方式，抢走李某某价值4039元的苹果手机一部和现金90余元。两天后，王

---

〔1〕 柯葛壮：《附条件不起诉中"异议"权之保障》，载《法学》2013年第1期，第132~138页。

某某的父亲发现了来源不明的手机，遂带王某某到派出所投案。该案社会调查显示，王某某因父母不答应其购置手机看科幻小说而离家出走，后临时起意进行抢劫，之前无其他劣迹亦无不良嗜好。心理测试显示王某某存在较严重的情绪不平衡因子，存在中等程度的偏执、强迫、敌对、焦虑心理，有中等程度的适应障碍，人际关系紧张、敏感。鉴于王某某年龄较小、在校学习、有强烈的学习欲望以及在父母陪同下投案自首、认罪态度较好、具备有效家庭监管、教育条件等，重庆市开县（今开州区）人民检察院依法对其作出不批准逮捕决定。公安机关将该案移送审查起诉后，根据王某某及法定代理人与被害人李某某双方自愿达成的赔偿谅解协议，检察机关主持制作了和解协议书，并依法决定对王某某附条件不起诉，考察期9个月。在考察期间，检察机关对王某某进行了两次心理疏导，并邀请其旁听庭审两次，目前王某某学习成绩大幅提高，与父母、老师、同学沟通也日益顺畅。

五、附条件不起诉对象的监督考察

（一）条文规定

《刑事诉讼法》第二百八十三条第一款　在附条件不起诉的考验期内，由人民检察院对被附条件不起诉的未成年犯罪嫌疑人进行监督考察。未成年犯罪嫌疑人的监护人，应当对未成年犯罪嫌疑人加强管教，配合人民检察院做好监督考察工作。

《人民检察院刑事诉讼规则》第四百七十四条第二款　人民检察院可以会同未成年犯罪嫌疑人的监护人，所在学校、单位、居住地的村民委员会、居民委员会、未成年人保护组织等有关人员，定期对未成年人犯罪嫌疑人进行考察、教育，实施跟踪帮教。

（二）条文解读

提高检察机关程序终止权的适用，能不起诉的坚决不起诉。本条对附条件不起诉的监督考察机关、考验期限以及监督考察内容作了规定，增强了这一制度在实践中的可操作性。

未成年人刑事案件批捕起诉率居高不下，司法分流作用未有效发挥。附条件不起诉监督考察制度有流于形式的风险，考察专业化不足，社会机构参与度不够。考察监督效果不佳。考察期间长短合理，考察机关定位准确，考察形式多样。[1]

(三) 典型案例（检例第107号）

案例：未成年人附条件不起诉案

被附条件不起诉人唐某，男，作案时17周岁，辍学无业。2017年3月15日，唐某与潘某（男，作案时14周岁）因琐事在电话中发生口角，相约至某广场斗殴。唐某纠集十余名未成年人，潘某纠集八名未成年人前往约架地点。上午8时许，双方所乘车辆行至某城市主干道红绿灯路口时，唐某等人下车对正在等红绿灯的潘某一方所乘两辆出租车进行拦截，对拦住的一辆车上的四人进行殴打，未造成人员伤亡。2017年6月20日，公安机关以唐某涉嫌聚众斗殴罪将该案移送检察机关审查起诉。检察机关综合唐某的犯罪情节、悔罪表现、犯罪成因及帮教条件并征求公安机关、法定代理人意见后，认定唐某符合附条件不起诉条件，于2017年7月21日依法对其作出附条件不起诉决定，考验期6个月。因唐某自控能力较差，无法彻底阻断与社会不良人员的交往，法定代理人监管意识和监管能力不足，在经过检察机关多次训诫及心理疏导后，唐某仍擅自离开工作的酒店，并明确表示拒绝接受帮教。检察机关全面评估唐某考验期表现，认为其在考验期内，多次夜不归宿，经常在凌晨出入酒吧、夜店、KTV等娱乐场所；与他人结伴为涉嫌寻衅滋事犯罪的人员助威；多次醉酒，上班迟到、旷工；未向检察机关和酒店负责人报告，擅自离开帮教单位，经劝说仍拒绝上班。同时，唐某的法定代理人也未如实报告唐某日常表现，在检察机关调查核实时，帮助唐某欺瞒。因此，检察机关认定唐某违反考察机关附条件不起诉的监督管理规定，情节严重。2018年1月15日，检察机关依法撤销唐某的附条件不起诉决定。2018年1月17日，检察机关以唐某涉嫌聚众斗殴罪对其提起公诉。法庭审理阶段，公诉人指出应当以聚众斗殴罪追究其刑事责任，且根据附条件不起诉考验期间调查核实的情况，认为唐某虽认罪但没有悔罪表现，且频繁出入娱乐场所，长期与社会闲散人员交往，再犯可能性较高，不适用缓刑。2018年3月16日，法院作出一审判决，以被告人唐某犯聚众斗殴罪判处有期徒刑8个月。一审宣判后，

---

[1] 最高人民检察院法律政策研究室组织编写：《未成年人权利保护指导性案例实务指引》，中国检察出版社2019年版，第119页。

被告人唐某未上诉。

第六节　刑事程序法中的未成年被告人特殊程序

一、和解程序

（一）条文规定

《刑事诉讼法》第二百八十八条　下列公诉案件，犯罪嫌疑人、被告人真诚悔罪，通过向被害人赔偿损失、赔礼道歉等方式获得被害人谅解，被害人自愿和解的，双方当事人可以和解：

（一）因民间纠纷引起，涉嫌刑法分则第四章、第五章规定的犯罪案件，可能判处三年有期徒刑以下刑罚的；

（二）除渎职犯罪以外的可能判处七年有期徒刑以下刑罚的过失犯罪案件。

犯罪嫌疑人、被告人在五年以内曾经故意犯罪的，不适用本章规定的程序。

（二）条文解读

刑事和解对未成年人不捕不诉，以及法院判处轻缓刑具有重要意义。[1]

在实践中未检干警出于传统办案理念，担心涉检信访形式和解缺失，监督机制等因素，同时受害人个人本位法治观念和参与司法地位的觉悟不断提高等各种因素使未成年人刑事案件刑事和解运用较少。在未成年人刑事司法中，和解既能抚平被害人所受伤害，还能促使未成年人正确认识自身行为，使其真诚悔过、自觉避免再犯，进而促进社会稳定安宁。事实上，目前未成年人犯罪已成为世界三大公害之一，2004年至2008年，我国法院判处的未成年人罪犯达41万余人，占全部罪犯的9.31%，2009年至2011年，课题组所在基层法院审结的未成年人刑事案件占全部刑事案件的比例也均在10%以上。面对严峻形势，各地法院及法官越来越认识到刑事和解的重要作用，并争相试行刑事和解制度，取得了良好效果。其中，福建省南平市延平区人民法院

---

[1]　最高人民检察院法律政策研究室组织编写：《未成年人权利保护指导性案例实务指引》，中国检察出版社2019年版，第123页。

未成年人审判庭庭长勇于开拓、大胆创新，探索出了一套行之有效的和解工作方法，实现了被害人与被告人的"双恢复、双保护"，有效维护了社会治安秩序。有鉴于此，从该精神出发，探讨刑事和解的理论蕴含和制度构建，对深入挖掘詹红荔精神的价值、保护人民合法权益并维护社会平安有着重要意义。[1]

（三）典型案例

案例：河南省鲁山县强奸案"冰释前嫌"事件

2018年9月21日，河南省鲁山县人民检察院在官方微信发文宣传报道处理一起未成年强奸案时，该文标题为《鲁山一初中生一时冲动犯错检察官介入下双方冰释前嫌》，引发舆论不满。文中称，今年16岁的小赵暑期与17岁的小花强行发生了性关系。因当事双方均未满18周岁，在检方协调下，双方自愿签订了和解协议书。今年8月27日，案件移送至鲁山县人民检察院审查起诉。检方鉴于小赵主观恶性较小、系未成年人等，遂于9月2日启动羁押必要性审查，将小赵的强制措施由逮捕变更为取保候审，后小赵返校上学。[2]

二、辩护律师、法定代理人在场（合适成年人参与）

（一）条文规定

《刑事诉讼法》第二百八十一条第一款　对于未成年人刑事案件，在讯问和审判的时候，应当通知未成年犯罪嫌疑人、被告人的法定代理人到场……

（二）条文解读

合适成年人到场覆盖率高，TZ市2018年达到百分百覆盖率。合适成年人在场形式化倾向明显，在刑事诉讼过程中没有存在感，缺乏统一协同的工作机制，合适成年人缺席后期帮教未成年过程严重。[3]

---

[1] 最高人民检察院法律政策研究室组织编写：《未成年人权利保护指导性案例实务指引》，中国检察出版社2019年版，第334页。

[2] 来源：https://www.chinanews.com.cn/sh/2018/09-26/8636068.shtml，访问日期：2024年6月28日。

[3] 最高人民检察院法律政策研究室组织编写：《未成年人权利保护指导性案例实务指引》，中国检察出版社2019年版，第146页。

（三）典型案例

案例：张某抢劫、寻衅滋事案

2011年4月9日14时许，被告人张某（17岁）伙同被告人王某等4人（均另案处理），在他人纠集下，在北京市某公司工地，持砍刀等对该公司员工马某、吕某等人进行追打，抢走石料125吨，经鉴定价值人民币1750元。

2011年6月19日20时许，被告人张某在河北省某市一饭店内，酒后无故持啤酒瓶击打被害人余某头部，并将余某右前臂划伤，余某经鉴定为轻伤。

北京市门头沟区人民法院经审理认为，被告人张某以非法占有为目的，以暴力手段强行劫取他人财物，其行为已构成抢劫罪；被告人张某随意殴打他人，情节恶劣，破坏社会秩序，其行为已构成寻衅滋事罪，应实行数罪并罚。鉴于被告人张某在犯罪时均系未成年人，应依法对其减轻处罚。被告人张某到案后能如实供述犯罪事实，且认罪态度较好；张某揭发检举他人非法持有枪支的行为，查证属实，系立功，可依法对其减轻处罚。据此，判决被告人张某犯抢劫罪，判处有期徒刑2年，缓刑2年，罚金人民币2000元；犯寻衅滋事罪，判处有期徒刑10个月，缓刑1年，决定执行有期徒刑2年8个月，缓刑3年，罚金人民币2000元。

本案的特点在于引用了"合适成年人制度"。在案件审理期间，法官、合适成年人做了大量的沟通、帮教工作。案件宣判后，法官与合适成年人在张某18岁生日当天前往张某老家进行回访，并为其举行成人礼。张某高声宣誓要做一个奉公守法的公民，为社会作出应有贡献。目前，张某从事货运工作，对未来生活充满了信心。[1]

三、社会调查报告制度

（一）条文规定

《刑事诉讼法》第二百七十九条 公安机关、人民检察院、人民法院办理未成年人刑事案件，根据情况可以对未成年犯罪嫌疑人、被告人的成长经历、犯罪原因、监护教育等情况进行调查。

---

[1] 来源：https://www.chinacourt.org/article/detail/2015/09/id/1710146.shtml，访问日期：2024年6月28日。

《人民检察院刑事诉讼规则》第四百六十一条 人民检察院根据情况可以对未成年犯罪嫌疑人的成长经历、犯罪原因、监护教育等情况进行调查,并制作社会调查报告,作为办案和教育的参考。

(二)条文解读

在办理未成年人案件时进行社会调查,了解其生活背景,分析其犯罪原因,从而有针对性地采取相应措施,对其施以教育,矫正其不良习性,可以起到更加良好的社会效果。

调查报告是全面了解未成年人品格的重要依据,但不是刑事诉讼法规定的法定证据种类,也不是法律规定的必选动作,易导致侦查机关不当作证据收集司法机关作出的社会调查报告,也不移送相关材料。检察机关、法院也无法将其作为对未成年人作出处理决定的依据。[1]

(三)典型案例

案例:赵某某故意伤害案

被告人赵某某与被害人李某某系河南省驻马店市某高中同班同学。2011年11月14日,二人因琐事产生矛盾。同年11月16日18时许,赵某某持水果刀在教室内将李某某腹部捅伤,造成李某某脾破裂摘除、肝破裂、胃破裂。经鉴定,李某某的损伤构成重伤。案发后,赵某某亲属积极赔偿李某某经济损失,取得了李某某及其亲属谅解。在审理过程中,法院对被告人赵某某进行了社会调查,了解到赵某某平时在学校表现较好,其实施犯罪系一时冲动所为。在庭审过程中,赵某某也认识到了自己行为的社会危害性,当庭表示悔罪。河南省驻马店市驿城区人民法院认定被告人赵某某犯故意伤害罪,判处有期徒刑3年,缓刑3年。现该判决已经生效。未成年人犯罪有其特殊性,特别是有比较复杂的社会原因,有别于成年人。通过社会调查,了解其成长经历、家庭背景、一贯表现、犯罪原因等情况,不仅有助于找准教育的切入点,提升对其教育、感化的针对性、感染力,更有利于准确把握未成年被告人的主观恶性和人身危险性,进而对其科以适当的刑罚。本案法院在庭审前即对被告人赵某某进行了社会调查,了解其平时表现,并且通过调解,让赵

---

[1] 最高人民检察院法律政策研究室组织编写:《未成年人权利保护指导性案例实务指引》,中国检察出版社2019年版,第112页。

某某亲属与被害人亲属达成了民事赔偿协议，取得了被害人亲属的谅解，依法给予缓刑判决。判后，法院与赵某某原先学校联系，学校愿意接受赵某某复学。经回访，赵某某表现良好，学习成绩较好，没有违法现象。

四、法律援助

（一）条文规定

《刑事诉讼法》第二百七十八条 未成年犯罪嫌疑人、被告人没有委托辩护人的，人民法院、人民检察院、公安机关应当通知法律援助机构指派律师为其提供辩护。

《人民检察院刑事诉讼规则》第四百六十条 人民检察院受理案件后，应当向未成年犯罪嫌疑人及其法定代理人了解其委托辩护人的情况，并告知其有权委托辩护人。

未成年犯罪嫌疑人没有委托辩护人的，人民检察院应当书面通知法律援助机构指派律师为其提供辩护。

对于公安机关未通知法律援助机构指派律师为未成年犯罪嫌疑人提供辩护的，人民检察院应当提出纠正意见。

（二）条文解读

这一规定其实从实质上进一步明确了强制辩护制度的存在，由于未成年人年龄、智力发育程度的限制，通常对于法律法规的了解存在偏差，加之年纪小，社会阅历少，也难以理解控辩双方争辩的实质内容，不知道如何行使诉讼权利。有辩护人的参与，就能为其及时提供需要的法律帮助，有效保护其合法权益。

目前我国没有设立专门的机构进行指定辩护质量的监督，也没有设立相应辩护工作质量标准。相信随着相关配套制度的设置，此方面的制度会越来越完善。

（三）典型案例

案例：四川省某县法律援助中心对未成年人赵某某涉嫌盗窃罪提供法律援助案

2022年5月1日，牛某发现一些小区门口停放的一些小汽车未及时上锁，便约赵某某、刘某甲、刘某乙对未上锁的汽车实施盗窃。同日22时,牛某等4人在某酒店停车场附近寻找作案目标时,发现一辆黑色汽车未关闭车窗,便由牛某带领刘某甲、刘某乙在四周"望风",由赵某某钻入车内盗窃了一个黑色背包(内有现金800元及一副蓝牙耳机)。5月20日零时许,赵某某又约牛某采用上述方式进入一辆小轿车内,盗窃车内现金人民币1330元。本案经四川省某县公安局侦查终结后,移送某县人民检察院审查起诉。由于赵某某犯罪时是未成年人且没有委托辩护人,某县人民检察院通知某县法律援助中心为其指派辩护律师。该法律援助中心指派四川诘通律师事务所律师承办该案。通过与受援人的父母多次沟通、交换意见,以及阅卷与会见,承办律师认为:赵某某作为犯罪时未满18周岁的未成年人,由于早年辍学,较早步入社会,沾染了一些社会不良习气、好逸恶劳。但赵某某涉世不深,应考虑如何更好地教育挽救他,让其回归正常生活。为此,承办律师提出如下辩护意见:一是赵某某归案后如实供述犯罪事实,系坦白;二是赵某某案发时未满18周岁,且自愿认罪认罚,可以依法从轻或者减轻处罚;三是由于赵某某处于生理发育和心理发展的特殊时期,心智尚不成熟,本着教育为主、惩罚为辅的原则,建议检察机关作出不起诉或附条件不起诉的决定。2022年9月,某县人民检察院采纳了承办律师的辩护意见。根据《刑法》第264条的规定,赵某某的行为可能判处1年以下有期徒刑,但赵某某具有坦白、认罪认罚、积极赔偿并取得谅解等法定和酌定从轻处罚情节。考虑到赵某某的认罪、悔罪情节,根据《刑事诉讼法》第282条第1款的规定,某县人民检察院对赵某某作出附条件不起诉决定,考验期6个月。本案是一起涉及未成年人刑事犯罪、由人民检察院通知辩护的案件。承办律师将工作重点放在提出合理化的量刑建议上,指出受援人犯罪时尚未成年,有坦白、认罪认罚等法定情节,建议人民检察院作出不起诉或附条件不起诉的决定,并最终被人民检察院采纳。承办律师在办案中,充分考虑未成年人身心发育特点,从人性化角度提供尽可能的帮助,让当事人感受到社会温暖,有利于其今后更好地生活成长。[1]

---

〔1〕 来源:https://www.pkulaw.com/pfnl/08df102e7c10f20636802759ae206a3592a6e758fa6ed068bdfb.html,访问日期:2024年6月28日。

五、罪错未成年人分级处遇制度

（一）条文规定

《人民检察院刑事诉讼规则》第四百五十九条 人民检察院办理未成年人与成年人共同犯罪案件，一般应当对未成年人与成年人分案办理、分别起诉。不宜分案处理的，应当对未成年人采取隐私保护、快速办理等特殊保护措施。

（二）条文解读

对被羁押的未成年犯罪嫌疑人和被执行刑罚的未成年罪犯与成年人隔离，实行分别关押、分别管理和分别教育，有利于未成年人的身心健康，是对未成年犯罪嫌疑人、被告人、罪犯关押、管理和教育必须遵守的规范。[1]

在我国，分别关押、分别执行已由我国《未成年人保护法》《预防未成年人犯罪法》及《刑事诉讼法》确认，但是分别侦查、分案起诉和分案审理却一直没有得到法律确认，只有零散的司法解释和部门规章对其予以规定。[2]

（三）典型案例

案例：罪错未成年人分级处遇

2016年2月，上海市黄浦区检察院在例行走访社工组织时，获悉某学院学生金某（女，17周岁）被多名同学殴打、脱衣，欺凌时间长达两小时，十余人围观，并被拍摄视频上传至微信群，但行为人仅被治安处理。检察机关经初查认为，本案已涉嫌犯罪，遂启动立案监督程序，督促公安机关以强制侮辱罪立案侦查。本案审查逮捕阶段，黄浦区检察院对2名成年犯罪嫌疑人作出逮捕决定，对2名未成年犯罪嫌疑人作出无社会危险性不捕决定，并建议追诉1名遗漏未成年犯罪嫌疑人。审查起诉阶段，检察机关对3名未成年犯罪嫌疑人开展观护帮教，对多名尚未构成犯罪的涉案未成年人落实训诫、帮教等保护处分措施，对相关家长责令管教并开展亲职教育。同时，通过责令赔偿和赔礼道歉，使未成年被害人获得经济和精神补偿，并为其落实司法

---

[1] 最高人民检察院法律政策研究室组织编写：《未成年人权利保护指导性案例实务指引》，中国检察出版社2019年版，第116页。

[2] 管元梓：《未成年人与成年人共同犯罪案件分案审理制度研究——以分案审理模式为视角》，载《预防青少年犯罪研究》2015年第2期，第46~56页。

救助金和开展心理疏导,帮助其恢复正常生活和学习。出庭公诉阶段,公诉人建议对3名未成年人适用缓刑、对2名成年人不适用缓刑。法院采纳公诉意见,以强制侮辱罪判处5名被告人2年至3年有期徒刑,其中3名未成年人适用缓刑。检察机关在办理案件的同时,还向相关职能部门发出检察建议,要求加强案发周边地区的安保力量、增设110联网监控设施、设置法治宣传栏等,避免类似案件的再次发生。本案是一起典型的校园欺凌案件,检察机关依法行使诉讼监督权,监督公安机关立案侦查,依法打击校园欺凌犯罪;同时贯彻落实特殊保护、双向保护原则,对涉案未成年人进行分级处遇,实现宽容不纵容;并对被害人进行身心抚慰,帮助其获得经济补偿,最大限度降低犯罪带来的伤害,有效化解社会矛盾。[1]

六、隐私权

(一)条文规定

《刑事诉讼法》第二百八十五条 审判的时候被告人不满十八周岁的案件,不公开审理……

(二)条文解读

对未成年人案件不公开审理,是对未成年人保护的重要措施。未成年人还在成长时期,避免其以罪犯身份出现在公众视野,有利于其今后回归社会,避免因犯罪受到歧视,从而影响其将来的工作和生活;同时,未成年人的心智尚未成熟,不公开审理,也可以避免使被告人受到刺激,对身心健康造成不利影响。[2]作为刑事案件公开审理的例外规则,对未成年人刑事案件不公开审理,体现出对减少未成年人污名化的认知及对其矫正自新的期待。然而辗转于公众知情权与未成年人隐私权保护的现实冲突下,一些未成年人恶性暴力刑事案件亦面临是否予以公开审理及若公开审理所适用特定规则等考量。[3]

---

[1] 来源:https://www.spp.gov.cn/zdgz/201712/t20171228_207766.shtml,访问日期:2024年6月28日。

[2] 王爱立、雷建斌主编:《〈中华人民共和国刑事诉讼法〉释解与适用》,人民法院出版社2018版,第1270页。

[3] 张鸿巍:《未成年人刑事案件不公开审理的反思与转进》,载《中国青年社会科学》2021第6期,第110~119页。

(三) 典型案例

案例：李某一强奸案不公开审理

2013年，李某一强奸案备受瞩目，引发了公众及媒体对未成年人刑事司法诸问题的连锁反应。2013年2月22日下午，北京市海淀公安分局发布通报称，2013年2月19日，海淀分局接到一女事主报警称，2013年2月17日晚，其在海淀区一酒吧内与李某一等人喝酒后，被带至一宾馆内轮奸。接警后，分局立即开展工作，于2013年2月20日将涉案人员李某丰等五人控制。该五人因涉嫌强奸罪被刑事拘留。被害女子是一家广告公司的行政秘书，22岁，与酒吧没有雇佣关系，只是做兼职的驻场，赚客人给的小费。2013年9月26日上午，北京市海淀区法院一审宣判：法院以强奸罪判处被告人李某一有期徒刑10年。2013年10月28日，北京市第一中级人民法院证实10月31日上午9时依法不公开审理李某一等五人强奸上诉一案。

李某一等强奸上诉案于2013年11月27日上午9时在北京市第一中级人民法院公开宣判，维持原判。据北京市法院网官方微博"京法网事"消息，北京市海淀区法院9月2日上午对被告人李某一等五人强奸一案进行公开宣判。被告人李某一犯强奸罪，判处有期徒刑10年。案件因被告人为未成年人而行法定不公开审理。审理过程中，李母提交了《关于公开审理的申请》。辩护律师称，李母此举是想让事实、证据和办案过程公开化，接受全社会监督，以消除公众对其家庭及司法的双重误会。该言论如一石激起千层浪，公众既有对此类案件公开审理的期待与欢呼，也有不解与质疑。就该案，无论当事人、公诉方、审判方与辩护方，抑或旁观公众，皆不同程度地主动或被动介入了未成年人刑事案件是否应予公开审理的热烈讨论之中。

七、未成年人犯罪记录封存制度

(一) 条文规定

《刑事诉讼法》第二百八十六条 犯罪的时候不满十八周岁，被判处五年有期徒刑以下刑罚的，应当对相关犯罪记录予以封存。

犯罪记录被封存的，不得向任何单位和个人提供，但司法机关为办案需要或者有关单位根据国家规定进行查询的除外。依法进行查询的单位，应当对被封存的犯罪记录的情况予以保密。

《刑法》第一百条第二款 犯罪的时候不满十八周岁被判处五年有期徒刑以下刑罚的人,免除前款规定的报告义务。

(二)条文解读

对于轻罪未成年人应当有更为特殊的保护。未成年人犯罪记录封存制度不仅有效巩固了刑事诉讼过程中已经实现的对未成年人的教育功能,同时还体现了刑事司法制度对未成年人的人文关怀,也是贯彻落实宽严相济刑事政策的应有之义。

轻罪未成年人占未成年人犯罪的绝大多数。未成年人犯罪主要集中在轻伤害、盗窃、聚众斗殴、抢劫等罪名,其中多数法定刑为3年有期徒刑以下,加之其应当从轻或者减轻处罚,即便部分法定刑3年以上的,最终的判罚绝大多数都会在5年以下。

部分民众存在观念偏差,全面否定涉罪未成年,会影响对轻罪未成年人的挽救。侵犯未成年人犯罪记录封存尚不规范。轻罪未成年人信息泄露问题不容忽视。无罪证明严重影响轻罪未成年人就业。[1]

(三)典型案例

案例:莫某某等3名未成年人故意伤害案

2010年3月的一天晚上,两名成年被告人(另案处理)驾驶摩托车时与4名外省男子发生口角后,纠集了被告人莫某某、庄某、陈某等13人携带木棒等作案工具,分别驾乘6辆摩托车外出寻找并准备报复该4名外省男子。至当晚11时许,莫某某等13人见到被害人吴某持一把开山刀与另一男子步行,误认为吴某等人就是当晚与其发生口角的外省男子,遂上前追打,致吴某受伤倒地后逃离现场。吴某后经送医院抢救无效死亡。广东省潮州市中级人民法院经审理后认为,被告人莫某某、庄某、陈某犯罪时不满18周岁,参与共同故意伤害他人身体,致1人死亡,其行为均已构成故意伤害罪,系从犯,依法予以减轻处罚,依法对3人均判处有期徒刑1年,缓刑1年。法院认为莫某某、庄某及陈某符合前科封存的条件,决定对3人进行前科封存,并

---

[1] 最高人民检察院法律政策研究室组织编写:《未成年人权利保护指导性案例实务指引》,中国检察出版社2019年版,第209页。

于 2012 年 5 月 11 日举行了未成年人前科封存启动仪式暨全省第一份前科封存决定书发放仪式，联合市检察院、公安局、司法局、团市委、市教育局等单位对他们犯故意伤害罪的犯罪卷宗材料予以封存保管。通过对未成年罪犯的轻罪记录及时予以封存的形式，能有效避免未成年罪犯因实施轻刑犯罪行为所造成的标签效应，给他们一次改过自新的机会，帮助未成年罪犯顺利回归社会。[1]

八、未成年犯的教育改造

（一）条文规定

《监狱法》

第七十四条 对未成年犯应当在未成年犯管教所执行刑罚。

第七十五条 对未成年犯执行刑罚应当以教育改造为主。未成年犯的劳动，应当符合未成年人的特点，以学习文化和生产技能为主。

监狱应当配合国家、社会、学校等教育机构，为未成年犯接受义务教育提供必要的条件。

第七十六条 未成年犯年满十八周岁时，剩余刑期不超过二年的，仍可以留在未成年犯管教所执行剩余刑期。

（二）条文解读

刑法中的未成年人犯罪法律责任与教育改造问题至关重要。合理划定法律责任界限，结合教育改造手段，可以更好地帮助未成年人重正心路，回归社会。然而，未成年人犯罪的法律责任与教育改造仍然需要持续改进，以适应社会发展和未成年人心理特点的不断变化。

服刑未成年人教育矫正是一种针对特殊青少年群体的人权保障。它通过经济、社会、文化和立法、行政、司法等方式，凝聚了各种资源和力量，增强其有效顺利回归社会的能力和效果，预防其重新犯罪，满足其健康成长和教育的基本权利。当前服刑未成年人教育矫正工作伴随着人权保护已取得显著新进展：违法犯罪预防更加重视前端干预，教育矫正中心地位更加巩固，全面综合帮教建设更加丰富，文化艺术帮教活动更加多样，社区矫正教育机

---

[1] 来源：https://www.chinacourt.org/article/detail/2014/11/id/1491209.shtml，访问日期：2024年6月28日。

制更加健全，立法和制度建设更加完善；但服刑未成年人教育矫正仍存在着法治程度不高和专业不强等问题，需要进一步加快健全法治矫正、提升专业矫正和拓展社会矫正。

（三）典型案例

案例：王某抢劫案

被告人王某（17岁，某校学生）在北京市某村，以暴力殴打的方式，劫取被害人张某某（女，19岁）黑色挎包1个，内有人民币75元、被害人身份证1张及银行卡1张，并致被害人张某某轻微伤。被告人王某于当日被抓获，款、物均已起获发还。后被告人的法定代理人赔偿被害人治伤损失费等人民币20 000元，双方达成和解协议。北京市海淀区人民法院经审理认为，被告人王某行为已构成抢劫罪，应予惩处。鉴于被告人王某犯罪时未成年，系初犯，到案后能如实供述自己的犯罪事实，庭审中认罪态度较好，已赔偿被害人的经济损失，获得被害人谅解，涉案款、物均已起获发还，被告人王某所在学校愿意接收其回校继续读书，并建立监管组织对其进行监管帮教，其既往表现良好，悔改深刻，具备感化、挽救的基础，故对被告人王某依法减轻处罚，并宣告缓刑，同时，为了矫正王某的不良习惯，有利于对其在缓刑考验期限内的监管帮教，特宣告禁止令。判决被告人王某犯抢劫罪，判处有期徒刑2年，缓刑2年，罚金人民币2000元。禁止被告人王某在缓刑考验期限内进入夜总会、酒吧、迪厅、网吧等娱乐场所，禁止酗酒。不良习惯，如果不加以矫正，以后可能引发犯罪。在咨询犯罪心理专家的意见后，法官决定对其适用缓刑的同时，宣告如下两项禁止令：一是禁止在缓刑考验期限内进入夜总会、酒吧、迪厅、网吧等娱乐场所；二是禁止酗酒。宣判后，法官督促王某书写了戒酒保证书，并组织家长、老师、辩护人、公诉人、社区矫正人员召开了缓刑帮教座谈会。法官每个月在固定时间接待王某听取其思想汇报。王某表现良好，未发现酗酒等不良习惯。[1]

---

[1] 来源：https://www.chinacourt.org/article/detail/2014/11/id/1490657.shtml，访问日期：2024年6月28日。

九、未成年人社区矫正

（一）条文规定
《社区矫正法》

第五十二条 社区矫正机构应当根据未成年社区矫正对象的年龄、心理特点、发育需要、成长经历、犯罪原因、家庭监护教育条件等情况，采取针对性的矫正措施。

社区矫正机构为未成年社区矫正对象确定矫正小组，应当吸收熟悉未成年人身心特点的人员参加。

对未成年人的社区矫正，应当与成年人分别进行。

第五十三条 未成年社区矫正对象的监护人应当履行监护责任，承担抚养、管教等义务。

监护人怠于履行监护职责的，社区矫正机构应当督促、教育其履行监护责任。监护人拒不履行监护职责的，通知有关部门依法作出处理。

第五十四条 社区矫正机构工作人员和其他依法参与社区矫正工作的人员对履行职责过程中获得的未成年人身份信息应当予以保密。

除司法机关办案需要或者有关单位根据国家规定查询外，未成年社区矫正对象的档案信息不得提供给任何单位或者个人。依法进行查询的单位，应当对获得的信息予以保密。

第五十五条 对未完成义务教育的未成年社区矫正对象，社区矫正机构应当通知并配合教育部门为其完成义务教育提供条件。未成年社区矫正对象的监护人应当依法保证其按时入学接受并完成义务教育。

年满十六周岁的社区矫正对象有就业意愿的，社区矫正机构可以协调有关部门和单位为其提供职业技能培训，给予就业指导和帮助。

第五十六条 共产主义青年团、妇女联合会、未成年人保护组织应当依法协助社区矫正机构做好未成年人社区矫正工作。

国家鼓励其他未成年人相关社会组织参与未成年人社区矫正工作，依法给予政策支持。

第五十七条 未成年社区矫正对象在复学、升学、就业等方面依法享有与其他未成年人同等的权利，任何单位和个人不得歧视。有歧视行为的，应当由教育、人力资源和社会保障等部门依法作出处理。

第五十八条 未成年社区矫正对象在社区矫正期间年满十八周岁的,继续按照未成年人社区矫正有关规定执行。

(二) 条文解读

1. 概念

社区矫正有利于促进未成年犯与社会保持良性的互动关系,从而达到再社会化的目的。监禁矫正的行刑方式,一方面容易导致罪犯交叉感染,监禁环境的熏陶,让其已经很难再适应社会的生活,很容易在刑满释放后重新走上犯罪道路;另一方面"监禁"的标签一旦被贴在未成年人的身上,由于其心智尚未成熟,面对社会各界猜疑、歧视的目光,其往往不懂得该如何化解,因一次失足就完全迷失自我的个案不在少数。从我国先后颁布的《未成年人保护法》、《预防未成年人犯罪法》、最高人民法院《关于审理未成年人刑事案件的若干规定》(已失效)、最高人民法院《关于审理未成年人刑事案件具体应用法律若干问题的解释》等相关法律法规的规定可以看出,我国在处理未成年人犯罪的案件中,注重保护未成年犯的合法权益,对未成年人的轻微犯罪行为不科以刑罚,对已构成犯罪的行为适用从轻、减轻的处罚原则,较大范围地适用非监禁刑,为其改造提供了强有力的监督和良好的改造环境。[1]

2. 现状

未成年人保护法律体系虽然以法律形式确立了对违法犯罪的未成年人坚持以教育为主的原则,但对违法未成年人开展教育矫正并未系统化,缺乏相关的操作指引和规范,教育的内容、手段、方式等未有严格规定,违法未成年人教育矫正难。[2]

(三) 典型案例

案例:冯某等人寻衅滋事案

2018年3月18日,被告人冯某、梁某、张某1、张某2在某校门口商量向学生要钱。之后,四被告人分别强行拦住返校学生,通过暴力、威胁方式

---

[1] 黄立、朱永平、王水明主编:《未成年人犯罪专题研究》,法律出版社2014年版,第3408页。
[2] 黄立、朱永平、王水明主编:《未成年人犯罪专题研究》,法律出版社2014年版,第1629页。

向十余名学生索要数额不等的现金，共计1000余元。经审理认为，冯某等四人随意殴打、拦截未成年人，强拿硬要未成年人财物，其行为均已构成寻衅滋事罪。冯某、梁某均系未成年人，应当分别予以从轻处罚。四被告人均主动投案，到案后如实供述了主要犯罪事实，具有自首情节，可予以从轻处罚。四被告人积极退还赃款，赔偿被害人损失并取得谅解，也可酌情予以从轻处罚。根据犯罪的事实、性质、情节和对于社会的危害程度，判决四名被告犯寻衅滋事罪。判处冯某有期徒刑3年，缓刑5年；梁某有期徒刑2年8个月，缓刑4年；张某1有期徒刑3年，缓刑4年；张某2有期徒刑3年，缓刑3年。一审宣判后，被告人未提出上诉，判决已生效，四被告人均已交付社区矫正机构进行社区矫正。校园暴力对未成年人身心健康具有巨大伤害。办案人员引导被告人一方通过赔偿损失、赔礼道歉等方式，及时抚平因犯罪行为对未成年人造成的心灵创伤。在量刑上考虑到四名被告人系未成年人，又是初次犯罪，本着教育为主、惩罚为辅的原则，对被告人均适用了非监禁刑，依靠社会力量进行社区矫正。[1]

---

[1] 来源：https://baijiahao.baidu.com/s? id=1700568458115896610，访问日期：2024年6月28日。

第五章

未成年人的社会法权益保护

第一节 未成年人的家庭保护

一、家庭保护的基本要求

（一）条文规定

《未成年人保护法》第十五条 未成年人的父母或者其他监护人应当学习家庭教育知识，接受家庭教育指导，创造良好、和睦、文明的家庭环境。

共同生活的其他成年家庭成员应当协助未成年人的父母或者其他监护人抚养、教育和保护未成年人。

（二）未成年人的家庭保护的现状

在未成年人的成长过程中，有的监护主体自身素质低下，父母行为不良，出现随意打骂未成年人的情况。更有甚者，少数家庭中还存在着虐待、遗弃、残害未成年人的家庭暴力现象。据有关机构对儿童和家长的调查，遭受过暴力的儿童占 90.20%。暴力类型包括学校暴力、家庭暴力、同伴暴力、社区暴力四大类。其中表示曾经受过家庭暴力的儿童占 74.20%，排在四类暴力之首。[1]

有的家庭非常困难，未成年孩子因贫困失学，因贫困外出打工，身体未完全发育成熟而承担繁重体力劳动，导致生命健康备受威胁。此外，还有的家庭只关心子女的学习成绩，缺乏情感沟通，或简单粗暴，或放任自流，使

---

[1] 来源：《广东省妇联对全国妇联和联合国儿童基金会联合开展的"反对儿童暴力"的合作项目报告（2006—2010年）》，转引自黄立等：《未成年人保护实证研究——以广东省为样本》，法律出版社2014年版，第11页。

未成年人缺少适合成年人的监护。广州市疾控中心死因监测科的数据显示，全市0岁至17岁未成年人意外死亡中，在2008—2010年，每年都有200多例。随后的2011—2012年，则每年超过300例。在所有伤害事件的死亡场所中，发生在家里的约占35%，大幅度领先于其他公共场所。佛山市调研报告显示，40%的家长有过将未成年孩子单独留在车里的经历。80%的家长曾经让未满12周岁的孩子坐在汽车的副驾驶座位。在潮州市每年溺水身亡的事故中，未成年人占了很大一部分，家庭安全教育的缺失与此不无干系。可见家庭监护在保护未成年人人身安全工作中所占的重要位置。只可惜绝大部分家长对哪些是意外伤害、哪些是安全隐患，往往不是十分清楚，这些隐患往往会严重危及家庭中未成年人的生命健康权。这一切均给未成年人的健康成长造成了不可估量的负面影响。

对此，应当强化家庭保护的重要地位。家庭作为未成年人人生的第一课堂，是未成年人社会化的基本场所，承担着社会赋予的不可推卸的重要职责。家庭保护在未成年人人身安全保护中占有极为重要的地位。强化家庭保护的重要地位，首要任务是提高家长的责任感。可通过寒、暑假期间进行亲子教育活动，培养增强家庭对孩子的监护责任意识。父母或其他监护人应充分认识自己的责任，关心爱护并严格要求自己的子女，依法履行对家庭中未成年人的监护和教育责任，采取有效的措施防止意外伤害或其他人身安全侵害。

(三) 条文解读

首先，未成年人的父母或其他监护人应学习家庭教育知识，父母或其他监护人是孩子的第一任教育者，他们的言传身教对孩子的成长具有深远的影响。学习家庭教育知识可以帮助父母或监护人更好地了解孩子的心理需求、行为模式以及教育策略，使教育更加科学和有效。这些知识可以来自专业书籍、培训课程、网络资源和家庭教育讲座等。

其次，应当接受家庭教育指导，家庭教育指导是专业人士根据家庭情况和孩子的特点，为父母或监护人提供的具体建议和帮助。通过接受指导，父母或监护人可以更好地理解孩子的成长过程，掌握有效的教育方法，解决在教育过程中遇到的问题。

最后，为未成年人创造一个良好、和睦、文明的家庭环境，家庭环境是孩子成长的重要场所，一个积极、健康、和谐的家庭环境对孩子的心理健康和人格形成至关重要。父母或监护人应该努力营造一个充满爱、尊重和理解的家庭氛围，让孩子感受到安全和自由，鼓励他们积极探索、学习和成长。在家庭中，除父母或监护人外，其他成年家庭成员如祖父母、亲戚等也扮演着重要的角色。他们应该积极参与孩子的抚养、教育和保护工作，为孩子提供额外的关爱和支持。通过共同努力，可以形成一个更加完善的家庭教育体系，为孩子的健康成长提供全方位的保障。

总之，家庭教育是孩子成长过程中不可或缺的一部分。父母或监护人应该积极学习家庭教育知识，接受专业指导，为孩子创造一个良好的成长环境。同时，其他成年家庭成员也应该积极参与其中，共同为孩子的健康成长贡献力量。

（四）参考条文

◎《民法典》

第一千零四十三条 家庭应当树立优良家风，弘扬家庭美德，重视家庭文明建设。

夫妻应当互相忠实，互相尊重，互相关爱；家庭成员应当敬老爱幼，互相帮助，维护平等、和睦、文明的婚姻家庭关系。

第一千零六十八条 父母有教育、保护未成年子女的权利和义务……

◎《预防未成年人犯罪法》

第十六条 未成年人的父母或者其他监护人对未成年人的预防犯罪教育负有直接责任，应当依法履行监护职责，树立优良家风，培养未成年人良好品行；发现未成年人心理或者行为异常的，应当及时了解情况并进行教育、引导和劝诫，不得拒绝或者怠于履行监护职责。

（五）典型案例

案例：最高人民法院发布九起未成年人权益司法保护典型案例之三：胡某诉陈某变更抚养权纠纷案——发出全国首份家庭教育令[1]

1. 基本案情

2020年8月，原告胡某和被告陈某协议离婚，约定8周岁的女儿胡小某由其母即被告陈某抚养，原告每月支付抚养费。后因被告再婚，有两三个星

---

[1] 来源：https://www.court.gov.cn/zixun/xiangqing/347931.html，访问日期：2024年6月28日。

期未送胡小某去上学。原告为胡小某找来全托保姆单独居住，原告自己住在距胡小某住处20公里的乡下别墅内，由保姆单独照护胡小某，被告每周末去接孩子。原告胡某认为离婚后，被告陈某未能按约定履行抚养女儿的义务，遂将陈某诉至法院，请求法院判令将女儿胡小某的抚养权变更给原告。经法庭询问，胡小某表示更愿意和妈妈陈某在一起生活。

湖南省长沙市天心区人民法院于2022年1月6日作出民事判决，驳回原告胡某的全部诉讼请求。宣判后，原被告均未提出上诉，判决已发生法律效力。同时，法院依照《家庭教育促进法》，向被告陈某发出了全国第一份《家庭教育指导令》。

2. 裁判理由

法院生效裁判认为：原告胡某与被告陈某协议离婚后，对未成年女儿胡小某仍负有抚养、教育和保护的义务。本案原、被告双方都存在怠于履行抚养义务和承担监护职责的行为，忽视了胡小某的生理、心理与情感需求。鉴于胡小某表达出更愿意和其母亲即被告一起共同生活的主观意愿，法院判决驳回原告的诉讼请求。同时，法院认为，被告陈某在无正当理由的情况下由原告委托保姆单独照护年幼的女儿，属于怠于履行家庭教育责任的行为，根据《家庭教育促进法》的相关规定，应予以纠正。裁定要求陈某多关注胡小某的生理、心理状况和情感需求，与学校老师多联系、多沟通，了解胡小某的详细状况，并要求陈某与胡小某同住，由自己或近亲属亲自养育与陪伴胡小某，切实履行监护职责，承担起家庭教育的主体责任，不得让胡小某单独与保姆居住生活。

3. 裁判要旨

本案诉争的是未成年人胡小某的抚养权，胡小某作为年满8周岁的未成年人，不能只是单纯地将其作为需要保护的对象，必须充分考虑并尊重其提出的与其行为及自身认知能力相匹配相适应的要求与意识。胡小某对父母关系、父母抚养能力，以及对愿意随同父母哪一方生活已经具有一定的判断能力与价值衡量选择标准，因此，对于胡小某庭审中表达的更愿意和妈妈生活的主张，法院应当予以尊重。鉴于本案被告未能按照协议切实履行其抚养义务和承担监护职责，法院在宣判后，向被告发出全国第一份《家庭教育指导令》，其目的是真正实现儿童利益最大化，充分体现了人民法院对未成年人司法保护的探索创新，回应人民群众对家庭家教家风建设的新要求、新期待。

发布本案例，旨在提醒广大家长，认真履行为人父母的重大责任，加强家庭家教家风建设，努力为未成年人健康成长营造良好的家庭环境。

二、监护人必须履行的监护职责

（一）条文规定

《未成年人保护法》第十六条　未成年人的父母或者其他监护人应当履行下列监护职责：

（一）为未成年人提供生活、健康、安全等方面的保障；

（二）关注未成年人的生理、心理状况和情感需求；

（三）教育和引导未成年人遵纪守法、勤俭节约，养成良好的思想品德和行为习惯；

（四）对未成年人进行安全教育，提高未成年人的自我保护意识和能力；

（五）尊重未成年人受教育的权利，保障适龄未成年人依法接受并完成义务教育；

（六）保障未成年人休息、娱乐和体育锻炼的时间，引导未成年人进行有益身心健康的活动；

（七）妥善管理和保护未成年人的财产；

（八）依法代理未成年人实施民事法律行为；

（九）预防和制止未成年人的不良行为和违法犯罪行为，并进行合理管教；

（十）其他应当履行的监护职责。

（二）条文解读

本条将监护人监护职责分成10项具体内容并进行了详细规定，尤其是增加了对未成年人的身心保护、相关教育、财产管理和保护、民事代理、管教预防制止不良行为和违法犯罪等内容，让监护人更清楚自己应该履行哪些监护职责，也对评估监护人是否有效履行监护职责提供了客观的评价标准。

在日常生活中，父母或监护人需要确保未成年人得到基本的生活照料，包括食物、住所、医疗等，要确保孩子的基本生活需求得到满足，包括物质和精神上的需求，为他们创造一个健康、安全、稳定的成长环境。同时，还要关注未成年人的生理、心理状况和情感需求，这意味着父母或监护人需要时刻留意孩子的身体和心理变化，满足他们的情感需求，促进他们的健康成长。

在对孩子的教育过程中，父母或监护人不仅要教育孩子遵守法律法规，还要引导他们形成诚实善良的品德。此外，还要对未成年人进行安全教育，提高未成年人的自我保护意识和能力，安全教育是家庭教育中不可或缺的一部分，父母或监护人需要教会孩子如何保护自己，提高他们的安全意识。

对于未成年人的财产，监护人应当妥善管理和保护，确保这些财产的安全和合法使用。由于未成年人通常没有完全的民事行为能力，因此需要父母或监护人依法代理他们进行民事法律行为。

监护人还应当关注未成年的行为，预防和制止未成年人走上违法犯罪的道路，若监护人在日常生活中发现未成年人的异常行为，应当对其进行引导，必要时对其进行合理的管教。总之，在未成年人的成长过程中，父母或者其他监护人对其负有监护职责，且应当尽心尽责地照顾未成年人，时刻关注其身心发展，给未成年人营造一个良好的生活环境。

(三) 参考条文

◎《民法典》

第十四条　自然人的民事权利能力一律平等。

第三十四条第一款　监护人的职责是代理被监护人实施民事法律行为，保护被监护人的人身权利、财产权利以及其他合法权益等。

第一千零五十八条　夫妻双方平等享有对未成年子女抚养、教育和保护的权利，共同承担对未成年子女抚养、教育和保护的义务。

◎《义务教育法》

第五条第二款　适龄儿童、少年的父母或者其他法定监护人应当依法保证其按时入学接受并完成义务教育。

◎《预防未成年人犯罪法》

第二条　预防未成年人犯罪，立足于教育和保护未成年人相结合，坚持预防为主、提前干预，对未成年人的不良行为和严重不良行为及时进行分级预防、干预和矫治。

第十五条　国家、社会、学校和家庭应当对未成年人加强社会主义核心价值观教育，开展预防犯罪教育，增强未成年人的法治观念，使未成年人树立遵纪守法和防范违法犯罪的意识，提高自我管控能力。

第十六条 未成年人的父母或者其他监护人对未成年人的预防犯罪教育负有直接责任，应当依法履行监护职责，树立优良家风，培养未成年人良好品行；发现未成年人心理或者行为异常的，应当及时了解情况并进行教育、引导和劝诫，不得拒绝或者怠于履行监护职责。

◎《学生伤害事故处理办法》

第七条第一款 未成年学生的父母或者其他监护人（以下称为监护人）应当依法履行监护职责，配合学校对学生进行安全教育、管理和保护工作。

◎国务院《关于加强农村留守儿童关爱保护工作的意见》

三、完善农村留守儿童关爱服务体系

（一）强化家庭监护主体责任。父母要依法履行对未成年子女的监护职责和抚养义务。外出务工人员要尽量携带未成年子女共同生活或父母一方留家照料，暂不具备条件的应当委托有监护能力的亲属或其他成年人代为监护，不得让不满十六周岁的儿童脱离监护单独居住生活。外出务工人员要与留守未成年子女常联系、多见面，及时了解掌握他们的生活、学习和心理状况，给予更多亲情关爱。父母或受委托监护人不履行监护职责的，村（居）民委员会、公安机关和有关部门要及时予以劝诫、制止；情节严重或造成严重后果的，公安等有关机关要依法追究其责任。

（四）典型案例

案例一：以被监护人名义借款致其房产被查封，监护人资格被撤销[1]

申请人曾某与被申请人秦某曾系夫妻关系，双方于2001年2月18日婚生一女，取名秦某1。二人于2011年5月在民政局协议离婚，协议约定秦某1由被申请人秦某（秦某1之父）抚养，但秦某1一直跟随申请人曾某（秦某1之母）共同生活至今。2013年1月1日，被申请人秦某（乙方）与秦某1（丙方）共同向案外人杨某（甲方）借款500万元，并签订借款协议，协议上秦某在借款人（丙方）一栏签名"秦某代"。2017年1月4日，因秦某逾期还款，杨某向四川省营山县人民法院提出诉前财产保全，将秦某1与申请人曾某共同所有的一套房屋进行了保全查封。另外，被监护人秦某1对被申请人秦某向杨某借款500万元的事实并不知情。2017年6月23日，申请人曾某

---

[1]〔2019〕渝01民终10650号。

以被申请人秦某的行为严重侵害被监护人合法权益为由,将其诉至渝北区人民法院,请求依法判决撤销秦某对秦某1的监护人资格。

渝北区人民法院经审理认为,监护人应当履行监护职责,保护被监护人的人身、财产及其他合法权益。若监护人不履行监护职责或侵害被监护人合法权益的,其他有监护资格的人员或者有关单位可以申请撤销监护人的监护资格。本案中,被申请人虽系秦某1的监护人之一,却利用其作为被监护人法定代理人的名义,向他人借款500万元,并签订《借款协议》,被监护人秦某1对此并不知情,被申请人也未将该借款用于被监护人的生活、学习,且被监护人秦某1的房产因杨某保全债权而被法院查封,严重侵犯了未成年人秦某1的财产权益。尽管被申请人辩称,该借款尚在法院审理过程中,并不能确认被申请人有损害被监护人秦某1的事实,但综合考量本案证据,尤其是秦某1与曾某共同所有的房屋已被查封的事实,已能确认秦某有严重侵害秦某1合法权益的行为。最终,依照《民法通则》第18条,最高人民法院《关于贯彻执行〈中华人民共和国民法通则〉若干问题的意见(试行)》第20条,最高人民法院、最高人民检察院、公安部、民政部《关于依法处理监护人侵害未成年人权益行为若干问题的意见》第35条的规定,判决撤销被申请人秦某作为秦某1的监护人资格。

案例二:江某诉钟某变更抚养关系案——依法保障未成年人的受教育权[1]

1. 基本案情

原告人江某与被告人钟某于2009年3月10日登记结婚,婚后育有一子,取名江某俊。2011年9月20日,双方因感情不和,经法院调解协议离婚,约定儿子江某俊由母亲钟某抚养,江某每月支付抚养费600元,直到孩子独立生活为止。

离婚后,钟某将婚姻的不幸转嫁到孩子身上,以种种理由拒绝让父子相见。更为严重的是,钟某无工作,租住在廉租房内靠亲人接济为生,常年闭门不出,也不让江某俊上学读书。江某曾于2015年6月8日向法院起诉要求变更抚养权,后撤回起诉。为了孩子的成长,2016年10月11日,江某再次向法院提起诉讼要求变更江某俊抚养关系,后经法院主持调解,江某与钟某

---

[1] 来源:https://www.court.gov.cn/zixun/xiangqing/161502.html,访问日期:2024年6月28日。

达成和解协议，江某俊抚养权依然归钟某，江某俊的生活、教育所需费用均由江某承担。江某按约履行了调解书约定的义务，但是钟某拒不履行调解书约定义务。江某俊年满8周岁，已达到适学年龄，经法院多次执行，钟某仍拒绝送孩子上学，严重影响了孩子的健康成长，而江某俊爷爷奶奶为了孩子上学，频繁越级上访，导致矛盾激化。

2018年3月，原告江某再次向法院起诉，要求变更儿子抚养关系。为了化解矛盾，法院联合该市未成年保护办公室，妇联、团委、家调委、社区、教育等部门工作人员积极配合，多次上门调解，钟某仍拒绝送孩子上学。经与孩子沟通，孩子表示愿意上学读书，未成年保护办公室和市妇联联合取证，并作为未成年保护组织出庭支持诉讼。

2. 裁判结果

法院经审理认为，适龄儿童接受义务教育是家长的义务，根据市团委、妇联作为未成年人保护组织为江某俊调取的大量证据材料，证明钟某作为法定监护人，剥夺江某俊的受教育权，严重影响了孩子的身心健康发展，侵犯了未成年人的合法权益。为保护江某俊的受教育权，保障其健康成长，法院在事实证据充分的情况下，依法变更江某俊的抚养关系。

3. 典型意义

父母或者其他监护人应当尊重未成年人受教育的权利，必须使适龄未成年人依法入学接受并完成义务教育，不得使接受义务教育的未成年人辍学。与子女共同生活的一方不尽抚养义务，另一方要求变更子女抚养关系的，人民法院应予支持。本案中，江某俊随钟某生活期间，钟某不履行监护义务，拒绝送江某俊上学，不让孩子接受义务教育，严重侵犯了孩子受教育的权利。钟某无工作，无住房，无经济来源，无法保障孩子生活、学习所需，且侵犯孩子受教育权，本着儿童利益最大化原则，法官判决支持江某变更抚养关系的诉求。

子女的成长是一个长期的动态过程，随着时间的推移，离婚时协商或判决所依据的父母双方的抚养能力和抚养条件可能会在子女成长过程中产生很大的变化，所以法律出于保证子女的健康成长考虑，允许离婚夫妇以协议或诉讼的方式变更与子女的抚养关系。在抚养的过程中，不光要给予生活保障，学习教育权利更应当保障，如果一方怠于履行义务，人民法院将依法进行抚养关系变更。

三、监护人禁止实施的行为

（一）条文规定

《未成年人保护法》第十七条 未成年人的父母或者其他监护人不得实施下列行为：

（一）虐待、遗弃、非法送养未成年人或者对未成年人实施家庭暴力；

（二）放任、教唆或者利用未成年人实施违法犯罪行为；

（三）放任、唆使未成年人参与邪教、迷信活动或者接受恐怖主义、分裂主义、极端主义等侵害；

（四）放任、唆使未成年人吸烟（含电子烟，下同）、饮酒、赌博、流浪乞讨或者欺凌他人；

（五）放任或者迫使应当接受义务教育的未成年人失学、辍学；

（六）放任未成年人沉迷网络，接触危害或者可能影响其身心健康的图书、报刊、电影、广播电视节目、音像制品、电子出版物和网络信息等；

（七）放任未成年人进入营业性娱乐场所、酒吧、互联网上网服务营业场所等不适宜未成年人活动的场所；

（八）允许或者迫使未成年人从事国家规定以外的劳动；

（九）允许、迫使未成年人结婚或者为未成年人订立婚约；

（十）违法处分、侵吞未成年人的财产或者利用未成年人牟取不正当利益；

（十一）其他侵犯未成年人身心健康、财产权益或者不依法履行未成年人保护义务的行为。

（二）条文解读

该条采用列举的方式明确规定了未成年人的父母或者监护人不得实施的行为，不仅规定了禁止监护人实施的积极行为（不该做而主动去做的行为），也对监护人实施的消极行为（该做而不去做的行为）进行了明确禁止。

首先，未成年人的父母或者监护人不得虐待、遗弃、非法送养或对未成年人实施暴力，每一个未成年人都应该被善待，尽管是出于教育的目的，也不应当对未成年人采取暴力行为，棍棒教育也不再适合未成年人的身心发展，应当对未成年人进行引导与规劝，在教育未成年人时采取合理的方式。

其次，该条规定了未成年人监护人不应当放任未成年的违法犯罪行为以及其他的不良行为，比如吸烟、参与邪教组织、沉迷网络、去酒吧等行为。未成年人处于身心发展不成熟的阶段，容易受到外界的影响做出一些不利于自身发展的行为，这时监护人应当对未成年人的行为予以制止，对其进行管教，不能放任未成年人继续实施该类不良行为。

最后，未成年人的监护人在履行监护职责的过程中，也要以法律为依据，不能越过法律这根红线，比如国家规定禁止使用童工，监护人就不能将未成年人送到一些用人单位去工作，否则极有可能会侵害未成年的身心健康，对此法律予以明令禁止。

（三）参考条文

◎《刑法》

第十七条第五款　因不满十六周岁不予刑事处罚的，责令其父母或者其他监护人加以管教；在必要的时候，依法进行专门矫治教育。

第二十九条第一款　教唆他人犯罪的，应当按照他在共同犯罪中所起的作用处罚。教唆不满十八周岁的人犯罪的，应当从重处罚。

第二百六十条之一　对未成年人、老年人、患病的人、残疾人等负有监护、看护职责的人虐待被监护、看护的人，情节恶劣的，处三年以下有期徒刑或者拘役。

单位犯前款罪的，对单位判处罚金，并对其直接负责的主管人员和其他直接责任人员，依照前款的规定处罚。

有第一款行为，同时构成其他犯罪的，依照处罚较重的规定定罪处罚。

第二百六十一条　对于年老、年幼、患病或者其他没有独立生活能力的人，负有扶养义务而拒绝扶养，情节恶劣的，处五年以下有期徒刑、拘役或者管制。

◎《民法典》

第三十五条第一款　监护人应当按照最有利于被监护人的原则履行监护职责。监护人除为维护被监护人利益外，不得处分被监护人的财产。

第一千零四十二条　禁止包办、买卖婚姻和其他干涉婚姻自由的行为。禁止借婚姻索取财物。

禁止重婚。禁止有配偶者与他人同居。

禁止家庭暴力。禁止家庭成员间的虐待和遗弃。

第五章　未成年人的社会法权益保护

◎《预防未成年人犯罪法》

第二十八条　本法所称不良行为，是指未成年人实施的不利于其健康成长的下列行为：

（一）吸烟、饮酒；

（二）多次旷课、逃学；

（三）无故夜不归宿、离家出走；

（四）沉迷网络；

（五）与社会上具有不良习性的人交往，组织或者参加实施不良行为的团伙；

（六）进入法律法规规定未成年人不宜进入的场所；

（七）参与赌博、变相赌博，或者参加封建迷信、邪教等活动；

（八）阅览、观看或者收听宣扬淫秽、色情、暴力、恐怖、极端等内容的读物、音像制品或者网络信息等；

（九）其他不利于未成年人身心健康成长的不良行为。

第二十九条　未成年人的父母或者其他监护人发现未成年人有不良行为的，应当及时制止并加强管教。

◎《反家庭暴力法》

第三条　家庭成员之间应当互相帮助，互相关爱，和睦相处，履行家庭义务。

反家庭暴力是国家、社会和每个家庭的共同责任。

国家禁止任何形式的家庭暴力。

第十二条　未成年人的监护人应当以文明的方式进行家庭教育，依法履行监护和教育职责，不得实施家庭暴力。

◎**最高人民法院、最高人民检察院、公安部、司法部《关于依法办理家庭暴力犯罪案件的意见》**

17. 依法惩处虐待犯罪。采取殴打、冻饿、强迫过度劳动、限制人身自由、恐吓、侮辱、谩骂等手段，对家庭成员的身体和精神进行摧残、折磨，是实践中较为多发的虐待性质的家庭暴力。根据司法实践，具有虐待持续时间较长、次数较多；虐待手段残忍；虐待造成被害人轻微伤或者患较严重疾病；对未成年人、老年人、残疾人、孕妇、哺乳期妇女、重病患者实施较为严重的虐待行为等情形，属于刑法第二百六十条第一款规定的虐待"情节恶劣",应当依法以虐待罪定罪处罚。

(四) 典型案例

案例一：最高人民法院发布人民法院反家庭暴力典型案例（第二批）——唐某某申请人身安全保护令案[1]

1. 基本案情

2023年8月，唐某某（4岁）母亲马某对唐某某实施家庭暴力，住所所在地A市妇联联合当地有关部门进行联合家访，公安部门对马某出具家庭暴力告诫书。2023年9月，马某全家从A市搬至B市居住。同月底，唐某某所在幼儿园老师在检查时发现唐某某身上有新伤并报警，当地派出所出警并对马某进行口头训诫。2023年10月初，B市妇联代唐某某向人民法院递交人身安全保护令申请书。

2. 裁判理由及结果

人民法院经审查认为，被申请人马某对申请人唐某某曾有冻饿、殴打的暴力行为，唐某某确实遭受家庭暴力，故其申请符合《反家庭暴力法》关于作出人身安全保护令的条件，应予支持。裁定：①禁止被申请人马某对申请人唐某某实施殴打、威胁、辱骂、冻饿等家庭暴力；②责令被申请人马某接受法治教育和心理辅导矫治。

3. 典型意义

预防和制止未成年人遭受家庭暴力是全社会共同的责任。未成年人因缺乏法律知识和自保能力，面对家暴时尤为需要社会的帮扶救助。本案中，有关部门在发现相关情况后第一时间上门摸排调查；妇联代为申请人身安全保护令；幼儿园及时履行强制报告义务；公安机关依法对父母予以训诫；人民法院依法发出人身安全保护令，并联系有关部门协助履行职责，多部门联合发力共同为受家暴未成年人撑起法律保护伞。通过引入社会工作和心理疏导机制，对施暴人进行法治教育和心理辅导矫治，矫正施暴人的认识行为偏差，将从根源上减少发生家暴的可能性。

---

[1] 来源：https://www.court.gov.cn/zixun/xiangqing/418612.html，访问日期：2024年6月28日。

案例二：王某某虐待案[1]

1. 基本案情

被告人王某某于2010年6月与丈夫廖某离异并获得女儿廖某某的抚养权后，将廖某某（2007年1月出生）带至S市生活，租住于某处。2014年6月至2015年4月，王某某在家全职照顾女儿廖某某学习、生活。其间尤其是在2014年10月以后，被告人王某某以女儿廖某某撒谎、不用功学习等为由，多次采取用手打、拧，用牙咬，用脚踩，用拖鞋、绳子、电线抽，让其冬天赤裸躺在厨房地板上，将其头塞进马桶，让其长时间练劈叉等方式殴打、体罚廖某某，致其躯干和四肢软组织挫伤等。虽经学校老师、邻居多次劝说，被告人王某某仍置若罔闻。2015年4月7日，被害人廖某某到校学习被老师发现身体异常，遂案发。经鉴定，被害人廖某某因故受伤致躯干和四肢软组织挫伤等，其伤势已经构成重伤二级。被告人王某某无精神病，对本案应评定为具有完全刑事责任能力，具有受审能力。

2. 裁判结果

（1）被告人王某某犯虐待罪，判处有期徒刑2年，缓刑2年（缓刑考验期限自判决确定之日起计算）。

（2）被告人王某某于缓刑考验期起6个月内，禁止未经法定代理人廖某同意，接触未成年被害人廖某某及其法定代理人廖某。

（3）犯罪工具白色绳子一根、电线一根予以没收。

3. 裁判理由

法院认为，被告人王某某以教育为由，长期对未成年人廖某某实施家庭暴力，致廖某某重伤，其行为已构成虐待罪，依法应当承担刑事责任。公诉机关的指控，事实清楚，定性准确，指控罪名成立。被告人王某某到案后能如实供述罪行，依法从轻处罚。其系初犯，在庭审中能自愿认罪，酌情从轻处罚。辩护人认为被告人王某某主观上没有虐待故意，打骂被害人主要是为了教育孩子，且王某某是监护照顾孩子的最佳人选，故提出建议对被告人王某某从轻处罚并适用缓刑的辩护意见。根据被告人王某某殴打、虐待未成年人的手段、次数及造成重伤的严重后果，其行为已经远远超越正常实施家庭

---

[1] 米振荣主编：《未成年人司法保护的探索和实践》，法律出版社2019年版，第268~269页。

教育的界限，实属家庭暴力。被告人主观上是出于教育孩子，但手段简单粗暴，其对于长期施暴的后果应当明知，且经他人多次劝说仍不予改正，具有虐待的故意。故辩护人的辩护意见与法院查明的事实和相关法律规定不符，不予采纳。但鉴于被告人王某某系初犯，确有悔改表现，亦表示愿意接受心理干预，法院认为依法可对其从轻处罚并宣告缓刑，因此，对辩护人的相关意见法院予以采纳。

4. 案例评析

本案是2015年上海市首例依照最高人民法院、最高人民检察院、公安部、民政部《关于依法处理监护人侵害未成年人权益行为若干问题的意见》处理的监护人虐待未成年人刑事案件。学校的及时报案、社区的稳妥安置、法院的合理量刑、异地执行的积极配合，为确保案件准确及时处理、受害未成年人得到妥善有效保护提供了良好的示范作用。

第一，有效的发现报告机制。本案中，学校对受虐儿童的关注与及时报案，在未成年人保护部门的指导下采取了正确的做法，为司法保护的启动提供了良好基础。

第二，跨部门的协调配合机制。长宁区未成年人保护组织多次召开各部门的联席协调会，统一了认识，克服了障碍，有效进行了分工协作。公安机关的积极侦查、检察机关的检察建议、妇联提供的心理咨询与测评都发挥了积极作用，未成年人的安置问题得到了社工组织、街道和民政部门的大力支持。

第三，及时的司法介入机制。本案中，公安机关接到报案后没有简单视为家庭教育问题，而是及时介入，将受害人带离并予保护，经过鉴定后迅速立案，使案件得以及时进入司法程序。法院委托社区矫正部门进行审前调查，深入剖析犯罪原因，对被告人王某某开展法庭教育，根据"宽严相济""教育为主、惩罚为辅"的理念，充分考虑未成年人健康成长和家庭亲情修复的需要，对被告人进行了适当的定罪量刑。

第四，多元的社会干预矫治机制。本案中，人民法院和检察机关在案件办理过程中，积极开展少年司法特色工作，充分依托社会力量，开展社会调查、心理干预矫治、法庭教育、判后安置帮教、回访考察等特色工作，并得到区社工组织，上海、长沙两地妇联的积极配合。

案例三：王某甲遗弃案[1]

1. 基本案情

被告人王某甲于2005年结识何某某，此时双方均已婚。2006年1月，两人发生性关系。同年10月10日，王某甲产下王某乙。之后，因王某甲的配偶发现王某乙并非其亲生子，遂与王某甲离婚。2013年1月4日，经鉴定不排除何某某为王某乙的生物学父亲。2012年，王某甲向上海市长宁区人民法院起诉，要求判令王某乙随何某某共同生活。2013年5月27日，长宁区人民法院经审理后判决，王某乙随母亲王某甲共同生活，何某某支付抚养费。2013年8月8日，被告人王某甲将王某乙（时6周岁）遗弃在长宁区人民法院。同年9月初，经多方协调，王某甲将王某乙接回位于上海市长宁区的暂住地抚养。2015年2月15日，王某甲再次将王某乙（时8周岁）遗弃在长宁区人民法院门外，后未再出现。王某乙被先后安置于上海市某康健院以及上海市长宁区某敬老院。2018年8月6日，被告人王某甲在上海市B区某某路附近被公安机关抓获，王某甲到案后对上述事实供认不讳。

审理中，被害人王某乙本人并通过其诉讼代理人向法院多次表达了希望能早日回到家人身边的意愿。被告人王某甲的亲属也出具书面承诺，表示愿意协助被告人王某甲抚养王某乙。

2. 裁判结果

（1）被告人王某甲犯遗弃罪，判处有期徒刑3年，缓刑5年（缓刑考验期限从判决确定之日起计算）。

（2）在缓刑考验期间，禁止被告人王某甲逃避家庭教育指导（禁止令期限从判决生效之日起计算）。

3. 裁判理由

法院认为，被告人王某甲在具备抚养能力的情况下，先后两次将其负有抚养义务的被害人王某乙遗弃在法院或者法院门口，时间长达3年之久，其间相关工作人员多次上门，但其故意躲避，拒不履行抚养义务，情节恶劣，其行为已构成遗弃罪，应当依法承担刑事责任。公诉机关的指控，事实清楚，证据确实充分，定性准确。被告人王某甲及其辩护人对此均无异议。被告人

---

[1] 米振荣主编：《未成年人司法保护的探索和实践》，法律出版社2019年版，第273~274页。

王某甲不具有自首情节，但到案后能如实供述犯罪事实，系坦白，可以从轻处罚。被告人王某甲的辩护人提出的关于被告人王某甲具有坦白情节、有一定悔罪表现的从轻和酌情从轻处罚的意见，与事实相符，法院予以采纳。审理中，鉴于被告人王某甲的悔罪表现，其本人和家属也积极向法院表示愿意履行抚养王某乙的义务，公诉机关亦向法院提出了对被告人王某甲变更强制措施的建议。被害人王某乙已年满12周岁，向法院表达了希望与其家人共同生活的意愿。综合考虑目前的现实状况、被害人王某乙的真实意愿及被告人王某甲的悔罪表现，让被害人王某乙与亲生母亲共同生活是在特定的情形及条件下，基于未成年人利益最大化而作出的考量，法院本着惩罚与教育改造相结合的原则，决定对被告人王某甲宣告缓刑。本案缓刑宣告的目的不仅是教育、挽救被告人王某甲，更是让被害人王某乙在成长过程中有机会感受家人的关爱。

法律规定，宣告缓刑，可以根据犯罪情况，同时禁止犯罪分子在缓刑考验期限内从事特定活动。最高人民法院、最高人民检察院、公安部、司法部联合发布的《社区矫正实施办法》中有关于对社区矫正人员采取有针对性的措施进行个别教育和心理辅导的规定，目的是矫正其违法犯罪心理，提高其适应社会能力。《未成年人保护法》亦有关于父母或者其他监护人应当学习家庭教育知识，正确履行监护职责，抚养教育未成年人的规定。被告人王某甲此前无视亲情、遗弃亲生子的行为已经严重侵害了被害人王某乙的身心健康，也足以体现其法治观念淡薄、责任与担当缺失、家庭教育知识缺乏的本质。为切实保障被害人王某乙的权益，维护未成年人的身心健康，有必要要求被告人王某甲到社区报到后，在遵守法律法规、服从社区监督管理的同时，强制其接受家庭教育指导，禁止被告人王某甲逃避相应的学习义务。

4. 案例评析

本案在判决中适用缓刑禁止令强制监护人履行家庭亲职教育义务，是一个较好的尝试。

对被告人是否适用缓刑，应当充分考虑被告人行为的社会危害性和再犯可能性，并可听取未成年被害人的意见，依据儿童利益最大化原则进行裁量。本案审理过程中，在是否对被告人王某甲宣告缓刑的问题上存在较大争议。一种观点认为，被告人连续两次狠心遗弃亲生子，也不具有自首情节，让王某乙在颠沛流离、各方面得不到保障的环境下度过了童年，心灵蒙受了严重创伤,亲子关系几近破裂,其无视法院判决、一再违背承诺、不履行监护人义务的行为应受到严厉制裁,应依法剥夺被告人王某甲的监护权并判处实刑。而另一种观点则认为,被告人具有坦白情节、有一定悔罪表现,其本人及家属也积极向法院表达了今后将抚养王某乙的意愿。更重要的是,王某乙已年满12周岁,向法庭表达了希望和家人一起生活的意愿。考虑到被告人王某甲本身文化程度较低,法律意识淡薄,生存能力较差,其犯罪动机是担心无法给王某乙提供良好的学习生活环境,希望通过这种极端方式为王某乙找到更好的归宿,与一般遗弃罪的被告人无视亲情、狠心弃子的本质并不完全相同,如果判处实刑,不仅无法体现惩罚与教育改造相结合的司法原则,也将剥夺被害人王某乙在母亲身边健康成长的机会,违背儿童利益最大化原则。合议庭经过反复论证、评议,决定对被告人王某甲宣告缓刑。

四、监护人的安全保障义务

(一) 条文规定

《未成年人保护法》第十八条 未成年人的父母或者其他监护人应当为未成年人提供安全的家庭生活环境,及时排除引发触电、烫伤、跌落等伤害的安全隐患;采取配备儿童安全座椅、教育未成年人遵守交通规则等措施,防止未成年人受到交通事故的伤害;提高户外安全保护意识,避免未成年人发生溺水、动物伤害等事故。

(二) 条文解读

首先,监护人应当为未成年人提供一个安全的家庭生活环境。这包括确保家中的电器设备安全,避免未成年人触电;保持热水、热锅等热源远离未成年人的触及范围,防止烫伤事故的发生;确保家具、窗户等结构稳固,防止未成年人跌落等伤害。监护人需要定期检查和排除这些可能引发伤害的安全隐患。

其次,监护人需要采取特定的措施来防止未成年人受到交通事故的伤害。这包括为未成年人配备儿童安全座椅,确保他们在乘车时得到足够的保护;教育未成年人遵守交通规则,提高他们的交通安全意识,让他们了解并遵守过马路、乘车等交通行为的基本规范。

此外,监护人还需要提高户外安全保护意识,确保未成年人在户外活动时的安全。这包括避免让未成年人单独接近水域,以防溺水事故的发生;教导未成年人如何与动物安全相处,避免被动物伤害;在户外活动中,要时刻关注未成年人的安全状况,确保他们远离危险区域。

总之,未成年人的父母或其他监护人在保障未成年人安全方面扮演着至关重要的角色。他们需要时刻关注未成年人的安全状况,采取必要的措施来预防和减少伤害事故的发生,确保未成年人能够在一个安全、健康的环境中成长。

(三) 参考条文

◎《浙江省未成年人保护条例》

第十条 未成年人的父母或者其他监护人应当对未成年人开展交通出行、健康上网和防欺凌、防溺水、防诈骗、防拐卖、防性侵、防性骚扰等方面的安全知识教育,帮助其掌握安全知识和技能,增强其自我保护的意识和能力。

未成年人的父母或者其他监护人应当为未成年人提供安全的家庭生活环境,及时排除引发火灾、触电、烧烫伤、中毒、锐器损伤、跌落等安全隐患。

(四) 典型案例

2016年7月6日7时许,被告人樊某甲、莫某甲两人使用一辆号牌为桂A×××××的小型客车到忻城县古蓬镇龙利村旧镇屯接李某甲等学生到位于该镇东河村莫房屯的幼儿园上学。车子到达幼儿园门口将学生抱下车后,樊某甲、莫某甲两人未对车上是否有学生遗漏的情况进行仔细检查就锁车,造成李某甲被遗留在车辆上。当日16时许,樊某甲去取车时才发现被害人李某甲被遗留在车辆上,后立即送往忻城县人民医院救治,医生检查后确认李某甲已死亡。经广西金桂司法鉴定中心检验鉴定,李某甲系因中暑、缺氧死亡。当晚樊某甲、莫某甲到公安机关投案。广西壮族自治区忻城县人民法院认定樊某、莫某犯过失致人死亡罪,判处两名被告人有期徒刑1年,缓刑1年6个月。[1]

五、听取未成年人意见的义务

(一) 条文规定

《未成年人保护法》**第十九条** 未成年人的父母或者其他监护人应当根

---

[1] [2016] 桂1321刑初129号。

据未成年人的年龄和智力发展状况,在作出与未成年人权益有关的决定前,听取未成年人的意见,充分考虑其真实意愿。

(二)条文解读

首先,监护人在作决策时应充分考虑到未成年人的年龄和智力发展状况。不同年龄段的未成年人,其认知能力和理解能力都有所不同。因此,监护人需要根据未成年人的具体情况,调整与他们沟通的方式和内容,确保他们能够理解并表达自己的意愿。

其次,监护人在作出与未成年人权益有关的决定前,应当听取未成年人的意见。未成年人在不同年龄段的智力发展状况、利益诉求、表达能力等是不一样的,尤其是对8周岁以上的限制民事行为能力人,这些未成年人已经有了一定的认知能力和表达能力,父母或其他监护人要多给予其充分表达意见的机会,积极培养他们的独立人格。这不仅是尊重未成年人权益的体现,也是培养他们独立思考和自主决策能力的重要途径。通过听取未成年人的意见,监护人可以更好地了解他们的需求和想法,从而作出更加符合他们利益的决定。

最后,监护人需要充分考虑未成年人的真实意愿。这意味着监护人不能仅仅按照自己的意愿或者社会的普遍期望来作出决定,而应当尊重并认真对待未成年人的真实想法和感受。只有在充分尊重未成年人意愿的基础上,监护人才能作出真正符合他们利益的决定,促进他们的健康成长和全面发展。一些未成年人可能会由于缺少社会经验、缺乏交流沟通能力、怕被批评等心理因素而无法表达自身真实想法,这就需要成年人加以正确引导,了解未成年人的真实意愿并予以认真对待。

(三)参考条文

◎《民法典》

第三十五条第一款、第二款 监护人应当按照最有利于被监护人的原则履行监护职责。监护人除为维护被监护人利益外,不得处分被监护人的财产。

未成年人的监护人履行监护职责,在作出与被监护人利益有关的决定时,应当根据被监护人的年龄和智力状况,尊重被监护人的真实意愿。

第一千零八十四条第三款 离婚后,不满两周岁的子女,以由母亲直接抚养为原则。已满两周岁的子女,父母双方对抚养问题协议不成的,由人民法院根据双方的具体情况,按照最有利于未成年子女的原则判决。子女已满八周岁的，应当尊重其真实意愿。

◎**教育部《关于加强家庭教育工作的指导意见》**

二、进一步明确家长在家庭教育中的主体责任。

1. 依法履行家庭教育职责。教育孩子是父母或者其他监护人的法定职责。广大家长要及时了解掌握孩子不同年龄段的表现和成长特点，真正做到因材施教，不断提高家庭教育的针对性；要始终坚持儿童为本，尊重孩子的合理需要和个性，创设适合孩子成长的必要条件和生活情境，努力把握家庭教育的规律性；要提升自身素质和能力，积极发挥榜样作用，与学校、社会共同形成教育合力，避免缺教少护、教而不当，切实增强家庭教育的有效性。

（四）典型案例

案例：离婚纠纷中涉及确定子女抚养权的，应当充分听取8周岁以上子女的意见

1. 基本案情

吴某华与郑某于2011年2月结婚后，于2011年11月、2015年4月先后生育了一男一女。2018年4月因感情不和，两人到民政局办理了离婚登记，并签订《离婚协议书》，对于两个子女，两人约定：儿子郑某某由男方抚养，抚养费由男方负责，但2018年4月至2020年4月由女方代为抚养，男方每月支付2000元。女儿郑某洁由女方抚养，抚养费由女方负责。子女15周岁后可由子女自己选择要跟谁一起生活，男女双方不得强行干涉。两人还约定离婚后女方应协助男方和由男方抚养的儿子郑某某的户口迁回男方原户籍地。离婚后，郑某某随吴某华共同生活，郑某依约每月支付2000元给吴某华。2020年2月，吴某华到一审法院起诉，要求判令婚生子郑某某变更由吴某华抚养，郑某每月支付抚养费2000元，款项付至郑某某年满18周岁止。

2. 裁判结果

法院经审理认为，吴某华与郑某签订的《离婚协议书》及双方已领取《离婚证》的事实清楚，证据充分，应予以确认。虽然吴某华与郑某在离婚时协议婚生子郑某某由郑某抚养，同郑某共同生活，但同时约定2018年4月至2020年4月由吴某华代为抚养，由郑某每月支付2000元。离婚后婚生子郑某某一直随吴某华在某县居住生活，并在某小学接受教育，郑某在广东居住和工作，改变郑某某的生活环境和教育环境对其健康成长不利，且郑某某表示

其愿随母亲吴某华共同生活，因此郑某某由吴某华直接抚养，随吴某华共同生活更有利于郑某某的健康成长。故依法判决婚生子郑某某变更为由吴某华直接抚养，郑某自 2020 年 5 月起，每月 28 日前支付抚养费 1000 元，直至郑某某年满 18 周岁止。

3. 案件评析

二审时郑某主张婚生子意愿受女方诱导。经查，郑某在一审法官询问婚生子意愿的笔录后自己手写："郑：妈妈、爷爷、奶奶跟我说叫爸爸不要把我带走""女方马上打断，授意孩子说话"等内容，这几句话并非一审书记员补充记录，郑某也未提供其他证据证明婚生子愿意随吴某华共同生活并非其真实意思表示，或提供证据证明吴某华的经济能力明显不能保障子女所需费用以致影响子女健康成长。

虽然最高人民法院《关于人民法院审理离婚案件处理子女抚养问题的若干具体意见》（已失效）第 5 条规定的是"父母双方对十周岁以上的未成年子女随父或随母生活发生争执的，应考虑该子女的意见"，但由于《民法总则》（已失效）已将未成年人的无民事行为能力与限制民事行为能力之年龄界限下调为 8 周岁，人民法院审理涉及确定子女抚养权的，应当充分听取 8 周岁以上子女的意见。本案中，郑某某已年满八周岁，经依法询问，郑某某表达了愿随母亲吴某华共同生活的意愿。吴某华经济收入尚可，具有抚养能力。综合以上因素，从有利于孩子成长的角度考虑，一审判决将婚生子变更由吴某华直接抚养并无不当。

六、监护人的保护和报告义务

（一）条文规定

《未成年人保护法》第二十条　未成年人的父母或者其他监护人发现未成年人身心健康受到侵害、疑似受到侵害或者其他合法权益受到侵犯的，应当及时了解情况并采取保护措施；情况严重的，应当立即向公安、民政、教育等部门报告。

（二）条文解读

首先，若监护人发现未成年人在生活中有异样，应当及时与未成年人进行沟通，同时也要注意观察他们的行为和情绪变化，以便及时发现问题，若发现其可能受到侵害或已经受到侵害时，应当立即采取行动去进一步了解情况。

其次，监护人应当采取适当的保护措施来防止未成年人的权益进一步受到侵害。这可能包括将未成年人从危险的环境中带离，寻求专业的医疗或心理帮助，或者与其他相关方进行协商和沟通，以找到解决问题的最佳方案。

如果情况严重，监护人应当立即向相关部门报告。这些部门通常包括公安、民政和教育等，它们有专业的资源和手段来应对未成年人权益受到侵害的问题。通过及时报告，监护人可以为未成年人争取到更多的帮助和支持，同时也可以促使相关部门加强对未成年人权益的保护。

最后，未成年人的父母或其他监护人在发现未成年人权益受到侵害时，应当积极了解情况并采取保护措施。如果情况严重，应当及时向相关部门报告，以确保未成年人的权益得到充分保障。这种责任不仅体现了监护人对未成年人的关爱和照顾，也是他们作为监护人应当承担的法定义务。

（三）参考条文

◎《民法典》

第二十六条第一款　父母对未成年子女负有抚养、教育和保护的义务。

（四）典型案例

新乡 2 岁幼童身上出现多处红印、抓痕！
家长已经报警，教育局介入了[1]

据河南都市报报道，2020 年 10 月，新乡市的刘先生发现他 2 岁半的儿子在森林美域实验幼儿园上学之后身上有抓痕和红印，查看监控发现，当天中午，代班孙老师对孩子特别粗暴。因为涉事老师确实言语不当，教育局已对该幼儿园作出了处理：涉事老师已被幼儿园辞退，园方写了书面检查，并且组织全区的幼儿园开会整顿师德师风。此事需要司法部门认定，如果后续派出所确实认定为老师打孩子，教育局会对幼儿园方面作进一步的处理。

---

[1] 来源：https://www.163.com/dy/article/FQC06Q3A0545AYKB.html，访问日期：2024 年 6 月 28 日。

七、监护人看护照护未成年人特别注意义务

（一）条文规定

《未成年人保护法》第二十一条 未成年人的父母或者其他监护人不得使未满八周岁或者由于身体、心理原因需要特别照顾的未成年人处于无人看护状态，或者将其交由无民事行为能力、限制民事行为能力、患有严重传染性疾病或者其他不适宜的人员临时照护。

未成年人的父母或者其他监护人不得使未满十六周岁的未成年人脱离监护单独生活。

（二）条文解读

首先，对于未满8周岁的未成年人或者由于身体、心理原因需要特别照顾的未成年人，父母或其他监护人不能将他们置于无人看护的状态。这是因为这些未成年人在身体和心理上都相对脆弱，缺乏自我保护能力，无人看护可能会导致他们面临各种危险，如意外伤害、走失、被虐待等。如果父母或者其他监护人确因客观原因不能对上述两类未成年人进行看护，那么应当委托他人临时照护。但是不能将其交由无民事行为能力、限制民事行为能力、患有严重传染性疾病或其他不适宜的人员临时照护，这些人由于年龄或者疾病原因，不具有照顾未成年人的能力，若由该类人员照护未成年人，可能有碍于未成年人身心健康甚至有可能侵犯未成年人合法权益。

其次，对于未满16周岁的未成年人，父母或其他监护人不得使他们脱离监护单独生活。这是因为这些未成年人在生理、心理和社会经验上都尚未成熟，无法独立应对生活中的各种问题和挑战。脱离监护单独生活可能会导致他们面临严重的生存危机，如营养不良、疾病无人照顾、受到不良分子的侵害等。因此，父母或其他监护人需要为这些未成年人提供必要的照顾和支持，确保他们的基本生活需求和权益得到满足。

该条强调了未成年人的父母或其他监护人在照顾未成年人方面的责任和义务，要求他们必须为未成年人提供适当的照顾和保护，确保他们的身心健康和权益不受侵害。同时，也提醒了社会各方面应当关注未成年人的保护问题，共同为未成年人的健康成长营造良好的环境。

(三) 参考条文

◎《预防未成年人犯罪法》

第三十五条 未成年人无故夜不归宿、离家出走的,父母或者其他监护人、所在的寄宿制学校应当及时查找,必要时向公安机关报告。

收留夜不归宿、离家出走未成年人的,应当及时联系其父母或者其他监护人、所在学校;无法取得联系的,应当及时向公安机关报告。

(四) 典型案例

案例一:悲剧是如何发生的?——贵州毕节 4 名儿童集体喝农药自杀事件调查[1]

2015 年 6 月 9 日,贵州省毕节市七星关区田坎乡茨竹村 4 名无人照料、相依为命的兄妹,年纪最大的哥哥 13 岁,三个妹妹分别为 9 岁、8 岁和 5 岁,被发现倒在家中,当地政府工作人员和 120 急救人员赶到现场时,哥哥已经生命垂危,在三楼房间里发现的三个妹妹随后在医院抢救无效死亡。警方的初步调查结论是疑似集体喝农药自杀。

案例二:乐某故意杀人案[2]

江苏省南京市人民检察院以被告人乐某犯故意杀人罪,向南京市中级人民法院提起公诉。

被告人乐某对指控的犯罪事实没有异议。其辩护人提出,乐某在其同居男友李某甲被判刑后履行了对幼儿的抚养责任;乐某对两个亲生女儿的死亡主观上是过失心态,不构成故意杀人罪;乐某自幼未受到父母的关爱,未接受良好的教育,归案后认罪态度较好,希望法庭对其从轻处罚。

法院经审理查明:被告人乐某系非婚生子女,自幼由其祖父母抚养,16 岁左右离家独自生活,有多年吸毒史,曾因吸毒被行政处罚。2011 年 1 月,乐某生育一女李某乙(殁年 2 岁,生父不详)后,与李某甲同居。2012 年 3 月,乐某再生育一女李某丙(殁年 1 岁)。在李某甲于 2013 年 2 月 27 日因犯

---

[1] 来源:https://www.gov.cn/xinwen/2015-06/12/content_ 2878443.htm,访问日期:2024 年 6 月 28 日。

[2] [2013]宁少刑初字第 5 号。

罪被羁押后，乐某依靠社区发放的救助和亲友、邻居的帮扶，抚养两个女儿。乐某因沉溺于毒品，疏于照料女儿。2013年4月17日，乐某离家数日，李某乙由于饥饿独自跑出家门，社区干部及邻居发现后将两幼女送往医院救治，后乐某于当日将两女儿接回。2013年4月底的一天下午，乐某将两幼女置于其住所的主卧室内，留下少量食物、饮水，用布条反复缠裹窗户锁扣并用尿不湿夹紧主卧室房门以防止小孩跑出，之后即离家不归。乐某离家后曾多次向当地有关部门索要救助金，领取后即用于在外吸食毒品、玩乐，直至案发仍未曾回家。2013年6月21日，社区民警至乐某家探望时，通过锁匠打开房门后发现李某乙、李某丙已死于主卧室内。经法医鉴定，两被害人无机械性损伤和常见毒物中毒致死的依据，不排除其因脱水、饥饿、疾病等因素衰竭死亡。2013年6月21日14时许，公安机关将乐某抓获归案。经司法鉴定，乐某系精神活性物质（毒品）所致精神障碍，作案时有完全刑事责任能力。

江苏省南京市中级人民法院于2013年9月18日作出刑事判决：被告人乐某犯故意杀人罪，判处无期徒刑，剥夺政治权利终身。宣判后，在法定期限内没有上诉、抗诉，判决已发生法律效力。

法院生效裁判认为：被告人乐某身为被害人李某乙、李某丙的生母，对被害人负有法定的抚养义务。乐某明知将两名年幼的孩子留置在封闭房间内，在缺乏食物和饮水且无外援的情况下，必然会饿死，却仍离家一个多月，不回家照料女儿，其主观上具有放任两女儿死亡的故意，客观上也实施了不抚养、不照料并断绝二被害人获取外援的可能性，最终致二人死亡，其行为构成故意杀人罪。乐某多次放弃抚养义务，多次置被害人于危险境地，并经教育不悔改，其犯罪情节特别恶劣，犯罪后果特别严重。鉴于乐某审判时已怀孕，归案后认罪态度较好，一审法院依法作出如上判决。

八、委托他人照护未成年人的义务

（一）条文规定

《未成年人保护法》第二十二条 未成年人的父母或者其他监护人因外出务工等原因在一定期限内不能完全履行监护职责的，应当委托具有照护能力的完全民事行为能力人代为照护；无正当理由的，不得委托他人代为照护。

未成年人的父母或者其他监护人在确定被委托人时，应当综合考虑其道德品质、家庭状况、身心健康状况、与未成年人生活情感上的联系等情况，并听取有表达意愿能力未成年人的意见。

具有下列情形之一的，不得作为被委托人：

（一）曾实施性侵害、虐待、遗弃、拐卖、暴力伤害等违法犯罪行为；

（二）有吸毒、酗酒、赌博等恶习；

（三）曾拒不履行或者长期怠于履行监护、照护职责；

（四）其他不适宜担任被委托人的情形。

（二）条文解读

当未成年人的父母或其他监护人因某些原因（如外出务工）无法在一定期限内完全履行监护职责时，他们有权选择将监护职责暂时委托给他人，这种委托不是随意的，监护人需要委托具有照护能力的完全民事行为能力人代为照护未成年人。同时，监护人还要综合考虑被委托人的道德品质、家庭状况、身心健康状况以及与未成年人之间的情感联系等。同时，还应当尊重未成年人的意愿，对于愿意表达自己意愿的未成年人，监护人在确定被委托人时应当听取他们的意见。

未成年人的父母或者其他监护人在确定被委托人时，应当注意以下四类人不适宜担任被委托人：一是曾实施性侵害、虐待、遗弃、拐卖、暴力伤害等违法犯罪行为的人，这些人因为曾经对未成年人或其他人实施过严重的违法犯罪行为，存在再次伤害未成年人的风险，因此不适合担任被委托人；二是有吸毒、酗酒、赌博等恶习的人，这些人由于自身的问题，可能无法为未成年人提供稳定、健康的照护环境，甚至可能对未成年人造成不良影响，因此也不适合担任被委托人；三是曾拒不履行或者长期怠于履行监护、照护职责的人，这些人因为曾经忽视或拒绝履行自己的监护或照护职责，可能存在对未成年人权益不够重视或缺乏责任心的问题，因此也不适合担任被委托人；四是其他不适宜担任被委托人的情形，包括但不限于与被监护人存在利益冲突、与被监护人关系紧张等可能导致被监护人受到不良影响的情形。

（三）参考条文

◎国务院《关于加强农村留守儿童关爱保护工作的意见》

三、完善农村留守儿童关爱服务体系

（一）强化家庭监护主体责任。父母要依法履行对未成年子女的监护职责和抚养义务。外出务工人员要尽量携带未成年子女共同生活或父母一方留家照料，暂不具备条件的应当委托有监护能力的亲属或其他成年人代为监护，不得让不满十六周岁的儿童脱离监护单独居住生活……

(四) 典型案例

案例：最高检发布 10 起检察机关依法惩治侵害未成年人犯罪加强未成年人司法保护典型案（事）例之七：陈某遗弃案——依法打击遗弃留守儿童犯罪，督促切实履行监护职责[1]

1. 基本案情

2017 年 5 月，陈某在未与外出务工的妻子商量的情况下，将自己四个年幼的孩子遗弃家中，拒不履行监护职责，致使四名儿童仅能通过向他人索要粮食、捡垃圾卖钱、依靠政府和学校的资助维持生计。贵州省某地检察机关在联合公安、法院开展打击遗弃留守儿童专项行动中发现此案。检察机关以遗弃罪对陈某提起公诉，2017 年 12 月，法院判处陈某有期徒刑 2 年，缓刑 3 年。检察机关办案中，及时联系孩子母亲回乡照看孩子，开展司法救助为四名儿童申请司法救助金 4 万元，并监督乡政府落实被害人低保及入学保障等问题。陈某认识到自身过错，在家乡就近寻找工作，履行起监护职责，目前四名儿童学习生活正常，心理状况良好。检察机关对四名儿童后续情况持续予以跟踪关注。

2. 典型意义

随着我国城市化进程加快，留守儿童成为一个广受社会关注的特殊群体。因缺乏有效监护，得不到关爱，儿童保护出现不少问题，尤其在中西部个别地区问题较为突出，有的甚至出现儿童被伤害、致死等极端事件，造成了恶劣的社会影响。检察机关聚焦留守儿童，通过办案震慑遗弃犯罪，促使在外打工的父母切实履行监护职责，并加强对留守儿童群体的权益维护和关爱救助，传递司法温情，有效落实儿童利益最大化的原则，收到了良好的法律效果和社会效果。

---

[1] 来源：https://zhuanlan.zhihu.com/p/50588207，访问日期：2024 年 6 月 28 日。

九、委托照护情形下监护人的职责

（一）条文规定

《未成年人保护法》第二十三条 未成年人的父母或者其他监护人应当及时将委托照护情况书面告知未成年人所在学校、幼儿园和实际居住地的居民委员会、村民委员会，加强和未成年人所在学校、幼儿园的沟通；与未成年人、被委托人至少每周联系和交流一次，了解未成年人的生活、学习、心理等情况，并给予未成年人亲情关爱。

未成年人的父母或者其他监护人接到被委托人、居民委员会、村民委员会、学校、幼儿园等关于未成年人心理、行为异常的通知后，应当及时采取干预措施。

（二）条文解读

该条规定了监护人的书面告知义务，将未成年人委托给他人照护时，监护人应当书面告知未成年人所在学校以及所居住的居（村）民委员会，让这些单位知晓和掌握未成年人被委托照护情况，同时方便这些单位及时联系监护人。除告知照护情况外，父母或其他监护人还需要与学校、幼儿园保持密切的沟通。这样可以帮助他们更好地了解未成年人在学习和生活上的表现，及时发现并解决问题。

同时，父母或监护人应当加强与学校、幼儿园的沟通，与被委托人及未成年人保持联系，为了确保未成年人在被照护期间得到足够的关爱和关注，监护人应当与未成年人多沟通多交流，以便了解其生活与学习情况，若监护人接到关于未成年人心理、行为的异常通知，应当及时采取干预措施。比如与未成年人进行深入的交流、寻求专业的心理咨询或治疗、调整照护方式等，目的是确保未成年人的身心健康，避免问题进一步恶化。

总之，该条强调了父母或其他监护人在委托照护未成年人时的责任和义务，要求他们不仅要选择合适的照护人，还要与相关机构和社区保持沟通，与被委托人及未成年人保持联系，并在发现问题时及时采取干预措施。这些措施有助于确保未成年人在被照护期间得到充分的关注和保护，促进他们的健康成长。

(三) 参考条文

◎国务院《关于加强农村留守儿童关爱保护工作的意见》

三、完善农村留守儿童关爱服务体系

(一) 强化家庭监护主体责任。父母要依法履行对未成年子女的监护职责和抚养义务。外出务工人员要与留守未成年子女常联系、多见面，及时了解掌握他们的生活、学习和心理状况，给予更多亲情关爱。父母或受委托监护人不履行监护职责的，村（居）民委员会、公安机关和有关部门要及时予以劝诫、制止；情节严重或造成严重后果的，公安等有关机关要依法追究其责任。

....

(三) 加大教育部门和学校关爱保护力度……中小学校要对农村留守儿童受教育情况实施全程管理，利用电话、家访、家长会等方式加强与家长、受委托监护人的沟通交流，了解农村留守儿童生活情况和思想动态，帮助监护人掌握农村留守儿童学习情况，提升监护人责任意识和教育管理能力……

◎民政部、教育部、财政部等《关于在农村留守儿童关爱保护中发挥社会工作专业人才作用的指导意见》

二、明确社会工作专业人才在农村留守儿童关爱保护中的主要任务

....

(二) 配合开展家庭教育指导……引导外出务工家长关心留守儿童，增进家庭亲情关爱，帮助农村留守儿童通过电话、视频等方式加强与父母的情感联系和亲情交流。

十、离婚时对未成年子女的保护

(一) 条文规定

《未成年人保护法》第二十四条 未成年人的父母离婚时，应当妥善处理未成年子女的抚养、教育、探望、财产等事宜，听取有表达意愿能力未成年人的意见。不得以抢夺、藏匿未成年子女等方式争夺抚养权。

未成年人的父母离婚后，不直接抚养未成年子女的一方应当依照协议、人民法院判决或者调解确定的时间和方式，在不影响未成年人学习、生活的情况下探望未成年子女，直接抚养的一方应当配合，但被人民法院依法中止

探望权的除外。

(二) 条文解读

未成年人的父母在离婚时，应当全面考虑并妥善处理未成年子女的抚养、教育、探望、财产等事宜。在处理这些问题时，父母需要特别关注未成年子女的权益，听取有表达意愿能力的未成年人的意见，确保他们的意见得到充分的尊重和考虑。

关于抚养权的确定，《民法典》和相关司法解释对抚养争议有明确规定。[1] 未成年人父母离婚时，应当为孩子多作考虑，按照最有利于孩子的原则进行协商，尽快对未成年子女抚养问题达成一致意见。如果达不成合意的，也要尽快向法院起诉，由法院依法判决。

特别要指出的是，父母不得以抢夺、藏匿未成年子女等方式争夺抚养权。这些行为不仅可能给未成年子女带来心理上的伤害，还可能对他们的成长产生负面影响。父母应该通过协商、调解或诉讼等合法途径来解决抚养权问题，确保未成年子女的权益得到保障。

父母离婚以后，不直接抚养未成年子女的一方有权在不影响未成年人学习、生活的情况下探望未成年子女，直接抚养的一方应当配合另一方的探望，以确保未成年子女能够与双方父母都保持联系，获得足够的关爱和陪伴。如果探望权的行使对未成年子女的学习、生活造成不良影响，甚至影响未成年子女的身心健康，可以申请法院中止其探望权。这是为了保护未成年子女的权益，确保他们在健康、安全的环境中成长。

关于未成年人的学校教育费用，主要是学前教育、义务教育、高中阶段教育，这些教育的必要费用都应当由未成年人父母共同分担。若未成年人有自己的财产，无论其由哪方抚养，未成年子女的财产都归他们本人独立所有，监护人只能代为管理。离婚后，未成年子女的财产一般由直接抚养方管理，也可约定由父母双方共同管理。一方可以对直接管理方是否妥善管理和保护未成年人的财产进行监督，如发现管理方有违法处分、侵吞未成年人的财产的行为，可以由发现问题的监护人或者由未成年人本人向法院起诉进行阻止，

---

[1]《民法典》第1084条第3款规定，对于不满2周岁的子女，以由母亲直接抚养为原则；对于已满2周岁的子女，如果父母双方协议不成，将由人民法院按照最有利于未成年子女的原则判决。子女已满8周岁的，应当尊重其真实意愿。

并让管理方承担相应的法律责任。

(三) 参考条文

◎《民法典》

第一千零八十四条第三款 离婚后,不满两周岁的子女,以由母亲直接抚养为原则。已满两周岁的子女,父母双方对抚养问题协议不成的,由人民法院根据双方的具体情况,按照最有利于未成年子女的原则判决。子女已满八周岁的,应当尊重其真实意愿。

第一千零八十六条 离婚后,不直接抚养子女的父或者母,有探望子女的权利,另一方有协助的义务。

行使探望权利的方式、时间由当事人协议;协议不成的,由人民法院判决。

父或者母探望子女,不利于子女身心健康的,由人民法院依法中止探望;中止的事由消失后,应当恢复探望。

◎最高人民法院《关于适用〈中华人民共和国民法典〉婚姻家庭编的解释(一)》

第六十七条 未成年子女、直接抚养子女的父或者母以及其他对未成年子女负担抚养、教育、保护义务的法定监护人,有权向人民法院提出中止探望的请求。

(四) 典型案例

案例一:朱某某诉夏某某离婚纠纷案[1]

1. 基本案情

原告朱某某,男,香港特别行政区居民。

被告夏某某,女,加拿大公民。

原告诉称,婚后与被告共同生育两子,分别为朱某甲、朱某乙。原告提出,原、被告因婚前缺乏了解,婚后发现双方性格不合,常因琐事发生争吵,且被告多次对原告动手,实施家庭暴力。原告认为,被告的行为已经严重影响了孩子的健康成长。双方自2011年10月13日起正式分居。2013年7月4日,原告向法院起诉离婚,后经法院判决不予离婚。

---

[1] 米振荣主编:《未成年人司法保护的探索和实践》,法律出版社2019年版,第336~337页。

被告辩称，对于原告所述两人婚姻恋爱情况，生育子女情况及分居情况均认可无异议。

原告朱某某与被告夏某某于1997年相识，并于1998年7月27日登记结婚。婚后于2000年9月4日生育一子朱某甲，于2005年7月15日生育一子朱某乙。双方自2011年10月13日起正式分居。原告曾于2013年7月4日起诉离婚，后经法院判决驳回了原告的诉讼请求。判决后，原告认为夫妻感情并无改善，故再次起诉要求离婚，并请求判令两个儿子随原告生活，由被告支付抚养费，同时分割夫妻共同财产。被告同意离婚，但不同意原告要求孩子随其生活的请求，因两个孩子年龄较小，正是需要家庭关爱的时期，且两个孩子自小一起生活，感情深厚，不愿分开。要求两个儿子随被告共同生活。

审理中，原、被告均同意离婚，两个孩子由两人各抚养一个。但法院在征询孩子意见时，两个孩子均表示不愿意手足分离。

2. 裁判结果

案件审理中，双方就婚姻及孩子抚养问题达成调解意见：①双方自愿解除婚姻关系。②离婚后，婚生子朱某甲、朱某乙由原、被告共同抚养。原、被告同意维持朱某甲、朱某乙目前生活状态，涉及朱某甲、朱某乙重要事项由原、被告协商处理。离婚后朱某甲、朱某乙教育费用、医疗费用、生活费用由原、被告各半负担，其中生活费用可由原、被告根据实际情况自行协商。

3. 裁判理由

本案中，原、被告婚内生育两个儿子，且年龄相近，感情深厚，一致表示不愿意兄弟分离。如果按照惯例，由原、被告各负责抚养一个孩子，将会对两个孩子的心理健康以及日常生活产生较大的不利影响。因此，主审法官就共同抚养问题征询了原、被告意见，原、被告均表示为了能让两个孩子在相互陪伴中健康成长，两人愿意在离婚后继续维持现在的生活状态共同抚养两个孩子。同时，原、被告两人经济条件及居住条件能够满足共同抚养孩子的条件，故在调解协议中，法院明确两个孩子由原、被告共同抚养，并进一步明确共同抚养的含义，保障孩子在原、被告离婚后仍能维持现在的家庭生活状态。

4. 案例评析

（1）共同抚养的含义。共同抚养方式是与离婚后子女随一方共同生活相对应的一种抚养方式，指父母离婚后，经父母双方合意，不改变孩子生活状况，孩子随父母共同生活，由父母共同行使日常的抚养、监护职责，以最大限度地减轻未成年子女因父母婚姻解体所遭受的创伤。

（2）对共同抚养的首次尝试。共同抚养制度已经在美国、加拿大、澳大利亚等国有了相关立法及制度设置，且运用比较成熟，具体生活方式可视未成年子女的意愿以及父母的居住状况进行约定，我国尚未对共同抚养作出明确规定。审判实践中，如离婚涉及两个及以上未成年子女的，通常采取的是一方抚养的方式，即由一方抚养两个孩子，另一方支付抚养费，或者是双方各自抚养一个孩子。前一种做法虽然满足了孩子对兄弟姐妹亲情利益的需要，但对抚养方来说负担较重，也不利于孩子与另一方的感情培养；后一种做法虽然满足了父母均可以抚养子女的愿望，但让孩子之间的感情交流受到了限制，不利于未成年人心理的健康成长。为此，最高人民法院《关于人民法院审理离婚案件处理子女抚养问题的若干具体意见》（已失效）提出了"轮流抚养"的概念，但仅限于父母双方达成协议方可实施，限制了广泛推广的可行性。

本案中，法官真正倾听未成年人的意愿，从父母经济状况、居住条件、孩子生活意愿等因素综合考量了共同抚养孩子的可行性，在法律规定不明确的情况下，尝试说服当事人接受用共同抚养的方式满足孩子的需求，从而保证了孩子的生活状态免遭破坏，值得肯定。在设置共同抚养的同时，明确了共同抚养中将会涉及的相关费用承担以及有关孩子重大事宜的协商制度，为日后法院处理类似案件积累了宝贵的经验。

案例二：最高法发布人民法院反家庭暴力典型案例（第二批）——刘某某与王某某离婚纠纷案[1]

1. 基本案情

刘某某（女）和王某某系夫妻关系，双方生育一子一女。婚后，因王某某存在家暴行为，刘某某报警8次，其中一次经派出所调解，双方达成"王某某搬离共同住房，不得再伤害刘某某"的协议。刘某某曾向人民法院申请人身安全保护令。现因王某某实施家暴等行为，夫妻感情破裂，刘某某诉至

---

[1] 来源：https://www.court.gov.cn/zixun/xiangqing/418612.html，访问日期：2024年6月28日。

人民法院，请求离婚并由刘某某直接抚养子女，王某某支付抚养费等。诉讼中，王某某主张同意女儿由刘某某抚养，儿子由王某某抚养。儿子已年满8周岁，但其在书写意见时表示愿意和妈妈一起生活，在王某某录制的视频和法院的询问笔录中又表示愿意和爸爸一起生活，其回答存在反复。

2. 裁判理由及结果

人民法院经审理认为，双方均确认夫妻感情已破裂，符合法定的离婚条件，准予离婚。双方对儿子抚养权存在争议。根据《民法典》第1084条的规定，人民法院应当按照最有利未成年子女的原则处理抚养纠纷。本案中，9岁的儿子虽然具有一定的辨识能力，但其表达的意见存在反复。因此，应当全面客观看待其出具的不同意见。王某某存在家暴行为，说明其不能理性、客观地处理亲密关系人之间的矛盾，在日常生活中该行为对未成年人健康成长存在不利影响；同时，两个孩子从小一起生活，均由刘某某抚养，能够使兄妹俩在今后的学习、生活中相伴彼此、共同成长；刘某某照顾陪伴两个孩子较多，较了解学习、生活习惯，有利于孩子的身心健康成长。判决：①准予刘某某与王某某离婚；②婚生儿子、女儿均由刘某某抚养，王某某向刘某某支付儿子、女儿抚养费直至孩子年满18周岁止。

3. 典型意义

根据《民法典》第1084条的规定，离婚纠纷中，对于已满8周岁的子女，在确定由哪一方直接抚养时，应当尊重其真实意愿。由于未成年人年龄及智力发育尚不完全，基于情感、经济依赖等因素，其表达的意愿可能会受到成年人一定程度的影响，因此，应当全面考察未成年人的生活状况，深入了解其真实意愿，并按照最有利于未成年人的原则判决。本案中，由于儿子表达的意见存在反复，说明其对于和哪一方共同生活以及该生活对自己后续身心健康的影响尚无清晰认识，人民法院慎重考虑王某某的家暴因素，坚持最有利于未成年子女的原则，判决孩子由最有利于其成长的母亲直接抚养，有助于及时阻断家暴代际传递，也表明了对婚姻家庭中施暴方在法律上予以否定性评价的立场。

第二节 未成年人的学校保护

一、教育方针和未成年学生保护工作制度

(一) 条文规定

《未成年人保护法》第二十五条 学校应当全面贯彻国家教育方针,坚持立德树人,实施素质教育,提高教育质量,注重培养未成年学生认知能力、合作能力、创新能力和实践能力,促进未成年学生全面发展。

学校应当建立未成年学生保护工作制度,健全学生行为规范,培养未成年学生遵纪守法的良好行为习惯。

(二) 未成年人的学校保护现状

从理论上讲,校园应当是未成年人的乐园。但在现实中,校园安全存在一定隐患,校园暴力时有发生且逐年增加,一定程度及范围内还存在着打架、斗殴,伤害欺负同学等侵犯人身安全的情况。根据潮州市的调研报告,自1990年发生的潮州市第一宗在校学生故意伤害致人死亡案件起,近年来在校学生的犯罪率呈上升趋势,学生在校园生活中所面临的校园暴力和人身安全威胁不容忽视。如2008年至2010年间,校园暴力案件发生63起,年平均数量31.5宗。[1]

另外,校车的安全情况也是亟待解决的重要问题。潮州市调研报告数据显示,只有一名受访者认为潮州的校车情况"安全,符合国家要求",31.91%的受访者认为"各学校参差不齐,部分不符合国家要求",24.11%的人认为"不安全,完全不符合国家要求"。从掌握的材料来看,潮州市各学校并没有统一配备校车。雇用私家车、无牌照车辆充当校车、校车超载等情况比较常见,安全隐患十分严重。

对此,应当改善未成年人人身安全的学校保护,毕竟学校是未成年人社会化的重要场所,是培养人才的专门场所,更是塑造人格的地方。校园伤害

---

[1] 数据由潮州市司法局、潮州市中级人民法院提供的基础数据及由基础数据统计及问卷数据统计而构成,转引自黄立等:《未成年人保护实证研究——以广东省为样本》,法律出版社2014年版,第11页。

案件的频发，更应该引起人们对未成年人学校保护的重视，适当加强学校在未成年人安全保护方面的职责，在法规中列明"学校应当对未成年学生进行法律知识教育，培养未成年学生的社会适应能力和自我保护能力"。另外，应对学校的安保人员配备作出硬性规定，并将这一工作作为一项长期措施来进行规划。学校还应努力改善教学硬环境，防止未成年学生在危及人身健康安全的校舍和其他设施中活动。保证未成年学生的教育活动场所，不得随意将教学设备及场所挪作他用。坚决制止校园内的商业化行为。健全卫生保健制度，提供必要的卫生保健条件。有针对性地开展各种保健卫生宣传教育并积极防治未成年学生中的常见疾病。[1]

（三）条文解读

学校对未成年人承担着教育和保护两个重要职责。一方面，教育是学校的首要使命，它不仅仅包括知识的传授，更要培养学生的全面素质和道德品质。在教育方面，学校应当为学生提供优质的教学资源和环境，组织开展科学、全面、均衡的教育活动，培养学生的学习能力、思维能力和创新能力，使他们成为有知识、有能力、有担当的社会主义建设者和接班人。另一方面，学校还应承担起保护未成年人的职责。学校是未成年人日常生活的重要场所，因此，学校有责任为学生提供安全、健康的学习环境。学校应当建立健全的安全管理制度和机制，加强校园安全工作，防止校园欺凌、校园暴力等不良行为的发生。此外，学校还应关注学生的身心健康，提供必要的心理辅导和健康教育，帮助学生培养良好的生活习惯和心理健康。

除了教育和保护，学校还应当积极引导学生树立正确的价值观和道德观念，传承和弘扬社会主义核心价值观。学校应当注重培养学生的社会责任感和集体主义精神，引导他们积极参与公益活动，培养良好的社会行为规范和道德品质。同时，学校也应当加强对网络信息、娱乐产品等方面的引导和监护，帮助学生正确看待和利用互联网。

总之，学校作为社会主义教育事业的重要组成部分，承载着重要的教育和保护未成年人的责任。学校应当以德育为核心，注重培养学生的全面发展和个人素质，努力营造安全、健康、和谐的学习环境，在促进未成年人全面发展和培养社会主义接班人方面发挥积极作用。

---

[1] 黄立等：《未成年人保护实证研究——以广东省为样本》，法律出版社2014年版，第9页。

（四）参考条文

◎《未成年人学校保护规定》

第三条 学校应当全面贯彻国家教育方针，落实立德树人根本任务，弘扬社会主义核心价值观，依法办学、依法治校，履行学生权益保护法定职责，健全保护制度，完善保护机制。

第四条 学校学生保护工作应当坚持最有利于未成年人的原则，注重保护和教育相结合，适应学生身心健康发展的规律和特点；关心爱护每个学生，尊重学生权利，听取学生意见。

◎国务院未成年人保护工作领导小组《关于加强未成年人保护工作的意见》

5.加强未成年人思想道德教育。指导学校深入开展共产主义、中国特色社会主义和中国梦学习宣传教育，坚持立德树人，培育和践行社会主义核心价值观，引导广大未成年人听党话、跟党走，养成良好思想品德和行为习惯。指导学校加强新修订的《中华人民共和国未成年人保护法》等法律法规宣传教育，深入开展未成年人法治教育，提升学生法治意识。深化团教协作，强化少先队实践育人作用，加强未成年人思想道德引领。

二、幼儿园工作的原则

（一）条文规定

《未成年人保护法》第二十六条 幼儿园应当做好保育、教育工作，遵循幼儿身心发展规律，实施启蒙教育，促进幼儿在体质、智力、品德等方面和谐发展。

（二）条文解读

幼儿园作为孩子成长过程中的重要场所，在保育和教育两个方面承担着重要的职责。

首先，在保育方面，幼儿园有责任为孩子提供一个安全、健康、温馨的生活环境。这包括提供合理的膳食，提供有关保健、卫生和安全的指导，确保孩子的身心发展得到妥善照料。幼儿园还应该注重培养孩子的日常生活自理能力，如穿衣、吃饭、如厕等。此外，幼儿园应当注重与家长的沟通，积极参与家庭教育，帮助家长解决他们在儿童成长过程中面临的问题。

其次，在教育方面，幼儿园有责任为孩子提供优质、多元的教育资源和教育环境。幼儿园应当根据幼儿的年龄特点和发展需求，开展针对性的教育活动，培养孩子的综合素质。幼儿园应当提供激发孩子兴趣和发展孩子创造力的活动，如音乐、美术、体育等。同时，幼儿园还应当加强幼儿道德、心理、社会等方面的教育，培养孩子良好的品德、态度和价值观。此外，幼儿园还应当提供适合幼儿发展的游戏活动，促进幼儿的社交能力和团队合作意识。

总的来说，幼儿园作为孩子成长的重要阶段，其职责既包括保育方面的照顾和教育方面的培养。通过提供良好的保育和教育环境，幼儿园致力于促进孩子身心健康发展，培养他们的综合素质，为他们未来的学习和生活打下坚实的基础。

（三）参考条文

◎《未成年人学校保护规定》

第六十二条　幼儿园、特殊教育学校应当根据未成年人身心特点，依据本规定有针对性地加强在园、在校未成年人合法权益的保护，并参照本规定、结合实际建立保护制度。

幼儿园、特殊教育学校及其教职工违反保护职责，侵害在园、在校未成年人合法权益的，应当适用本规定从重处理。

三、尊重未成年人人格尊严

（一）条文规定

《未成年人保护法》第二十七条　学校、幼儿园的教职员工应当尊重未成年人人格尊严，不得对未成年人实施体罚、变相体罚或者其他侮辱人格尊严的行为。

（二）条文解读

禁止体罚和变相体罚是保护未成年人权益和尊严的一项重要举措，符合社会主义核心价值观和人本主义的原则。体罚或者变相体罚对于未成年人的身心健康和正常成长发展有极其负面的影响。它不仅有可能造成身体伤害，还会给孩子造成心理创伤和自尊心受损。孩子处于成长发育阶段，他们需要得到爱、尊重和关怀，而不是暴力和惩罚。禁止体罚或者变相体罚有助于营造一个安全、健康、温馨的教育环境,有利于培养孩子正确的价值观和行为习惯。

同时,禁止体罚或者变相体罚也体现了社会对未成年人权益的保护和尊重。未成年人是国家和社会的未来,他们享有受到高水平的关爱和保护的权利。禁止体罚或者变相体罚的规定,旨在保护未成年人的身心健康,为他们提供良好的学习和成长环境。

当然,在实施禁止体罚或者变相体罚的过程中,应该加强相关法律的监督和执行力度,提高社会对此问题的关注度和认识度。同时,鼓励家庭、学校和社会各方面共同努力,建立健全的教育、培训、辅导等机制,帮助教育工作者和家长树立正确的教育观念和方法,以避免体罚行为的出现。

总之,禁止体罚或者变相体罚的规定是保护未成年人权益、促进他们身心健康发展的必要举措,也是社会进步和文明发展的重要标志。我们应该共同努力,为未成年人创造一个充满爱和尊重的环境,让他们健康快乐地成长。

(三)参考条文

◎《未成年人学校保护规定》

第九条 学校应当尊重和保护学生的人格尊严,尊重学生名誉,保护和培育学生的荣誉感、责任感,表彰、奖励学生做到公开、公平、公正;在教育、管理中不得使用任何贬损、侮辱学生及其家长或者所属特定群体的言行、方式。

第二十一条 教职工发现学生实施下列行为的,应当及时制止:

(一)殴打、脚踢、掌掴、抓咬、推撞、拉扯等侵犯他人身体或者恐吓威胁他人;

(二)以辱骂、讥讽、嘲弄、挖苦、起侮辱性绰号等方式侵犯他人人格尊严;

(三)抢夺、强拿硬要或者故意毁坏他人财物;

(四)恶意排斥、孤立他人,影响他人参加学校活动或者社会交往;

(五)通过网络或者其他信息传播方式捏造事实诽谤他人、散布谣言或者错误信息诋毁他人、恶意传播他人隐私。

学生之间,在年龄、身体或者人数等方面占优势的一方蓄意或者恶意对另一方实施前款行为,或者以其他方式欺压、侮辱另一方,造成人身伤害、财产损失或者精神损害的,可以认定为构成欺凌。

（四）典型案例

案例：冯某茹与常某虎、延长县七里村红军小学健康权纠纷[1]

1. 基本案情

2019年11月5日（周二）10时许，原告同班同学刘某某在常某虎身后学其走路，原告冯某某等三人在后边讥笑，被告常某虎先后将刘某某、原告冯某某等人叫到办公室殴打。2019年11月9日，原告在延长县人民医院治疗，当日下午前往延大附属医院住院治疗，诊断为"耳鸣（左）"。2019年11月26日出院，出院医嘱"出院后防止噪音，注意休息，不适随诊"。2019年11月29日，延长县公安局作出《行政处罚决定书》，决定给予被告常某虎行政拘留14日并处罚款800元。2020年5月11日，原告申请对被告常某虎行为与原告受伤之间因果关系及参与度、后续治疗费、后续护理人数及期限进行鉴定。2020年6月5日，陕西公正司法鉴定中心以"原告所受损伤后诉左耳痛、耳鸣，客观检查未发现器质性损伤，不排除与精神创伤有关，超出本机构鉴定业务范围"为由，将鉴定资料退回。另查明，在原告住院期间，被告常某虎垫付医疗费9000元。

2. 法院裁判

一审法院认定，原告系被告延长县七里村镇中心小学六年级二班学生，被告常某虎系该校六年级三班语文老师。2019年11月5日（周二）10时许，原告同班同学刘某某在常某虎身后学其走路，原告冯某某等三人在后边讥笑，被告常某虎先后将刘某某、原告冯某某等人叫到办公室殴打。2019年11月9日，原告在延长县人民医院治疗，当日下午前往延大附属医院住院治疗，诊断为"耳鸣（左）"。2019年11月26日出院，出院医嘱"出院后防止噪音，注意休息，不适随诊"。2019年11月29日，延长县公安局作出《行政处罚决定书》，决定给予被告常某虎行政拘留14日并处罚款800元。2020年5月11日，原告申请对被告常某虎行为与原告受伤之间因果关系及参与度、后续治疗费、后续护理人数及期限进行鉴定。2020年6月5日，陕西公正司法鉴定中心以"原告所受损伤后诉左耳痛、耳鸣，客观检查未发现器质性损伤，不排除与精神创伤有关，超出本机构鉴定业务范围"为由，将鉴定资料退回。

---

[1] [2020] 陕06民终1367号。

另查明，在原告住院期间，被告常某虎垫付医疗费9000元。

一审法院认为，公民的生命健康权受法律保护，侵害公民身体健康造成伤害的，应当赔偿损失。教育是一个特殊的行业，作为寄宿制学校，师生本应是一个学习共同体、生活共同体，而不应该如此对立。面对身体、心理、智力等发育尚不完善的学生，教师的权威应该建立在自己的专业学识和人格魅力基础之上，体罚或变相体罚有悖传道授业解惑的职业素养。学生应尊师重道，固然不能程门立雪，但刻意模仿老师身体的异样以博取一笑的行为亦不可取。学校应更新教育观念，规范教师从教行为，加强教师队伍建设，依法治校、依法从教、依法处理师生矛盾。本案中，被告常某虎作为延长县七里村镇中心小学教师，违反工作要求、职业道德操守，采取不正当的教育学生方式，造成原告受伤的后果，该行为属职务行为，且学校未尽到教育和管理职责，故被告常某虎应当承担的赔偿责任应由被告延长县七里村镇中心小学承担。因原告正处于身体发育阶段，必要的营养费应当予以认定。经确认原告的合理损失为15 967.9元，后期治疗费、精神损害抚慰金依法不予支持。被告垫付原告医疗费9000元，依法应当在原告损失中予以扣除，由被告延长县七里村镇中心小学支付被告常某虎。依照《侵权责任法》（已失效）第15条第6款、第16条、第34条第1款、第39条，最高人民法院《关于审理人身损害赔偿案件适用法律若干问题的解释》第8条、第19条、第21条、第22条、第23条，《学生伤害事故处理办法》第9条第9项之规定，判决如下：①被告延长县七里村镇中心小学在本判决生效后10日内赔偿原告冯某某各项经济损失6967.9元。②被告延长县七里村镇中心小学在本判决生效后10日内支付被告常某虎垫付款9000元。③驳回原告其他诉讼请求。如果未按本判决指定的期间履行给付金钱义务，应当依照《民事诉讼法》第253条的规定，加倍支付迟延履行期间的债务利息。案件受理费820元，减半收取计410元，由被告延长县七里村镇中心小学负担。

二审中，当事人没有提交新证据，法院对一审查明的事实予以确认。

法院认为，上诉人称一审法院认定事实不清，关于各项赔偿判决不当。经查，一审时陕西公正司法鉴定中心以"原告所受损伤后诉左耳痛、耳鸣，客观检查未发现器质性损伤，不排除与精神创伤有关，超出本机构鉴定业务范围"为由将鉴定资料退回，之后上诉人并未向一审法院提出对上诉人精神创伤进行鉴定的申请，故应承担对其不利的后果。关于各项赔偿的问题，因上诉人属于未成年人，其本身并没有经济收入，不符合误工费的赔偿主体，故对该费用不予支持，上诉人因治疗所产生的交通费、住院伙食补助费、营养费等费用，因其提供的证据不符合证据的法定形式，故一审法院结合上诉人住院的实际天数以及当地各项费用的赔偿标准予以认定并无不当。关于精神损害抚慰金，由于上诉人并未提供其因被上诉人的行为致使其精神遭受损害并造成严重后果的证据，故对该项费用不予支持。综上，上诉人的上诉理由不能成立，其上诉请求法院依法不予支持。依照《民事诉讼法》第170条第1款第1项之规定，判决如下：驳回上诉，维持原判。

四、保障未成年学生受教育权

（一）条文规定

《未成年人保护法》第二十八条 学校应当保障未成年学生受教育的权利，不得违反国家规定开除、变相开除未成年学生。

学校应当对尚未完成义务教育的辍学未成年学生进行登记并劝返复学；劝返无效的，应当及时向教育行政部门书面报告。

（二）条文解读

未成年人保护法中关于学校保障未成年人受教育权的规定非常重要，体现了社会对于未成年人受教育权利的高度重视和保护。这些规定的存在和实施可以提高未成年人的教育资源和机会，确保他们享有平等接受教育的权利。教育是每个未成年人的基本权利，也是其全面发展的关键。学校作为未成年人教育的重要场所，承担着保障未成年人受教育权利的重要职责。未成年人保护法中的规定要求学校提供优质的教育资源和教育环境，确保未成年人能够平等获取教育机会，不受任何歧视。因此，本条从两个角度出发对学校作出了相关要求。

首先，禁止违反国家规定开除、变相开除未成年学生是非常必要的。这项规定的目的是防止学校以种种理由将未成年学生开除或变相开除，确保他们能够继续接受教育。通过这一规定，促使学校更好地遵守国家法律法规，保证未成年学生的受教育权不受侵犯，使每个未成年学生都能够享有平等的受教育机会。

其次，建立健全防辍学制度也是非常重要的举措。防止未成年人辍学是保障他们受教育权的基本要求。防辍学制度应当包括多种手段和措施，如加强学校的辅导和跟踪帮扶机制，提供及时的心理和教育支持，鼓励家庭、学校和社会的共同参与，共同关注和解决学生辍学问题。此外，防辍学制度还应当关注家庭经济困难、学习困难等因素，提供经济资助和个性化的教育支持，帮助每个未成年人克服困难，坚持完成学业。

（三）参考条文

◎《未成年人学校保护规定》

第十一条 学校应当尊重和保护学生的受教育权利，保障学生平等使用教育教学设施设备、参加教育教学计划安排的各种活动，并在学业成绩和品行上获得公正评价。

对身心有障碍的学生，应当提供合理便利，实施融合教育，给予特别支持；对学习困难、行为异常的学生，应当以适当方式教育、帮助，必要时，可以通过安排教师或者专业人员课后辅导等方式给予帮助或者支持。

学校应当建立留守学生、困境学生档案，配合政府有关部门做好关爱帮扶工作，避免学生因家庭因素失学、辍学。

（四）典型案例

案例：四川凉山审理两起"官告民"案件：家长不送孩子读书吃官司[1]

据四川新闻网报道，2019年2月，四川省凉山州人民法院公开审理了两起控辍保学的案件，几百名干部群众前来围观，这是当地首例政府起诉家长未能按照法定义务将子女送到学校接受九年义务教育案。11岁的小兵（化名）是派来镇官家梁子村的村民，2018年6月，小兵在当地中心学校读完五年级后，产生了厌学情绪，之后辍学到外地打工。这一情况发生后，派来镇和中心学校的工作人员多次上门劝返，但是其父亲和小兵都没意识到读书的重要性，其父亲也一直没有将小兵送回学校读书。当天，经过法庭一个多小时的调解，诉讼当场调解成功。之后，小兵的父亲连忙将孩子送到中心学校报名，小兵将进入六年级随班就读。

---

[1] 佟丽华主编：《〈中华人民共和国未成年人保护法〉理解与适用》，中国法制出版社2021年版，第83页。

五、关爱帮助留守和困境未成年学生

（一）条文规定

《未成年人保护法》第二十九条 学校应当关心、爱护未成年学生，不得因家庭、身体、心理、学习能力等情况歧视学生。对家庭困难、身心有障碍的学生，应当提供关爱；对行为异常、学习有困难的学生，应当耐心帮助。

学校应当配合政府有关部门建立留守未成年学生、困境未成年学生的信息档案，开展关爱帮扶工作。

（二）条文解读

《未成年人保护法》中的关于平等关注和关爱重点未成年学生的规定非常重要，这些规定能够促进未成年学生的全面发展，帮助他们健康成长、开拓潜能。

首先，在家庭方面，《未成年人保护法》规定了家庭的责任和义务。家庭是未成年人成长的重要环境，应该提供稳定的家庭环境和爱的关怀。对于这方面有缺失的未成年人，学校应当创造一个安全、温馨的氛围，保护未成年人的权益，关注他们的成长需求，并履行监护职责，对他们进行适当的教育和引导。

其次，在身体方面，未成年学生的身体健康是保障其受教育权利的基础。《未成年人保护法》规定了学校应当为学生提供必要的保健服务，进行健康检查和营养指导。这有助于学生健康成长，预防和及时发现可能影响学习和发展的身体问题，确保他们能够全身心地投入学习中。

再次，在心理方面，《未成年人保护法》强调了对学生心理健康的关注。学校应当注意学生的心理状态，提供必要的心理支持和辅导，帮助他们应对学业压力、人际关系等方面的困扰。通过心理教育和咨询，帮助学生树立积极的心态，培养自信和适应能力，促进他们良好的心理发展。

最后，在学习方面，《未成年人保护法》对学生的学习权利提出了要求。学校应当提供良好的教育资源和教学环境，为学生提供平等的受教育机会。为了保证学生的学习权益，学校还应当关注学生的个性差异，提供个性化的教育支持和辅导，帮助他们充分发展潜能，实现自我价值。

(三) 参考条文

◎国务院《关于加强困境儿童保障工作的意见》

二、加强困境儿童分类保障

....

(三) 强化教育保障。对于家庭经济困难儿童，要落实教育资助政策和义务教育阶段"两免一补"政策。对于残疾儿童，要建立随班就读支持保障体系，为其中家庭经济困难的提供包括义务教育、高中阶段教育在内的12年免费教育。对于农业转移人口及其他常住人口随迁子女，要将其义务教育纳入各级政府教育发展规划和财政保障范畴，全面落实在流入地参加升学考试政策和接受中等职业教育免学费政策。支持特殊教育学校、取得办园许可的残疾儿童康复机构和有条件的儿童福利机构开展学前教育。支持儿童福利机构特教班在做好机构内残疾儿童特殊教育的同时，为社会残疾儿童提供特殊教育。完善义务教育控辍保学工作机制，确保困境儿童入学和不失学，依法完成义务教育。

六、学校开展身心教育

(一) 条文规定

《未成年人保护法》第三十条　学校应当根据未成年学生身心发展特点，进行社会生活指导、心理健康辅导、青春期教育和生命教育。

(二) 条文解读

未成年人保护法中关于学校德育重点的规定涉及了社会生活指导、心理健康辅导、青春期教育和生命教育四个方面。这些规定旨在塑造未成年人积极健康的人生观、价值观，促进他们全面发展，具有重要的意义。

首先，社会生活指导是帮助未成年人理解社会规则和行为准则，引导他们正确行动的重要环节。学校德育应当向学生传授道德、法律、公民责任等方面的知识，引导学生树立正确的道德观念和行为准则。通过社会生活指导，学校可以帮助学生学会与人相处、尊重他人、具有正义感、诚信等美德，并引导他们树立正确的社会责任感。

其次，心理健康辅导是帮助未成年人保持身心健康、适应压力和挑战的重要手段。青少年期是一个身心发展的关键阶段，他们可能面临各种情绪和心理压力。学校的心理健康辅导应当关注学生的个体差异和特别需求，提供适当的心理支持和辅导，帮助他们处理困扰和情绪问题，提高心理健康水平。

再次，青春期教育重点关注青少年身心的发展和自我认知。学校应当关注青少年的身心变化，提供相关知识和教育，帮助他们理解身体的变化、性别关系、性教育、情感与人际关系等问题。青春期教育有助于青少年形成积极的自我认同，培养健康的性别意识和行为，形成健康的人际关系模式。

最后，生命教育是培养未成年人的价值观、人生观和社会责任感的关键环节之一。生命教育应当关注人生的真谛和意义，培养未成年人对生命的尊重、关爱生命的态度。通过生命教育，学校可以引导学生正确对待生活、珍视生命，培养他们积极向上的价值观和责任感。

（三）参考条文

◎《未成年人学校保护规定》

第六条 学校应当平等对待每个学生，不得因学生及其父母或者其他监护人（以下统称家长）的民族、种族、性别、户籍、职业、宗教信仰、教育程度、家庭状况、身心健康情况等歧视学生或者对学生进行区别对待。

七、学校开展劳动教育

（一）条文规定

《未成年人保护法》第三十一条 学校应当组织未成年学生参加与其年龄相适应的日常生活劳动、生产劳动和服务性劳动，帮助未成年学生掌握必要的劳动知识和技能，养成良好的劳动习惯。

（二）条文解读

学校开展劳动教育是学校教育的一项重要内容。劳动教育能够培养未成年人的动手能力、集体协作意识和劳动伦理，有助于他们全面发展和成长。学校开展劳动教育需要充分考虑未成年人的身心发展特点和安全健康问题，确保在符合相关法律法规和保护未成年人权益的前提下进行。

学校在开展劳动教育时，应当保证未成年人劳动过程中的安全和健康，并严禁使用过重、过度、危险的劳动内容。应当根据未成年人的年龄、身体条件和心理发展特点，合理安排劳动教育内容和方法。对于年龄较小的未成年人，应当选择适合其发展水平的简单、安全的劳动类型；对于年龄较大的未成年人，可以适当增加劳动难度，培养其劳动技能和责任感。

（三）参考条文

◎**教育部、共青团中央、全国少工委《关于加强中小学劳动教育的意见》**

三、抓好劳动教育的关键环节

1. 落实相关课程。要根据《义务教育课程设置实验方案》和《普通高中课程方案（实验）》，将国家规定的综合实践活动课程、通用技术课程作为实施劳动教育的重要渠道，开足开好。要明确并保证劳动教育课时，义务教育阶段三到九年级切实开设综合实践活动中的劳动与技术教育课，普通高中阶段严格执行通用技术课程标准，课时可视情况相对集中。各地各校可结合实际在地方和学校课程中加强劳动教育，开设家政、烹饪、手工、园艺、非物质文化遗产等相关课程。在德育、语文、历史等学科教学中加大劳动观念和态度的培养，在物理、化学、生物等学科教学中加大动手操作和劳动技能、职业技能的培养，在其他学科教学和少先队活动课中也应有机融入劳动教育内容。

2. 开展校内劳动。要在学校日常运行中渗透劳动教育，积极组织学生参与校园卫生保洁和绿化美化，普及校园种植。开辟专门区域种植花草树木或农作物，让班级、学生认领绿植或"责任田"，予以精心呵护，有条件的学校可适当开展养殖。大力开展与劳动有关的兴趣小组、社团、俱乐部活动，进行手工制作、电器维修、班务整理、室内装饰、勤工俭学等实践活动。广泛组织以劳动教育为主题的班团队会、劳模报告会、手工劳技展演，提高学生劳动意识。

八、学校开展厉行节约、反对浪费教育

（一）条文规定

《未成年人保护法》第三十二条 学校、幼儿园应当开展勤俭节约、反对浪费、珍惜粮食、文明饮食等宣传教育活动，帮助未成年人树立浪费可耻、节约为荣的意识，养成文明健康、绿色环保的生活习惯。

（二）条文解读

作为党和国家大力倡导的核心价值观之一，勤俭节约在培养青少年正确

价值观和良好行为习惯方面具有重要意义。未成年人保护法中关于学校开展勤俭节约教育的规定，旨在引导学生珍惜资源、节俭生活、形成健康的消费观和价值观。学校在开展勤俭节约教育时，应该采取以下措施：

制定科学的教育教学方案。学校应该根据学生的年龄和发展水平，制定科学合理的勤俭节约教育教学方案，明确教学目标、内容和方法。例如，可以通过课堂教学、活动和实践等形式，向学生传授勤俭节约的相关知识和技能。

打造勤俭节约的教育环境。学校应该积极创造勤俭节约的教育环境，例如，设置环保标语、展示勤俭的实践案例、提供资源节约的教具和设备等，激发学生的兴趣和参与度。

培养勤俭节约的意识和习惯。学校应该通过课程教学和日常生活管理，培养学生的勤俭节约意识和行为习惯。可以开展主题班会、勤俭日活动、节约用水用电的倡导等活动，引导学生从小事做起，养成良好的勤俭节约习惯。

引导正确的消费观念和价值观。学校应该引导学生树立正确的消费观念和价值观，让他们明白消费是为了满足需求而非盲目追求，教育他们量力而行，避免奢侈浪费，培养理性消费的能力。

整合跨学科资源，多元化教育方式。学校应该将勤俭节约教育与其他学科融合，形成多学科交叉的教育模式，利用各种教育资源，如社会实践、学校家庭合作、互联网资源等，增强学生对勤俭节约意识的感知和实践能力。

建立家校合作机制。学校应积极与家长合作，加强家庭教育与学校教育的衔接，共同培养学生勤俭节约的观念和习惯。可以通过家长会、家庭手册等渠道，向家长传递勤俭节约的理念，并鼓励家庭从日常生活中示范和引导学生。

(三) 参考条文

◎凉山州人民政府办公室《关于在全州学校开展厉行节约杜绝浪费工作的通知》

一、提高政治站位，加强组织领导

勤俭节约、艰苦奋斗是中华民族的传统美德，是我们党的优良作风，是践行社会主义核心价值观的生动体现，是《新时代公民道德建设实施纲要》的具体要求。党的十八大以来，以习近平同志为核心的党中央高度重视厉行节约、反对浪费问题，习近平总书记多次作出重要指示，近日又对坚决制止餐饮浪费行为、切实培养节约习惯提出明确要求。全州各级各部门各单位要深入学习贯彻习近平总书记关于厉行节约、制止餐饮浪费行为的重要指示精神，充分认识作为14亿人口大国特别是在全球新冠疫情等不利影响下，将我们的饭碗牢牢端在自己手上、绷紧粮食节约这根弦、确保国家粮食安全的极端重要性，自觉把勤俭节约、艰苦奋斗的理念内化于心、外化于行，从现在做起、从自身做起、从日常做起、从点滴做起，珍惜每一餐饭，节约每一粒粮，争做抵制浪费、爱粮节粮的践行者，争做健康餐饮、文明生活的倡导者，传承美德、弘扬新风的推动者。

各级教育部门、各类学校要发挥示范引领作用，全面开展"厉行节约、杜绝浪费"工作，将勤俭节约理念贯穿于教育教学的各方面各环节，通过教师的言传身教，引导学生深刻领悟"谁知盘中餐，粒粒皆辛苦"的深刻内涵，坚决制止校园餐饮浪费现象，从节约一粒米、一滴油做起，自觉养成艰苦奋斗、勤俭节约的良好习惯，带动家庭牢固树立浪费可耻、节约为荣的观念，让中华传统美德在校园里生根、在家庭中升华、在全社会蔚然成风。

九、学校及监护人应保障未成年学生休息、娱乐和体育锻炼的权利

（一）条文规定

《未成年人保护法》第三十三条　学校应当与未成年学生的父母或者其他监护人互相配合，合理安排未成年学生的学习时间，保障其休息、娱乐和体育锻炼的时间。

学校不得占用国家法定节假日、休息日及寒暑假期，组织义务教育阶段的未成年学生集体补课，加重其学习负担。

幼儿园、校外培训机构不得对学龄前未成年人进行小学课程教育。

（二）条文解读

未成年人保护法中关于避免加重学习负担的规定，对于保护未成年人的身心健康和全面发展非常重要。以下从学校和家庭两个方面谈对该规定的看法。

在学校方面，应该加强学校管理与教育教学改革的结合，努力减轻学生的学习负担。具体做法包括：

（1）合理规划课程设置：学校应根据学生的年龄和特长，合理规划课程设置，确保学生获得全面发展的机会。要注重学生素质教育的培养，注重培

养学生的创新思维和综合能力，减少单纯的应试教育。

（2）优化教学方法：学校应鼓励教师采用多种教学方法，如互动式教学、实践式教学等，激发学生的学习兴趣和创造力，降低学习负担。要注重培养学生的问题解决能力和自主学习能力，让学生主动参与学习，减轻对教师的过度依赖。

（3）提高教育资源利用效率：学校应创造资源共享的环境，充分利用信息技术手段，提供适合学生学习的电子教材、在线课程等资源，减轻学生携带教材的负担。

在家庭方面，家长应积极参与孩子的学习和生活，为他们提供良好的成长环境。具体做法包括：

（1）建立科学的学习安排：家长应合理规划孩子的学习时间，避免过度的学习负担。要注重孩子的休息和娱乐，帮助他们平衡学习生活。

（2）鼓励多元化发展：家长应鼓励孩子参加兴趣爱好的活动，如体育运动、艺术创作等，培养孩子的综合素质和兴趣特长，减轻独立学习的压力。

（3）积极沟通与关注：家长应与孩子建立良好的沟通渠道，了解他们的学习情况和心理状况，及时发现问题并予以解决。要鼓励孩子分享学习和生活中的困惑、挫折，给予适当的帮助和支持。

（三）参考条文

◎《未成年人学校保护规定》

第十三条 学校应当按规定科学合理安排学生在校作息时间，保证学生有休息、参加文娱活动和体育锻炼的机会和时间，不得统一要求学生在规定的上课时间前到校参加课程教学活动。

义务教育学校不得占用国家法定节假日、休息日及寒暑假，组织学生集体补课；不得以集体补课等形式侵占学生休息时间。

十、加强卫生保健工作

（一）条文规定

《未成年人保护法》**第三十四条** 学校、幼儿园应当提供必要的卫生保健条件，协助卫生健康部门做好在校、在园未成年人的卫生保健工作。

（二）条文解读

学校和幼儿园在保护未成年人身心健康方面具有重要责任，未成年人保护法中关于卫生保健工作的规定对于确保学生和幼儿的健康成长至关重要。以下从学校和幼儿园两个角度谈对该规定的看法。

学校应从以下方面落实：

（1）健全卫生保健制度：学校应建立健全卫生保健制度，包括配备专职医护人员、建立健康档案、定期进行健康体检等。学校应确保有足够的卫生设施和清洁环境，提供良好的卫生与环境保障，防止传染病等疾病的传播。

（2）促进健康生活方式：学校应开展健康教育，教授学生正确的卫生习惯、营养均衡的饮食和良好的生活规律。通过科学的课程设置和相关活动，帮助学生树立正确的卫生观念和健康生活方式。

（3）紧急救护与安全保障：学校应具备紧急情况下的救护能力，设立急救设备和培训急救人员，以确保学生在发生突发状况时能够及时得到有效的救助。此外，学校应制定严格的安全保障措施，确保学生在校园内外的安全。

而幼儿园则从这些方面落实：

（1）提供安全、健康的学习环境：幼儿园应提供安全、干净、舒适的学习环境，保证幼儿在学习、游戏和休息的过程中不受伤害。同时，要加强卫生清洁工作，防止病毒和细菌的传播。

（2）健康饮食与营养均衡：幼儿园应提供健康饮食，确保幼儿获得营养均衡的食物。要控制食品卫生与安全，避免给幼儿食用过期、变质的食品。

（3）加强疾病预防与保健：幼儿园应加强疾病预防与保健工作，定期为幼儿进行健康体检，早期发现和处理可能存在的健康问题。同时，要建立疫情监测和报告制度，并采取相应的防控措施。

（三）参考条文

◎《未成年人学校保护规定》

第二十九条 学校应当建立健全安全风险防控体系，按照有关规定完善安全、卫生、食品等管理制度，提供符合标准的教育教学设施、设备等，制定自然灾害、突发事件、极端天气和意外伤害应急预案，配备相应设施并定期组织必要的演练。

学生在校期间学校应当对校园实行封闭管理，禁止无关人员进入校园。

◎**《国务院未成年人保护工作领导小组关于加强未成年人保护工作的意见》**

6. 健全学校保护制度。制定《未成年人学校保护规定》，整合、完善学校保护制度体系。完善校园安全风险防控体系和依法处理机制，加强校园周边综合治理。提高学生安全意识和自我防护能力，开展反欺凌、交通安全、应急避险自救、防范针对未成年人的犯罪行为等安全教育。积极发展公共交通和专用校车，解决学生上下学乘车难问题，使用校车的学校要加强校车安全管理和使用。强化校园食品安全管理，严格落实校长（园长）集中用餐陪餐、家长代表陪餐、用餐信息公开等制度。严厉打击涉及学校和学生安全的违法犯罪行为。推动落实义务教育学校课后服务全覆盖，与当地正常下班时间相衔接，解决家长接学生困难问题。

（四）典型案例

案例：阎某贝、张某等教育机构责任纠纷[1]

1. 基本案情

原告阎某贝、张某之女张某佳出生于 2014 年 12 月 10 日，生前系龙口市培基学校一年级六班学生。2021 年 12 月 15 日上午 9 点 24 分，原告阎某贝给张某佳的班主任发微信"孩子昨天回来嗓子不舒服，已经吃上药了，在家量不发烧。今天如果发烧请通知我去接回来以免传染其他同学；如果今天没有异样中午让她跟着走读生回家行不行？我带回家吃饭吃点药"。班主任回复"现在中午没有走读生"，后双方发生语音聊天 17 秒。班主任当天上午因事请假，由一年级级部主任代理该班工作，该班主任未向该级部主任告知上述其与阎某贝的聊天内容有关事宜。当日午饭后，张某佳因身体不舒服，向级部主任请假，级部主任未经联系家长即为张某佳开具事假假条，任其自行离开。中午 12 点 15 分许，张某佳持假条走出教室后，先到南门门卫处，因其未看到门卫室内的保安，又转而到西门门卫处，西门保安姜某浩告知其应走南门，张某佳遂又走至南门门卫处。在南门门卫室里，保安栾某敬和柳某先询问张某佳电话号码并打电话给其奶奶。在等待其奶奶期间，张某佳发生两次呕吐，站立困难，保安为其清理呕吐物。张某佳的奶奶到达南门门卫处后，即扶其走出门卫室，因张某佳走路困难，保安栾某敬帮助抱起张某佳并放至门口草坪处。张某佳的奶奶于 13 点 06 分拨打原告阎某贝电话，原告阎某贝于 13 点 22 分到达学校，直接将张某佳送至龙口市人民医院就诊。

---

[1] [2023] 鲁 06 民终 6796 号。

龙口市人民医院入院诊断为"上呼吸道感染、颅内感染？发热性惊厥"，当日建议其转上级医院进一步诊治，出院诊断为"颅内感染、上呼吸道感染、惊厥原因待查、低钠血症"。当日19时转至烟台毓璜顶医院住院治疗，入院诊断为"癫痫持续状态、中枢神经系统感染？低钠血症"。张某佳在烟台毓璜顶医院住院治疗27天后，于2022年1月11日经抢救无效死亡，诊断为"1.急性坏死性脑病 2.急性呼吸衰竭 3.急性心力衰竭 4.癫痫持续状态 5.中枢性尿崩症 6.电解质紊乱 7.肝功能不全 8.肺炎 9.胸腔积液 10.血小板减少"。张某佳死亡后，原、被告均未申请进行尸检。烟台毓璜顶医院住院病案的"死亡病例讨论"载明："……主持人总结：同意上述医师意见，该患儿目前诊断明确，死亡为流感病毒相关性脑病/脑炎所致……目前对于IAE的认识仍不充分，其发病机制尚无明确结论……因此，及时接种流感病毒疫苗可有效预防流感及其严重并发症发生。"张某佳住院期间，二原告花费救护车费1100元、检验费4560元。

龙口市人民医院和烟台毓璜顶医院的住院病历均载明，在张某佳的病情经烟台毓璜顶医院确诊之前，学校和家属均不清楚张某佳患何种疾病。

另查明，张某佳入学时提供的疫苗接种记录完整，没有缺漏记录。

2. 法院裁判

法院依照《民法典》第1179条、第1181条、第1183条第1款、第1199条，《未成年人保护法》第34条、第37条，《学生伤害事故处理办法》第9条、第15条，最高人民法院《关于审理人身损害赔偿案件适用法律若干问题的解释》第7条、第8条、第9条、第10条、第14条，最高人民法院《关于确定民事侵权精神损害赔偿责任若干问题的解释》第1条，《民事诉讼法》第67条之规定，于2023年8月4日作出［2022］鲁0681民初4798号民事判决：①被告龙口市培基学校赔偿原告阎某贝、张某因张某佳死亡造成的检验费、护理费、住院伙食补助费、交通费、死亡赔偿金、丧葬费、精神损害抚慰金等经济损失共计801 964.6元。②驳回原告阎某贝、张某的其他诉讼请求。如果未按本判决指定的期间履行给付金钱义务，应当依照《民事诉讼法》第260条的规定，加倍支付迟延履行期间的债务利息。案件受理费19 865元，由原告阎某贝、张某负担8045元，由被告龙口市培基学校负担11 820元。

十一、学校安全管理制度和措施

（一）条文规定

《未成年人保护法》第三十五条 学校、幼儿园应当建立安全管理制度，对未成年人进行安全教育、完善安保设施、配备安保人员，保障未成年人在校、在园期间的人身和财产安全。

学校、幼儿园不得在危及未成年人人身安全、身心健康的校舍和其他设施、场所中进行教育教学活动。

学校、幼儿园安排未成年人参加文化娱乐、社会实践等集体活动，应当保护未成年人的身心健康，防止发生人身伤害事故。

（二）条文解读

未成年人保护法中关于安全管理制度的规定是为了确保学校和幼儿园提供安全稳定的学习环境，保护未成年人的身心安全。从学校和幼儿园两个方面来看，对这一规定的落实有如下措施。

对于学校，可从以下方面入手：

（1）健全安全管理制度：学校应建立健全安全管理制度，明确责任分工和管理措施。制定安全预案和应急管理措施，确保在发生紧急情况时能够及时、有效地进行救援和处理。

（2）加强校园安全设施建设：学校应加强校园安全设施的建设，包括安装监控设备、设置防护栏、建立紧急广播系统等，为学生提供一个安全、稳定的学习环境。

（3）安全教育与培训：学校应定期组织安全教育与培训活动，教育学生掌握相关安全知识与技能，提高应对突发事件的自我保护能力。同时，也要加强教师和管理人员的安全培训，提升他们的危机意识和应急处置能力。

而对于幼儿园，可从以下方面入手：

（1）设立安全管理岗位：幼儿园应设立专门的安全管理岗位，负责安全工作的组织与监督。专职安全管理人员应定期进行安全检查和隐患排查，确保幼儿园内外的安全环境。

（2）提高师生安全意识：幼儿园应加强师生安全意识的培养。组织安全知识的培训，引导师生了解常见危险源和风险防范措施，教育幼儿遵守安全规则。

（3）建立家园安全交流机制：幼儿园应与家长建立密切的联系，建立家园安全交流机制。及时向家长反馈幼儿在学校的安全情况，加强与家长的沟通，共同关注幼儿的安全问题。

（三）参考条文

◎《未成年人学校保护规定》

第七条第一款　学校应当落实安全管理职责，保护学生在校期间人身安全。学校不得组织、安排学生从事抢险救灾、参与危险性工作，不得安排学生参加商业性活动及其他不宜学生参加的活动。

◎国务院未成年人保护工作领导小组《关于加强未成年人保护工作的意见》

6. 健全学校保护制度。制定《未成年人学校保护规定》，整合、完善学校保护制度体系。完善校园安全风险防控体系和依法处理机制，加强校园周边综合治理。提高学生安全意识和自我防护能力，开展反欺凌、交通安全、应急避险自救、防范针对未成年人的犯罪行为等安全教育。积极发展公共交通和专用校车，解决学生上下学乘车难问题，使用校车的学校要加强校车安全管理和使用。强化校园食品安全管理，严格落实校长（园长）集中用餐陪餐、家长代表陪餐、用餐信息公开等制度。严厉打击涉及学校和学生安全的违法犯罪行为。推动落实义务教育学校课后服务全覆盖，与当地正常下班时间相衔接，解决家长接学生困难问题。

（四）典型案例

案例：警方通报：西安校内车祸被撞学生不幸身亡，肇事司机启动车辆后操作不当[1]

据搜狐网报道，2020年6月，李某驾驶小型越野车在西安市六十七中校园内教学楼东侧通道离开时，适逢党某（星火路小学一年级三班学生）课间休息步行于此，因李某启动车辆后操作不当，车辆失控，将党某突然撞倒，车辆撞击路边灯杆受损，党某因为伤势严重，不幸身亡，造成重大交通事故。

---

[1] 佟丽华主编：《〈中华人民共和国未成年人保护法〉理解与适用》，中国法制出版社2021年版，第105~106页。

目前,已排除肇事车辆驾驶人李某毒驾、酒驾嫌疑,李某已被公安机关刑拘;区教育局分管副局长被停职检查,涉事学校校长和分管副校长被免职。

十二、校车安全管理制度和措施

(一)条文规定

《未成年人保护法》第三十六条 使用校车的学校、幼儿园应当建立健全校车安全管理制度,配备安全管理人员,定期对校车进行安全检查,对校车驾驶人进行安全教育,并向未成年人讲解校车安全乘坐知识,培养未成年人校车安全事故应急处理技能。

(二)条文解读

未成年人保护法中关于校车安全管理制度的规定对保障学生和幼儿的出行安全具有重要意义。以下从学校和幼儿园两个角度入手谈为落实该规定需要哪些措施。

对于学校,可从以下方面入手:

(1)健全校车安全管理制度:学校应建立健全校车安全管理制度,明确校车的使用和管理规定,确保校车的安全运行和乘车秩序。制定校车安全预案,包括紧急情况下的救援措施和应急联系人的安排等,以应对突发事件。

(2)提高校车驾驶人员的素质:学校应加强校车驾驶人员的职业素养和安全意识培养,确保他们具备良好的驾驶技能和责任意识。同时,严格遵守相关法律法规,配备合格的驾驶员,并进行定期的健康体检。

(3)加强校车安全设施建设:学校应确保校车安全设施完善,包括安装安全座椅、安全带等,以提供安全的乘坐环境。同时,对校车进行定期检修和维护,确保车辆的正常运行和安全性。

而对于幼儿园,可从以下方面入手:

(1)建立严格的校车使用管理机制:幼儿园应建立严格的校车使用管理机制,包括明确校车使用条件、乘车名单的确认、安全检查等。确保校车的安全运营,严格控制校车的载客量,防止超载情况发生。

(2)提高师幼出行安全意识:幼儿园要加强师幼的出行安全意识教育,包括如何正确乘坐校车、保持乘车秩序、注意安全出入车辆等方面的培养。同时,加强教职工的引导与监督,确保每个幼儿乘车过程中的安全。

(3) 主动协调与沟通：幼儿园应与校车驾驶员、家长以及相关部门进行密切协调与沟通。定期开展校车安全会议，交流反馈安全问题，共同确保校车安全管理的有效实施。

(三) 参考条文

◎《未成年人学校保护规定》

第三十九条 学校根据《校车安全管理条例》配备、使用校车的，应当依法建立健全校车安全管理制度，向学生讲解校车安全乘坐知识，培养学生校车安全事故应急处理技能。

◎**国务院未成年人保护工作领导小组《关于加强未成年人保护工作的意见》**

6. 健全学校保护制度。制定《未成年人学校保护规定》，整合、完善学校保护制度体系。完善校园安全风险防控体系和依法处理机制，加强校园周边综合治理。提高学生安全意识和自我防护能力，开展反欺凌、交通安全、应急避险自救、防范针对未成年人的犯罪行为等安全教育。积极发展公共交通和专用校车，解决学生上下学乘车难问题，使用校车的学校要加强校车安全管理和使用。强化校园食品安全管理，严格落实校长（园长）集中用餐陪餐、家长代表陪餐、用餐信息公开等制度。严厉打击涉及学校和学生安全的违法犯罪行为。推动落实义务教育学校课后服务全覆盖，与当地正常下班时间相衔接，解决家长接学生困难问题。

(四) 典型案例

案例：甘肃正宁一辆幼儿园校车与卡车相撞[1]

据新华网报道，2011年11月，甘肃正宁县一幼儿园校车发生交通事故，造成22人死亡、17人重伤、8人轻伤、17人轻微伤。据了解，该校车核载9人，事故发生时实载64人，且在大雾天气下超速逆向行驶。2017年，广西一幼儿园的校车发生交通事故，致使32名孩子和1名老师受伤，该校车核载11人，实载34人。2017年，河南一幼儿园学生瑞瑞在放学回家时，从校车上坠落，被校车碾轧身亡，据了解，该校车除前排座椅还在外，其余均已拆除，

---

[1] 佟丽华主编：《〈中华人民共和国未成年人保护法〉理解与适用》，中国法制出版社2021年版，第110页。

车厢内放置了 23 个小板凳。2017 年 4 月,河南某市一黑校车超载 13 人,该校车未取得校车标牌且司机未取得相应驾驶资格,该司机涉嫌危险驾驶罪被刑事拘留。2017 年 7 月,河北某幼儿园一 3 岁女童被遗忘在校车而死亡……

十三、突发事件和意外伤害的预案和人身伤害事故的处置

(一) 条文规定

《未成年人保护法》第三十七条 学校、幼儿园应当根据需要,制定应对自然灾害、事故灾难、公共卫生事件等突发事件和意外伤害的预案,配备相应设施并定期进行必要的演练。

未成年人在校内、园内或者本校、本园组织的校外、园外活动中发生人身伤害事故的,学校、幼儿园应当立即救护,妥善处理,及时通知未成年人的父母或者其他监护人,并向有关部门报告。

(二) 条文解读

未成年人保护法中对学校幼儿园突发事件和意外伤害的应对处置制度的规定非常重要,这些规定能够有效保障未成年人的身心健康和安全。

首先,学校幼儿园突发事件和意外伤害的应对处置制度要求学校和幼儿园制定和完善安全防范措施,包括一套科学、系统、可行的应急预案,以及专门的安全管理团队。这有助于减少事故发生的概率,提高学校和幼儿园的安全水平。

其次,制度规定了学校幼儿园应对突发事件和意外伤害的责任与义务。学校和幼儿园应尽职尽责,积极采取措施,确保及时发现、报告和处置事故,并保障被伤害的未成年人的医疗救助、心理疏导等需求。这样可以更好地保护未成年人的权益和安全。

此外,在应对处置制度中,重要的环节是加强相关部门的监管和检查力度。政府应当完善监督机制,确保学校、幼儿园切实履行安全保障的责任,对违规行为要及时予以处置和惩戒,以提高学校和幼儿园的安全防范能力。

(三) 参考条文

◎《未成年人学校保护规定》

第二十九条 学校应当建立健全安全风险防控体系,按照有关规定完善安全、卫生、食品等管理制度,提供符合标准的教育教学设施、设备等,制定自然灾害、突发事件、极端天气和意外伤害应急预案,配备相应设施并定期组织必要的演练。

学生在校期间学校应当对校园实行封闭管理，禁止无关人员进入校园。

◎国务院未成年人保护工作领导小组《关于加强未成年人保护工作的意见》

7. 有效防范学生欺凌。进一步完善考评机制，将学生欺凌防治工作纳入责任督学挂牌督导范围、作为教育质量评价和工作考评重要内容。建立健全学生欺凌报告制度，制定学生欺凌防治工作责任清单，压实岗位责任。指导学校定期全面排查，及时发现苗头迹象或隐患点，做好疏导化解工作。完善校规校纪，健全教育惩戒工作机制，依法依规处置欺凌事件。

（四）典型案例

案例：陈某宝、山阳县城区第四小学等生命权、身体权、健康权纠纷[1]

1. 基本案情

吴某甲与陈某某系山阳县城区四小同班同学。2021年4月23日上午课间操期间，吴某甲与陈某某上厕所时，有人用铅笔扎了陈某某后将铅笔放在吴某甲手中，陈某某误以为是吴某甲用铅笔扎的，二人遂追逐到教室。吴某甲坐到座位上后，将手中的铅笔投掷向陈某某，但是铅笔坠落在地上，没有打到陈某某。陈某某捡起铅笔投掷向吴某甲，击中吴某甲眼睛，吴某甲遂倒在地上，有同学遂上前查看、扶起吴某甲。当天下午放学时，吴某甲、陈某某的家长前来接二人回家时得知陈某某用铅笔扎了吴某甲后，遂将吴某甲送往山阳县人民医院检查。当天陈某某的祖父包车将吴某甲送往西安市第四医院住院治疗，但陈某某未提供包车费票据，数额无法确定。吴某甲被西安市第四医院诊断为：①右眼球穿通伤；②右眼前房积血；③右眼外伤性白内障；④右眼虹膜根部离断；⑤右眼眼内炎；⑥肺炎。原告吴某甲住院治疗11天，于2021年5月5日出院，出院诊断为：①双肺肺炎；②肺不张（右肺中叶）；③鼻窦炎；④右眼角膜穿通伤；⑤右眼前房积血；⑥右眼外伤性白内障；⑦右眼虹膜根部离断；⑧右眼眼内炎。出院医嘱：①头孢克肟分散片50mg2次/日，口服1周，2周后复查胸部CT；②注意休息，加强护理，预防感染；禁食生冷难消化食物，避免前往人多的地方；③如有不适，及时就诊。本次治疗门诊花费1377.85元（陈某某祖父支付），住院花费11 157.77元（其中陈

---

[1] [2023] 陕1024民初231号。

某某祖父支付 10 000 元），合计 12 535.62 元。

2021 年 6 月 6 日，吴某甲到西安市第四医院检查治疗花费 12 元。2021 年 6 月 9 日，吴某甲到西安市第四医院住院治疗，诊断为：①右眼角膜穿通伤清创缝合术后；②右眼外伤性白内障。吴某甲住院 1 天，其间行右眼角膜缝线拆除术，治疗花费 3123.7 元。出院时医嘱：①注意眼部卫生；②遵医嘱滴眼药水治疗；③次日清晨复诊，术后一周门诊复查，不适随诊；④附诊断证明和出院证各壹份。

2021 年 7 月 4 日，吴某甲到西安市第四医院检查，诊断为：右眼角膜斑翳，花费 274.5 元。2021 年 7 月 12 日，吴某甲到西安市第四医院检查，诊断为：角膜斑翳。2023 年 2 月 11 日，吴某甲到西安市第四医院检查，花费 655.86 元。

受陕西界坤律师事务所委托，陕西公正司法鉴定中心于 2022 年 12 月 29 日出具"法医临床鉴定意见书"，鉴定：吴某甲右眼损伤属十级伤残。吴某甲支付鉴定费 1400 元。

同时查明，城区四小制定有安全教育制度、校园大型活动及课间活动安全管理制度，规定课间活动由各楼层保安负责做好安全巡查，发现异常情况迅速报告班主任，班主任及时研判处理。班主任也在班会上强调校园安全。城区四小陈述课间休息时间由前一节课代课老师负责监管班级。事发时，吴某甲所在班级教室没有教师值守。

2. 法院裁判

法院认为，自然人享有健康权，自然人的身心健康受法律保护，任何组织或者个人不得侵害他人的健康权。行为人因过错侵害他人民事权益，应当承担侵权责任。被告陈某某向原告吴某甲投掷铅笔将原告吴某甲眼睛扎伤，被告陈某某应当承担侵权责任。《民法典》第 27 条第 1 款规定："父母是未成年子女的监护人。"第 1188 条第 1 款规定："无民事行为能力人、限制民事行为能力人造成他人损害的，由监护人承担侵权责任。监护人尽到监护职责的，可以减轻其侵权责任。"事发时，被告陈某某 7 周岁，不满 8 周岁，系无民事行为能力人，其造成原告吴某甲受到损害，应由其监护人陈某宝承担侵权责任。

被告陈某某认为原告吴某甲有过错，应承担相应法律责任。经审查，根据原、被告提供的视频可以看到，原告吴某甲、被告陈某某返回教室后，先是原告吴某甲将手中的铅笔投向被告陈某某，之后被告陈某某将掉落在地上的铅笔捡起来投向原告吴某甲致吴某甲受伤，故原告吴某甲存在一定过错，应当承担相应的责任。

《未成年人保护法》第37条规定："学校、幼儿园应当根据需要，制定应对自然灾害、事故灾难、公共卫生事件等突发事件和意外伤害的预案，配备相应设施并定期进行必要的演练。未成年人在校内、园内或者本校、本园组织的校外、园外活动中发生人身伤害事故的，学校、幼儿园应当立即救护，妥善处理，及时通知未成年人的父母或者其他监护人，并向有关部门报告。"综上法律规定可见，学校对未成年人负有教育、管理、保护的法定职责和义务。《民法典》第1199条规定："无民事行为能力人在幼儿园、学校或者其他教育机构学习、生活期间受到人身损害的，幼儿园、学校或者其他教育机构应当承担侵权责任；但是，能够证明尽到教育、管理职责的，不承担侵权责任。"被告城区四小虽然提供了安全管理制度，并对学生进行了安全教育，但是事发时原告吴某甲、被告陈某某均系未成年人，心智发育不成熟，自我保护能力较弱，其在学校学习、生活期间，暂时脱离了监护人的管理和保护，学校对无民事行为能力人的人身安全依法应尽到妥善管理职责。被告陈某某致伤原告吴某甲发生在课间操休息时间，根据被告城区四小陈述，课间休息期间由前一节课的代课老师负责监管班级，案涉事件发生时，原告吴某甲所在教室没有工作人员在场。被告城区四小在发现原告吴某甲受伤后未能及时将原告送往医疗机构进行检查救护，也未及时通知原告吴某甲、被告陈某某的父母或者其他家属，而是在下午放学时才告知接原告吴某甲、被告陈某某回家的家长。综上，被告城区四小未尽到教育、管理职责，应当承担侵权责任，其辩解不承担责任的理由不能成立，不予采纳。

法院确定被告陈某某承担60%责任，被告城区四小承担30%责任，原告吴某甲承担10%责任。

十四、禁止安排未成年人参加商业性活动

（一）条文规定

《未成年人保护法》第三十八条 学校、幼儿园不得安排未成年人参加商业性活动，不得向未成年人及其父母或者其他监护人推销或者要求其购买指定的商品和服务。

学校、幼儿园不得与校外培训机构合作为未成年人提供有偿课程辅导。

(二)条文解读

未成年人保护法对禁止学校幼儿园开展商业类活动的规定具有重要意义。这一规定的目的在于保障未成年人的权益和身心健康,确保教育机构能够专注于教育教学工作,营造良好的学习环境。

首先,禁止学校幼儿园开展商业类活动有利于保护未成年人的权益。未成年人是社会的脆弱群体,他们缺乏完全的自我保护能力和辨别能力。商业活动与商业利益有关,可能会存在价格欺诈、低俗信息传播等问题,会对未成年人的身心健康产生负面影响。禁止学校、幼儿园开展商业类活动,就是为了避免未成年人成为商业利益驱动的目标,保护他们健康成长。

其次,这一规定有助于确保教育机构能够专注于教育教学。学校、幼儿园是未成年人的重要学习场所,其主要职责是为学生提供优质的教育和教学环境。开展商业类活动会占用学校本来应该用于教育教学的时间和资源,可能会影响学生的学习效果和教育质量。因此,禁止学校幼儿园开展商业类活动,有利于保障教育机构专注于教育教学工作,提高教育质量和教学水平。

最后,这一规定符合社会主义核心价值观。社会主义核心价值观强调以人民为中心,关注人民的根本利益和健康成长。保护未成年人的权益和身心健康,是社会主义核心价值观的要求之一。禁止学校幼儿园开展商业类活动,就是为了更好地保护未成年人的权益,推动社会主义核心价值观的实践。

而该法中关于禁止学校、幼儿园有偿补课的规定旨在保护未成年人的权益、促进公平教育和减轻学生学业负担。

首先,禁止学校、幼儿园有偿补课是为了保护未成年人的权益。对于幼儿园和学校来说,开展有偿补课可能会引发一系列问题,如课程安排不合理、学生家长压力大、学生心理健康问题等。未成年人处于成长发展的关键时期,身心健康和全面发展是他们的重要权益。禁止学校、幼儿园有偿补课,有助于保护未成年人的权益,减轻学生的学业负担,确保他们能享受到公平的教育资源。

其次,这一规定有助于促进公平教育。有偿补课可能会导致教育资源不公平分配的问题。富裕家庭可以通过支付高额费用获取额外的补习服务,而贫困家庭则无法承担这些费用,造成教育机会差距的进一步扩大。禁止学校、幼儿园有偿补课，有助于重建公平的教育环境，避免教育资源的不合理倾斜，使每个学生都能有公平的学习机会和发展空间。

最后，这一规定符合社会主义核心价值观。社会主义核心价值观强调社会公平正义、人人平等。禁止学校、幼儿园有偿补课，有利于推动公平教育的发展，落实社会主义核心价值观的要求。它有助于打破学习成绩差距的影响因素，使每个学生都能享有平等的教育机会，从而促进社会的公平和稳定发展。

（三）参考条文

◎《未成年人学校保护规定》

第七条第一款　……学校不得组织、安排学生从事抢险救灾、参与危险性工作，不得安排学生参加商业性活动及其他不宜学生参加的活动。

十五、学生欺凌防控的制度及措施

（一）条文规定

《未成年人保护法》第三十九条　学校应当建立学生欺凌防控工作制度，对教职员工、学生等开展防治学生欺凌的教育和培训。

学校对学生欺凌行为应当立即制止，通知实施欺凌和被欺凌未成年学生的父母或者其他监护人参与欺凌行为的认定和处理；对相关未成年学生及时给予心理辅导、教育和引导；对相关未成年学生的父母或者其他监护人给予必要的家庭教育指导。

对实施欺凌的未成年学生，学校应当根据欺凌行为的性质和程度，依法加强管教。对严重的欺凌行为，学校不得隐瞒，应当及时向公安机关、教育行政部门报告，并配合相关部门依法处理。

（二）条文解读

未成年人保护法中关于学生欺凌防控制度的规定是十分重要和必要的。学生欺凌是一种严重侵犯未成年人权益、损害身心健康的行为，对受欺凌的学生可能带来长期的负面影响。为避免学生受到欺凌，学校可以采取以下措施：

（1）建立完善的预防机制：学校应建立和完善学生欺凌预防机制，包括制定学生欺凌预防策略、培训教师和辅导员的欺凌防治知识和技能，制定学校行为规范和管理制度等。通过有效的预防机制，提高学生对欺凌的辨识能力，预防欺凌行为的发生。

（2）加强师生关系：学校应加强师生之间的良好关系，建立和谐的校园氛围。教师应注重与学生的沟通和交流，关注学生的成长和心理健康，发现并及时干预欺凌行为。同时，鼓励学生之间的相互理解、友善和合作，培养良好的人际关系。

（3）开展宣传教育：学校应定期开展关于欺凌防治的宣传教育活动。通过丰富多样的形式，向全体师生普及欺凌的危害和影响，强调尊重、公平、友善的价值观念，引导学生形成正确的行为准则和行为态度。

（4）加强监管和处置：学校应建立健全的监管和处置机制，及时发现和处理欺凌事件。建立畅通的投诉举报渠道，鼓励学生及家长积极举报欺凌行为，对欺凌行为实施及时、公正的处理和适当的惩戒措施，同时提供受欺凌学生的心理支持和辅导。

（5）加强家校合作：学校应与家长建立紧密的联系和合作，共同关注学生的成长和发展。及时向家长通报学生的学习和行为情况，鼓励家长积极参与学生的教育和成长，配合学校采取预防和应对欺凌的措施。同时鼓励家长关注子女的心理健康，提供必要的支持和帮助。

（三）参考条文

◎《未成年人学校保护规定》

第十八条 学校应当落实法律规定建立学生欺凌防控和预防性侵害、性骚扰等专项制度，建立对学生欺凌、性侵害、性骚扰行为的零容忍处理机制和受伤害学生的关爱、帮扶机制。

第十九条 学校应当成立由校内相关人员、法治副校长、法律顾问、有关专家、家长代表、学生代表等参与的学生欺凌治理组织，负责学生欺凌行为的预防和宣传教育、组织认定、实施矫治、提供援助等。

学校应当定期针对全体学生开展防治欺凌专项调查，对学校是否存在欺凌等情形进行评估。

◎国务院未成年人保护工作领导小组《关于加强未成年人保护工作的意见》

7.有效防范学生欺凌。进一步完善考评机制，将学生欺凌防治工作纳入责任督学挂牌督导范围、作为教育质量评价和工作考评重要内容。建立健全学生欺凌报告制度，制定学生欺凌防治工作责任清单，压实岗位责任。指导学校定期全面排查，及时发现苗头迹象或隐患点，做好疏导化解工作。完善校规校纪，健全教育惩戒工作机制，依法依规处置欺凌事件。

（四）典型案例

案例：甘肃一初中生遭同学殴打致死案[1]

2019年4月29日，红星新闻报道，4月23日下午，甘肃陇西县渭河初级中学一学生被5名学生强行殴打致重伤，送医院抢救无效后死亡。据陇西县公安局消息，经警方初步调查，4月23日，陇西县渭河初级中学5名学生因琐事在校外一巷道内，对同校学生张某进行殴打，张某经抢救无效死亡。目前涉案犯罪嫌疑人已被全部抓获并依法采取强制措施。

死者姓张，今年14岁，在渭河初级中学读初二。张某母亲何女士告诉红星新闻记者，4月23日13点50分左右，儿子在学校教室被5名学生强制拖到厕所殴打，"当时学生不敢向老师报告，事后无人报警，孩子强忍着伤痛走到办公室向老师报告""老师是14点33分通知我们家属的，当我赶到学校时，孩子已经昏迷呕吐"何女士说，把孩子送到陇西县第一人民医院已是15点50分，经医生诊断张某伤势严重，头部血管破裂，之后在医生监护下送到兰州大学第二医院，于19点04分进行抢救，经过一小时努力，但最终无效死亡。现在，案件嫌疑人已全部被抓获归案。

十六、学校防治性侵害、性骚扰的工作制度及措施

（一）条文规定

《未成年人保护法》第四十条 学校、幼儿园应当建立预防性侵害、性骚扰未成年人工作制度。对性侵害、性骚扰未成年人等违法犯罪行为，学校、幼儿园不得隐瞒，应当及时向公安机关、教育行政部门报告，并配合相关部门依法处理。

学校、幼儿园应当对未成年人开展适合其年龄的性教育，提高未成年人防范性侵害、性骚扰的自我保护意识和能力。对遭受性侵害、性骚扰的未成

---

[1] 佟丽华主编：《〈中华人民共和国未成年人保护法〉理解与适用》，中国法制出版社2021年版，第122页。

年人，学校、幼儿园应当及时采取相关的保护措施。

(二) 条文解读

未成年人遭受性侵害，是一个沉重又不能回避的话题。根据最高人民检察院 2020 年 4 月发布的 1 月至 3 月全国检察机关主要办案数据，全国检察机关对性侵未成年人犯罪决定起诉 4151 人，同比上升 2.2%。从最高人民检察院的这个数据来看，我们应当清醒地认识到，保护未成年人，还有很长的路要走。[1]而本条的规定无疑加大了对未成年人的保护力度。

第一，学校需要建立健全的安全管理机制，包括安保措施、监控设备、安全教育等，确保校园内外的安全。学校应建立联系警方、社会组织等相关部门的合作机制，及时报告和处理校园侵害事件，迅速采取适当的措施保护师生的安全。同时，学校也应加强对师生的法律教育，提高师生的法律意识和安全意识。

第二，对于学生而言，要增强自我保护意识，学会预防和应对校园侵害。首先，要提高安全意识，警惕周围的不安全因素，避免接触陌生人和参与不安全的活动。其次，要学习自我防护技能，例如学习防身术、掌握紧急求助方法等。在遇到危险或侵害时，要勇敢地寻求帮助，并及时报告学校或有关部门。

此外，校园侵害需要社会各界的共同参与，家庭、社会组织、警方等都应发挥各自的作用，形成多方合力，共同营造安全和谐的校园环境。

(三) 参考条文

◎《未成年人学校保护规定》

第十八条 学校应当落实法律规定建立学生欺凌防控和预防性侵害、性骚扰等专项制度，建立对学生欺凌、性侵害、性骚扰行为的零容忍处理机制和受伤害学生的关爱、帮扶机制。

第二十四条 学校应当建立健全教职工与学生交往行为准则、学生宿舍安全管理规定、视频监控管理规定等制度，建立预防、报告、处置性侵害、性骚扰工作机制。

学校应当采取必要措施预防并制止教职工以及其他进入校园的人员实施

---

[1]《未成年人遭受性侵该如何应对？》，载 https://baijiahao.baidu.com/s? id = 1677210480276582239，访问日期：2024 年 6 月 28 日。

以下行为：

（一）与学生发生恋爱关系、性关系；

（二）抚摸、故意触碰学生身体特定部位等猥亵行为；

（三）对学生作出调戏、挑逗或者具有性暗示的言行；

（四）向学生展示传播包含色情、淫秽内容的信息、书刊、影片、音像、图片或者其他淫秽物品；

（五）持有包含淫秽、色情内容的视听、图文资料；

（六）其他构成性骚扰、性侵害的违法犯罪行为。

第四十二条 学校……要有针对性地开展青春期教育、性教育，使学生了解生理健康知识，提高防范性侵害、性骚扰的自我保护意识和能力。

（四）典型案例

案例：甘肃庆阳女生坠楼案[1]

据人民日报发布，2018年6月20日，甘肃省庆阳市一商场8楼的平台，19岁女孩李某依跳楼自杀。曾有不少人在现场起哄，怂恿其"快跳"，甚至有人将全过程进行网络直播。该事件引发网络热议，迅速发酵。据警方调查，2016年9月5日15时许，当时尚未成年的李某依在庆阳六中高三上学期间，突发胃病在宿舍休息时遭班主任吴某厚亲吻其额头、脸部、嘴部等部位。之后，李某依被诊断患抑郁症和创伤性应激障碍，曾四次自杀未遂，并最终跳楼自杀。2020年4月10日，甘肃庆阳"跳楼女孩"事件相关案件一审宣判。被告人吴某厚犯强制猥亵罪，判处有期徒刑两年，禁止吴某厚在刑罚执行完毕之日起三年内从事教师、家庭教育指导、教育培训等与未成年人有密切接触的相关职业。

十七、其他机构参照适用范围

（一）条文规定

《未成年人保护法》第四十一条 婴幼儿照护服务机构、早期教育服务机构、校外培训机构、校外托管机构等应当参照本章有关规定，根据不同年

---

[1] 佟丽华主编：《〈中华人民共和国未成年人保护法〉理解与适用》，中国法制出版社2021年版，第126页。

龄阶段未成年人的成长特点和规律,做好未成年人保护工作。

(二) 条文解读

未成年人保护法中关于婴幼儿照护服务机构等保护职责的规定,对保护儿童的权益具有重要意义。婴幼儿照护服务机构是为满足家庭和社会对婴幼儿照料需求而设立的专业机构。根据未成年人保护法,婴幼儿照护服务机构必须为婴幼儿提供安全、健康、良好的照护环境,并承担相应的保护职责。这种规定的出台体现了保护未成年人权益的重要性和社会对儿童福利的高度关注。它有助于加强对婴幼儿的保护,提高照护服务机构的责任意识和服务质量,确保儿童得到适宜和安全的照料。婴幼儿是社会的未来和家庭的希望,因此他们的身心健康和安全问题应得到高度关注。婴幼儿照护服务机构作为提供专业保育服务的重要组成部分,应当具备相应的资质和能力,确保照护环境达到合理的标准,在这一方面,法律的规定起到了重要的约束和引导作用。然而,仅仅有法律的规定是不够的,对婴幼儿照护服务机构的监督和评估也至关重要。政府、社会组织和公众应当发挥各自的监督作用,确保照护服务机构落实保护职责的同时,不断提升其服务水平和质量标准。

(三) 参考条文

◎《未成年人学校保护规定》

第六十二条　幼儿园、特殊教育学校应当根据未成年人身心特点,依据本规定有针对性地加强在园、在校未成年人合法权益的保护,并参照本规定、结合实际建立保护制度。

幼儿园、特殊教育学校及其教职工违反保护职责,侵害在园、在校未成年人合法权益的,应当适用本规定从重处理。

第三节　未成年人的社会保护

一、全社会关心未成年人

(一) 条文规定

《未成年人保护法》第四十二条　全社会应当树立关心、爱护未成年人的良好风尚。

国家鼓励、支持和引导人民团体、企业事业单位、社会组织以及其他组织和个人，开展有利于未成年人健康成长的社会活动和服务。

（二）未成年人的社会保护的现状

走出校园，学生在社会上面临的不良环境尤为严重。部分基层村居社区综治工作不到位，治安条件较差。在流动人口较多的城市的某些社区，尤其是城中村地区，由于没有可临时托管孩子的机构，缺乏可供学生学习、娱乐、活动的公益场所，很多儿童只能选择在路边、工地、野外等存在严重安全隐患的地方玩耍。当孩子放学以后，路上随处可见的是网吧，其中还有一些网吧没有悬挂"禁止未成年人入内的标志"，这也在无形中诱导未成年人进入网吧玩乐，若不能及时纠正未成年人的行为，极易使其形成不好的行为习惯从而产生厌学、逆反等心理。与此同时，这些社区和娱乐场所的社会治安条件较差，监控有盲点，治安隐患多，对未成年人的人身安全也构成极大的威胁。

对此，首先要做的是改善全社会保护的整体条件。各级政府应在全社会范围内充分发挥管理监督职能，建立完善保护未成年人人身安全的各项政策制度。如推进改善家庭保护整体条件，就要搞好再就业和扶贫工程，为贫困家庭实现自身功能提供物质保证。还可推进开办"家长学校"或建立"家长指导委员会"，对家长进行青少年人身安全知识教育，并使之制度化。建立家庭普查制度，及时掌握未成年人的成长动态，对问题家庭予以辅助指导或重点治理等。

其次，建立未成年人社区保护体系。社区保护是通过社会力量建立社区防线，创造改善有利于未成年人健康成长的区域性微观社会环境，并依靠社区组织和群众来保护未成年人的人身安全。应当加快建设供未成年人适用的公共设施，为未成年人活动提供更多方便、安全的场所，同时加大对这些场所宣传、介绍的力度，将更多的未成年人吸引到这些地方，能在一定程度上减少未成年人安全事故的发生。

最后，强化社会治安综合治理。要加大净化管理文化市场力度，对游戏厅、网吧等场所强化未成年人禁入措施，重罚不法经营者，切实加强网络文化的社会监控管理力度。净化社会环境，坚决杜绝腐蚀危害未成年人身心健康的文化产品和亚文化市场的存在。与此同时，打击邪气，弘扬正气，努力改善社会环境，强化治安综合管理，消除治安隐患，为未成年人健康成长营造良好氛围。

(三) 条文解读

《未成年人保护法》是一部非常重要的法律，它意在保护未成年人的合法权益，确保他们在社会中得到充分的关爱、教育和发展机会。其中，对未成年人社会保护理念的规定是非常关键的。

首先，未成年人社会保护理念的规定体现了对未成年人权益保护的高度重视。社会保护是保障未成年人身心健康和全面发展的基础，也是实现未成年人幸福成长的重要保障。未成年人是社会的未来，对他们的保护是我们应尽的责任，因此，必须从法律层面上予以规定和保障。

其次，未成年人社会保护理念的规定强调了社会各方的责任与义务。未成年人的保护不能仅仅依赖法律，更需要全社会的共同努力。法律规定了家庭、学校、社会组织等的责任和义务，要求各方积极参与未成年人的保护与教育工作。各级政府也应加强对未成年人保护的领导和组织，建立健全相应的保护体系和机制。

此外，未成年人社会保护理念的规定强调了对特殊群体未成年人的关注。不同的未成年人在成长环境和条件上存在差异，一些特殊群体的未成年人，如贫困家庭的子女、留守儿童、残疾儿童等，需要特别的关注和保护。未成年人保护法中对这些群体的特别规定，体现了社会的温暖、公正和包容。

(四) 参考条文

◎共青团中央、中宣部、中央综治办等《关于贯彻未成年人保护法实施"未成年人保护行动"的意见》

四、推进措施

…………

4.加强未成年人保护工作的研究和信息交流。广泛收集和反映未成年人的信息、呼声和诉求，建立未成年人保护工作的监测预警和应急反应机制，对未成年人保护工作中出现的新情况和新问题认真研究和分析，及时掌握有关情况，提出对策，为各地各部门工作提供参考。掌握各地区各部门工作情况，加强信息沟通交流，相互借鉴好的经验和做法，促进工作开展。以蓝皮书、年报或其他形式，定期或不定期向社会发布未成年人保护工作信息，引导全社会关心未成年人保护工作。

二、居（村）民委员会的未成年人保护职责

（一）条文规定

《未成年人保护法》第四十三条 居民委员会、村民委员会应当设置专人专岗负责未成年人保护工作，协助政府有关部门宣传未成年人保护方面的法律法规，指导、帮助和监督未成年人的父母或者其他监护人依法履行监护职责，建立留守未成年人、困境未成年人的信息档案并给予关爱帮扶。

居民委员会、村民委员会应当协助政府有关部门监督未成年人委托照护情况，发现被委托人缺乏照护能力、怠于履行照护职责等情况，应当及时向政府有关部门报告，并告知未成年人的父母或者其他监护人，帮助、督促被委托人履行照护职责。

（二）条文解读

居民委员会、村民委员会作为社区自治组织，是未成年人保护工作的重要基础，他们直接接触和了解社区内未成年人的情况，能够给予他们更加贴近生活实际的帮助和关注。这些委员会应当通过开展相关宣传教育活动，加强对未成年人的法律知识普及，促进未成年人的心理健康成长和积极向上的价值观建设，并能够积极协调社区资源，为未成年人提供必要的福利和服务。

未成年人保护工作涉及心理健康、教育、福利等多个方面，对社会稳定和未来发展具有重要意义。居民委员会、村民委员会在履行未成年人保护职责时要重视家庭教育、学校教育和社会教育的协同合作，建立健全多元化的保护机制。同时，应加强对保护工作人员的培训和监督，提高他们的专业素养和服务态度，确保其在工作中秉持公正、责任和关爱原则。

（三）参考条文

◎**国务院未成年人保护工作领导小组《关于加强未成年人保护工作的意见》**

11. 积极指导村（居）民委员会履行法定职责。指导村（居）民委员会落实专人专岗负责未成年人保护工作的法定要求，每个村（社区）至少设立一名儿童主任，优先由村（居）民委员会女性委员或村（社区）妇联主席兼任，儿童数量较多的村（社区）要增设补充儿童主任。推进村（社区）少先队组织建设。持续推进"儿童之家"建设。鼓励村（居）民委员会设立下属

的未成年人保护委员会。指导村（居）民委员会落实强制报告和家庭监护监督职责，提升发现报告能力。加强村（社区）未成年人活动场所和设施建设，推进村（社区）党群服务中心、文化活动室等服务设施向未成年人开放。指导村（居）民委员会组织开展未成年人保护相关政策宣讲、知识培训活动。

（四）典型案例

案例：2016年最高法院公布十二起侵害未成年人权益被撤销监护人资格典型案例——耿某某、马某被撤销监护人资格案[1]

被申请人耿某某、马某系同居关系，双方于2007年4月生育儿子耿某一。马某有智力残疾，耿某某经常因为家庭琐事殴打耿某一，给耿某一造成了严重的身体上和精神上的伤害。耿某某也经常殴打马某，致使马某离家出走，下落不明。公安机关在调查耿某一被殴打时，耿某某也离家出走，下落不明。耿某一的祖父、祖母均已去世，耿某一的外祖父、外祖母已经离婚，与其外祖母已无联系，其外祖父无正式工作，体弱多病无力作为监护人承担监护责任。由于父母均出走，耿某一独自一人在家，社区居委会、兴山区团委及鹤岗市团委为了保护未成年人的合法权益，将耿某一送至鹤岗市流浪乞讨人员救助站即鹤岗市未成年人社会保护中心。为了保护耿某一的人身安全，鹤岗市流浪乞讨人员救助站作为申请人，向鹤岗市兴山区人民法院起诉要求撤销耿某某、马某的监护权。

黑龙江省鹤岗市兴山区人民法院经审理认为，耿某某经常殴打耿某一，给其造成了严重的身体及精神伤害，其已经不能继续承担监护责任。马某虽是耿某一的母亲，但是其作为限制民事行为能力人，无独立生活能力，也无力继续承担监护责任。耿某一的其他近亲属均无力作为耿某一的监护人。鹤岗市兴山区人民法院依照法律规定，对此案进行了缺席审理，判决撤销被申请人耿某某、马某的监护人资格。指定鹤岗市民政局作为耿某一的监护人，由鹤岗市民政局所属的鹤岗市儿童福利院承担对耿某一的监护职责。

---

[1] 佟丽华主编：《〈中华人民共和国未成年人保护法〉理解与适用》，中国法制出版社2021年版，第137~138页。

三、未成年人活动场所的免费、优惠开放及社会支持

（一）条文规定

《未成年人保护法》第四十四条 爱国主义教育基地、图书馆、青少年宫、儿童活动中心、儿童之家应当对未成年人免费开放；博物馆、纪念馆、科技馆、展览馆、美术馆、文化馆、社区公益性互联网上网服务场所以及影剧院、体育场馆、动物园、植物园、公园等场所，应当按照有关规定对未成年人免费或者优惠开放。

国家鼓励爱国主义教育基地、博物馆、科技馆、美术馆等公共场馆开设未成年人专场，为未成年人提供有针对性的服务。

国家鼓励国家机关、企业事业单位、部队等开发自身教育资源，设立未成年人开放日，为未成年人主题教育、社会实践、职业体验等提供支持。

国家鼓励科研机构和科技类社会组织对未成年人开展科学普及活动。

（二）条文解读

《未成年人保护法》规定了公共场馆对未成年人免费或者享受优惠开放的规定，这体现了我国对未成年人权益的高度重视。

公共场馆免费或者优惠开放对未成年人具有重要的意义。首先，这项规定有助于确保未成年人享有平等的文化、教育和娱乐权益。免费或者优惠开放可以降低未成年人文化娱乐消费的经济压力，让更多的未成年人有机会参与各类公共活动。这样一方面可以促进未成年人身心健康发展，另一方面也可以丰富他们的学习和娱乐生活，有利于全面培养和发展未成年人的综合素质。

其次，公共场馆免费或者优惠开放也有助于加强社会对未成年人的保护。公共场馆作为社会文化的基础设施，提供了学习、观摩和社交的机会。通过免费或者优惠开放，可以吸引更多的未成年人到公共场馆进行有益的活动，进一步培养和塑造他们积极向上的价值观和行为习惯。公共场馆也承担着引导和监督未成年人行为的责任，提供安全、卫生和教育的环境，为他们提供必要的法律和安全意识教育，以确保未成年人的健康成长和安全。

然而，对于公共场馆免费或者优惠开放的实施，我们也应当注意到一些问题。首先，需要进一步明确免费或者优惠开放的具体范围和标准，确保规

定的落地执行。同时，也要加强对公共场馆的管理和服务，提高服务质量，保障未成年人的权益得到有效落实。此外，公共场馆还要加强与学校、家庭以及其他社会机构的联动与合作，形成多方共同维护未成年人权益的良好机制。

（三）参考条文

◎**中共中央办公厅、国务院办公厅《关于进一步加强和改进未成年人校外活动场所建设和管理工作的意见》**

二、始终坚持未成年人校外活动场所的公益性质

6. 由各级政府投资建设的专门为未成年人提供公共服务的青少年宫、少年宫、青少年学生活动中心、儿童活动中心、科技馆等场所，是公益性事业单位。要始终坚持把社会效益放在首位，切实把公益性原则落到实处。

7. 未成年人校外活动场所要坚持面向广大未成年人，使他们充分享有校外活动场所提供的公共服务。要坚持以普及性活动为主，力求丰富多彩、生动活泼，把思想道德教育融入其中，满足未成年人多种多样的兴趣爱好。要坚持常年开放，节假日的开放时间要适当延长，增强接待能力，提高场所利用率，为未成年人更好地参加校外活动创造条件。

8. 未成年人校外活动场所不得开展以赢利为目的的经营性创收。对集体组织的普及性教育实践活动和文体活动要实行免费。对确需集中食宿和使用消耗品的集体活动，以及特专长培训项目，只能收取成本费用，对特困家庭的未成年人要全部免费。公益性未成年人校外活动场所的收费项目必须经当地财政和物价部门核准。

9. 制定《未成年人校外活动场所公益性评估标准》，从服务对象、活动内容、时间安排、服务质量、经费使用等方面设置相应指标，定期进行考核、评估，并将考评结果作为财政支持的依据。对违背公益性原则的要限期整改，逾期不改的不再享受公益性事业单位的相关优惠政策。

四、未成年人交通出行优惠

（一）条文规定

《未成年人保护法》第四十五条 城市公共交通以及公路、铁路、水路、航空客运等应当按照有关规定对未成年人实施免费或者优惠票价。

（二）条文解读

未成年人保护法中对公共交通给予未成年人特殊照顾的规定，体现了对未成年人权益的关注和对社会主义核心价值观的践行。为进一步加强未成年人在公共交通领域的保护，以下是一些建议：

（1）完善相关政策法规：应进一步完善相关法律法规，明确规定公共交通对未成年人的特殊照顾责任。法规可以包括要求交通运输部门制定相应的规定和标准，确保未成年人的安全、权益和合理需求得到保障。

（2）提供安全和舒适的交通环境：对于未成年人来说，安全是公共交通的重要关切。公共交通运营者可以加大对车辆设施和设备的更新和维护，确保车辆的安全性、舒适性和适用性。另外，对于年龄较小的儿童，公共交通运营者可以提供儿童特殊座椅和安全带等设施，以确保其安全乘坐。

（3）增加未成年人安全意识宣传：公共交通运营者可以加大对未成年人交通安全的宣传教育力度。通过广告、宣传栏、车厢宣传和儿童节目等形式，向未成年人普及安全乘车知识、行为规范和应急措施，提高未成年人的安全意识和乘车素质。

（4）建立投诉和监督机制：公共交通运营者可以建立投诉和监督机制，鼓励未成年人及其家长积极反映问题和投诉，及时解决和回应各类状况和意见。同时，相关部门可以加强对公共交通运营者的监督和检查，确保其依法履行对未成年人的特殊照顾职责。

（5）鼓励社会参与：未成年人的交通安全责任不仅仅是公共交通运营者的责任，也是社会各界共同关注和努力的问题。政府、家长、教育机构、媒体等社会各方面可以积极发挥作用，加强交通安全教育和宣传，共同营造关注未成年人交通安全的氛围。

五、公共场所的母婴便利措施

（一）条文规定

《未成年人保护法》第四十六条　　国家鼓励大型公共场所、公共交通工具、旅游景区景点等设置母婴室、婴儿护理台以及方便幼儿使用的坐便器、洗手台等卫生设施，为未成年人提供便利。

（二）条文解读

未成年人保护法中关于鼓励公共场所或者设施设置方便母婴和未成年人

相关设施的规定具有重要意义。这一规定体现了社会主义核心价值观中对家庭价值、人民利益至上的关切，也是对妇女儿童权益保护的体现。

设置方便母婴和未成年人相关设施对于促进社会和谐、满足母婴和未成年人的基本需求具有积极作用。这些设施包括但不限于婴儿换尿布台、哺乳室、儿童绘本角、游乐区等。通过设置这些设施，可以让母婴和未成年人在公共场所中更加方便地满足基本生活需求，同时也可以提供给他们一个安全、舒适、有利于成长和学习的环境。

首先，方便母婴设施的设置尊重了母婴的权益和尊严，让妇女和婴幼儿更加便捷地满足生理需要和亲子关系的需求。母婴室、哺乳室等设施的设置，能够为哺乳、换尿布等生活需求提供隐私和便利，使母亲在公共场所中更加舒适自在地对待婴儿的需求，促进母婴健康发展。

其次，未成年人相关设施的设置有助于提供良好的学习和娱乐环境，促进儿童全面成长。游乐区、阅读角等设施为儿童提供了安全、开放的空间，推动他们与其他同龄人交往、游戏和学习，培养社会适应能力、团队合作能力和创造力，促进他们的身心健康发展。

然而，在实际执行过程中，需要注意以下几点。首先，需要对鼓励设置方便母婴和未成年人相关设施加强宣传和引导，引起社会各方的关注和共识，并协调政府、企事业单位、社会组织等多方力量共同参与，确保设施的全面设置。其次，应制定相应的标准和规范，确保设施的质量和安全性，同时加强管理和维护，完善监督机制，及时解决设施维护问题。最后，需要加强对设施使用者的宣传和教育，提高公众的安全和文明使用意识，确保设施持续有效地为母婴和未成年人服务。

（三）参考条文

◎《吉林省公共场所母婴设施建设管理规定（试行）》

第七条 公共场所母婴设施主要提供母乳喂养、婴儿护理（如更换尿布）等服务，有条件的还可提供母乳喂养、母婴健康等专业知识的宣传和咨询服务。

第八条 公共场所母婴设施的服务时间应与公共场所对外开放时间保持一致。

第九条 任何人使用公共场所母婴设施，都应当自觉维护清洁、卫生，爱护相关服务设备和设施。

六、禁止限制优惠

（一）条文规定

《未成年人保护法》第四十七条 任何组织或者个人不得违反有关规定，限制未成年人应当享有的照顾或者优惠。

（二）条文解读

未成年人保护法中关于禁止限制未成年人享有社会照顾或者优惠的规定，体现了对未成年人权益保护的高度重视和对社会主义核心价值观的践行。

这一规定的制定目的是确保未成年人在社会照顾和优惠方面享有公平和平等的待遇。未成年人作为社会的一员，他们在身心发展、教育、医疗和其他方面都需要得到必要的关注和帮助。给予未成年人社会照顾和优惠，既是对未成年人权益的尊重和保护，也是对其成长和发展的积极投资。

禁止限制未成年人享有社会照顾或者优惠的规定，确保了未成年人在教育、医疗、文化娱乐等方面的免费或者优惠待遇。这一规定有利于降低未成年人的经济负担，促进他们良好的成长环境和条件的创造。例如，免费或者优惠的教育政策可以为未成年人提供更公平的受教育权益，保障其平等接受教育的机会；文化娱乐领域的优惠政策可以促进未成年人身心发展、培养兴趣爱好。

然而，需要注意的是，给予未成年人社会照顾和优惠并不意味着放任和纵容，也不能成为产生不当依赖的借口。保障未成年人权益的同时，也应加强监督和管理，确保相关政策的合理、公平、透明执行。针对一些滥用或者虚假利用优惠政策的行为，需要依法进行追责和惩处。同时，也要加强对未成年人的教育，培养他们的自律能力和责任感，使他们树立正确的价值观和行为准则。

（三）典型案例

案例：2019年度十大公益诉讼案件——广东省消费者委员会诉广州长隆集团有限公司消费公益诉讼案[1]

2018年8月始，广东省消费者委员会就未成年人优惠票身高标准问题进

---

[1] 佟丽华主编：《〈中华人民共和国未成年人保护法〉理解与适用》，中国法制出版社2021年版，第147页。

行了专项调查。随后于2018年9月30日约谈长隆集团，直接指出其侵权行为并提出应当以年龄作为优惠标准。

2019年2月18日，广东省消费者委员会（以下简称"消委会"）就广州长隆集团有限公司多个场所存在以身高作为未成年人优惠票标准的问题，代表消费者向广州市中级人民法院提起消费民事公益诉讼，广州市中级人民法院于当日立案受理。消委会要求长隆集团停止以身高为标准排除和限制不特定大多数未成年人的消费者权利，希望其以恰当方式给予未成年人优惠并就其行为公开赔礼道歉。

2019年2月25日，经法院裁定，准许消委会撤诉，消委会诉长隆集团有限公司公益诉讼案依法结案。其后，长隆集团进一步明晰了旗下主题公园各票种和适用条件，更新了官方网站相关内容，将旗下长隆野生动物世界、长隆欢乐世界和长隆飞鸟乐园等主题公园原"学生票"调整为"青少年/学生票"，身高达到1.5米及以上的未成年人可购买相关优惠票，并凭本人学生证件或居民身份证验票入园，明确了对全体未成年人的门票优惠。

七、国家鼓励有利于未成年人健康成长的文艺作品

（一）条文规定

《未成年人保护法》第四十八条 国家鼓励创作、出版、制作和传播有利于未成年人健康成长的图书、报刊、电影、广播电视节目、舞台艺术作品、音像制品、电子出版物和网络信息等。

（二）条文解读

未成年人保护法中关于促进有益于未成年人文化产品的规定体现了对未成年人身心健康成长的关注和对社会主义核心价值观的践行。为进一步促进有益于未成年人的文化产品的发展，以下是一些建议：

（1）支持有益于未成年人的文化产品创作和推广：政府和相关机构应加大对有益于未成年人的文化产品的支持力度，包括资助、奖励和优惠政策等，鼓励优质的、符合未成年人健康成长要求的文化产品的创作和推广。同时，也要加强对有不良内容的文化产品的审查和监管，建立健全严格的准入制度，提供一个良好的创作和传播环境。

（2）提供多元化的文化产品选择：要倡导和支持多样化、适龄化的文化

产品供给。政府、企事业单位和社会组织应共同努力，推动开发和生产适合不同年龄段的优质文化产品，涵盖文学、艺术、音乐、电影、游戏等领域。同时，也要加强对未成年人文化产品的市场调研和需求分析，更好地满足他们的文化需求。

（3）加强对未成年人文化产品的引导和评估：家庭、学校和社会各界都要共同承担起对未成年人文化产品的引导和评估责任。家长应加强对子女的教育和指导，培养他们对优秀文化作品的欣赏能力和批判思维。学校应加强对未成年人文化产品的教育引导，培养他们的审美能力和文化修养。同时，还要加强对未成年人文化产品的评估和监督，确保其符合未成年人的健康成长需求。

（4）推动跨界融合和创新发展：在推进有益于未成年人文化产品发展的过程中，要鼓励跨界合作和创新，借助先进的科技手段和媒介，推动文化产品与教育、科技等领域的融合发展。利用互联网、社交平台等新媒体，提供更多多样化、互动性强的文化产品，为未成年人提供更丰富的学习和娱乐体验。

（三）参考条文

◎文化部、国家文物局《关于贯彻落实〈中共中央国务院关于进一步加强和改进未成年人思想道德建设的若干意见〉的通知》

七、充分发挥全国文化信息资源共享工程的作用，传播优秀少儿文化

（十四）继续凭借中华文化的优势，借助现代数字高新技术手段，加工整合数字文化资源，加强对少儿文艺资源的传播。全国文化信息资源共享工程要建立面向未成年人的专门的少儿文艺版或少儿版。根据未成年人成长进步的需要，汇聚和制作一批内容丰富的少儿文化资源和宣传爱国主义、集体主义和社会主义的思想教育资源，以及科学性和通俗性相结合的科普作品，知识性和趣味性相结合的艺术精品，通过生动活泼的表现形式，为未成年人提供丰富的精神食粮。

（十五）文化部门要积极会同教育、电信等部门和网络服务提供商，选择一批条件成熟的学校，未成年人较多和少儿文化生活相对贫乏的社区和乡村，建设共享工程的基层网点，进一步扩大和完善共享工程的工作网络。充分利用共享工程的网络平台，组织开展各种对未成年人有吸引力的文化活动，开辟网络艺术课堂，鼓励文化工作志愿者利用网络等现代科技手段，解答未成

年人在学习和生活中遇到的各种问题，把共享工程建设成为未成年人思想教育和文化艺术教育的重要网络文化阵地。

八、新闻媒体报道未成年人事项的要求

（一）条文规定

《未成年人保护法》第四十九条 新闻媒体应当加强未成年人保护方面的宣传，对侵犯未成年人合法权益的行为进行舆论监督。新闻媒体采访报道涉及未成年人事件应当客观、审慎和适度，不得侵犯未成年人的名誉、隐私和其他合法权益。

（二）条文解读

未成年人保护法中关于新闻媒体保护未成年人职责的规定，体现了对未成年人权益保护的重视和对社会主义核心价值观的践行。新闻媒体在传播信息的过程中，具有重要的社会责任，尤其是在处理涉及未成年人的信息时更加需要谨慎和负责。

这一规定的目的是确保新闻报道不侵犯未成年人的合法权益，保护未成年人的个人隐私和尊严，促进未成年人良好的心理健康和全面发展。新闻媒体在报道未成年人相关信息的时候，应该充分尊重他们的正当权益，如尊重他们的个人隐私和保护个人信息的安全。关于媒体保护未成年人职责的规定，可以通过以下几点来强化执行：

（1）制定相关准则和规范：政府和新闻媒体界可以联合制定专门的准则和规范，明确在新闻报道中保护未成年人权益的具体要求和原则，指导媒体从业人员的工作实践。

（2）提高从业人员的专业素养：新闻媒体界应加强对从业人员的培训和教育，提高他们的法律意识和职业道德，增强对未成年人权益的关注和保护意识。

（3）严格审查机制和监管措施：加强对新闻报道的审查和监管，确保符合法律规定，避免听觉、视觉、言语等方面的刺激对未成年人产生过度影响。同时，对于违反保护未成年人权益的报道，要采取相应的法律和行政措施进行处理。

（4）加强社会共识与参与：政府、媒体、学校、家庭和社会公众应共同

努力，加强对未成年人保护意识的宣传和教育。鼓励社会各界参与媒体监督和舆论引导，共同维护未成年人的权益。

（三）典型案例

案例：祁东县"未成年人卖淫案"报道事件：未成年人犯罪报道中的媒体责任[1]

2019年11月16日，湖南祁东女学生周婷/周可怡（化名）父亲在网上发帖《一个父亲血泪控诉》，载《澎湃新闻》《新京报》等媒体随后报道了湖南祁东县"未成年人卖淫案"，疑似未满12岁少女被多人强奸，引发了社会的强烈关注。此案涉及的犯罪嫌疑人不仅有国家公职人员，还有一些少男少女们。祁东县法院于2020年8月25日对此案作出一审判决，被告人分别被判处2年到15年不等有期徒刑。

九、禁止制作、传播含有危害未成年人身心健康内容的文艺作品

（一）条文规定

《未成年人保护法》第五十条 禁止制作、复制、出版、发布、传播含有宣扬淫秽、色情、暴力、邪教、迷信、赌博、引诱自杀、恐怖主义、分裂主义、极端主义等危害未成年人身心健康内容的图书、报刊、电影、广播电视节目、舞台艺术作品、音像制品、电子出版物和网络信息等。

（二）条文解读

未成年人保护法中关于禁止违法信息的规定是为了保护未成年人的健康成长和利益，反映了对未成年人权益保护的高度重视和对社会主义核心价值观的践行。

该规定的目的在于确保未成年人在信息传播中的合法权益不受侵害，维护未成年人的身心健康。禁止违法信息的传播，既是对未成年人权益的尊重和保护，也是对社会秩序和伦理道德的维护。

禁止违法信息的规定对于未成年人的健康成长具有重要的意义。未成年人处于身心发育的关键阶段，容易受到不良信息的影响。违法信息，如淫秽、

---

[1] 来源：http://media-ethic.ccnu.edu.cn/info/1010/2869.htm，访问日期：2024年6月28日。

暴力、恶俗、虚假等，会对未成年人的价值观、行为习惯和身心健康产生负面影响。禁止违法信息的传播可以有效减少不良信息的暴露，保护未成年人的身心健康，为他们的健康成长提供有力的保障。

然而，实施禁止违法信息的规定也面临一些挑战和困难。首先，互联网和新媒体的快速发展给信息监管带来了挑战，使违法信息的产生和传播更加隐蔽和复杂。其次，对违法信息的定义和辨识也需要更加清晰和准确，以避免信息的误判和滥用。此外，监管和执法机构需要加强技术手段和人员配置，提高对违法信息的监督和处置能力。

（三）参考条文

◎文化部、国家文物局《关于贯彻落实〈中共中央国务院关于进一步加强和改进未成年人思想道德建设的若干意见〉的通知》

八、为未成年人健康成长创造良好的文化市场环境

（十六）清理整顿文化娱乐场所，净化中小学校园周边的文化环境。严格执行中小学校周边200米内不得开设歌舞厅、游戏厅、网吧等经营性娱乐场所的规定。禁止未成年人在非节假日进入电子游戏经营场所。严禁歌舞娱乐场所接纳未成年人进行消费或在场所内从事任何形式的经营性活动。严厉查处网吧违规接纳未成年人的行为。打击网上传播的有害文化信息行为，净化和规范网络文化经营活动。认真实施网吧经营管理技术措施，运用高科技手段实现对网吧和互联网文化活动的全程实时监管。堵疏结合，引导建设一批非营业性的互联网上网服务场所，为未成年人提供健康有益的绿色网上空间。

（十七）加强文化产品的内容审查，提供符合未成年人文化需求的读物和视听产品。坚决查处传播淫秽、色情、暴力等各类未成年人读物和视听产品。研究制定《进口娱乐产品内容审查办法》，实行对包括网络游戏在内的电子游戏引进产品的内容审查制度，查处含有诱发未成年人违法犯罪和色情、暴力、恐怖等有害内容的游戏软件产品。积极引导和大力扶持网络内容提供商开发推广弘扬民族精神、有益于未成年人健康成长的游戏软件产品。组织开展主要针对在校学生、青少年群体的全国文化市场法制宣传活动，引导广大未成年人自觉进行健康有益的文化消费。加强文化行政执法队伍建设，整顿文化市场秩序，为未成年人创造良好的成长环境。

十、以显著方式提示影响未成年人身心健康的内容

(一) 条文规定

《未成年人保护法》第五十一条 任何组织或者个人出版、发布、传播的图书、报刊、电影、广播电视节目、舞台艺术作品、音像制品、电子出版物或者网络信息,包含可能影响未成年人身心健康内容的,应当以显著方式作出提示。

(二) 条文解读

作为未成年人保护法中的重要一环,不良信息提示制度的规定对于保护未成年人免受不良信息侵害具有重要意义。以下是对该制度规定的一些建议:

(1) 完善提示机制:建议在关键领域和关注度较高的平台上,采取更加明显和突出的方式提示未成年人及其监护人有关不良信息的风险,如弹窗、标识、语音提示等,以加强警示和提醒作用。

(2) 强化信息审核和清理:建议平台设置专门的审核机制,加强对不良信息的监控和清理力度,从源头上减少不良信息对未成年人的传播。同时,要强调平台的社会责任意识和自律精神,积极配合相关监管部门做好信息安全管理工作。

(3) 加强技术手段支持:建议通过技术手段,如过滤和屏蔽不良信息的关键词、图片和视频等,来减少未成年人接触不良信息的可能性。同时,要不断更新技术手段,提高识别和过滤的准确性和效率。

(4) 加强家庭和学校教育:家庭和学校是未成年人的重要保护环境,建议加强家庭和学校对于不良信息的教育和引导,提高未成年人的信息辨别能力和自我保护意识。同时,要鼓励家长和教育工作者积极参与监督和引导未成年人正确使用互联网和社交媒体。

(5) 配套制度和政策的建立:建议进一步完善相关的配套制度和政策,明确不良信息提示制度的操作细则和实施细节,加强与其他相关法律法规的衔接,提高制度的有效性和可操作性。

（三）典型案例

案例：广州一公司制作儿童"邪典"视频已被刑事立案[1]

2018年，为了持续推动网络空间清朗，针对儿童"邪典"动漫视频及网络游戏、网络直播平台传播淫秽色情等有害信息问题，"扫黄打非"部门迅速行动，全面开展监测和清查，从快从严查办了一批案件。其中广州胤钧贸易有限公司在未取得行政许可的前提下，擅自从事网络视频制作、传播活动，用经典动画片中的角色玩偶实物及彩泥黏土等制作道具，将制作过程拍成视频，或将有关成品摆拍制作带有故事情节的视频，上传至优酷、爱奇艺、腾讯等视频平台。该公司2016年11月分别与优酷、爱奇艺等视频平台签订合同，利用"欢乐迪士尼"账号上传视频，从中获利220余万元。经审核鉴定，其中部分含有血腥、惊悚内容。该案已由公安机关刑事立案查处，该公司营业执照被依法吊销。

十一、禁止制作、传播有关未成年人的色情制品

（一）条文规定

《未成年人保护法》第五十二条　禁止制作、复制、发布、传播或者持有有关未成年人的淫秽色情物品和网络信息。

（二）条文解读

禁止未成年人接触淫秽信息是保护未成年人身心健康发展的重要措施，也是社会责任的体现。淫秽信息对未成年人的心理和道德发展有着负面的影响，甚至可能导致他们在性观念、性行为等方面过早暴露和失范。因此，在未成年人保护法中规定禁止未成年人接触淫秽信息，旨在保障他们健康成长，维护社会的良好秩序。对于该规定，我们可以从以下几个方面进行讨论：

（1）保护未成年人的身心健康：未成年人处于成长发育阶段，对不适宜他们接触的淫秽信息缺乏辨别能力和心理抵抗力。禁止未成年人接触淫秽信息，有助于保护他们的身心健康，防止不良信息对他们的伤害。

（2）培养正常的性观念和道德价值观：淫秽信息可能误导和错误引导未

---

[1] 佟丽华主编：《〈中华人民共和国未成年人保护法〉理解与适用》，中国法制出版社2021年版，第156页。

成年人的性观念和行为模式，对他们的道德价值观产生负面影响。禁止未成年人接触淫秽信息，有利于培养他们正确的性观念和道德价值观，促进健康、积极的性教育。

(3) 社会道德和文明建设：制定禁止未成年人接触淫秽信息的规定，有利于整个社会的道德和文明建设，维护社会的公序良俗。这有助于塑造文明、健康、积极的社会氛围。同时，也提醒和敦促社会各界加强对未成年人的保护和引导责任，营造更加安全和有益的社会环境。

(三) 参考条文

◎《刑法》

第三百六十三条 以牟利为目的，制作、复制、出版、贩卖、传播淫秽物品的，处三年以下有期徒刑、拘役或者管制，并处罚金；情节严重的，处三年以上十年以下有期徒刑，并处罚金；情节特别严重的，处十年以上有期徒刑或者无期徒刑，并处罚金或者没收财产。

为他人提供书号，出版淫秽书刊的，处三年以下有期徒刑、拘役或者管制，并处或者单处罚金；明知他人用于出版淫秽书刊而提供书号的，依照前款的规定处罚。

第三百六十四条 传播淫秽的书刊、影片、音像、图片或者其他淫秽物品，情节严重的，处二年以下有期徒刑、拘役或者管制。

组织播放淫秽的电影、录像等音像制品的，处三年以下有期徒刑、拘役或者管制，并处罚金；情节严重的，处三年以上十年以下有期徒刑，并处罚金。

制作、复制淫秽的电影、录像等音像制品组织播放的，依照第二款的规定从重处罚。

向不满十八周岁的未成年人传播淫秽物品的，从重处罚。

(四) 典型案例

案例：最高人民法院公布六起互联网和手机色情信息犯罪典型案例——苏某、邱某峰、沈某伟制作、贩卖淫秽物品牟利、猥亵儿童案[1]

2008年至2009年3月，被告人苏某为牟取非法利益，利诱程某、周某、

---

[1] 佟丽华主编：《〈中华人民共和国未成年人保护法〉理解与适用》，中国法制出版社2021年版，第158~159页。

万某、曾某等多名 10 岁至 15 岁的男孩,在上海市闵行区的宾馆、酒店房间内拍摄淫秽片,并由苏某通过网络,以数十元至上百元不等的价格销售给被告人邱某峰、沈某伟等人。2008 年 8 月,苏某通过网络认识被告人邱某峰后,先后两次将程某(1995 年 6 月出生)、周某(1997 年 8 月出生)介绍给邱某峰,并将上述两人带至邱某峰入住的闵行饭店,由邱某峰对上述两名儿童实施猥亵,并从邱某峰处收取人民币 6000 元。2009 年 2 月、3 月,苏某通过网络认识沈某伟后,将万某(1999 年 1 月出生)介绍给沈某伟,并为其登记入住闵行区格林豪泰上海江川酒店,由沈某伟对万某实施猥亵,四次共收取人民币 7400 元。2009 年 3 月 29 日,苏某被抓获,当场查获 574 张淫秽照片、78 个淫秽视频。同日,沈某伟被抓获。2009 年 4 月 13 日,邱某峰接到通知后主动向公安机关投案。

法院认为,被告人苏某以牟利为目的,制作、贩卖淫秽物品,其行为已构成制作、贩卖淫秽物品牟利罪。苏某利诱多名不满 14 周岁的儿童供被告人邱某峰、沈某伟猥亵,其行为均已构成猥亵儿童罪,属共同犯罪。苏某兼犯两罪,依法应当数罪并罚;三名被告人自愿认罪,可酌情从轻处罚;鉴于邱某峰系初犯,且具有自首情节,社会危害性较小,其所在单位也愿意留用察看,进行监管,对邱某峰适用缓刑不致再危害社会,故对其判处缓刑。据此,对被告人苏某以制作、贩卖淫秽物品牟利罪,判处有期徒刑 2 年,并处罚金人民币 5000 元;以猥亵儿童罪,判处有期徒刑 2 年 5 个月,决定执行有期徒刑 3 年 11 个月,并处罚金人民币 5000 元。对邱某峰以猥亵儿童罪,判处有期徒刑 1 年,缓刑 1 年。对沈某伟以猥亵儿童罪,判处有期徒刑 2 年。

十二、禁止传播含有危害未成年人身心健康内容的商业广告

(一)条文规定

《未成年人保护法》第五十三条 任何组织或者个人不得刊登、播放、张贴或者散发含有危害未成年人身心健康内容的广告;不得在学校、幼儿园播放、张贴或者散发商业广告;不得利用校服、教材等发布或者变相发布商业广告。

(二)条文解读

未成年人保护法中的禁止不利于未成年人的广告和广告行为,是保护未

成年人权益、促进其健康成长的重要举措。对此可从以下措施予以落实：

（1）加强广告审查机制：建议建立健全的广告审查机制，强调对针对未成年人的广告内容进行审核，确保广告内容符合未成年人的身心发展需求，不含有误导、欺诈、低俗、暴力、恶俗等对未成年人有不良影响的内容。

（2）整合资源加强监管：建议相关部门加强协作与沟通，整合各方资源，通过监测、举报、投诉等渠道，及时发现和处理不利于未成年人的广告和广告行为，保护未成年人的合法权益。

（3）提升广告责任意识：建议广告从业者加强自律，树立社会责任意识，积极履行广告宣传的社会责任，主动引导未成年人正确价值观、消费观念，避免以误导或误导消费的方式影响未成年人的健康发展。

（4）家庭和学校教育的配合：建议家庭和学校加强对未成年人的广告教育和引导，培养他们对广告的辨识能力和理性消费观念，帮助他们主动抵御不利于未成年人的广告影响。

（5）提高违法处罚力度：建议加大对违反广告法律法规、侵害未成年人利益的广告行为的惩治力度，加强执法力度，对违法广告及从业人员进行严厉打击，以起到威慑效应，维护未成年人的权益。

（三）参考条文

◎《广告法》

第十条 广告不得损害未成年人和残疾人的身心健康。

第六十八条 广告主、广告经营者、广告发布者违反本法规定，有下列侵权行为之一的，依法承担民事责任：

（一）在广告中损害未成年人或者残疾人的身心健康的；

（二）假冒他人专利的；

（三）贬低其他生产经营者的商品、服务的；

（四）广告中未经同意使用他人名义或者形象的；

（五）其他侵犯他人合法民事权益的。

十三、禁止对未成年人实施侵害

（一）条文规定

《未成年人保护法》第五十四条 禁止拐卖、绑架、虐待、非法收养未成年人,禁止对未成年人实施性侵害、性骚扰。

禁止胁迫、引诱、教唆未成年人参加黑社会性质组织或者从事违法犯罪活动。

禁止胁迫、诱骗、利用未成年人乞讨。

(二) 条文解读

未成年人保护法中关于禁止涉及未成年人违法犯罪行为的规定,是保护未成年人权益、维护社会公共秩序的重要举措。禁止涉及未成年人违法犯罪的行为,是为了保护未成年人的身心健康和安全。未成年人处于发育成长阶段,容易受到不良影响和侵害,特别是在犯罪活动中更加脆弱。这样的规定有助于确保未成年人的权益得到有效保护。涉及未成年人违法犯罪的活动往往会对社会公共秩序造成严重的负面影响。禁止此类行为有助于维护社会的安定与和谐,减少社会治安问题的发生。为落实该项规定,可从以下几个方面入手:

(1) 加强法律宣传和教育:加大对未成年人保护法和相关法律的宣传力度,提高未成年人和社会公众的法律意识。通过教育、宣传和媒体等渠道普及法律知识,引导未成年人正确识别和应对违法犯罪行为。

(2) 健全监管与举报机制:加强对涉及未成年人违法犯罪的行为的监管,建立健全的举报机制,提供举报渠道和保护机制,鼓励社会各界积极参与未成年人保护行动,共同维护社会的安全和秩序。

(3) 整合资源、加强合作:加强政府、家庭、学校、社会组织等多方合作,整合资源,建立专业力量,加强未成年人保护措施的协同和实施。各部门之间要加强沟通与协调,形成联动机制,确保未成年人保护工作的全面、有力实施。

(4) 深化法治建设:进一步完善法律体系和法治环境,提高法律执行效果及其公信力。加大对违法犯罪行为的打击力度,保证法律的公平公正执行,从根本上杜绝涉及未成年人违法犯罪的行为。

(三) 参考条文

◎**最高人民法院、最高人民检察院、公安部、司法部《关于办理性侵害未成年人刑事案件的意见》**

第一条 本意见所称性侵害未成年人犯罪,包括《中华人民共和国刑法》第二百三十六条、第二百三十六条之一、第二百三十七条、第三百五十八条、

第三百五十九条规定的针对未成年人实施的强奸罪，负有照护职责人员性侵罪，强制猥亵、侮辱罪，猥亵儿童罪，组织卖淫罪，强迫卖淫罪，协助组织卖淫罪，引诱、容留、介绍卖淫罪，引诱幼女卖淫罪等。

第二条 办理性侵害未成年人刑事案件，应当坚持以下原则：

（一）依法从严惩处性侵害未成年人犯罪；

（二）坚持最有利于未成年人原则，充分考虑未成年人身心发育尚未成熟、易受伤害等特点，切实保障未成年人的合法权益；

（三）坚持双向保护原则，对于未成年人实施性侵害未成年人犯罪的，在依法保护未成年被害人的合法权益时，也要依法保护未成年犯罪嫌疑人、未成年被告人的合法权益。

十四、对未成年人食品、药品、玩具、用具及设施的特别要求

（一）条文规定

《未成年人保护法》第五十五条 生产、销售用于未成年人的食品、药品、玩具、用具和游戏游艺设备、游乐设施等，应当符合国家或者行业标准，不得危害未成年人的人身安全和身心健康。上述产品的生产者应当在显著位置标明注意事项，未标明注意事项的不得销售。

（二）条文解读

未成年人保护法对未成年人用品的质量安全提出了一定的注意义务。这是为了保障未成年人的身心健康和安全，确保他们使用的产品具有一定的质量标准和安全要求。

对于未成年人用品的质量安全，建议政府和相关部门加强监管和执行力度。确保产品制造商和销售商遵守法律法规，提高产品的质量和安全标准，防止低质量和不安全产品流入市场。同时，应加强对未成年人用品的检测和抽检工作，及时发现和排除存在质量安全问题的产品。

除了政府的监管责任，家长也应承担起监护责任，关注并选择符合安全标准的未成年人用品。购买产品时，应仔细查看产品的安全标志和质量证书，并选择有良好声誉和质量保证的品牌。同时，家长应根据未成年人的年龄特点和需求，选择合适的产品，避免过度消费和使用不适合的产品。

教育也是关键。学校和家庭应加强对未成年人用品质量安全知识的宣传

和教育，提高未成年人的安全意识和保护自身权益的能力。未成年人自身也应养成正确使用产品的习惯，遵守产品的使用说明和安全警示。

十五、对公共场所未成年人安全保障的特殊要求

（一）条文规定

《未成年人保护法》第五十六条 未成年人集中活动的公共场所应当符合国家或者行业安全标准，并采取相应安全保护措施。对可能存在安全风险的设施，应当定期进行维护，在显著位置设置安全警示标志并标明适龄范围和注意事项；必要时应当安排专门人员看管。

大型的商场、超市、医院、图书馆、博物馆、科技馆、游乐场、车站、码头、机场、旅游景区景点等场所运营单位应当设置搜寻走失未成年人的安全警报系统。场所运营单位接到求助后，应当立即启动安全警报系统，组织人员进行搜寻并向公安机关报告。

公共场所发生突发事件时，应当优先救护未成年人。

（二）条文解读

未成年人保护法中公共场所履行注意义务，保护未成年人的规定，旨在确保未成年人在公共场所的安全、健康和良好发展。对此可从以下措施予以落实：

首先，公共场所应加强安全管理。这包括确保场所环境的安全性，如防止尖锐物品、化学药品等对未成年人构成威胁的物品进入场所。同时，应加大安全设施的投入和维护力度，如安全门、防护栏等设施，以减少意外伤害的发生。

其次，公共场所应加强人员培训。工作人员应接受相关培训，了解未成年人的特点和需求，学习如何妥善照顾和处理未成年人的问题。他们应具备应急处理能力，并与未成年人和家长保持良好的沟通，及时解决问题和提供帮助。

再次，公共场所也应加强管理规范化建设。制定相关规章制度，要求公共场所严格执行未成年人保护法和相关规定，确保未成年人的合法权益得到保护。定期进行检查和评估，对不符合规定的场所进行整改和纠正。

家长也要承担起监护责任，引导和教育未成年人在公共场所的行为和举

止。监护人应与孩子保持密切联系,了解他们在公共场所的活动和体验,并关心他们是否受到任何伤害或不当待遇。

最后,社会各界应共同参与未成年人保护工作。学校、社区、媒体等应发挥教育、宣传和监督的作用,提高公众对未成年人保护的意识和重视程度。同时,社会各界也应积极推动公共场所的规范化建设和管理。

(三)参考条文

◎国务院未成年人保护工作领导小组《关于加强未成年人保护工作的意见》

21. 加强和创新未成年人成长社会环境治理。构建未成年人成长社会环境治理联合执法机制,加大执法力度。落实未成年人入住旅馆、宾馆、酒店的核查与报告制度。加大对营业性歌舞娱乐场所、酒吧、互联网上网服务营业场所违规接待未成年人行为的处罚力度。落实密切接触未成年人行业违法犯罪信息准入查询制度。严格禁止向未成年人销售烟(含电子烟)、酒、彩票或者兑付彩票奖金。依法依规及时清理中小学校、幼儿园、托育机构周边设置的营业性娱乐场所、酒吧、互联网上网服务营业场所及烟(含电子烟)、酒、彩票销售网点。对部分儿童用品依法实施强制性产品认证管理,保障未成年人健康安全。加大互联网上涉及未成年人的重点应用服务的整治和查处力度,加强监管,督促企业切实落实针对未成年人保护的各项措施。督促中小学校、幼儿园、婴幼儿照护服务机构、线下教育培训机构、游乐园等未成年人集中活动场所落实安全主体责任。推进未成年人文身治理工作。做好未满十六周岁辍学学生劝返复学工作。加大对未成年人违法婚姻的治理力度,防止未成年人早婚早育现象。

十六、宾馆等住宿经营者接待未成年人入住的特殊要求

(一)条文规定

《未成年人保护法》第五十七条 旅馆、宾馆、酒店等住宿经营者接待未成年人入住,或者接待未成年人和成年人共同入住时,应当询问父母或者其他监护人的联系方式、入住人员的身份关系等有关情况;发现有违法犯罪嫌疑的,应当立即向公安机关报告,并及时联系未成年人的父母或者其他监护人。

(二)条文解读

根据《未成年人保护法》,住宿经营者在接待未成年人入住或与成年人共同入住时有一系列责任。这些规定的目的是确保未成年人的安全和权益得到保护,同时加强社会对未成年人的监护和关注,促进家庭教育和社会教育的有效衔接。询问父母或其他监护人的联系方式和身份关系,有助于住宿经营者了解未成年人的家庭背景,以便提供更为安全和适宜的服务。此外,住宿经营者如发现未成年人可能涉及违法犯罪活动,及时向公安机关报告并联系未成年人的父母或其他监护人,有助于保障未成年人的安全,并促进早期介入和教育。

在实施这些法规时,可以考虑以下一些建议。首先,住宿经营者应严格遵守法律法规的要求,完善相关制度与流程,确保相关信息和报备的准确性和及时性。其次,公安机关应加强对住宿经营者的监督指导,提供培训和指导,帮助他们更好地识别和应对可能涉及未成年人的违法犯罪行为。最后,社会各界也应共同关心未成年人的安全和成长,加强公共宣传和教育,提高对未成年人保护的意识。

(三)参考条文

◎国务院未成年人保护工作领导小组《关于加强未成年人保护工作的意见》

21. 加强和创新未成年人成长社会环境治理。构建未成年人成长社会环境治理联合执法机制,加大执法力度。落实未成年人入住旅馆、宾馆、酒店的核查与报告制度。加大对营业性歌舞娱乐场所、酒吧、互联网上网服务营业场所违规接待未成年人行为的处罚力度。落实密切接触未成年人行业违法犯罪信息准入查询制度。严格禁止向未成年人销售烟(含电子烟)、酒、彩票或者兑付彩票奖金。依法依规及时清理中小学校、幼儿园、托育机构周边设置的营业性娱乐场所、酒吧、互联网上网服务营业场所及烟(含电子烟)、酒、彩票销售网点。对部分儿童用品依法实施强制性产品认证管理,保障未成年人健康安全。加大互联网上涉及未成年人的重点应用服务的整治和查处力度,加强监管,督促企业切实落实针对未成年人保护的各项措施。督促中小学校、幼儿园、婴幼儿照护服务机构、线下教育培训机构、游乐园等未成年人集中活动场所落实安全主体责任。推进未成年人文身治理工作。做好未满十六周岁辍学学生劝返复学工作。加大对未成年人违法婚姻的治理力度,防止未成年人早婚早育现象。

(四) 典型案例

案例：许某某等 5 人涉嫌强奸一案[1]

1. 基本案情

广西桂林，一男子刘某欠了一烧烤店钱，2021 年 6 月 7 日晚，许某某、陈某、王某、王某某（未成年人）、唐某某（未成年人）等 5 人在广西桂林该烧烤店用餐，王某看到刘某带李某某（女，未成年人）回家，便提议将欠烧烤店钱的刘某打一顿，许某某提出想与李某某发生性关系。

随后，他们 5 人便来到刘某租住的居民楼，找到刘某和李某某，并对他们进行殴打，事后，还强行将李某某带到某宾馆，开了一间客房，许某某、陈某、王某某三人在宾馆房间内强行与李某某发生性关系。6 月 10 日，李某某报警。

经民警调查，事发当晚，许某某等人入住桂林某宾馆，未逐人核实身份信息，入住同一间客房，也未询问入住未成年人相关情况。

通过视频监控可以看到，他们在前台办理入住登记手续时，李某某的表现明显异常，神情疲惫，脚步迟缓，多次到前台沙发处停留，手一直被唐某某拉着，工作人员发现异常，也未询问情况，也未按规定报告公安机关。

最终，李某某被他们带进了一间客房，在房间内许某某、陈某、王某某三人强行与李某某发生了性关系。

2. 法院裁判

根据《未成年人保护法》第 57 条的规定，旅馆、宾馆、酒店等住宿经营者接待未成年人入住，或者接待未成年人和成年人共同入住时，应当询问父母或者其他监护人的联系方式、入住人员的身份关系等有关情况；发现有违法犯罪嫌疑的，应当立即向公安机关报告，并及时联系未成年人的父母或者其他监护人。根据《未成年人保护法》第 122 条的规定，住宿经营者违反本法第 57 条规定的，由市场监督管理、应急管理、公安等部门按照职责分工责令限期改正，给予警告；拒不改正或者造成严重后果的，责令停业整顿或者

---

[1] 来源：https://zhidao.baidu.com/question/145247424226535645/answer/4234361051，访问日期：2024 年 6 月 29 日。

吊销营业执照、吊销相关许可证，并处1万元以上10万元以下罚款。

桂林市公安局七星分局依法对涉案宾馆作出罚款2万元，责令停业整顿1个月的处罚决定。

桂林市七星区人民检察院以涉嫌强奸罪对许某某等5人提起公诉。

根据《刑法》第236条第3款第4项的规定，强奸妇女、奸淫幼女，二人以上轮奸的，处10年以上有期徒刑、无期徒刑或者死刑。根据《刑法》第17条第1款、第4款规定，已满16周岁的人犯罪，应当负刑事责任，已满14周岁不满18周岁的人构成犯罪的，在量刑时应当从轻或者减轻处罚。协助他人实施强奸行为的，属于帮助犯，也叫共同犯罪。对于未遂犯，可以比照既遂犯从轻或者减轻处罚。

桂林市七星区人民法院结合犯罪行为人的认罪认罚以及悔罪表现等，判处许某某、陈某有期徒刑10年3个月，王某某有期徒刑7年，王某有期徒刑5年，唐某某有期徒刑2年6个月。

十七、禁止未成年人进入不适宜场所

（一）条文规定

《未成年人保护法》第五十八条 学校、幼儿园周边不得设置营业性娱乐场所、酒吧、互联网上网服务营业场所等不适宜未成年人活动的场所。营业性歌舞娱乐场所、酒吧、互联网上网服务营业场所等不适宜未成年人活动场所的经营者，不得允许未成年人进入；游艺娱乐场所设置的电子游戏设备，除国家法定节假日外，不得向未成年人提供。经营者应当在显著位置设置未成年人禁入、限入标志；对难以判明是否是未成年人的，应当要求其出示身份证件。

（二）条文解读

根据《未成年人保护法》的规定，禁止在学校、幼儿园周边设置不适宜未成年人活动的场所，以及禁止经营者允许未成年人进入不适宜他们活动的场所。此外，未成年人在特定场所和时间段内，使用如游艺娱乐场所的电子游戏设备，也面临着限制。

这些规定是为了保护未成年人的身心健康，让他们远离不适宜的娱乐和消费场所，保证他们正常的学习和成长环境。这些规定有助于引导社会各界更加关注未成年人的健康成长,减少他们接触不良信息和不适宜的社会环境的机会。

在实施这些法规时,首先,政府应加强对相关场所的监管,确保规定得到有效执行。营业性娱乐场所、酒吧、互联网上网服务场所等经营者应自觉遵守规定,不得允许未成年人进入,并设置明显的未成年人禁入、限入标志。其次,对于难以判明是否为未成年人的顾客,经营者应严格要求其出示身份证件,并要求验证,以确保未成年人得到更好的保护。此外,公共机构、学校、家庭等也应加强对未成年人的引导和教育,帮助他们正确认识和选择适宜的娱乐方式。社会各界也应加强宣传和宣扬健康的文化,共同努力构建一个良好的未成年人成长环境。

(三)参考条文

◎**国务院未成年人保护工作领导小组《关于加强未成年人保护工作的意见》**

21. 加强和创新未成年人成长社会环境治理。构建未成年人成长社会环境治理联合执法机制,加大执法力度。落实未成年人入住旅馆、宾馆、酒店的核查与报告制度。加大对营业性歌舞娱乐场所、酒吧、互联网上网服务营业场所违规接待未成年人行为的处罚力度。落实密切接触未成年人行业违法犯罪信息准入查询制度。严格禁止向未成年人销售烟(含电子烟)、酒、彩票或者兑付彩票奖金。依法依规及时清理中小学校、幼儿园、托育机构周边设置的营业性娱乐场所、酒吧、互联网上网服务营业场所及烟(含电子烟)、酒、彩票销售网点。对部分儿童用品依法实施强制性产品认证管理,保障未成年人健康安全。加大互联网上涉及未成年人的重点应用服务的整治和查处力度,加强监管,督促企业切实落实针对未成年人保护的各项措施。督促中小学校、幼儿园、婴幼儿照护服务机构、线下教育培训机构、游乐园等未成年人集中活动场所落实安全主体责任。推进未成年人文身治理工作。做好未满十六周岁辍学学生劝返复学工作。加大对未成年人违法婚姻的治理力度,防止未成年人早婚早育现象。

（四）典型案例

案例：两次接纳未成年人上网被处罚后状告执法单位[1]

淮安市区有一家经营性网吧，先后两次因接纳未成年人上网而被淮安市文化广电和新闻出版局（以下简称文广新局）处罚，尤其是第二次，被处以停业整顿15日的行政处罚。收到处罚决定书后，该网吧竟将淮安市文广新局告上法庭，要求撤销该行政处罚。2019年4月18日，淮安市清江浦区法院作出一审判决：驳回该网吧的诉讼请求。

2018年2月，该网吧因接纳未成年人上网，而被文广新局处以警告并罚款2000元的处罚。2018年5月，该网吧又因接纳未成年人上网，而被淮安市清江浦区公安分局处以3000元罚款，公安分局随后又将该网吧接纳未成年上网的信息以工作函的形式移交到文广新局。由于该网吧在一年之内先后两次接纳未成年人上网，2018年10月29日，文广新局以该网吧违规情节严重为由，依法对该网吧作出停业整顿15日的行政处罚。

因不服此处罚，该网吧对文广新局提出行政诉讼，以文广新局违反"一事不再罚"的原则为由要求撤销该处罚决定。理由是其第二次违规接纳未成年人上网一事已被公安机关行政处罚3000元，认为文广新局再次对其作出停业整顿15日的行政处罚无法律依据。

淮安市清江浦区法院经调查审理后认为，该网吧2018年2月至5月，先后两次接纳未成年人上网，情节特别严重，公安机关与文广新局先后对该网吧作出的行政处罚所依据的法律条款不相同，而且作出的罚款3000元与停业整顿15日的行政处罚种类也不相同，所以，文广新局作出的行政处罚并没有违反"一事不再罚"的原则，最终，该网吧败诉。

十八、禁止向未成年人销售烟、酒和彩票

（一）条文规定

《未成年人保护法》第五十九条 学校、幼儿园周边不得设置烟、酒、彩票销售网点。禁止向未成年人销售烟、酒、彩票或者兑付彩票奖金。烟、酒

---

[1] 来源：https://www.qynews.gov.cn/content/2021/11/24/10451089.html，访问日期：2024年6月29日。

和彩票经营者应当在显著位置设置不向未成年人销售烟、酒或者彩票的标志；对难以判明是否是未成年人的，应当要求其出示身份证件。

任何人不得在学校、幼儿园和其他未成年人集中活动的公共场所吸烟、饮酒。

(二)条文解读

未成年人是社会的未来，保护他们的身心健康是社会的责任和义务。

首先，烟、酒和彩票是一些成年人消遣和娱乐的产品，它们都具有潜在的危害和风险。未成年人由于生理和心理发育的特点，更容易受到这些物品的影响，并可能导致不良的后果，如健康问题、学业受损以及不良行为习惯的形成。因此，限制未成年人接触和购买烟、酒与彩票是非常必要的措施，可以有效预防和减少这些负面影响。

其次，未成年人保护法的规定也符合社会的核心价值观，对于培养和塑造良好的社会公德、个人品德和行为规范有着重要意义。社会需要明确告知未成年人烟、酒的危害性，并且通过法律手段来限制他们的使用和接触。从长远来看，这可以帮助未成年人塑造积极健康的生活方式，培养他们的自律意识和正确价值观，减少社会问题的发生。

在实施这些规定的过程中，可采取以下措施来更好地保护未成年人：

(1)加强宣传和教育：通过学校和社会媒体等渠道，向未成年人普及烟、酒的危害性和相关法律法规，提高他们的意识和警惕性。

(2)完善监管措施：政府和相关行政部门应加强对于销售烟、酒与彩票的场所的监管力度，确保店家不向未成年人提供这些产品，同时对违规者进行严厉的处罚。

(3)鼓励社会共同参与：家长、学校、社会组织以及社会各界应共同努力，形成包括家庭教育、校园教育和社会关注的综合机制，共同关注和保护未成年人的身心健康。

(三)参考条文

◎国务院未成年人保护工作领导小组《关于加强未成年人保护工作的意见》

21. 加强和创新未成年人成长社会环境治理。构建未成年人成长社会环境治理联合执法机制，加大执法力度。落实未成年人入住旅馆、宾馆、酒店的核查与报告制度。加大对营业性歌舞娱乐场所、酒吧、互联网上网服务营业场所违规接待未成年人行为的处罚力度。落实密切接触未成年人行业违法犯罪信息准入查询制度。严格禁止向未成年人销售烟（含电子烟）、酒、彩票或者兑付彩票奖金。依法依规及时清理中小学校、幼儿园、托育机构周边设置的营业性娱乐场所、酒吧、互联网上网服务营业场所及烟（含电子烟）、酒、彩票销售网点。对部分儿童用品依法实施强制性产品认证管理，保障未成年人健康安全。加大互联网上涉及未成年人的重点应用服务的整治和查处力度，加强监管，督促企业切实落实针对未成年人保护的各项措施。督促中小学校、幼儿园、婴幼儿照护服务机构、线下教育培训机构、游乐园等未成年人集中活动场所落实安全主体责任。推进未成年人文身治理工作。做好未满十六周岁辍学学生劝返复学工作。加大对未成年人违法婚姻的治理力度，防止未成年人早婚早育现象。

（四）典型案例

案例：赵某与柳某债权债务概括转移合同纠纷[1]

1. 基本案情

2022年6月5日，原告赵某（甲方）与被告柳某（乙方）签订《店铺转让协议》，约定，甲方同意将左客超市位于沈阳市铁西区红粉路的店铺转让乙方使用，建筑面积为105平方米，并保证乙方同等享有甲方在原有房屋租赁合同中所享有的权利与义务；店铺转让给乙方后，甲方扶持乙方五天，乙方同意代替甲方履行原有店铺租赁合同中所规定的条款，并且定期交纳租金及该合同所约定的应由甲方交纳的水电费及其他各项费用；转让后，店铺现有的甲方与房主租赁合同中剩余的房屋租赁期、装修、装饰及其他所有设备和房屋装修等营业设备等全部归乙方；兑费230 000元，包含30 000元烟（烟按照批次）；乙方在2022年6月5日向甲方支付转让费共计人民币230 000元整（大写：贰拾叁万元整）；乙方接手前该店铺所有的一切债权、债务均由甲方负责，接手后的一切经营以及产生的债权、债务由乙方负责……甲方店铺是兑店经营，因此在烟照临期时，甲方配合乙方找原店主办理烟照延期。该协议下方手写"今日支付150 000元整，余8万元整，6号结清"。庭审中原、被告均表示本次转让包含超市内的所有商品、所有设备及房屋装修等。

---

[1]　[2023] 辽01民终7449号。

2022年6月5日，被告柳某通过柳某东账户向原告赵某转账15万元。2022年6月6日，被告向原告支付2万元，转账说明"剩余6万元兑费"。原、被告向一审法院提供的《烟草专卖零售许可证》载明，企业名称沈阳市铁西区作客食品店，负责人李某，企业类型个体（个人经营），经营场所辽宁省沈阳市铁西区红粉路，许可范围卷烟零售、雪茄烟零售，供货单位辽宁省烟草公司沈阳市公司，有限期限自2019年12月12日至2022年11月30日。

原告向一审法院提供《房屋租赁合同》复印件2份，该合同载明租金标准年65 000元，租期至2023年11月1日。

原告向一审法院提供《营业执照》照片一张，载明，名称沈阳市铁西区作客食品店，类型个体工商户，经营者李某，经营场所辽宁省沈阳市铁西区红粉路。

2022年5月23日，被告柳某通过微信向原告赵某发送信息"我这几天想过去跟跟店"，原告赵某回复"可以来吧"，被告柳某发送"烟照那家是住在你店楼上还是体育场那边楼上"，原告赵某回复"店楼上"，被告柳某发送"第一年续期您得找一下原照主，跟他没啥交情啊"，原告赵某回复"可以"。同日，原告赵某发送信息"你想过户吗"，被告柳某回复"不想，掉档"。案涉店铺的烟照不能续期，系因2021年6月1日起施行的《未成年人保护法》第59条的规定，即"学校、幼儿园周边不得设置烟、酒、彩票销售网点"。后被告得知此情况后拒绝支付剩余的60 000元。

2022年6月7日，原告赵某通过微信向被告柳某发送信息："姐，你这六万不准备给我了呗。也没商量。直接就要扣了？"被告柳某回复："你那边，找到人，跟你说能续了？""今天下午烟草来人说了，不给续了。""今天发生这情况，给你也不知道啥结果，先研究完再说吧。""没有特殊情况，谈好的，我肯定都给，不会耍赖。"原告赵某回复："这个烟照不能说是我个人的原因，看店都是你自己看好的，我没强求你，律师的朋友你也有，开超市开烟店的朋友你都有，你比我明白，我那时候谁也没帮过我，因为没到期，到时候这个能不能续谁也说不好。烟照一时一变，还有小半年，啥事都能发生。这个责任你不能一下全推给我，我也是心肠软，能跟你商量来，你这直接就要跟我退了……"同日，原告赵某通过微信向被告柳某发送："姐，我这边也问着呢，你先别着急，那边也是，我也等信呢，那边问完了之后，然后给我回信，也就这两天吧，然后这两天你先干着，然后正好我把这边也捋捋顺，把我这

— 351 —

边整一整来，然后要是能整的话，那就更好了，要是整不了的话，我就收回来，你也别上火，你也别着急，别上火。"被告柳某回复："嗯，我这边正常打烟、卖货。""嗯嗯，能整最好。"

一审法院审理过程中，原告赵某方主张案涉超市一天营业额在3500元，烟草收入1000元左右，被告柳某主张一天营业额在2700元至3000元之间，烟草收入占50%~70%。被告柳某实际经营案涉店铺至房屋租赁期限届满后续租一个月，店内商品低价出售，现案涉店铺房屋已由案外人经营"北药家大药房"。现原告主张被告应给付剩余的60 000元兑店款，故诉至一审法院。

2. 法院裁判

法院认为，上诉人与被上诉人签订的《店铺转让协议》系双方真实意思表示，未违反法律、行政法规的强制性规定，合法有效，双方应按照约定履行各自义务，共同实现合同目的。被上诉人受让店铺系为了经营获利，从双方对于烟草收入占店铺营业收入的陈述可知，烟草收入对于营业收入具有重要影响，应系被上诉人考虑承接店铺的重要因素，《店铺转让协议》亦有上诉人配合被上诉人找原店主办理烟照延期的约定，然而新《未成年人保护法》于2021年6月1日起施行，早于双方签订《店铺转让协议》一年之久，上诉人作为店铺的原经营人，对于该法关于"学校、幼儿园周边不得设置烟、酒、彩票销售网点"应为明知，故一审法院认定其在《店铺转让协议》签订过程中具有过错，鉴于该法的上述规定对于被上诉人承接店铺后的经营收益具有重要影响，一审法院综合烟草收入在店铺营业收入的占比、烟照在经营超市中的作用等因素，酌定6万元为不能办理烟照的补偿，并无明显不当。

综上，上诉人的诉讼请求不能成立，不应予以支持；一审法院判决认定事实清楚，适用法律正确，应予维持。依照《民事诉讼法》第177条第1款第1项的规定，判决如下：驳回上诉，维持原判。

十九、禁止向未成年人提供管制刀具等危险物品

（一）条文规定

《未成年人保护法》第六十条　禁止向未成年人提供、销售管制刀具或者其他可能致人严重伤害的器具等物品。经营者难以判明购买者是否是未成年人的，应当要求其出示身份证件。

（二）条文解读

这项规定旨在保护未成年人的生命安全和健康，预防意外伤害和不当使用危险器具所带来的危险。如果未成年人接触和使用这些器具时没有得到正确的指导和监督，可能会导致严重的伤害甚至生命危险。在未成年人的生理和心理发展阶段，他们的判断力和自我控制能力还不成熟，因此需要额外的保护和规范。而禁止向未成年人提供和销售危险器具的规定也是符合社会的核心价值观的。社会需要明确告知未成年人危险器具的危害性，并通过法律手段来限制他们的接触和使用。这有助于培养未成年人正确的安全意识和责任观念，及时预防意外发生，维护社会的安全和稳定。

同时，相关部门也要加强教育和宣传，通过学校、家庭和社会媒体等渠道，向未成年人普及危险器具的危害性和正确使用方法，提高他们的安全意识和自我保护能力。相应的监管机制也需要健全，政府和相关行政部门应加强对危险器具销售渠道的监管，确保销售商合法经营，并将销售危险器具的行为纳入严格的审查和执法范围。

（三）典型案例

案例：新绛县阳王镇刘峪村宁铎农资经销部、崔某怡侵权责任纠纷民事二审[1]

1. 基本案情

原告崔某怡是年为限制民事行为能力人。于2020年11月17日以微信名"伤心难过"，通过号码为151××××××××手机，在拼多多平台购买农药"敌草快"，因涉及敏感问题，被退款拒售；2020年11月19日以微信名"小慕坤"，号码为151××××××××手机，在拼多多平台成功购买农药"敌草快"。此次购买中，双方聊天记录显示，被告知道辽宁气温低，草都干枯了，建议明年使用。2020年11月25日，原告因口服农药敌草快中毒，在葫芦岛市中心医院住院治疗共15天，重症监护，诊断为：敌草快中毒，其他诊断肺炎，一级护理5天，二级护理9天。出院医嘱为：口服药物康复新液，复诊，每月随诊。原告花医疗费53 994.13元，护理费2927.14元，伙食补助费1500元，交通费411元，精神损害抚慰金5000元，上述损失合计：63 832.27元。

另查明，审理中原告向法院递交申请，要求对农药中毒对消化系统、呼吸系统造成的损害程度、护理期、营养期进行司法鉴定。沈阳汽车工程学校

---

[1] [2023] 辽14民终1141号。

司法鉴定所、葫芦岛滨城法医司法鉴定所不予受理。2020年11月25日后，原告未能到校上课。

2. 法院裁判

一审法院认为，原告具备相当的知识和智力能力，对所涉及行为性质及后果具有相应的判断识别能力而有意实施，以及监护教育管理缺失，是发生损害后果的根本原因。虽然崔某怡购买农药的目的是自杀，其对伤害后果的产生具有主观故意，但不能否认被告新绛县阳王镇刘峪村宁铎农资经销部向其出售农药的行为为自杀提供了条件。《未成年人保护法》第60条规定，禁止向未成年人提供、销售管制刀具或者其他可能致人严重伤害的器具等物品。经营者难以判明购买者是否是未成年人的，应当要求其出示身份证件。《农药管理条例》第27条规定，农药经营者应当建立销售台账，如实记录销售农药名称、规格、数量、生产企业、销售日期等内容，销售台账应当保存2年以上。农药经营者应当向购买人询问病虫害发生情况并推荐农药，必要时应当实地查看病虫害发生情况，并正确说明农药的适用范围、使用方法和剂量、使用技术要求和注意事项，不得误导购买人。根据上述法律规定，被告将农药出售给未成年人的原告时，明知原告住所地辽宁气温低，草已干枯，还建议明年使用，同时未按照法律规定履行查验登记身份证件等审慎注意义务，故被告出售农药行为存在过失，与原告的损害发生存在必然的因果关系，应承担相应的民事责任。此次中毒事件，原告确有精神损害，但原告请求过高，应予以调整。又因司法鉴定部门对中毒损害程度、护理期、营养期鉴定申请不予受理，故对原告营养费，非住院期间护理费主张无法支持，待其条件成就时，可另行告诉。依照最高人民法院《关于适用〈中华人民共和国民法典〉时间效力的若干规定》第1条，《民法典》第1165条、第1179条、第1183条之规定，判决：被告新绛县阳王镇刘峪村宁铎农资经销部于本判决生效后10日内赔偿原告崔某怡经济损失35 299.36元。被告新绛县阳王镇刘峪村宁铎农资经销部于本判决生效后10日内赔偿原告崔某怡精神损害抚慰金5000元。如果未按本判决指定的期间履行金钱义务，应当按照《民事诉讼法》第260条之规定，加倍支付迟延履行期间的债务利息。案件受理费250元，原告已预交，由被告新绛县阳王镇刘峪村宁铎农资经销部负担250元，于本判决生效之日起7日内向葫芦岛市连山区人民法院缴纳，逾期未予缴纳依法强制执行。由原告崔某怡负担0元，应予退还250元。

二审法院查明事实与一审法院查明的事实一致。

二审法院认为，崔某怡购买农药时已年满14周岁，已具备相当的知识和智力能力，对其所涉行为的性质和后果应当具有相应的判断识别能力。崔某怡故意实施并且追求损害后果的发生、监护教育管理缺失，是发生损害后果的根本原因。农药非普通商品，明显具有危害性，售卖人应当尽到比售卖普通商品更高的审慎注意义务。崔某怡第一次购买农药时，宁铎农资经销部已经发现崔某怡购药的反常行为未向其出售，本应提高警惕。崔某怡第二次购药虽然更换了网名，但地址没有更换，应当引起注意，宁铎农资经销部、拼多多平台未尽到审慎注意义务，均存在一定的过失。另，一审法院未对责任进行划分，判决宁铎农资经销部赔偿崔某怡经济损失35 299.36元事实不清。综上，一审法院判决认定事实不清，适用法律不当，应当发回重审。依据《民事诉讼法》第177条第1款第3项之规定，裁定如下：

（1）撤销葫芦岛市连山区人民法院［2021］辽1402民初1807号民事判决书；

（2）本案发回葫芦岛市连山区人民法院重审。

二十、禁止使用童工及对未成年工的保护

（一）条文规定

《未成年人保护法》第六十一条 任何组织或者个人不得招用未满十六周岁未成年人，国家另有规定的除外。

营业性娱乐场所、酒吧、互联网上网服务营业场所等不适宜未成年人活动的场所不得招用已满十六周岁的未成年人。

招用已满十六周岁未成年人的单位和个人应当执行国家在工种、劳动时间、劳动强度和保护措施等方面的规定，不得安排其从事过重、有毒、有害等危害未成年人身心健康的劳动或者危险作业。

任何组织或者个人不得组织未成年人进行危害其身心健康的表演等活动。经未成年人的父母或者其他监护人同意，未成年人参与演出、节目制作等活动，活动组织方应当根据国家有关规定，保障未成年人合法权益。

（二）条文解读

该规定旨在确保未成年人接受良好教育、保障他们的身心健康，并预防

潜在的工作风险和剥削情况。未成年人身心发展尚未成熟，处理复杂工作可能会给他们带来额外的困扰和压力。过早融入职场可能影响他们的学业进度、身心健康甚至未来发展。因此，限制未成年人的工作时间、与职业的适配性等方面的规定是必要的。它们有助于确保未成年人得到充分的教育和休息时间，保护他们的权益和福祉。同时，该规定也体现了对未成年人的社会责任感和社会关怀。社会需要关注未成年人的全面发展，为他们提供良好的学习和成长环境。通过限制未成年人的工作条件，可以促进他们全面发展，并预防未成年人在工作时遭受剥削和虐待的风险。

而在实施上述规定的过程中，政府和相关部门应从两方面加强：一方面，完善法律法规，进一步细化规定，明确未成年人用工的时间限制、保护措施和违规惩罚，确保规定的切实可行性；另一方面，加大监管力度，加强对用人单位的监管，确保他们严格遵守未成年人用工的相关规定，并对违规行为进行严厉执法和处罚。

（三）参考条文

◎《禁止使用童工规定》

第一条　为保护未成年人的身心健康，促进义务教育制度的实施，维护未成年人的合法权益，根据宪法和劳动法、未成年人保护法，制定本规定。

第二条　国家机关、社会团体、企业事业单位、民办非企业单位或者个体工商户（以下统称用人单位）均不得招用不满16周岁的未成年人（招用不满16周岁的未成年人，以下统称使用童工）。

禁止任何单位或者个人为不满16周岁的未成年人介绍就业。

禁止不满16周岁的未成年人开业从事个体经营活动。

第三条　不满16周岁的未成年人的父母或者其他监护人应当保护其身心健康，保障其接受义务教育的权利，不得允许其被用人单位非法招用。

不满16周岁的未成年人的父母或者其他监护人允许其被用人单位非法招用的，所在地的乡（镇）人民政府、城市街道办事处以及村民委员会、居民委员会应当给予批评教育。

第四条　用人单位招用人员时，必须核查被招用人员的身份证；对不满16周岁的未成年人，一律不得录用。用人单位录用人员的录用登记、核查材料应当妥善保管。

第五条　县级以上各级人民政府劳动保障行政部门负责本规定执行情况

的监督检查。

县级以上各级人民政府公安、工商行政管理、教育、卫生等行政部门在各自职责范围内对本规定的执行情况进行监督检查，并对劳动保障行政部门的监督检查给予配合。

工会、共青团、妇联等群众组织应当依法维护未成年人的合法权益。

任何单位或者个人发现使用童工的，均有权向县级以上人民政府劳动保障行政部门举报。

(四) 典型案例

案例一：宋某、杨某等教育培训合同纠纷民事二审民事判决书[1]

上诉人（原审被告）：宋某。

法定代理人：杨某，宋某之母。

上诉人（原审被告）：杨某，宋某之母。

共同委托诉讼代理人：贾某，河南圣凡律师事务所律师。

被上诉人（原审原告）：项城市杂技艺术中等专业学校。住所地：项城市市标西一公里。统一社会代码：52411××××××××7825。

法定代表人：余某，系该学校校长。

委托诉讼代理人：靳某。系该校员工。

1. 审理经过

上诉人宋某、杨某因与被上诉人项城市杂技艺术中等专业学校（以下简称"项城杂技中专"）技术培训合同纠纷一案，不服项城市人民法院［2022］豫1681民初1699号民事判决，向法院提起上诉。法院于2022年6月15日立案后，经征求各方当事人同意，根据《民事诉讼法》第41条第2款，依法适用第二审程序，由审判员独任，对本案进行了审理。上诉人杨某及宋某、杨某的共同委托诉讼代理人贾某，被上诉人项城杂技中专的委托诉讼代理人靳瑜到庭参加诉讼。本案现已审理终结。

2. 二审上诉人诉称

宋某、杨某上诉请求：①撤销项城市人民法院［2022］豫1681民初1699号民事判决书，改判驳回被上诉人对上诉人的起诉。②一、二审案件受理费

---

[1] ［2022］豫16民终3046号。

由被上诉人承担。事实和理由：原审判决认定事实错误，适用法律错误，导致判决错误。①双方合同应当继续履行，合同约定上诉人宋某毕业时间应为2025年8月31日，现上诉人宋某仍在合同的学习期间内。②上诉人不存在退学、转学和不服从带薪服务的情形。上诉人宋某是因为身体有病而请假在家休息，被上诉人因嫌弃上诉人身体有病而恶意解除合同，剥夺上诉人宋某的受教育权利，不应当得到法院支持。③原审法院在双方没有解除合同情况下，直接判决上诉人赔偿被上诉人所谓的各项费用82 900元，程序明显不合法。④如果被上诉人坚决要求恶意解除合同，剥夺上诉人宋某的受教育权，上诉人不但不应当赔偿其所谓的费用，被上诉人还应当对上诉人宋某承担侵权责任。被上诉人对于上诉人宋某的胃病，明显存在重大过错，2017年入学时，宋某未满7周岁，身体状况良好，入学3年后竟检查出有胃病，明显是在学校安排的不良饮食的情况下所导致。另上诉人宋某2018年在校受到伤害，头部缝了8针，学校并无告知家长受伤的情况，学校并没有尽到安全教育义务。⑤上诉人宋某，未满12周岁，为限制民事行为能力人，其并无承担赔偿的行为能力，原审法院判决上诉人宋某承担赔偿责任，明显违反法律规定。综上，上诉人认为原审法院认定事实错误，适用法律错误，特依法上诉，请求二审法院依法裁判。二审当庭，上诉人补充上诉意见：根据未成年人保护法和义务教育法，被上诉人提供的格式合同书是否合法值得商榷，该学校名为中等专业学校，招收的却是接受义务教育的适龄儿童，且约定为8年。8年期间届满及带薪服务明显属于使用童工的范畴，8年后学生尚未满16周岁，且该合同第9条明确约定，学生必须服从学校安排，限制了未成年人的相关自由，不符合未成年人保护法的各项规定，该合同应为无效合同。

项城杂技中专辩称：①无论涉案合同是否继续履行，上诉人的违约行为已经给答辩人造成了巨大的损失，上诉人依法应当就其违约行为承担违约责任。②上诉人上诉称是答辩人嫌弃上诉人身体不好恶意解除合同、剥夺上诉人宋某的受教育权，该上诉理由没有任何事实依据。上诉人应当就其主张提供相应证据证明，上诉人无任何证据证明是答辩人恶意解除合同，该主张属凭空捏造。且上诉人称答辩人剥夺上诉人宋某的受教育权更是无稽之谈，答辩人没有任何权力剥夺法律赋予上诉人宋某的受教育权，上诉人严重违约导致上诉人与答辩人之间的教育服务合同无法继续履行，并不影响上诉人于其他学校或教育机构继续进行学习，何谈剥夺了上诉人宋某的受教育权。③上诉人上诉称双方未解除合同直接判决上诉人赔偿答辩人违约金属程序违法，没有法律依据。《民事诉讼法》并无请求解除合同为要求赔偿违约金的前置程序的相关规定。《民法典》第 584 条规定："当事人一方不履行合同义务或者履行合同义务不符合约定，造成对方损失的，损失赔偿额应当相当于因违约所造成的损失，包括合同履行后可以获得的利益；但是，不得超过违约一方订立合同时预见到或者应当预见到的因违约可能造成的损失"。根据该规定，无论合同是否解除，答辩人作为守约方均有权要求违约方即上诉人承担违约责任。④上诉人上诉称答辩人对上诉人宋某存在侵权，该主张没有任何证据支持，答辩人提供给学生的饮食完全符合国家规定的标准，上诉人与其他同学共同生活共同饮食，仅上诉人一人称因学校饮食患病，无法证明其真的有胃病，也无法证明其疾病与答辩人提供饮食有关。⑤上诉人在一审庭审中明示认可，涉案合同无法继续履行的原因是上诉人宋某拒绝继续在答辩人学校就学，答辩人没有任何过错，上诉人作为违约方应当承担违约责任。综上，一审认定事实清楚，适用法律正确，请求二审法院驳回上诉，维持原判。针对上诉人二审当庭补充上诉意见，被上诉人补充答辩意见：2009 年《劳动法》第 15 条规定："禁止用人单位招用未满十六周岁的未成年人。文艺、体育和特种工艺单位招用未满十六周岁的未成年人，必须依照国家有关规定，履行审批手续，并保障其接受义务教育的权利。"国务院《禁止使用童工规定》第 13 条规定："文艺、体育单位经未成年人的父母或者其他监护人同意，可以招用不满 16 周岁的专业文艺工作者、运动员。用人单位应当保障被招用的不满 16 周岁未成年人的身心健康，保障其接受义务教育的权利。文艺、体育单位招用不满 16 周岁的专业文艺工作者、运动员的办法，由国务院劳动保障行政部门会同国务院文化、体育行政部门制定。学校、其他教育机构以及职业培训机构按照国家有关规定组织不满 16 周岁的未成年人进行不影响其人身安全和身心健康的教育实践劳动、职业技能培训劳动，不属于使用童工。"被上诉人开设学校的教学内容为杂技艺术，已按照国家有关规定履行了审批手续，在教授上诉人杂技艺术内容的同时也对上诉人进行了义务教育。符合《劳动法》的规定，不属于雇用童工的情形，不违反法律的强制性规定，涉案合同合法有效。上诉人与被上诉人于 2017 年签订涉案合同后，上诉人宋某一直在被上诉人学校生活就读，其生活费、学杂费、医药费均为被上诉人承担，上诉人已经以实际行动肯定了涉案合同的效力，如上诉人认为合同无效,则 2017 年至 2021 年期间上诉人宋某所花费的被上诉人提供的生活费、学杂费、医药费构成不当得利,上诉人应当予以返还。上诉人所称学校规定学生必须服从学校安排,属于限制未成年人相关自由,不符合正常生活逻辑。即便是普通的公办或私立学校,也对学生有规定要求,上诉人作为限制民事行为能力人在被上诉人学校就读,学校对其安全及生活负有保障义务,应当对其进行一定的约束,否则学校无法进行正常教学管理,而上诉人所称的"相关自由"不知具体是什么自由。综上,望二审法院依法裁判。

项城杂技中专向一审法院起诉请求:①判令被告赔偿学费、住宿费、生活费 93 060 元;②案件受理费由被告承担。

一审法院认定事实:2017 年 6 月 6 日,项城杂技中专与被告宋某、杨某签订《项城市杂技艺术中等专业学校学生定向培养合同书》,该协议载明"甲方:项城市杂技艺术中等专业学校""乙方(学生姓名):宋某,监护人姓名:杨某",协议第 2 条约定,该生入学年龄 7 岁,学制 8 年,入学时间 2017 年 6 月 6 日,毕业时间 2025 年 8 月 31 日。第 5 条约定,正式被我校录取的学生,在学校学习期间实行免费教育:免收学费、免收生活费、免收书杂费、免收住宿费和水电费。第 9 条约定,学生在校学习和带薪服务期间,必须服从学校安排。乙方单方面转学、退学和不服从带薪服务者,乙方应赔偿甲方投入的培训费用(学费、住宿费、生活费)。赔偿金额按照在校学习时间和依法核定的学年收费标准来计算。合同签订后,被告宋某于 2017 年 6 月 6 日即在该校入学,2020 年,因被告宋某有胃病休学半年,2021 年 1 月 16 日,宋某被送到学校继续学习,2021 年 11 月 26 日,被告宋某被接回家,至今未返校,原告为此诉至法院。另查明,2008 年,项城杂技中专的收费标准经项城市物价局核定为每年学费 6000 元,住宿费每生每月 30 元。中共河南省委、河南省人民政府《关于推进价格机制改革的实施意见》第 10 点规定:放开营利性民办学校学历教育收费标准,取消民办学校非学历教育收费标准备案事项,逐步放开非营利性民办学校学历教育收费标准。项城杂技中专按照文件精神下发收费标准,学费每年 8000 元(原告学校的收费公示表显示)、生活费 360 元/月、住宿费 60 元/月。

3. 一审法院认为

一审法院认为,原告项城杂技中专与被告宋某、杨某签订《项城市杂技艺术中等专业学校学生定向培养合同书》,是双方的真实意思表示,且不违反法律法规的强制性规定,合法有效,双方当事人应当按照合同约定全面履行义务。被告杨某接被告宋某回家至今未返校,构成违约,被告应当依照合同约定承担赔偿责任。被告宋某自 2017 年 6 月 6 日入学至 2021 年 11 月 26 日离校,在校就读时间为 4 年 6 个月 20 天,扣除被告 2020 年度修学 6 个月,一审法院认为二被告应当赔偿原告学费为 64 000 元、住宿费 1620 元、生活费 17 280 元,以上三项共计 82 900 元。被告杨某辩称,签订合同时学校没有让看交费明细,学校中间变更学费也没有通知家长。既然送孩子到学校也不想中途退学,2018 年,孩子在校受过伤,2021 年是孩子有病,也给学校沟通过,不是不让孩子去学校,是孩子不愿意去学校,被告没有提供充足证据证明,故被告辩称不予支持。综上所述,依照《合同法》(已失效)第 8 条、第 9 条、第 60 条、第 107 条之规定,一审法院判决:①被告宋某、杨某于判决生效之日起 10 日内赔偿原告项城市杂技艺术中等专业学校各项费用 82 900 元;②驳回原告项城市杂技艺术中等专业学校的其他诉讼请求。如果未按判决指定的期间履行给付金钱义务,应当依照《民事诉讼法》第 253 条的规定,加倍支付迟延履行期间的债务利息。案件受理费 1063.5 元,由被告杨某、宋某共同负担 960 元,原告项城市杂技艺术中等专业学校负担 103.5 元。

法院二审期间,上诉人提交:①杨某与项城杂技中专张老师的微信聊天记录。证明当时因为身体原因返校需要接种疫苗,因为胃病不能按时返校,老师说给校领导反映了,可以在家休养好之后返校,不存在故意不返校的情况。②杨某与学校生活老师的通话记录。证明学生在学校受伤后未经正规医疗,留下重大伤疤。被上诉人质证意见:上诉人所说的不能返校只是其自行陈述,学校多次催促学生返校,其明确表示学生不愿返校。上诉人与学校老师的通话没有其他证据证明,与本案无关。被上诉人庭后查阅当事人手机有关视频资料后提交书面质证意见如下:对证据 1,庭审中上诉人表示其所提供证据均刻录在光盘中,光盘中未显示上诉人所述的"与项城市杂技中专张老师的微信聊天记录",应当视为上诉人未举证。对于证据 2,上诉人所提供四段通话记录,名为"18×××452.m4a"的文件未显示通话对象,且谈话内容与本案无关联性,被上诉人对该证据不予认可。名为"胡校长@15×××622.m4a""于校长@13×××908.m4a"的通话录音内容不完整,被上诉人对其真实性不予认可,且通话内容与本案无关联性。名为"宋老师@13×××622.m4a"的通话录音内容均为上诉人单方描述,对方并未对上诉人所述情形予以认可，不能体现上诉人的证明目的。且通话过程中上诉人杨某明确表示上诉人宋某正就读于其他学校、上次考试成绩90多分，不存在所谓被上诉人剥夺其受教育权的情形，而考试成绩90多分也不属于庭审过程中上诉人杨某所称的不具备基本的文化常识，上诉人的描述自相矛盾。上述四段通话录音显示时间均为被上诉人向项城市人民法院提起诉讼要求上诉人赔偿之后发生，录音内容明确显示，上诉人已经接到法院的传票，进行上述通话录音时上诉人有明确的引导目的，被上诉人对以上四段通话录音的真实性均不予认可。

4. 法院查明

对当事人二审争议的事实，法院认定如下，对于上诉人二审提交的刻录光盘，其中无微信聊天记录证据载体，对于通话录音不能准确表明通话对象，通话内容亦无法审核真实性，且被上诉人对上述录音证据的真实性均不予认可。因此，上诉人二审所举证据均达不到其证明目的，法院不予采信。经二审查明的事实与一审查明的事实相一致，法院对一审查明的相关事实予以确认。

5. 法院认为

法院认为，本案的争议焦点为：案涉合同的效力如何认定，上诉人是否存在违约行为及承担的民事责任应如何认定。

经审查，项城杂技中专与宋某、杨某签订的《项城市杂技艺术中等专业学校学生定向培养合同书》，不违反法律法规的强制性规定，系双方真实意思表示，合法有效。上诉人二审抗辩被上诉人存在雇佣童工行为主张案涉合同应为无效合同，但依据《劳动法》相关规定，被上诉人开设学校的教学内容为杂技艺术，已按照国家有关规定履行审批手续，其在教授杂技艺术的同时也对宋某进行义务教育，故不存在上诉人辩称的所谓雇佣童工情形，上诉人的该项抗辩理由并无法律依据。案涉合同合法有效，双方均应按合同约定履行各自义务。

结合一审查明事实，双方均认可宋某自2017年6月6日入学至2021年11月26日离校。上诉人杨某辩称宋某是因身体疾病原因未能返校而非故意不返校，对此并无证据予以支持，一审亦未对其辩称的在校受伤、学校未尽到安全教育义务提出反诉，其二审所举证据不足以达到其证明目的。上诉人杨某在一审庭审明确陈述，系因孩子不愿意去学校故而至今未返校。因此，综合以上情况，一审据此认定上诉人的行为构成违约应当按照合同约定承担相应赔偿责任，处理适当。一审基于查明事实，依据合同约定计算本案赔偿数额为 82 900 元，数额适当，法院予以支持。

综上所述，宋某、杨某的上诉请求不能成立，应予驳回；一审判决认定事实清楚，适用法律正确，应予维持。依照《民事诉讼法》第 177 条第 1 款第 1 项的规定，判决如下：驳回上诉，维持原判。二审案件受理费 1872.5 元，由宋某、杨某负担。本判决为终审判决。

案例二：马某明、新疆鹏达建筑工程有限责任公司等生命权、身体权、健康权纠纷民事二审民事判决书[1]

上诉人（原审原告）：马某明。

委托诉讼代理人：马某贵（马某明的父亲），住新疆维吾尔自治区乌鲁木齐市新市区。

委托诉讼代理人：高某天，新疆创新律师事务所律师。

上诉人（原审被告）：新疆鹏达建筑工程有限责任公司，位于新疆维吾尔自治区吐鲁番市鄯善县新城西路。

法定代表人：许某琼，该公司经理。

委托诉讼代理人：殷某，上海市锦天诚（乌鲁木齐）律师事务所律师。

被上诉人（原审被告）：新疆德诚房地产开发有限公司，位于新疆维吾尔自治区昌吉回族自治州阜康市新城花园 S4 号商业楼。

法定代表人：朱某晶，该公司董事长。

委托代理人：李某莎。

被上诉人（原审被告）：钱某平。

被上诉人（原审被告）：孙某。

被上诉人（原审被告）：田某山。

1. 审理经过

上诉人马某明、新疆鹏达建筑工程有限责任公司与被上诉人新疆德诚房地产开发有限责任公司、钱某平、孙某、田某山生命权、身体权、健康权纠纷一案，不服新疆维吾尔自治区阜康市人民法院［2021］新 2302 民初 2140

---

[1]［2022］新 23 民终 361 号。

号民事判决,向法院提起上诉。法院于2022年3月9日立案后,依法组成合议庭,于2022年3月18日公开开庭进行了审理。上诉人马某明的委托诉讼代理人马某贵、高某天,上诉人新疆鹏达建筑工程有限责任公司的委托诉讼代理人殷某,被上诉人新疆德诚房地产开发有限公司的委托诉讼代理人李某莎,被上诉人钱某平,被上诉人田某山到庭参加诉讼,被上诉人孙某经法院传票合法传唤无正当理由拒不到庭参加诉讼。本案现已审理终结。

2. 二审上诉人诉称

马某明上诉请求:撤销新疆维吾尔自治区阜康市人民法院[2021]新2302民初2140号民事判决,改判被上诉人连带赔偿上诉人各项损失230 000元(①住院伙食补助费12 000元;②营养费12 000元;③误工费123 078元;④陪护费82 052元;⑤交通费870元)。事实与理由:关于原告的误工费,一审法院认定事实有误。原告所主张的误工费,是原告受伤后次日开始后的1年,而原告受伤后次日就年满16周岁,法律规定年满16周岁的未成年人可以通过自己的劳动赚取收入,原告因受伤满16周岁后原本可以劳动赚取收入却因受伤而不能,所以原告主张年满16周岁后因受伤不能工作所产生的误工费有事实和法律依据。被上诉人应当承担全部责任。一审法院已经查明,2019年7月,上诉人父亲经田某山介绍在阜康市新城花园六期高层工地从事外墙粉刷,上诉人随父母、兄长五人一同进入工地从事外墙保温粉刷。上诉人在工地劳动是有劳动报酬的。各被上诉人从始至终都没有查验上诉人的年龄,上诉人自2019年7月随父母进入工地,至2019年8月9日受伤,工作十多天,所有被上诉人都没有提出异议,默认上诉人为其提供劳动,并按照完成工作的数量支付劳务报酬。根据非法用工的相关法律规定,用工主体使用童工,构成非法用工,因非法用工造成童工伤残死亡的,用工单位应当承担全部赔偿责任,非法使用童工的相关法律规定并没有规定监护人承担责任。一审法院认定住院伙食补助费的时长有误,上诉人住院天数合计为100天,一审法院认定原告营养费的标准不合理,每天25元给成年人加强营养可以,但上诉人是正在长身体的未成年人,受伤后所需营养必然高于成年人标准;一审法院认定交通费偏低,上诉人受伤后生命垂危,在治疗过程中无法行走,所以只要住院、出院、复查复诊都需要支付出租车费用,870元不够。

3. 二审被上诉人辩称

新疆鹏达建筑工程有限责任公司针对马某明的上诉辩称,不认可马某明的上诉请求。关于误工费一审法院认定及判决正确,应予维持。监护人承担70%责任过低,被上诉人不应当承担30%赔偿责任。父母作为监护人应当对马某明的自身安全承担全部责任。上诉人马某明在工地上有劳务报酬与事实不符。马某贵作为父亲将马某明带入工地后系帮工关系,被上诉人未给马某明支付过劳务报酬。被上诉人作为施工方,工地上已经张贴不得让未成年人进入工地警示标识,马某明不得随意出入工地,责任应归于马某贵。住院伙食补助费,一审法院认定有误,不能依据上诉人马某明单方申请的三期鉴定进行主张,与出院医嘱不一致。

新疆德诚房地产开发有限公司针对马某明的上诉辩称,被上诉人作为开发商,将本案事发工程依法发包给上诉人新疆鹏达建筑工程有限责任公司,未实际管理。不应当对上诉人马某明发生事故承担法律责任;马某明跟随其父亲进行施工,其父亲作为监护人,未尽监护职责而致受伤,其过错责任在于监护人,一审判决查明事实与适用法律相正确,应当维持一审原判。

钱某平针对马某明的上诉辩称,马某明系未成年人,未在新疆鹏达建筑工程有限责任公司及施工现场备案,其监护人应当承担主要责任,与他人无关。

田某山针对马某明的上诉辩称,本人在工地从事带班工作,事故与本人没关系,对一审没有意见。

孙某未到庭参加诉讼亦未提交书面答辩意见。

新疆鹏达建筑工程有限责任公司上诉请求:撤销新疆维吾尔自治区阜康市人民法院〔2021〕新2302民初2140号民事判决,改判上诉人不承担责任。事实及理由:马某明的父亲马某贵与上诉人新疆鹏达建筑工程有限责任公司之间不存在劳动关系。本案的争议焦点是如何正确认定新疆鹏达建筑工程有限责任公司、晟麒劳务公司、钱某平、孙某、田某山与马某贵、马某明各方之间的法律关系以及如何正确认定各当事人的民事责任。被上诉人马某明是在帮助其父亲马某贵完成劳务活动时受伤,马某贵的工作受谁管理,劳务报酬由谁确定、给付,一审法院未查明且未依法做出认定。一审法院已经查明,马某明与其父母之间的帮工关系;另晟麒劳务公司将粉刷工程发包其他被告,且均系不具备承接工程资质和安全生产条件的个人,具有一定过错,应当承担与过错相对应的赔偿责任,与其他发包人均系赔偿义务人,应承担连带责任。原告对于主张的诉讼请求无明确的被告,应当依法驳回马某明的诉讼请求。2020 年 10 月 13 日，马某明已向阜康市人民法院以晟麒劳务公司为被告提起了诉讼，只是因为在诉讼期间晟麒劳务公司注销，撤回起诉，马某明作为赔偿权利人在诉讼中放弃对部分共同侵权人的诉讼请求，本案中的其他当事人是否属于共同侵权人，对被放弃诉讼请求的被告应否对其承担的赔偿份额承担连带责任均未作出认定，认定事实不清，侵害上诉人权益。马某明受伤时未采取任何安全措施，监护人马某贵对事故的发生具有重大过错；马某明受到损伤马某贵应当承担法律责任，也是为马某贵帮工造成的。一审认定马某明主张的损伤错误，粉刷人员不属于上诉人管理，上诉人作为工地的管理人和所有人，已采取了安全提示和防护措施，擅自进入造成自身损害，请求管理人和所有人承担赔偿责任的，法院应驳回马某明对上诉人的诉讼请求。如被上诉人马某明的损伤与本案所列各方被告的行为存在侵权行为与损害后果的因果关系，那么各被告之间系连带责任人，就应根据各自责任大小来确定相应的赔偿数额；对于支付超出自己赔偿数额的连带责任人，有权向其他连带责任人追偿。事故发生当天，为抢救马某明，上诉人出于人道主义，以治病为先，先行垫了各项费用，后期在马某明无钱治疗的情况下，仍陆续出钱给予治疗，先后已经垫付各项费用 50 余万元。本案中上诉人已向一审法院提交了马某明于 2020 年 10 月 13 日、2021 年 4 月的起诉状，其诉状中明确写明，新疆鹏达建筑工程有限责任公司、新疆德诚房地产开发有限公司及晟麒劳务公司已合计向马某贵、马某明先行垫付各项费用达 500 000 余元，对于以上事实我方表示认可，一审法院认定上诉人应承担 30% 的责任，剥夺了上诉人对其他连带责任人的追偿权，显失公平。马某明受伤先后住院治疗 6 次，诉讼中其向法院提供的出院证明上的医嘱可以证实，六次住院天数合计为 93 天，主治医生明确写明陪护为一人，出院以后的全休天数两次医嘱写明合计为 4 个月，所以对于原告父亲单方委托新疆卓某某（双语）司法鉴定所对原告的伤情、三期及后期治疗费进行鉴定与医嘱明显不符。马某明自行委托，对该鉴定意见的结论上诉人不予认可，一审法院认定伙食补助费、营养费、陪护费、交通费均无事实及法律依据。

马某明针对新疆鹏达建筑工程有限责任公司的上诉辩称，新疆鹏达建筑工程有限责任公司的上诉没有事实和法律依据，新疆鹏达建筑工程有限责任公司在本案中应当承担全部责任。新疆鹏达建筑工程有限责任公司假装将部分劳务工程分包给了晟麒劳务公司，实际是将整体工程直接进行分包，属于违法分包，存在过错。新疆鹏达建筑工程有限责任公司对所涉工程发生的安全事故依然应当承担法律责任。新疆鹏达建筑工程有限责任公司认为马某明和父母是帮工关系，没有事实和法律依据。马某明和其家人共五个人，按照完成的工作量，由其父亲代表 5 人领取相应的劳动报酬，相互之间不存在帮工关系。如果各被告之间存在连带责任，作为受害人的马某明可以选择任何一个连带责任人承担责任，一审法院适用法律正确。新疆鹏达建筑工程有限责任公司对马某明构成非法用工。新疆鹏达建筑工程有限责任公司的作业环境存在安全隐患，案发现场在三楼，未设置安全护栏等防护设施，作为施工方没有监管到位，未配备安全防护的设施。本案新疆鹏达建筑工程有限责任公司没有提供能确保马某明在工地能够安全工作的安全防护设施，造成了马某明从三楼平台坠落致伤，因此新疆鹏达建筑工程有限责任公司是导致马某明损伤的直接责任人。当时工地现场并没有设置任何关于未成年人进入工地的任何警示标志，是事后设置的。关于新疆鹏达建筑工程有限责任公司对马某明前期支付的赔偿款的数额问题，新疆鹏达建筑工程有限责任公司赔付的 500 000 元应当以支付凭证为证，不能以我方笔误数额为依据。关于三期鉴定，新疆鹏达建筑工程有限责任公司在一审中并未提出重新鉴定，所以一审法院依据鉴定报告作出了对于三期的认定，新疆鹏达建筑工程有限责任公司在二审中提出没有依据。

新疆德诚房地产开发有限公司辩称，与对马某明的答辩意见一致。

钱某平针对新疆鹏达建筑工程有限责任公司的上诉辩称，与对马某明的答辩意见一致。

田某山针对新疆鹏达建筑工程有限责任公司的上诉辩称，与对马某明的答辩意见一致。

孙某未到庭参加诉讼亦未提交书面答辩意见。

4. 原告诉称

马某明向一审法院提出诉讼请求：请求法院判令被告赔偿损失 230 000 元（住院伙食补助费 12 000 元、营养费 12 000 元、误工费 123 078 元、陪护费 82 052 元、交通费 870 元）。

5. 一审法院查明

一审法院认定事实：2019 年 7 月，原告父亲经被告田某山介绍在阜康市新城花园六期高层工地从事外墙粉刷。原告随其父母、兄长五人一同进入工地从事外墙保温粉刷。2019年8月9日，原告与父亲一起在工地在建工程某某天台拉水管期间，不慎从三层天台坠落致伤。经新疆医科大学第一附属医院诊断：下颌骨骨折，双侧髁状突骨折，左侧下颌角骨折，左侧下颌体骨折，右侧肱骨骨折，右侧腕关节损伤伴骨折，骨盆骨折，右侧股骨颈骨折，右侧开放性股骨干骨折，左侧股骨干骨折等多处受伤。原告先后住院治疗6次。2021年1月19日，原告父亲委托新疆卓鼎（双语）司法鉴定所对原告的伤情、三期及后期治疗费进行鉴定，经评定结论为：马某明双侧髁状突骨折、右侧下颌体骨折术后张口受限符合十级伤残；右侧人工髋关节置换术后符合九级伤残；右侧髌骨术后改变符合十级伤残。右侧开放性胫腓骨下端骨折术符合十级伤残；右足足弓结构部分损坏符合十级伤残；误工期18个月，护理期12个月，营养期12个月，后期治疗费合计298 000元。另查明，新城花园六期高层建设项目系被告新疆德诚房地产开发有限公司开发，由被告新疆鹏达建筑工程有限责任公司承建，被告新疆鹏达建筑工程有限责任公司将工程中部分工程：施工图中二次结构及水电安装、外墙保温及粉刷等工程内容分包给阜康市晟麒劳务工程有限公司。被告钱某平系被告新疆鹏达建筑工程有限责任公司项目经理，被告田某山系该项目带班班长。一审法院认为，监护人侵害被监护人合法权益的，应当承担法律责任。原告马某明在事故发生时系未满16岁的在校学生，其在假期随父亲进入建筑工地，在未有任何安全保护措施情形下与父母一同从事高空作业，原告的父母带领未满18岁的未成年人参加高空作业，系非法用工行为，原告父母作为限制民事行为能力人的监护人对原告负有安全监护责任，对原告在劳动过程中从三层平台坠落致伤的行为负主要责任。被告新疆鹏达建筑工程有限责任公司作为该项工程的承建方，对工地负有管理责任，因管理不善致未成年人进入工地并从事劳务，对原告的损伤具有一定的过错，被告新疆德诚房地产开发有限公司作为该项工程的开发方，未对施工工地进行实际管理，故在本案中不承担责任。原告系其父亲带入工地，与在案其他被告未产生劳务合同关系，且未提供相应证据证实原告与被告钱某平、孙某、田某山具有劳务用工关系，故被告钱某平、孙某、田某山在本案中不承担责任。综合责任双方的过错，一审法院酌定被告新疆鹏达建筑工程有限责任公司对原告的损伤负30%的责任。关于原告主张的各项损失，一审法院认定如下：①对于伙食补助费12 000元，原告先后住院96天，按每天120元，计算即11 520元，一审法院认定伙食补助费11 520

元；②对于营养费 12 000 元，原告根据鉴定意见主张 12 个月每天 33 元营养费，计算标准过高，一审法院认定 9125 元（25 元/天×365 天）；③对于误工费 123 078 元，原告系在校学生，其不存在因伤减少收入，故对原告主张误工费 123 078 元一审法院不予认定；④对于陪护费 82 052 元，计算依据及标准合法，一审法院予以认定；⑤对于交通费 870 元，原告提供交通费票据有一定瑕疵，但其病救治产生交通费系必要开支，一审法院酌定 500 元。综上，原告的各项损失合计 103 197 元，一审法院予以认定。被告新疆鹏达建筑工程有限责任公司辩解其已尽到安全警示义务，对原告损伤不承担责任的辩解，一审法院不予采信。被告新疆鹏达建筑工程有限责任公司对原告的各项承担 30%责任，即 30 959.1 元。原告主张 230 000 元的诉讼请求，部分合法，一审法院予以支持。遂判决：①被告新疆鹏达建筑工程有限责任公司于本判决生效后 10 日内向原告马某明赔偿各项损失 30 959.1 元；②驳回原告马某明的其他诉讼请求。

  法院二审期间，当事人围绕上诉请求依法提交了证据。发院组织当事人进行了证据交换和质证。上诉人马某明提交：①2022 年 2 月 17 日证明一份，证明马某明完成九年义务教育以后因家庭情况随父母外出打工没有再次入学；②照片 5 张，证明事发当天上诉人马某明的哥哥拍摄的现场的照片上并没有新疆鹏达建筑工程有限责任公司所说的禁止未成年人进入工地的警示牌。经质证，上诉人新疆鹏达建筑工程有限责任公司对该份证明的真实性、合法性、关联性均不予认可：根据证据规则的相关规定，提供书面证明需要有单位的负责人双人签字并加盖公章，证据形式不符合证据规则的规定。对该证据证明的问题也不予认可。对证据 2 马某明提供的五张照片真实性认可，马某明提供的照片与我方一审提供的照片可以相互印证，该证据仅截了一部分，第二张、第三张和第四张照片和我们给一审法院提供的照片是一个位置，但是刚好没有把警示标志拍进去。对于第五张照片，是否属于当时的一个现场不太清楚，所以对这组证据的真实性认可，但是对于关联性、有效性不予认可，不能够证明上诉人马某明刚才想要陈述的事实。被上诉人新疆德诚房地产开发有限公司经质证对该份证明的真实性、合法性、关联性均不予认可，对照片也不认可，因为我们公司就没有参与现场的管理，是全发包出去的。被上诉人钱某平对证明的真实性、合法性、关联性均不予认可：照片不是事故现场，系顶楼照片，故对照片不认可。被上诉人田某山对证明及照片均予以认可。被上诉人孙某未到庭参加诉讼，视为对质证权利的放弃。法院对证明及照片的真实性予以确认。

二审中，上诉人新疆鹏达建筑工程有限责任公司、被上诉人新疆德诚房地产开发有限公司、钱某平、孙某、田某山均未提交新证据。

6. 法院查明

二审查明事实与一审法院查明事实一致，法院对一审法院查明的事实予以确认。

本案争议焦点为：马某明的各项损失的赔偿责任主体及责任比例的确定。

7. 法院认为

法院认为，自然人的身体权、健康权受法律保护，行为人因过错侵害他人民事权益，应当承担侵权责任。根据本案已查明事实，上诉人马某明跟随其父母、兄长一同在上诉人新疆鹏达建筑工程有限责任公司所承建的工地参与劳动，在劳动期间从三层天台坠落致伤，并造成多处骨折的损害。新疆鹏达建筑工程有限责任公司作为该工程的承建单位，对施工现场具有管理义务。首先，新疆鹏达建筑工程有限责任公司对进入施工工地的人员未做好排查及登记工作，其备案中未显示作为未成年人的上诉人马某明在该工地与其家人连续多日劳动，始终未发现并阻止未成年人进入其工地并参与劳动，可见其对施工现场的管理存在重大缺陷，对事故的发生应负主要责任。上诉人马某明的父亲马某贵，事发时作为未成年人的监护人，未尽到监护职责，将未成年的被监护人带入建筑工地，导致事故的发生，应当承担次要责任。一审法院认定新疆德诚房地产开发有限公司作为该项工程的开发方，未对施工工地进行实际管理，在本案中不承担责任正确；上诉人马某明与钱某平、孙某、田某山不具有劳务用工关系，一审法院对钱某平、孙某、田某山在本案中不承担责任的认定并无不当，法院依法予以维持。综上，上诉人新疆鹏达建筑工程有限责任公司在本案中应当承担70%的责任，上诉人马某明（的监护人）应当承担30%的责任。一审法院认定的责任比例不当，法院依法予以纠正。关于本案中上诉人马某明的各项损失的认定如下：①伙食补助费，上诉人马某明先后住院96天，一审按照每天120元计算即11 520元（120元/天×96天），一审法院认定正确，法院予以支持。②营养费，一审法院认定9125元（25元/天×365天）正确，法院予以支持。③误工费，一审法院以在校学生不予认定，根据本案查明事实上诉人马某明并非在校学生，在发生事故次日即达到16周岁,其主张的误工费为已年满16周岁后通过自己劳动所获得报酬的权利,故误工损失的请求应当予以支持,误工期限符合最高人民法院《关于审理人身损害赔偿案件适用法律若干问题的解释》第7条第2款"误工时间根据受害人接受治疗的医疗机构出具的证明确定。受害人因伤致残持续误工的,误工时间可以计算至定残日前一天"的规定,故误工期按照鉴定意见计算18个月予以确认。误工费应当认定为123 078元(82 052元/12月×18月)。④陪护费一审法院认定82 052元,计算依据及标准符合法律规定,法院予以维持。⑤交通费一审法院酌定500元,并无不当,法院予以维持。综上,法院对上诉人马某明主张的各项损失赔偿中的伙食补助费11 520元、营养费9125元、误工费123 078元、陪护费82 052元、交通费500元,合计226 275元予以支持。上诉人新疆鹏达建筑工程有限责任公司应承担70%责任即158 392.5元。

综上所述,上诉人马某明的上诉请求部分成立,应予部分支持;上诉人新疆鹏达建筑工程有限责任公司的上诉请求不能成立,应予驳回。依照《侵权责任法》(已失效)第6条、第16条,最高人民法院《关于审理人身损害赔偿案件适用法律若干问题的解释》第7条、第8条、第9条、第10条、第11条,最高人民法院《关于适用〈中华人民共和国民法典〉时间效力的若干规定》第1条第2款,《民事诉讼法》第177条第1款第2项规定判决。

8. 裁判结果

(1)撤销新疆维吾尔自治区阜康市人民法院[2021]新2302民初2140号民事判决;

(2)上诉人新疆鹏达建筑工程有限责任公司于本判决生效后10日内赔偿上诉人马某明各项损失共计158 392.5元;

(3)驳回上诉人马某明一审其他诉讼请求。

如果未按本判决指定的期间履行给付金钱义务,应当依照《民事诉讼法》第260条之规定,加倍支付迟延履行期间的债务利息。

一审案件受理费1400元,由上诉人马某明负担420元,由上诉人新疆鹏达建筑工程有限责任公司负担980元,二审案件受理费4854元由上诉人马某明负担1456.2元,由上诉人新疆鹏达建筑工程有限责任公司负担3397.8元。

本判决为终审判决。

本判决生效后,负有履行义务的当事人须依法按期履行判决书确定的给付义务,逾期未履行的,应向执行法院报告财产状况,并不得有高消费及非生活和工作必需的消费行为。本条款即为执行通知，违反本条规定的，本案申请执行后，人民法院可依法对相关当事人采取列入失信名单、罚款、拘留等措施，构成犯罪的，依法追究刑事责任。

案例三：许某、昆明胜利糕点厂健康权纠纷民事二审民事判决书[1]

上诉人（原审原告）：许某。

法定代理人：徐某。

被上诉人（原审被告）：昆明胜利糕点厂，位于云南省昆明市呈贡区。

法定代表人：李某，总经理。

委托诉讼代理人：昌某梅。

委托诉讼代理人：郭某昕，云南天之泰律师事务所律师，特别授权代理。

1. 审理经过

上诉人许某因与被上诉人昆明胜利糕点厂（以下简称"胜利糕点厂"）生命权、身体权、健康权纠纷一案，不服昆明市呈贡区人民法院 [2021] 云 0114 民初 6708 号民事判决，向法院提起上诉。法院 2021 年 11 月 23 日立案后，于 2022 年 2 月 14 日依法组成合议庭审理了本案，上诉人许某及其法定代理人徐某，被上诉人胜利糕点厂的委托诉讼代理人昌某梅、郭某昕均到庭参加诉讼，现已审理终结。

2. 二审上诉人诉称

上诉人许某上诉请求：撤销一审判决，依法改判：①判决被上诉人赔偿上诉人精神损失费 5 万元并赔礼道歉。②判决被上诉人赔偿上诉人医院检查费、住院费及住院期间看护人误工费、伙食费、营养费 5000 元。③判决被上诉人赔偿上诉人后期治疗费 3 万元，后期营养费、看护费 2 万元，医生让上诉人许某一个月复查一次开药一次（后期治疗费许某产生过一个月 1200 元），以上共计 105 000 元；一、二审案件受理费由被上诉人负担。其主要的事实及理由为：2021 年 6 月 26 日，胜利糕点厂老板如果不是发现上诉人许某精神异常不会三点就结账让许某走，平时早上 8 点上班，下午 7 点左右下班，当时结算工资时上诉人许某已经神志不清，只上了 3 天半她说自己上了 7 天班，一个正常的初中毕业生不可能分不清 3 天半和 7 天，证明当时已经不正常了。

---

[1] [2021] 云 01 民终 10401 号。

上诉人许某填报的志愿是昆明××技工学校，并被昆明××技工学校录取。因为暑假打暑假工，这3天半造成许某生病，被昆明××技工学校劝退，对当事人许某造成的精神伤害是一生的，影响她无法正常上学，无法正常工作，还需家长24小时陪护，要有足够的爱心、耐心保持心情好不发病，发病3次以上需终身服药治疗。一审调取证据不足，昆明市呈贡区龙城某所办案不符合程序，上诉人许某于2021年6月27日报案两次，办案人员做询问笔录不交给呈贡区人民法院作有效证据，只交了被上诉人的询问笔录和昆明胜利糕点厂的监控视频。没有当时的真实询问笔录，造成了呈贡人民法院裁定没有依据，事实与理由都不符合当时报案笔录的真实情况。当时报案是胜利糕点厂对许某造成精神伤害致当事人生病的事实请某所调查，并不是因为上学发生争执报案，孩子上学问题报志愿就已定学校。2021年9月3日开庭审理，当时我认真阅读了庭审资料并签了名字，上面说胜利糕点厂有义务配合法庭不私自辞退当时的所有员工，放走骂许某的人，可是后来审判长又以格式不对另外签了一份庭审资料。综上，请求二审法院支持其上诉请求。

3. 二审被上诉人辩称

被上诉人答辩认为，对于上诉人的上诉请求不予认可，请求二审法院驳回上诉。

上诉人向一审法院起诉请求：①判决被告胜利糕点厂赔偿原告许某精神损失费30 000元，并赔礼道歉；②判决被告胜利糕点厂赔偿原告许某医院检查费、药费共计3000元，后期治疗费50 000元；③判决被告胜利糕点厂赔偿原告许某住院看护费22 000元（前期2000元、后期20 000元）。

4. 一审法院查明

一审法院认定事实：原告许某于2018年9月至2021年6月在昆明市呈贡区接受初级中等义务教育。2021年6月23日，原告许某被被告胜利糕点厂招用至该厂工作，双方约定原告许某的工资为每月2000元；原告许某在被告胜利糕点厂处的工作任务为揉面、蛋糕装袋、打杂等。2021年6月26日下班时（15时左右），被告胜利糕点厂的工作人员以原告许某不适合做该项工作为由，告知原告许某之后不用再到被告胜利糕点厂处上班，原告许某于当日离职。被告胜利糕点厂向原告许某发放了原告许某上班期间的工资。2021年6月27日17时30分左右，原告许某拨打110报称其"手上有红点，特别痒，需要120"；龙城某所的民警于当日17时44分左右前往原告许某与徐某的住处，原告许某表示其"手上有红点，不清楚是什么，特别痒"；徐某表示原告许某与徐某于当日上午因原告许某上学一事发生了争执。民警欲向原告许某了解情况时，发现原告许某语无伦次，表达不清；民警遂告知徐某带原告许某前往医院治疗后到龙城某所说明情况。诉讼过程中，原告许某表示其在被告胜利糕点厂处工作期间被一年轻男子辱骂过两次，受其惊吓一次，原告许某在视频资料中辨认出该男子。被告胜利糕点厂表示该男子名为郗某某，并表示郗某某于2021年5月26日入职，于2021年6月29日离职，郗某某以身份证丢失为由，未向被告胜利糕点厂提供过身份证等身份证明文件。2021年6月27日，被告胜利糕点厂的工作人员昌某梅在龙城某所述称，原告许某于2021年6月23日到被告胜利糕点厂处应聘，被告胜利糕点厂告知原告许某试着做3天，后原告许某到被告胜利糕点厂处工作了4天。原告许某在被告胜利糕点厂处工作期间基本正常，能正常交流，就是反应慢，数不清数字，原告许某主要负责打杂，比如搬运面包、蛋挞，将烤好的面包摆放在盘子里，清洗盘子，打扫卫生等。很多工人反映原告许某动作慢、反应慢，不适合在被告胜利糕点厂工作。2021年6月29日，原告许某到云南省某医院门诊治疗，门诊病历载明的病史为"患者今年初中毕业，报考绩效（技校？），在蛋糕店打工，3日前被人骂后出现夜间入睡不好，讲话乱，洗衣服时一桶搅，到派出所报案，称有陌生人，感到胃疼，解不出大便，心情不好，哭了很久，时称天眼开了，有炸弹，会害怕。由其母亲带来就诊"。体检显示："意识清晰，年貌相符，接触欠佳，称上班开始就头晕，上班处的人对她不好，骂她骂了没有自尊心，称有陌生人，感到胃疼，解不出大便，心情不好，记不得自己几岁，有21岁，思维显散漫，无自知力，智能无减低。"原告许某于2021年6月29日至2021年7月14日期间在该院住院治疗，出院记录载明："患者因'胡言乱语，行为异常，紧张，眠差3天'入院，入院后查体：生命体征平稳，心肺腹（-）。精神检查：患者意识清晰，定向准确，衣饰一般，年貌相符，有家人陪同步入病房，对入院处理被动合作，接触交谈被动，阵发性乱说乱讲，思维混乱，引出被跟踪监视感，深入交谈不理想，交谈中注意力不集中，时东张西望，眼神接触差，否认幻觉，表情平淡，情绪显紧张，易发脾气，情感平淡，反应欠协调，入院后行为安静，无自知力。智能记忆检查无异常。脑电图检查提示：青少年异常脑电图。抑郁自评量表：无抑郁症状；焦虑自评量表：有中度焦虑症状。经'奥氮平5mgqd，10mgqn'治疗，患者症状缓解，好转出院。"经诊断，原告许某病情为急性而短暂的××性障碍。原告许某于2021年6月29日至2021年7月14日期间共产生医疗费3883.98元，其中基本医疗基金支付了1950元，原告许某自己支付了1933.98元。2021年7月27日，昆明××技工学校向原告许某发出《预录取通知书》，通知原告许某被该校高级工班幼儿教育专业预录取，并通知原告许某于2021年8月7日、8月8日到校报到注册；庭审中，原告许某表示其已被该校劝退。原告许某分别于2021年8月3日、2021年8月10日前往云南省××医院就诊，共支付了医疗费1144.7元。

5. 一审法院认为

一审法院认为，双方争议的焦点为：被告胜利糕点厂是否需承担责任；如需承担，应承担何种责任，原告许某的各项主张有无依据。关于本案是否应仲裁前置的问题。法院认为，《工伤保险条例》第66条规定："……用人单位不得使用童工，用人单位使用童工造成童工伤残、死亡的，由该单位向童工或者童工的近亲属给予一次性赔偿，赔偿标准不得低于本条例规定的工伤保险待遇。具体办法由国务院社会保险行政部门规定。前款规定的伤残职工或者死亡职工的近亲属就赔偿数额与单位发生争议的，以及前款规定的童工或者童工的近亲属就赔偿数额与单位发生争议的，按照处理劳动争议的有关规定处理。"《禁止使用童工规定》第10条规定："童工患病或者受伤的，用人单位应当负责送到医疗机构治疗，并负担治疗期间的全部医疗和生活费用。童工伤残或者死亡的，用人单位由工商行政管理部门吊销营业执照或者由民政部门撤销民办非企业单位登记；用人单位是国家机关、事业单位的，由有关单位依法对直接负责的主管人员和其他直接责任人员给予降级或者撤职的行政处分或者纪律处分；用人单位还应当一次性地对伤残的童工、死亡童工的直系亲属给予赔偿，赔偿金额按照国家工伤保险的有关规定计算。"本案中，原告许某的病情并不符合《工伤保险条例》第14条、第15条规定的应认定为工伤或视同工伤的情形，也未产生伤残或死亡的结果，故原告许某可直接依照《民法典》第110条、第1004条及《禁止使用童工规定》第10条第1款的规定向人民法院提起诉讼，不需按照《中华人民共和国劳动争议调解仲裁法》的规定先行申请仲裁。对于双方争议的焦点，一审法院认为，根据《民法典》第110条、第1004条的规定，自然人享有健康权，自然人的身心健康受法律保护。《禁止使用童工规定》第2条第1款规定："国家机关、社会团体、企业事业单位、民办非企业单位或者个体工商户（以下统称用人单位）均不得招用不满16周岁的未成年人（招用不满16周岁的未成年人，以下统称使用童工）。"本案中，原告许某为不满16周岁的未成年人，被告胜利糕点厂招用原告许某，已属违法。根据原告许某提交的病历资料载明的信息，原告许某的病情为"急性而短暂的××性障碍"，该病的发病因素与病人的心理、身体等内部因素及外部刺激、社会因素等外部因素有关。根据被告胜利糕点厂在庭审中陈述的事实，其在2021年6月23日招用原告许某时，原告许某并无异常表现。根据原告许某及其母亲徐某在云南省××医院就诊时及在庭审中的陈述，原告许某在被告胜利糕点厂处工作期间即出现"没有自尊心"的想法，并出现睡眠不好、头晕、乱说乱讲等症状，进而于2021年6月29日被确诊为"急性而短暂的××性障碍"，应认定原告许某的疾病系在被告胜利糕点厂工作期间所患，且被告胜利糕点厂非法招用原告许某的行为是原告许某患病的原因之一，原告许某的病情与在被告胜利糕点厂处工作具有因果关系。根据《禁止使用童工规定》第10条第1款的规定，被告胜利糕点厂应赔偿原告许某在治疗期间支付的医疗费、生活费、护理费等合理开支。关于被告胜利糕点厂认为即使原告许某诉称的其被人辱骂、惊吓的事实属实，因实施侵权行为的为他人，故被告胜利糕点厂无需承担责任的辩解。一审法院认为，用人单位对其招用的童工患病而产生的赔偿责任为法定责任，《禁止使用童工规定》并未对用人单位承担该责任设置前提或作出免责规定，故即使被告胜利糕点厂辩解的上述事实属实，也不能免除其赔偿责任，被告胜利糕点厂认为其无需承担责任的辩解无事实及法律依据，不予采纳。对于原告许某在诉讼请求中提出的各项主张，一审法院分析认定如下：①医疗费。根据原告许某提交的医疗费票据，原告许某实际产生的医疗费为5028.68元，该费用应由被告胜利糕点厂负担。但是根据费用结算单及住院收费票据载明的信息，原告许某自己实际支付的医疗费为3078.68元，该部分医疗费用为原告许某的实际损失，应由被告胜利糕点厂赔偿给原告许某；对于医保报销的部分，因原告许某并未实际支付该部分费用，故该部分费用并非原告许某的损失，故原告许某要求被告胜利糕点厂予以赔偿的主张无依据，不予支持。②后续治疗费。原告许某未提交证据对后续治疗费予以证明，根据《最高人民法院关于适用〈中华人民共和国民事诉讼法〉的解释》第90条的规定，一审法院依法对原告许某主张的该项费用不予支持。③看护费（护理费）。一审法院认为，原告许某在云南省××医院住院治疗15日，根据原告许某在庭审中陈述的事实，原告许某住院期间由其母亲徐某护理，但是原告许某未举证对徐某的工作及收入等情况予以证明，一审法院依法参照云南省2020年全年城镇常住居民人均可支配收入37 500元的标准计算，确认护理费为1536.89元。原告许某主张的其余护理费（看护费）无事实及法律依据，不予支持。④精神损害赔偿，赔礼道歉。一审法院认为，原告许某在被告胜利糕点厂处工作后患"急性而短暂的××性障碍"，并住院治疗，其精神必然受到一定损害，但是原告许某所患疾病系多种原因共同所致，被告胜利糕点厂非法招用原告许某的行为只是原告许某患病的原因之一；原告许某的母亲徐某在明知原告许某未年满16周岁的情况下仍同意原告许某在被告胜利糕点厂处工作，对于原告许某患病结果的产生，原告许某的监护人也有过错。故原告许某的该项诉讼请求无事实及法律依据，不予支持。综上所述，原告许某的部分诉讼请求有事实及法律依据，予以支持。依照《民法典》第110条、第1004条，《禁止使用童工规定》第2条第1款、第10条第1款，及《民事诉讼法》第118条，最高人民法院《关于适用〈中华人民共和国民事诉讼法〉的解释》第90条，《诉讼费用交纳办法》第29条第2款之规定，判决：①被告昆明胜利糕点厂于本判决生效之日起10日内一次性赔偿原告许某医疗费3078.68元、护理费1536.89元，合计4615.57元；②驳回原告许某的其余诉讼请求。

双方当事人对于一审法院所确认的事实均无异议，法院对于双方当事人无异议的事实依法予以确认。上诉人许某提出，其母亲到某所报案时的记录，某所没有出具。因上诉人未提交相应证据，故对于上诉人提出的补充不予确认。

归纳双方当事人的诉辩主张，本案的争议焦点为：被上诉人胜利糕点厂应否向上诉人赔偿其主张的各项费用？

6. 裁判结果

法院认为：根据最高人民法院《关于适用〈中华人民共和国民法典〉时间效力的若干规定》第1条第2款的规定，民法典施行前的法律事实引起的民事纠纷案件，适用当时的法律、司法解释的规定，但是法律、司法解释另有规定的除外。最高人民法院《关于适用〈中华人民共和国民事诉讼法〉的解释》第90条规定，当事人对自己提出的诉讼请求所依据的事实或者反驳对方诉讼请求所依据的事实，应当提供证据加以证明，但法律另有规定的除外。

在作出判决前，当事人未能提供证据或者证据不足以证明其事实主张的，由负有举证证明责任的当事人承担不利的后果。本案中，对于上诉人超出一审起诉的上诉请求，不予支持。对于上诉人在一审审理中提出的诉讼请求中，一审法院未予支持的部分。因上诉人在一审所提交的证据不足以支持其该主张，故对于上诉人的该上诉请求不予支持。据此，法院依照《民事诉讼法》第176条、第177条第1款第1项，最高人民法院《关于适用〈中华人民共和国民事诉讼法〉的解释》第90条，《诉讼费用交纳办法》第29条之规定，判决如下：驳回上诉，维持原判。二审案件受理费1025元，由上诉人许某负担。本判决为终审判决。

案例四：海环科技集团股份有限公司闽侯县分公司、闽侯县人力资源和社会保障局劳动和社会保障行政管理（劳动、社会保障）二审行政判决书[1]

上诉人（一审原告）：海环科技集团股份有限公司闽侯县分公司，住所地福建省闽侯县尚干镇良安村。

负责人：陈某，分公司经理。

委托代理人：赖某某、吴某某1，北京市炜衡（福州）律师事务所律师。

被上诉人（一审被告）：闽侯县人力资源和社会保障局，住所地福建省闽侯县甘蔗街道街心路。

法定代表人：杨某，局长。

委托代理人：李某某，福建宽达律师事务所律师。

被上诉人（一审被告）：福州市人力资源和社会保障局，住所地福建省福州市仓山区南江滨西大道。

法定代表人：王某瑞，局长。

一审第三人：李某1。

法定代理人：李某2（系李某1父亲）。

委托代理人：吴某某，福建华睦律师事务所律师。

1. 审理经过

上诉人海环科技集团股份有限公司闽侯县分公司（以下简称"海环公

---

[1]［2020］闽01行终470号。

司"）因诉闽侯县人力资源和社会保障局（以下简称"闽侯人社局"）行政处罚、福州市人力资源和社会保障局（以下简称"市人社局"）行政复议一案，不服福建省福州市仓山区人民法院［2020］闽0104行初46号行政判决，向法院提起上诉。法院受理后，依法组成合议庭，对本案进行了审理，现已审理终结。

闽侯人社局于2019年8月12日作出侯人社监罚字［2019］02号《行政处罚决定书》，主要内容为：海环公司存在使用童工的违法行为。其自2019年4月5日至2019年5月9日期间使用不满16周岁的未成年人李某1。海环公司招用李某1的行为违反了《劳动法》第15条，《禁止使用童工规定》第2条、第4条和第8条等规定。根据《禁止使用童工规定》（中华人民共和国国务院令第364号）第6条第1款之规定，对海环公司使用童工的违法行为，按照每使用一名童工每月处5000元人民币罚款标准处10 000元人民币罚款；根据《禁止使用童工规定》（中华人民共和国国务院令第364号）第4条及第8条之规定，对海环公司未核查被招用人员身份证并保存录用登记材料的违法行为，处10 000元人民币罚款。两项合计罚款20 000元人民币。该决定书一并告知了复议与起诉的权利。

海环公司对上述处罚决定不服，向市人社局申某某复议，市人社局于2020年1月8日作出榕人社复决字［2019］第47号《行政复议决定书》，决定维持闽侯人社局作出的上述《行政处罚决定书》。

2. 一审法院查明

一审法院查明如下法律事实：2019年5月9日晚，第三人李某1在原告位于尚干非正规垃圾堆放点陈旧垃圾整治服务项目工地内右手被卷入垃圾搅拌机，导致右手臂被绞断。2019年6月11日，被告闽侯人社局因第三人李某1举报，对原告涉嫌非法使用童工进行立案调查。2019年6月12日，被告闽侯人社局向原告发出《劳动保障监察调查询问通知书》，要求原告接受调查询问。同日，原告作出情况说明报告。2019年7月22日，被告闽侯人社局作出侯人社监告［2019］02号《行政处罚告知通知书》，并于2019年7月29日送达原告。2019年8月12日，被告闽侯人社局作出侯人社监罚字［2019］02号《行政处罚决定书》（主要内容前文已述），并于2019年8月13日送达原告。原告不服，于2019年10月11日向被告市人社局申请复议。被告于2019年10月15日、2019年11月11日分别向被告市人社局、第三人作出《行政复议答复通知书》《第三人参加行政复议通知书》。2019年10月23日，被告闽侯人社局提交行政复议答复书及证据材料。2019年11月16日，第三人提交书面陈述及补充证据（微信部分聊天内容进行证据保全的公证书）。2019年11月27日，被告市人社局作出《延期审理通知书》，决定延期30日，并依法送达各方。2020年1月8日，被告市人社局作出榕人社复决字［2019］第47号《行政复议决定书》（主要内容前文已述），并于2020年1月11日送达原告及第三人，2020年1月13日送达闽侯人社局。原告不服，诉至一审法院。

3. 一审法院认为

一审法院认为，根据《劳动法》第94条、《禁止使用童工规定》第6条、第8条的规定，闽侯人社局作为劳动行政部门，有权对其辖区范围内违法使用童工的行为进行查处。市人社局作为闽侯人社局的上级主管部门，依据《行政复议法》的相关规定，有权依据原告申请对闽侯人社局作出的行政处罚进行复议审查。原告作为行政处罚相对人及行政复议申请人，与被诉行政行为具有利害关系，有权提起本案诉讼。

本案争议的焦点在于原告是否存在使用童工的事实？

被告闽侯人社局在行政处罚调查阶段，已收集对原告公司员工林某某、游某某、黄某某、王某某、钟某某、姜某某、王某的询问笔录，其中林某某、游某某、黄某某、王某某在笔录中一致确认李某1在2019年5月9日23时上班时发生事故（上述被调查人的员工身份，原告在复议阶段提交的书面意见中已予以确认，见被告市人社局的证据C6），钟某某、姜某某、王某在笔录中虽否认原告公司雇佣李某1，但上述三人均为原告公司的管理层或职工，与原告存在利害关系，故原告公司员工林某某、游某某、黄某某、王某某作出的不利于原告的陈述的证明力更优。结合第三人在复议阶段提交的《公证书》及在案有效证据，可以印证原告存在使用童工（李某1）及未核查被招用人员身份证并保存录用登记材料的违法事实。

被告闽侯人社局依法履行立案，经调查取证，查明原告存在使用童工、未核查被招用人员身份证并保存录用登记材料的违法行为，告知原告拟作出行政处罚的事实、理由、依据及享有陈述和申辩权，经集体研究后作出被诉行政处罚决定，主要证据充分，适用法律正确，符合法定程序。被告市人社局在收到原告复议申请后，依法通知答复，并在法定期限内作出复议决定并予以送达,结论正确,程序合法。综上,原告诉请缺乏依据,其诉讼请求一审法院不予支持。依照《行政诉讼法》第69条之规定,一审法院判决:驳回原告海环公司的诉讼请求。

4. 二审上诉人诉称

上诉人海环公司不服一审判决,向法院提起上诉称,①一审法院认定上诉人存在使用童工及未核查被招用人员身份并保存录用登记材料的违法事实,显然属于事实认定不清。本案中,一审第三人李某1,系海环公司职工王某的外甥,王某应其姐姐王某某1的要求,带辍学在家的李某1"出社会""见世面",故而王某将李某1带到了其上班的海环公司尚干非正规垃圾堆放点陈旧垃圾整治服务项目工地,欲让李某1在此工作。然而,该工地管理人员姜某某见李某1个子小,怀疑其是未成年人,故要求李某1提供身份证。在李某1无法提供身份证的情况下,姜某某并未雇佣李某1,并将其驱离出工地。因王某系老员工且是工地领班,故李某1能自由地进入工地,姜某某也碍于其面子,并未强硬地驱离李某1。但姜某某多次驱赶,李某1多次回来。后姜某某因病请假回家,李某1在工地上较为自由,故而发生了事故。以上事实有姜某某、王某在闽侯人社局、闽侯县公安局尚干派出所、北京中银(福州)律师事务所做的询问笔录均可以证实。姜某某、王某两人所做的询问笔录均可以证明海环公司并未招聘李某1进入工地上班,其中王某是项目工地的领班、是其带李某1进入工地,且王某是李某1的舅舅,系直接当事人,对于法院查明李某1是否在工地上工作,王某的证言至关重要,不能因其是公司员工就无视王某所做的证人证言。然而,闽侯人社局故意无视姜某某、王某所做的询问笔录,在没有进一步调查清楚上述事实的情况下,认定海环公司非法使用童工,并作出处罚决定,显然认定事实不清,处罚有误。一审法院亦认为姜某某、王某与上诉人存在利害关系,证明力较弱,而无视王某等人的证言显然系认定事实不清。②海环公司与李某1并不存在劳动关系,闽侯人社局与一审法院认定海环公司非法使用童工证据不足。闽侯人社局及一审法院认定海环公司非法使用童工事实的主要依据为林某某、游某某、黄某某、王某某在闽侯县劳动保障监察大队所作的询问笔录及李某1母亲王某某1向闽侯人社局提供的微信视频。然而,以上证据并不能证明海环公司非法使用童工的事实,闽侯人社局以不确定证言作为处罚依据,显然证据不足。本案中,重要证人王某(李某1舅舅)带李某1到海环公司尚干非正规垃圾堆放点陈旧垃圾整治服务项目工地,虽然工地管理人员姜某某怀疑李某1系未成年人,未雇佣李某1,但因王某的关系,李某1经常性地出现在工地,导致其他工作人员误以为李某1已经入职。也就是说,到底海环公司是否雇佣李某1,只有其舅舅王某知道这个事实,而其他工友,均以自己片面的认识,认为李某1在现场,就是海环公司雇佣的一个错误认识。而事实上,其舅舅王某作为本案主要证人,多份询问笔录都表明,海环公司因为嫌李某1大小,拒绝雇佣,还赶了李某1好几次。本案中,闽侯人社局最重要的认定依据系李某1舅舅王某拍摄的,李某1穿着工作服的视频。闽侯人社局依据该视频认定视频中李某1系在海环公司尚干非正规垃圾堆放点陈旧垃圾整治服务项目工地工作,从而认定李某1与海环公司存在劳动关系。2019年11月26日,上诉人为了查清本案事实,特地让本案重要证人李某1舅舅王某到北京中银(福州)律师事务所作了一份谈话笔录。李某1舅舅王某对其在尚干派出所、闽侯人社局处所做的笔录中记载海环公司没有雇佣李某1的事实予以确认。并且对其所拍视频作了解释,即因李某1第一次离家在外,其母亲王某某1想念,故要求弟弟王某拍个视频或者照片发给他,王某应其要求便拍摄了视频通过微信发送给王某某1。视频中李某1并非在工作而是为了拍摄视频站在打包机旁和铲车上,其所穿工作服系其舅舅王某的工作服,因李某1临时出门没带够衣服,只带了短袖,而天气转凉,故而王某将其所有的工作服借给李某1穿上保暖。由此可见,该视频材料并不能作为认定海环公司雇佣李某1的证据,闽侯人社局所依据的证据与严重事实不符。王某作为李某1的舅舅,在闽侯县公安局尚干派出所和在闽侯县劳动保障监察大队所作的笔录以及律师对其的谈话笔录中,对上述事实曾予以确认,海环公司尚干非正规垃圾堆放点陈旧垃圾整治服务项目工地的管理人员钟某某和姜某某在闽侯县公安局尚干派出所所作的笔录也印证了上述事实。总之,林某某、游某某、黄某某、王某某在闽侯县劳动保障监察大队所作的询问笔录和李某1母亲王某某1向闽侯人社局提供的微信视频并不能证明李某1和海环公司之间存在劳动关系,更不能作为认定海环公司存在非法使用童工的证据。③闽侯人社局在认定事实不清,证据不足的情形下,作出的处罚决定,不符合法定程序。根据《行政处罚法》第31条、第32条及第41条的规定,本案中,海环公司在收到闽侯人社局作出该处罚决定前,并未收悉闽侯人社局有关该行政处罚决定的事由、理由及依据,以至于申请人丧失依法享有的陈述申辩的权利。且根据《行政处罚法》第 42 条的规定，闽侯人社局对海环公司作出人民币 2 万元的处罚决定，该数额较大，而非闽侯人社局认为的不属于较大数额的罚款，海环公司依法享有举行听证的权利。本案中，闽侯人社局作出该处罚决定前未告知海环公司享有要求举行听证的权利。并且，本案的行政处罚决定，不仅对海环公司造成了名誉上的损害，还影响了海环公司后续所应承担赔偿责任问题。闽侯人社局以 2 万数额不属于较大数额的处罚，而剥夺海环公司依法享有的听证权利，完全属于程序违法。④福州市人社局在复议中明知闽侯人社局作出的行政处罚认定事实不清、证据不足、程序违法的情形下仍维持行政处罚决定属于适用法律错误，应予撤销。福州市人社局在复议过程中，认为闽侯人社局作出行政处罚决定所依据的林某某、游某某、黄某某、王某某在闽侯县劳动保障监察大队所作的询问笔录因存在证言证明力问题，因此不予采信。福州市人社局认定海环公司非法使用童工的证据只剩李某1母亲王秀琴向闽侯人社局提供的微信视频，在复议过程中，海环公司已经对视频形成原因、视频内容做了合理可信的说明。在没有其他证据形成完整证据链的情形下，仅凭这份微信视频不足以证明海环公司存在非法使用童工的事实，更无法达到行政案件高度盖然性的证明标准。福州市人社局在明知闽侯人社局存在未正确认定法律关系、未充分调查核实当事人及证人身份与证言证明力等情形，仍错误地维持闽侯人社局的行政处罚决定，应予撤销。综上所述，李某1与海环公司之间的劳动关系并不成立，海环公司并不存在非法使用童工的情形，闽侯人社局认定事实不清、证据不足、程序违法，一审法院认定事实不清、证据不足，故请求：①撤销福州市仓山区人民法院作出的［2020］闽 0104 行初 46 号行政判决，改判支持上诉人的全部诉讼请求或发回重审；②一、二审诉讼费用均由被上诉人承担。

被上诉人闽侯人社局未向法院提交书面意见。

5. 二审被上诉人辩称

被上诉人市人社局向法院提交书面答辩状称：①答辩人作出本案行政复议决定的程序合法。上诉人对被上诉人闽侯人社局于 2019 年 8 月 12 日作出的侯人社监罚字［2019］02 号《行政处罚决定书》不服，于 2019 年 10 月 14 日向答辩人申请行政复议。2019 年 10 月 18 日，答辩人向被上诉人闽侯人社局送达了《行政复议答复通知书》及行政复议申请书、证据等材料，2019 年 11 月 11 日向李某1送达了《第三人参加行政复议通知书》及行政复议申请书、证据等材料。2019年11月18日，李某1提交行政复议第三人意见及证据材料。答辩人在收到闽侯人社局、第三人答辩意见、证据材料后，于2019年11月27日作出延期30日审理决定，2019年12月4日将《延期审理通知书》送达上诉人、被上诉人闽侯人社局和李某1。2019年12月4日，上诉人提交了针对被上诉人闽侯人社局在行政复议阶段提交的答辩材料的答辩意见及证据材料。答辩人经审查各方意见、证据材料于2020年1月8日作出榕人社复决字〔2019〕第47号《行政复议决定书》，并于2020年1月10日送达上诉人、被上诉人闽侯人社局和李某1。②被上诉人闽侯人社局作出的侯人社监罚字〔2019〕02号《行政处罚决定书》认定事实清楚，程序合法、适用法律法规正确，但闽侯人社局在调查核实过程中存在未正确认定法律关系、未充分调查核实当事人及证人身份与证言证明力等瑕疵，答辩人作出的复议结论并无不当。其一，被上诉人闽侯人社局接到李某1投诉，依法对各方当事人进行调查，根据李某1户口簿、身份证，以及闽侯人社局多次到现场调查取证并询问相关人员所制作询问笔录，结合其他相关证据材料。经审查后，认定上诉人非法使用童工，违反《禁止使用童工规定》规定的情形，作出侯人社监罚字〔2019〕02号《行政处罚决定书》并依法进行了送达。其二，答辩人认为被上诉人闽侯人社局认定上诉人非法使用童工，上诉人违反《禁止使用童工规定》规定，事实清楚，证据确凿，适用法律正确，符合法定程序，应予以维持。答辩人作出的复议结论并无不当。综上，一审判决认定事实清楚适用法律、法规正确，请求贵院依法驳回上诉人上诉，维持原判决。

一审第三人李某1向法院提交书面答辩状称：①第三人与上诉人之间存在事实劳动关系。第三人于2019年4月5日经王某介绍到上诉人处工厂上班。第三人虽然未与上诉人签订书面劳动合同，但第三人与上诉人间存在事实劳动关系。以上有第三人母亲王某某1与王某之间的微信聊天记录作证。相关微信聊天记录已经由福州市鼓楼公证处进行公证，第三人作为证据均已向行政复议机关、一审法院提交、举证。王某在闽侯人社局调查及后续行政复议等中提供了虚假证言。这一点可以由经福州市鼓楼公证处公证的微信聊天记录证实。微信记录是客观的、不可篡改的，证实王某提供了虚假证言。一审法院没有采信王某提供的虚假证言是完全正确的。②第三人在上班期间受工伤。2019年5月9日23时30分许，第三人在上夜班时，因长时间、重负荷导致疲劳，右手被卷进工厂垃圾搅拌机，整条胳膊当即被绞断、脱离。当夜，工厂将第三人送至福州联勤保障部队医院急救。第三人住院 17 日，5 月 27 日出院，目前仍在家休养。第三人在急救、住院期间的医疗费用由上诉人支付。③第三人在上班期间未满 16 周岁，是童工。第三人 2003 年 8 月 29 日出生，在 2019 年 4 月到公司上班时未满 16 周岁。《劳动法》《未成年人保护法》等法律法规均明文规定禁止使用童工。《禁止使用童工规定》明确规定国家机关、社会团体、企业事业单位、民办非企业单位或者个体工商户均不得招用不满 16 周岁的未成年人（童工）。用人单位招用人员时，必须核查被招用人员的身份证；对不满 16 周岁的未成年人，一律不得录用。上诉人雇佣第三人上班属于非法雇佣童工。综上，第三人认为闽侯人社局作出的侯人社监罚字〔2019〕第 02 号《行政处罚决定书》、市人社局作出的榕人社复决字〔2019〕第 47 号《行政复议决定书》、福州市仓山区人民法院〔2020〕闽 0104 行初 46 号《行政判决书》事实认定清楚，程序合法，适用法律正确。特请求二审法院依法驳回海环公司上诉请求。

一审中各方当事人提交的证据均随案移送法院。经审查，相关证据均经一审开庭质证，法院经审理查明的事实与一审判决认定的事实一致，法院予以确认。

6. 法院认为

法院认为，一审法院认定被上诉人闽侯人社局具有作出被诉行政处罚决定的法定职权，以及被上诉人市人社局具有处理涉案行政复议申请的职责，具有法律依据，法院予以确认。

关于上诉人是否存在使用童工及未核查被招用人员身份并保存录用登记材料的问题。本案中，一审第三人李某 1 于 2019 年 5 月 9 日 23 时在上诉人尚干非正规垃圾堆放点陈旧垃圾整治服务项目工地发生事故，该事实各方均予以确认。被上诉人闽侯人社局提供的林某某、游某某、黄某某、王某某的证人证言，一致确认李某 1 是在 2019 年 5 月 9 日 23 时上班时发生事故，相关证言与李某 1 的陈述以及事故发生的经过、其他在案证据能够相互印证。虽然被上诉人主张钟某某、姜某某、王某在笔录中否认上诉人雇佣李某 1，但上述人员作为上诉人的管理层或员工，在无其他证据佐证的情况下，证明力低于同为上诉人员工的林某某、游某某、黄某某、王某某作出的不利于上诉人的陈述。据此，结合李某 1 在复议阶段提交的《公证书》及其他在案有效证据，一审法院认定上诉人存在使用童工（李某 1）及未核查被招用人员身份证并保存录用登记材料的违法事实，具有事实依据。上诉人使用童工时间为 1 个月 4 天，闽侯人社局根据劳动和社会保障部、公安部、国家工商行政管理总局、教育部、卫生部、全国总工会、共青团中央、全国妇联《关于贯彻落实〈禁止使用童工规定〉的通知》（劳社部发〔2003〕9 号）第 3 条第 3 项之规定，计为 2 个月，具有事实和法律依据。因海环公司招用李某 1 的行为违反了《劳动法》第 15 条、《禁止使用童工规定》第 2 条、第 4 条和第 8 条等规定，闽侯人社局根据《禁止使用童工规定》（中华人民共和国国务院令第 364 号）第 6 条第 1 款之规定，对海环公司使用童工的违法行为，按照每使用一名童工每月处 5000 元人民币罚款标准处 10 000 元人民币罚款；根据《禁止使用童工规定》（中华人民共和国国务院令第 364 号）第 4 条及第 8 条之规定，对海环公司未核查被招用人员身份证并保存录用登记材料的违法行为，处 10 000 元人民币罚款，合计罚款 20 000 元人民币，主要事实认定清楚，法律、法规适用正确。

关于上诉人主张的被上诉人闽侯人社局作出行政处罚不符合法定程序的问题。根据本案闽侯人社局提供的相关证据，可以证明：该局依法进行了立案，并向上诉人发出《劳动保障监察调查询问通知书》，经调查取证，查明上诉人存在使用童工、未核查被招用人员身份证并保存录用登记材料的违法行为。该局在向上诉人送达的《行政处罚告知通知书》中，告知了拟作出行政处罚的事实、理由、依据及享有陈述和申辩权，后经集体研究后作出被诉行政处罚决定，主要证据充分，适用法律正确，符合法定程序。据此，上诉人关于被上诉人未告知陈述、申辩权的理由，与事实不符。此外，上诉人认为被诉行政处罚决定属于数额较大的处罚，闽侯人社局未告知上诉人有举行听证的权利。本案行政处罚决定对企业法人的两项违法行为作出合计罚款 20 000 元人民币，不属于《行政处罚法》第 42 条、《福建省人力资源社会保障行政处罚听证程序实施办法》规定的"较大数额罚款"，闽侯人社局未告知上诉人有举行听证的权利，未违反法律规定。

7. 法院查明

被上诉人市人社局受理行政复议申请后，通知闽侯人社局提交答复材料、第三人参加行政复议，依法作出延期审理决定并书面送达各方当事人，经审查作出被诉《行政复议决定书》维持原行政行为并依法送达，复议决定结论正确，复议程序亦符合法律、法规之规定。上诉人关于市人社局作出被诉行政复议决定适用法律错误的理由，不能成立，法院不予支持。

综上，一审法院认定事实清楚，适用法律正确，上诉人的上诉理由均不能成立。依照《行政诉讼法》第89条第1款第1项之规定判决。

8. 裁判结果

驳回上诉，维持原判。

二审案件受理费人民币50元，由上诉人海环科技集团股份有限公司闽侯县分公司负担。

本判决为终审判决。

二十一、密切接触未成年人的单位从业禁止要求及信息查询制度

（一）条文规定

《未成年人保护法》第六十二条　密切接触未成年人的单位招聘工作人员时，应当向公安机关、人民检察院查询应聘者是否具有性侵害、虐待、拐卖、暴力伤害等违法犯罪记录；发现其具有前述行为记录的，不得录用。

密切接触未成年人的单位应当每年定期对工作人员是否具有上述违法犯罪记录进行查询。通过查询或者其他方式发现其工作人员具有上述行为的，应当及时解聘。

（二）条文解读

此条旨在确保未成年人的安全和健康。

首先，密切接触未成年人的单位必须履行保护未成年人权益的责任。这些单位对未成年人的身心健康具有重要影响，因此必须采取必要的措施来筛选和确保工作人员的合适性。查询应聘者的犯罪记录可以帮助单位了解其过去的行为，尤其是可能给未成年人带来风险的行为，从而保护未成年人的安全。

其次，定期查询工作人员是否具有违法记录也是保护措施的重要部分。人的行为是多变的，工作人员在岗位上可能会出现问题。定期查询能够及时发现工作人员是否出现了虐待、拐卖、暴力伤害等违法行为的记录，有助于单位及时采取措施，保护未成年人免受潜在风险。

针对这项规定，笔者还有一些建议：

（1）加强查询机制的公共服务性。公安机关、人民检察院等部门应提供

快捷、高效的查询服务，为相关单位提供准确和及时的信息。同时，查询结果的保密性也需要得到严格保护，以保护个人隐私和信息安全。

（2）密切接触未成年人的单位应加强诚信体系建设。除查询外，单位还应建立健全的内部管理机制，加强对工作人员的日常监督和管理。通过内部的培训、考核和激励，促使工作人员自觉遵循法律法规，确保未成年人的权益得到有效保护。

（3）加强社会共治力量的参与。社会各界，包括家长、教育机构、社会组织等，应共同关注未成年人的安全问题，并积极参与到监督和保护工作中。通过加强宣传教育，提高公众对未成年人权益保护的意识，可以形成全社会更加关注和支持未成年人保护的良好氛围。

（三）参考条文

◎最高人民法院、最高人民检察院、教育部《关于落实从业禁止制度的意见》

为贯彻落实学校、幼儿园等教育机构、校外培训机构教职员工违法犯罪记录查询制度，严格执行犯罪人员从业禁止制度，净化校园环境，切实保护未成年人，根据《中华人民共和国刑法》（以下简称《刑法》）、《中华人民共和国未成年人保护法》（以下简称《未成年人保护法》）、《中华人民共和国教师法》（以下简称《教师法》）等法律规定，提出如下意见：

一、依照《刑法》第三十七条之一的规定，教职员工利用职业便利实施犯罪，或者实施违背职业要求的特定义务的犯罪被判处刑罚的，人民法院可以根据犯罪情况和预防再犯罪的需要，禁止其在一定期限内从事相关职业。其他法律、行政法规对其从事相关职业另有禁止或者限制性规定的，从其规定。

《未成年人保护法》、《教师法》属于前款规定的法律，《教师资格条例》属于前款规定的行政法规。

二、依照《未成年人保护法》第六十二条的规定，实施性侵害、虐待、拐卖、暴力伤害等违法犯罪的人员，禁止从事密切接触未成年人的工作。

依照《教师法》第十四条、《教师资格条例》第十八条规定，受到剥夺政治权利或者故意犯罪受到有期徒刑以上刑罚的，不能取得教师资格；已经取得教师资格的，丧失教师资格，且不能重新取得教师资格。

三、教职员工实施性侵害、虐待、拐卖、暴力伤害等犯罪的，人民法院应当依照《未成年人保护法》第六十二条的规定，判决禁止其从事密切接触未成年人的工作。

教职员工实施前款规定以外的其他犯罪，人民法院可以根据犯罪情况和预防再犯罪的需要，依照《刑法》第三十七条之一第一款的规定，判决禁止其自刑罚执行完毕之日或者假释之日起从事相关职业，期限为三年至五年；或者依照《刑法》第三十八条第二款、第七十二条第二款的规定，对其适用禁止令。

四、对有必要禁止教职员工从事相关职业或者适用禁止令的，人民检察院在提起公诉时，应当提出相应建议。

五、教职员工犯罪的刑事案件，判决生效后，人民法院应当在三十日内将裁判文书送达被告人单位所在地的教育行政部门；必要时，教育行政部门应当将裁判文书转送有关主管部门。

因涉及未成年人隐私等原因，不宜送达裁判文书的，可以送达载明被告人的自然情况、罪名及刑期的相关证明材料。

六、教职员工犯罪，人民法院作出的判决生效后，所在单位、教育行政部门或者有关主管部门可以依照《未成年人保护法》、《教师法》、《教师资格条例》等法律法规给予相应处理、处分和处罚。

符合丧失教师资格或者撤销教师资格情形的，教育行政部门应当及时收缴其教师资格证书。

七、人民检察院应当对从业禁止和禁止令执行落实情况进行监督。

八、人民法院、人民检察院发现有关单位未履行犯罪记录查询制度、从业禁止制度的，应当向该单位提出建议。

九、本意见所称教职员工，是指在学校、幼儿园等教育机构工作的教师、教育教学辅助人员、行政人员、勤杂人员、安保人员，以及校外培训机构的相关工作人员。

学校、幼儿园等教育机构、校外培训机构的举办者、实际控制人犯罪，参照本意见执行。

十、本意见自 2022 年 11 月 15 日起施行。

◎《安徽省关于落实密切接触未成年人行业从业查询制度的暂行办法》

第一条 为贯彻未成年人特殊、优先保护原则，加强对密切接触未成年人单位工作人员的管理，预防侵害未成年人的违法犯罪，根据《中华人民共和国刑法》《中华人民共和国刑事诉讼法》《中华人民共和国未成年人保护法》《中华人民共和国治安管理处罚法》等相关法律法规的规定，结合安徽省未成年人保护工作实际，制定本办法。

第二条 省教育厅、省民政厅、省司法厅、省人力资源和社会保障厅、省文化和旅游厅、省卫生健康委员会、省市场监督管理局、省体育局、共青团安徽省委员会、省妇女联合会等部门负责依职责督促指导本系统各级行政部门和相关单位落实密切接触未成年人行业从业查询制度。

省公安厅负责统筹指导各级公安机关开展信息查询工作，省高级人民法院、省人民检察院积极配合。

省人民检察院负责统筹指导各级人民检察院对相关工作情况进行法律监督。

第三条 密切接触未成年人的单位，是指学校、幼儿园等教育机构；校外培训机构；未成年人救助保护机构、儿童福利机构等未成年人安置、救助机构；婴幼儿照护服务机构、早期教育服务机构；校外托管、临时看护机构；家政服务机构；为未成年人提供医疗服务的医疗机构；其他对未成年人负有教育、培训、监护、救助、看护、医疗等职责的企业事业单位、社会组织等。

学校，是指普通中小学、特殊教育学校、中等职业学校、专门学校。

第四条 密切接触未成年人行业从业查询制度的适用对象，既包括教师、培训师、教练、保育员、医生等直接对未成年人负有特殊职责的工作人员，也包括行政工作人员以及保安、门卫、驾驶员、保洁员、家政服务从业人员和各级各类教育培训机构的举办者、理事会或者董事会成员、监事等虽不直接负有特殊职责，但具有密切接触未成年人工作便利的其他工作人员。

从事与未成年人密切接触行业的用人单位招募的志愿者，参照适用。

第五条 密切接触未成年人单位应当对拟录用人员是否存在性侵害、虐待、拐卖、暴力伤害等违法犯罪记录的情况，按单位属地原则向所辖区域内的基层公安机关或其派出机构进行查询。

密切接触未成年人单位应当每年定期对本单位工作人员是否具有上述违法犯罪记录进行查询。

第六条 密切接触未成年人单位应当查询本单位工作人员的违法犯罪记录，是指因以下违法犯罪行为被人民法院作出的有罪生效裁判、人民检察院根据刑事诉讼法第一百七十七条第二款作出的不起诉决定、公安机关依法作出的行政处罚决定等记录：

（一）刑法第二百三十六条、第二百三十六条之一、第二百三十七条、第三百零一条、第三百五十八条、第三百五十九条规定的强奸，负有照护职责人员性侵，强制猥亵、侮辱以及猥亵儿童，聚众淫乱以及引诱未成年人聚众淫乱，组织卖淫、强迫卖淫以及协助组织卖淫，引诱、容留、介绍卖淫以及引诱幼女卖淫等犯罪行为；

（二）刑法第二百四十八条、第二百六十条、第二百六十条之一、第四百四十三条规定的虐待被监管人，虐待家庭成员，虐待被监护、看护人，虐待部属等犯罪行为；

（三）刑法第二百四十条、第二百四十一条、第二百六十二条、第二百六十二条之一、第二百六十二条之二规定的拐卖妇女、儿童，收买被拐卖的妇女、儿童，拐骗儿童等犯罪行为，组织残疾人、儿童乞讨，组织未成年人进行违反治安管理活动等犯罪行为；

（四）刑法第二百三十二条、第二百三十四条、第二百三十九条、第二百六十三条、第二百七十七条第五款、第二百九十二条规定的故意杀人，故意伤害，绑架，抢劫，袭警，聚众斗殴等犯罪行为；

（五）治安管理处罚法第四十四条、第四十五条第（一）项、第六十七条规定的猥亵，虐待家庭成员，引诱、容留、介绍卖淫等违法行为；

（六）其他侵害未成年人身心健康安全的违法犯罪行为。

符合刑事诉讼法第二百八十六条规定的未成年人犯罪记录封存条件的除外。

第七条 被查询人对查询结果有异议，由用人单位向原受理查询机关或其上级部门申请进行复核查询，属于下列情形的不应当影响当事人从业。

（一）刑事诉讼法第一百七十五条第四款、第一百七十七条第一款规定的不起诉；

（二）刑事诉讼法第二百条第二项、第三项规定的无罪判决；

（三）刑事诉讼法第二百八十六条规定的未成年人犯罪记录封存。

第八条 公安机关应当依法核查，并在受理之日起 5 个工作日内将查询结果告知查询单位。查询非本地户籍人员等特殊情况的，在 20 个工作日内将查询结果告知查询单位。

查询结果应当以书面形式告知查询单位，并加盖公安机关公章。

第九条 经密切接触未成年人单位审查，发现拟录用人员存在性侵害、虐待、拐卖、暴力伤害等违法犯罪记录的，应当不予录用。

对于涉嫌上述违法犯罪，但尚未被作出生效处理决定的人员，应当暂缓录用，并及时向办案单位了解处理结果。

对于本单位在职工作人员，查询发现其具有上述违法犯罪记录的，应当及时解聘。

第十条 密切接触未成年人单位应当严格落实密切接触未成年人单位工作人员从业查询制度，并定期向行政主管部门报告工作开展情况。

密切接触未成年人单位应当在收到查询结果15个工作日内将有犯罪记录人员处理结果书面报送至属地未保委办公室。

第十一条 密切接触未成年人单位的行政主管部门，应当在本部门职能范围内，指导、督促相关用人单位严格落实密切接触未成年人单位工作人员从业查询制度，每年度进行检查。

第十二条 人民检察院依法对密切接触未成年人单位工作人员从业查询制度的落实情况进行法律监督，发现相关单位或部门执行、监管不力的，可以通过检察建议等方式监督落实。

第十三条 属地未保委办公室应当对密切接触未成年人单位查询违法犯罪记录结果的应用情况进行跟踪了解和监督。

第十四条 公安机关、人民检察院、人民法院、司法行政等部门，在工作中发现密切接触未成年人单位工作人员存在性侵害、虐待、拐卖、暴力伤害等违法犯罪记录的，应当及时通报用人单位及其行政主管部门，督促相关单位立即采取相应处理措施。

第十五条 密切接触未成年人单位未履行或者怠于履行查询义务，招用、继续聘用具有相关违法犯罪记录人员，相关部门应按照职责分工，依据《中华人民共和国未成年人保护法》等法律法规，追究用人单位及直接责任人的责任。

第十六条 相关单位及个人应当严格遵守工作纪律和保密规定，不得查询与本文件要求无关人员的违法犯罪记录；对于从业查询过程中获取的有关违法犯罪记录信息，尤其是受侵害未成年人信息，应当予以保密，不得散布或者用于其他用途。

(四) 典型案例

案例一：顾某与上海子木体育发展有限公司生命权、身体权、健康权纠纷一审民事判决书[1]

原告：顾某。

法定代理人：杨某，汉族，住上海市。

委托诉讼代理人：陈某某，上海瑞富律师事务所律师。

被告：上海子木体育发展有限公司，位于上海市普陀区曹杨路1017号。

法定代表人：许某鹰，执行董事。

委托诉讼代理人：阮某鑫，上海汇愿律师事务所律师。

委托诉讼代理人：许某祥，上海汇愿律师事务所律师。

1. 审理经过

原告顾某与被告上海子木体育发展有限公司生命权、身体权、健康权纠纷一案，法院立案后，依法适用简易程序，后因案件审理需要转为适用普通程序。法院对本案不公开开庭进行审理，原告顾某的委托诉讼代理人陈某某，被告上海子木体育发展有限公司的委托诉讼代理人阮某鑫、许某祥到庭参加诉讼。本案现已审理终结。

2. 原告诉称

原告顾某向法院提出诉讼请求：①判令被告上海子木体育发展有限公司赔偿原告顾某精神损害抚慰金100 000元；②判令被告承担法律援助补贴费9500元；③判令被告承担交通费、误工费等合理支出2000元；④判令被告向原告赔礼道歉，道歉形式为书面道歉。案件审理过程中，原告自愿撤回第二、三项诉讼请求，法院经审查后裁定依法予以准许。事实与理由：20××年××月××日，被告安排其雇员张某在上海市某游泳馆内担任临时游泳助理教练。根据上海市某人民检察院起诉书指控，张某在担任助理教练期间，借培训指导之机，猥亵包括本案原告在内的四名被害人。2022年8月，上海市某某人民法院经审理后作出刑事判决，判决张某犯猥亵儿童罪，判处有期徒刑5年6个月，刑罚执行完毕之日起5年内禁止从事对未成年人负有教育、训练、看护等特殊职责的工作。原告认为：其一，被告作为用人单位应对其员工张某

---

[1] [2022] 沪0105民初26197号。

的侵害行为承担赔偿责任。依据《民法典》第 1191 条之规定，用人单位员工因执行工作任务造成他人损害的，由用人单位承担侵权责任。本案中，张某系被告雇用的救生员，在被告安排张某从事临时游泳助理教练工作中，张某对原告存在猥亵行为，对原告幼小的身心造成了不可修复的伤害，对原告造成了严重精神损害，被告应对此承担赔偿责任。其二，被告自己主观上存在重大过错，也应该对原告承担赔偿责任。被告内部管理混乱，临时安排张某担任游泳助理教练，之前无任何岗位培训，且在前述刑案中已查明张某仅有社会体育指导员证、救生员证，并无教练员资质。被告未尽到适当管理义务，在从业人员管理及工作中存在重大过错，从而导致本案发生，应对被害人承担赔偿责任。其三，为严惩侵犯儿童类犯罪，查找、治理教育、培训行业日常监管疏漏与隐患，从行业源头上阻断伸向未成年人的罪恶之手，根据相关法律规定，请求法院依法判如诉请。

3. 被告辩称

被告上海子木体育发展有限公司辩称，不同意原告顾某所有诉讼请求。一是被告在张某入职时尽到了选任义务。20××年××月××日，被告与张某建立劳务关系，张某在入职前提供了游泳救生员证书及 1975 年 12 月 11 日至 2020 年 11 月 9 日期间的无犯罪记录证明，因此，被告在张某入职时已尽到了选任义务。二是被告在安排张某担任游泳助理教练时尽到了选任义务。20××年××月，张某取得了社会体育指导员证书，被告在事发当天安排张某作为游泳助理教练，在游泳课程中主要配合游泳主教练保障学习游泳的学生不发生溺水等安全事故和纠正学生游泳姿势，由于张某具备担任游泳助理教练的资格和能力，因此，被告在安排张某担任游泳助理教练时亦尽到了选任义务。三是被告尽到了场所管理人的管理职责与注意义务。被告在游泳馆显著位置张贴了救生组长、救生员、水质处理人员、场所负责人岗位职责、救生员培训制度、安全生产岗位责任制、事故处理制度、游泳设备设施器械安全检查制度等规定。被告在张某上岗前向其提供了公司规章管理制度文件，并要求其仔细阅读、认真遵守，尽到了管理义务。四是原告事发时系限制行为能力人，应适用《民法典》第 1200 条教育机构对限制民事行为能力人受到人身损害的过错责任规定。上述刑事案件案发于 20××年××月，彼时原告已年满 8 周岁，属于限制民事行为能力人，因此原告在被告处学习游泳时遭受人身损害的，应适用过错原则，即被告只有在未尽到教育、管理职责时，才承担侵权责任，而被告已尽到教育、管理职责,因此不应承担侵权责任。五是被告对张某的犯罪行为强烈谴责,并积极配合了某某机关调查。被告配合某某机关调取案发场所的监控录像,并提供了张某的无犯罪记录证明、救生员资格证、岗位职责规定、兼职劳务服务合同等涉案材料。六是张某的猥亵行为并非职务行为,被告从人道主义出发,愿意给予原告一定经济慰藉。张某的猥亵行为是在工作期间实施的,但该行为与被告和张某建立劳务关系的目的完全背离,法律上更是对张某的犯罪行为严令禁止。张某的犯罪行为并非为了实现被告生产经营活动的目的或维护被告自身管理及社会活动需要而实施,仅是张某为满足其个人性刺激的目的所实施,故,张某的猥亵行为并非职务行为。七是即使法院最终适用《民法典》第1191条的规定要求被告承担赔偿责任,被告关于精神损害赔偿的请求亦缺乏事实和法律依据。根据相关法律规定,因受到犯罪侵犯,提起刑事附带民事诉讼或者单独提起民事诉讼要求赔偿精神损失的,人民法院一般不予受理。因此,原告对刑事被告人张某的精神损失赔偿请求一般不予支持。八是从原告提供的证据来看,亦未有证据佐证原告因张某的加害行为导致严重精神损害,其提出100 000元的精神损害抚慰金无事实和法律依据。考虑到张某的行为确实给被害人身心造成了一定影响,被告从人道主义出发,愿意给予原告一定经济慰藉。综上所述,法院应驳回原告的全部诉讼请求。

当事人围绕诉讼请求依法提交了证据,法院组织当事人进行了证据交换与质证,听取了双方的诉辩意见,也查阅了相关刑事卷宗。对当事人无异议的证据,法院予以确认并在卷佐证。根据当事人提交的书面材料、庭审中的陈述及经法院审查确认的证据,法院认定如下事实:

原告顾某原系某某小学学生,某年某月时年龄将满10周岁,该小学在日常体育课程中开设游泳项目,安排在某游泳馆内进行,由在该游泳馆内从事培训业务的被告上海子木体育发展有限公司为学生提供游泳培训。某年某月某日,该项目一名助理教练身体突发不适,由被告在当日指派案外人张某(时为被告雇用的救生员)接替担任助理教练工作。当日12时许,包括原告在内的四名被害人参加了游泳课程,在此期间,张某借培训指导之机,猥亵了包括本案原告在内的四名未成年人。某年某月某日,包括原告在内的四名受害人的法定代理人报案。同日,民警将张某传唤至某机关,张某到案后先承认了上述部分犯罪事实,后又予以否认。在该刑事案件审理期间,张某当庭认罪认罚。某年某月，上海市某人民法院经审理后作出刑事判决，判决张某犯某罪，判处有期徒刑5年6个月，并处刑罚执行完毕之日起5年内禁止从事对未成年人负有教育、训练、看护等特殊职责的工作，该刑事判决已发生法律效力。原告现向法院提起民事诉讼，要求被告赔偿原告精神损害抚慰金100000元，并要求被告书面赔礼道歉。

4. 法院查明

另查明，被告于2017年注册成立，经营范围为：体育赛事策划，商务信息咨询，会展会务服务，展览展示服务，体育场馆管理，健身服务，体育咨询，销售运动器材、办公用品、体育用品、文体用品；依法须经批准的项目，经相关部门批准后方可开展经营活动。被告在成立后，一直实际从事游泳培训业务。

被告与张某签订合同的相关情况为：20××年××月××日，被告（合同甲方）与张某（合同乙方）签订了兼职劳务服务合同，该合同部分内容为：第1条，合同期限：20××年××月××日至20××年××月××日止。第2条，服务内容：乙方提供的服务内容是救生员。第6条，乙方义务：①遵守甲方已经制定并随时可能新增制定的各项有关规章制度；②维护甲方的利益，要遵纪守法，不得损害甲方的信誉，行为举止应当得体。第7条，本合同的变更、解除和中止，经甲乙双方协商同意，本合同的内容可以变更或解除。

张某入职时向被告提供的执业相关证书为：张某作为申请人，向某机关申请了有无违法犯罪记录证明，并于入职时向被告提交了该证明。该证明记载：张某自1975年12月11日至2020年11月9日期间无违法犯罪记录。同时，张某入职时向被告提供了游泳救生员（五级）证书，该证书系由国家体育总局人事司于2019年6月12日颁发。

张某入职后获得的执业证书为2021年4月8日国家体育总局颁发的三级社会体育指导员证，证书编号：××××××××××1061，指导项目：游泳教练，指导站点：全国。

再查明，被告在游泳池旁张贴了游泳场所救生员岗位职责、游泳场所负责人岗位职责、教练员规章管理制度等。

案件审理过程中，被告自认其未获得上海市高危险性游泳项目经营许可证，但认为其工商登记信息经营范围中记载的"健身服务"这一内容为被告从事游泳培训提供了依据。被告同时自认，事发当天一名助理教练生病，无其他助理教练可以接任，故被告指派了具有救生员证与社会体育指导员证的张某首次担任助理教练一职，张某此前在被告处从事救生员工作，张某在担任助理教练前并未参加被告公司任何有关助理教练的岗前培训。

原告称，张某在上述刑事案件中曾向原告提出刑事和解及相关赔偿方案，但被原告拒绝。原告未向张某提出刑事附带民事诉讼及民事诉讼。原告承认，在上述刑事案件中未有验伤。

另，根据上述刑事案件卷宗，上述刑事案件的被害人之一在询问笔录中陈述，其在上课时与其他同学一起在水面下看到了新来的游泳教练张某摸其他女孩子的隐私部位；另一被害人陈述，在游泳课上向另一位教练反映过该情况（指摸女孩子的隐私部位），该教练说张某是游泳馆的救生员。上述刑事案件卷宗另附有游泳场所教练员岗位职责的相关规定，该规定第6条内容为，每期的教练员和学生分班由教练主管统一管理，教练员不得随意更换，如有特殊情况，应与教练主管联系。

由于原、被告双方各执己见，致本案调解不成。

本案中原告顾某的诉请可分为两个方面：第一方面是，被告上海子木体育发展有限公司的雇员张某在履行职务过程中对原告实施了性侵行为，被告作为雇主应对此承担雇主的替代责任，[1]赔偿原告精神损害及对原告进行赔礼道歉。第二方面可看作第一个诉请的备份，也就是，即使被告作为雇主不承担雇主的替代责任，但被告作为一般民事主体，在原告受到性侵这一后果上本身存在过错，亦应承担精神损害赔偿责任，并进行赔礼道歉。

被告对于原告诉请的抗辩直接且针锋相对，内容也较多，可概括为：一是在事发当天被告只是安排张某从事游泳培训的助理教练工作，而性侵不在游泳培训的职务行为范围之内，是一种故意犯罪，被告不应对该故意犯罪行为承担民事责任。被告在雇佣张某之前调查了其违法犯罪记录，结论是不存在相关记录，其对张某亦尽到了管理之责，故被告不存在过错。二是被告坚持认为，张某的犯罪行为已受到刑事制裁，根据相关刑事政策，受害人在刑事附带民事诉讼中或者单独民事诉讼中，是不能向被告人主张精神损害赔偿

---

〔1〕 本案中被告雇用张某作为工作人员，二者的身份在劳动法上被称为"用人单位"与"劳动者"，但在传统上将二者称为雇主和雇员，为叙述方便，本判决以"雇主"和"雇员"来表述二者的身份。对雇员履行职务行为造成损失后，由雇主所承担的替代责任，也采用传统表述"雇主责任"。

的，且原告并未证明其遭受严重精神损害，因此，不论是作为张某的雇主，还是作为一般民事主体，被告都不应对原告的精神损害承担赔偿责任。被告的上述抗辩意见，使本案的争议焦点变得更为具体，可以细化为两个争议焦点：一是被告作为张某的雇主，是否应对原告承担雇主的替代责任；二是被告作为一般民事主体，在本案中是否应对原告的精神损害承担赔偿责任和赔礼道歉。

法院首先围绕第一个争议焦点，即原告主张的雇主替代责任在本案中是否适用进行分析。

雇主的替代责任，是法律规定在雇员履行职务行为中造成他人损害的，应由雇主代替雇员向受害人承担责任，它可以看作民事主体只对自己行为承担责任的一种例外规定。（法律设定雇主责任的理由有多个方面，既有大陆法系中的"形成风险说"，即认为雇主为追求利润形成风险，就必须为形成这种风险承担责任；也有普通法上的"控制权说"，即认为雇主对雇员享有控制权，故要对雇员行为的后果负责；"深口袋说"，即相比雇员而言，雇主有更强的承担责任能力，"委托关系说"，即认为雇员是受雇主委托从事工作，雇员是雇主延长的手臂，因此，雇员工作的后果当然应该由委托人雇主负责。[1]）它在法律上的直接依据是《民法典》的相关规定。[2]

由于雇主的替代责任是民事主体只对自己行为承担责任的例外，因此，其有严格的适用条件。首先，直接实施侵权行为的人必须是雇主的雇员。雇主替代责任是在雇员实施的职务行为侵犯他人权益的情况下，转由雇主对他人承担责任，因此，雇主与直接侵权人之间存在雇佣关系，是雇主承担替代责任的前提。如双方之间没有雇佣关系，就应由直接侵权人向受害人承担责任。直接侵权人是不是雇主的雇员，这是案件中的关键事实问题。被告在本案庭审中承认张某系其雇员，但被告是否系张某雇主这一事实非常重要，法院还需审查他们所签订合同及合同的履行情况，以作进一步分析。经审理查明，被告与张某在2020年12月2日签订了一份兼职劳务服务合同，约定张某

---

[1] 李仁玉：《比较侵权法》，北京大学出版社1996年版，第208~212页。
[2] 《民法典》第1191条第1款规定："用人单位的工作人员因执行工作任务造成他人损害的，由用人单位承担侵权责任。用人单位承担侵权责任后，可以向有故意或者重大过失的工作人员追偿。"有关替代责任规定的条款还有监护人责任（见《民法典》第1188条，无行为能力人、限制民事行为能力人造成他人损害的，由监护人承担侵权责任）。

的职务是救生员，合同为期一年，虽然该合同名称不是典型的劳动合同或雇佣合同，但合同条款中有着张某应"遵守甲方（被告）已经制定并随时可能新增制定的各项规章制度""随时接受甲方（被告）的监督、检查"等内容。在此合同履行过程中，被告实际亦对张某进行管理，安排张某工作内容，这种关系与一方不接受管理、只交付劳动成果的承揽关系相比，有显著不同，被告亦向张某支付报酬，由此可以认定双方存在着人身从属性与经济从属性。[1]因此，法院认定被告与张某间存在着雇佣关系，本案中具备适用雇主责任的前提条件。其次，雇员侵权时所从事的行为必须是职务行为。雇主当然不应对雇员所有的行为都承担责任，雇主只对雇员工作范围内的职务行为[2]承担法律责任。认定职务行为之所以重要：一是因为雇员本身是独立的民事主体，在雇佣关系之外其应作为独立的民事主体享有权利、承担义务；二是让雇主对雇员职务行为以外的其他行为承担责任，系明显不合理加重雇主责任，对雇主不公平。因此，假定雇员实施了与职务行为无关的其他行为致人损害，那其行为就是一般的侵权行为，"谁人做事谁人当"，雇员没有借口推卸自己的责任，受害人亦无理由跳开雇员追究雇主责任。雇主的"口袋再深"，亦不应对雇员职务行为以外的其他侵权行为负责。

如雇员是在工作时间、工作地点从事雇主直接安排的工作内容，那认定雇员系从事职务行为就容易得多。但是，这样清楚的情形在诉讼中并不常见。就像任何法律关系总有模糊区域一样，在职务行为与非职务行为之间，实践中存在模糊区域。而法律上对于何为职务行为的规定，比较原则，只是规定雇员就其职权范围内的事项，以法人或者非法人组织的名义实施的民事法律行为，对雇主发生效力。[3]工作时间和工作地点相对容易判断，争议较大的往往是雇员的某个行为是否在职权范围内。在相关司法解释解读的著述中，

---

[1] 在没有书面劳动合同时，认定事实劳动（雇佣）关系的重要判断标准是双方之间有无人身从属性和经济从属性，见劳动和社会保障部《关于确立劳动关系有关事项的通知》（劳社部发［2005］12号）。实践中，雇主否定自己身份的理由，多是认为自己并不控制管理对方，对方交付的只是劳动成果，而非劳动，应该属于民法上的"承揽"。如果认定承揽，一般就不会适用替代责任，而是根据法律相关规定确定各自责任。

[2] 在法律上包括学理上，与"职务行为"表述相似的表述是"在工作范围之内"，这两个表述之间差异甚微。

[3]《民法典》第170条第1款规定："执行法人或者非法人组织工作任务的人员，就其职权范围内的事项，以法人或者非法人组织的名义实施的民事法律行为，对法人或者非法人组织发生效力。"

将执行职务的行为概括为两种情形。其一，狭义的职务上行为。其二，与职务行为有牵连的行为。如果加害行为虽非为职务行为本身，但其发生与职务行为有时间、地点以及内容上的关联，可以认定为与职务行为有牵连。就本案而言，被告在庭审中的抗辩是，虽然张某实施的性侵行为发生在工作时间、工作地点，但性侵行为与张某当天作为游泳教练员的工作——培训原告游泳——完全无关。法院认为，被告的这一抗辩理由在本案中不能成立。是否"在职权范围内"的判断标准，尽管有不同观点，但主流观点并非以雇主的主观标准——雇主在主观上有着让雇员从事某一工作的意愿或者授权——来判断，而是以雇主的外观标准——观察雇员的行为在外观上是否为执行职务——进行判断。[1]"外观标准说"认为，以雇主名义实施，客观上具备执行职务的特征，相对人有理由相信行为人是执行职务的，就可以认定是职务行为。从我国司法实践来看，相关司法解释也曾采"外观标准说"（有时也称作客观标准。依外观标准说，"不问雇用人及受雇人之意思如何，均为执行职务"[2]）。职务行为的外观（客观）特征，通常包括行为人持有雇主的授权书或委托书、行为发生在雇主的场所、雇员的行为属于雇主通常的业务范围，有时甚至身穿雇主特有标志的制服、使用雇主的交通工具等，都会纳入判断职务行为的考虑因素。而法院则要从当事人提交的诸多外观特征的证据中进行判断，分析这些外观特征是否让一般人有理由相信行为人的行为构成职务行为。法院在实践中一般不会仅凭单个因素作出判断，大多会将以上因素放在一起作综合考量。[3]

在本案中，法院考虑张某的性侵构成职务行为的因素，不仅有性侵行为发生在工作时间和工作地点，更有着与职务行为密切相关的其他因素。这些密切相关的因素是：原告在被告处接受游泳培训，被告收取费用，被告有义

---

[1] 史尚宽：《债法总论》，中国政法大学出版社2000年版，第191页。

[2] 在最高人民法院《关于审理人身损害赔偿案件适用法律若干问题的解释》（法释[2003]20号）第9条第2款规定："前款所称'从事雇佣活动'，是指从事雇主授权或者指示范围内的生活经营活动或者其他劳务活动。雇员的行为超出授权范围，但其表现形式是履行职务或者与履行职务有内在联系的，应当认定为'从事雇佣活动'。"该解释强调了外在表现形式在认定雇佣活动时的意义，即使雇员行为超出授权范围，但只要表现形式与履行职务有内在联系，仍然应该认定为雇佣活动。最高人民法院在2022年对该司法解释作了修正，由于《民法典》第1191条款中有了雇主替代责任的条款，原先的条款被删去。

[3] 沈志先主编：《侵权案件审判精要》，法律出版社2013年版，第260页。

务委派教练对原告进行培训；张某虽不是原告初始的带教助理教练，但却是被告当天安排顶替原先助理教练的人员；张某对原告当天进行游泳培训，并非原告自行从其他单位找来的、亦不是张某作为无关人员找上门的，张某是听从被告的指令去培训原告，而原告亦是因信任被告的安排才在当天接受张某担任自己的教练。对上述这些因素，法院不能视而不见。这些因素与职务行为的密切关联性，已完全符合职务行为的外观标准，足以让社会一般理性人相信，也足以让法院相信，张某在培训中对原告实施的性侵符合职务行为特征。

被告在本案中提出了一个看起来有点特别、但值得重视和思考的抗辩理由，即张某实施的性侵行为是一种故意犯罪，这样的犯罪行为完全是其个人行为，被告不应对这种犯罪行为承担雇主责任。被告的这一抗辩让法院思考这一问题，雇主替代责任是否应有一定边界？如不对雇主责任设定一定边界，让雇主对雇员的所有故意犯罪行为（包括故意侵权行为）均承担法律责任，是否因太过宽泛而对雇主太过严苛？

法院认为，被告的这一抗辩有一定道理，雇主一般会向雇员明确其职责范围，哪些能做、哪些不能做，可能也会对雇员进行教育培训，在工作中进行监管。但是，不遵守规章纪律、不服从管理的雇员难免会有，雇主毕竟不能做到全方位、全时段监管，更何况有些犯罪行为是雇员处心积虑悄悄实施，而有的犯罪行为却正好相反，只是雇员一时情绪失控所导致的"激情犯罪"，许多这样的犯罪对雇主来说确实防不胜防。如让雇主对所有这样的故意犯罪行为均承担替代责任，显然太过宽泛，因而对雇主太过苛刻。在某些国家，雇员的故意侵权行为不被认为是在工作的范围之内，雇主不为其负替代责任。但是，也认为雇员的故意侵权行为与雇主的业务有关时，雇主仍应承担责任。在某些特殊情况下，即使雇员的行为是故意侵权，且与雇主业务无关，雇主也要负替代责任，典型的例子是服务行业的雇员所为之侵权行为。这是因为服务行业本身要求顾客受到较高程度的尊重和保护。[1]但是，另外，有些雇员的故意犯罪行为又与工作密切相关，让第三人有充分理由相信这样的犯罪行为是在雇员职责范围之内，这时认定雇主完全不承担法律责任，让无辜的第三人自行向雇员主张——雇员可能已经逃逸或无力赔偿——则是走向另一

---

[1] 李亚虹：《美国侵权法》，法律出版社1999年版，第206~207页。

个极端，同样不能被社会接受。

　　法院认为，雇主是否应对雇员的故意犯罪行为承担责任，还需根据个案事实，从某个犯罪行为是否与职务密切关联来作出判断。根据本案事实，法院认为，被告的抗辩理由不能成立。主要理由为：一是张某的犯罪行为与其职务的联系非常密切，无法从其工作中分离出来。罪责自负，犯罪人当然应对自己的犯罪行为承担法律责任，在没有法律规定的情况下，其他人不应代替他承担责任。但这一结论是以犯罪行为是罪犯独立完成、与职务行为不相关作为前提。假定某个雇员是下班后在自己小区内散步时与他人发生争执，一气之下，将他人刺伤构成故意伤害罪，这样的故意伤害犯罪就是完全独立的、与履行职务毫不相干的行为，雇主当然不应承担责任。然而，在本案中，张某性侵犯罪与其职务的联系，不仅是性侵发生在工作时间和工作地点，更重要的是，张某在性侵当天所担当的助理教练员角色和职责的性质，与其自身职务密切相关，这样的密切联系让张某的性侵犯罪行为很难从其职务行为中被分离出来。当天是原告正常接受培训的时间，据被告称，是因原来培训原告的助理教练身体不适才临时安排张某担任助理教练，这起码证明张某是听从被告指令才来培训原告的，张某不是原告自行从外部找来的。张某虽然平时是救生员岗位，但是，他当天的角色就是助理教练，其职责的性质就是培训原告，这样的角色和职责性质与其工作范围必然也是自然产生关联。[1]被告给张某提供的远不只是一个犯罪"机会"，而是一个犯罪所必须的场合和

---

〔1〕 澳大利亚高等法院 2016 年审理的 Prince Alfred College Incorporatedv. ADC〔2016〕HCA37 一案中，一审被告是一所学校，原告是曾经在该校寄宿的学生，当时只有 12 岁。Bain 是这所学校当时所雇佣的校监，负责巡查在校学生，检查学生是否遵守学校纪律包括晚上也有权检查熄灯后的纪律。1962 年，Bain 利用其校监身份，在晚上熄灯后巡查宿舍过程中多次性侵原告。1997 年，原告和被告学校就被性侵一事进行了交涉，学校对原告做了一些补偿。之后，原告以其仍然饱受精神损害痛苦为由，要求被告继续赔偿，但遭到了被告拒绝。于是，原告在 2008 年起诉学校，要求被告学校承担赔偿责任。一审法院认定原告诉请超过时效，不能延长，驳回了原告诉请；同时认为，Bain 的性侵行为与其正确的校监职责没有关联，既不能被视为未经授权而从事的行为，也不符合雇主的正常业务，更不在雇佣的范围内。原告上诉后，二审法院支持了上诉。被告又不服，上诉到澳大利亚高等法院，法院认为时效已过，且时效延长的理由也不具备，原告与被告也曾经达成过和解协议，故澳大利亚高等法院最终驳回了原告诉请。但是，对于被告是否应该对雇员 Bain 的性侵犯罪承担责任这一问题，澳大利亚高等法院没有认可一审法院的观点，给出了肯定的结论，认为从 Bain 校监身份的权威性、学校赋予 Bain 的信任、Bain 可以对住宿学生进行控制和密切接触的能力来看，Bain 的角色和工作性质与学校安排的工作联系非常紧密，因此，Bain 的性侵犯罪仍然应该被视为在工作职责范围之内，学校应该对原告承担雇主的替代责任。

特殊"地位"。我们可以以一个假定情形来进行说明：假定被告单位的某个游泳教练在上班时间打开财务室的门，偷窃了单位的票据去诈骗他人钱财，那被告单位最多是为犯罪分子提供了犯罪"机会"，却没有提供犯罪所需的特殊"地位"——有权接触票据，因为这个犯罪分子被招用担任的是游泳教练，而非财会人员，所以，犯罪分子从事的票据诈骗与其作为教练员的角色和工作性质，没有任何关联。又如，保安的职责是维护单位门口的正常秩序，在工作过程中，某保安与一欲强行闯入单位的人发生口角，意欲报复，遂对其实施伤害、猥亵，则保安的雇主也是提供了犯罪所需要的特殊"地位"，保安的故意犯罪行为与其保安的角色和职责密切关联，雇主也应承担替代责任。我们认为，从保护相对方的信赖利益考虑，对于那些与职务行为密切相关的犯罪行为，亦应赋予受害人向雇主主张损害赔偿的权利。民事主体不合理地相信某个陌生人，遭受陌生人的犯罪伤害后，当然应根据罪责自负原则追究陌生人的责任。但是，当某个陌生人在外观上有着职务行为的特征，其利用职务特征进行犯罪，且客观上足以让相对人产生合理信任，以为是雇主的行为，那么，从公平原则出发，就应保护相对人的这种合理信赖，让雇主承担责任。[1]这种信赖利益不因雇员的行为是故意犯罪而被剥夺。二是张某的犯罪行为利用了其处于教练员地位的便利。这种地位上的便利通常来自雇主给雇员所提供的条件、所赋予的职权，让相对方有理由相信雇员所作所为就是代表雇主，进而在交往中放松警惕，或者即使意识到了对方的不法图谋，也无从抗拒。例如，业主家中水管漏水向物业公司报修，物业公司安排修理工上门修理，在修理过程中，该修理工看到桌上有一名贵手表，临时起意，顺手牵羊，构成了盗窃犯罪。该修理工的盗窃行为不仅是与其职责密切关联，更是利用了其从事水管修理的职务便利、被允许进入业主家的便利。在本案中，原告与张某原本并不相识，如果不是被告赋予张某训练原告的职权，张某不可能有接触原告的机会。[2]需特别指出的是，原告参加的是游泳培训，需身着游泳衣在水中进行训练，原告当时别无选择，只能同意教练在训练过程中与自己存在身体接触。这种特殊情形类似于患者在医院接受治疗，在医院安排下接

---

[1] 民法上的信赖利益从民法的基本原则中可以找到源头，如公平原则、诚实信用原则，都可以用来解释保护信赖利益的必要性。

[2]《民法典》第1003条规定："自然人享有身体权……任何组织或者个人不得侵害他人的身体权。"这种权利是一种绝对权、支配权，包括了未经许可不得触碰、伤害他人身体。

受医生进行的身体检查。患者在治疗过程中既是基于对医生的信任，亦是因治疗的需要，只能同意医生接触自己的身体。在具有一定危险性的游泳培训过程中，一个游泳初学者几乎是完全将自己交付于教练，更何况原告系未成年人，在她接受培训过程中，人在水中，即使当时知晓教练有性侵行为，客观上也难以防范与抵制。这种特殊性就对教练的职业操守提出了更高的要求。而本案中张某正是利用了原告的信任，利用了被告所赋予的工作条件与教练权威，对一个法律上需特别保护的未成年人实施了令人不齿的性侵行为。

回到本案的事实，通过观看事发当天的视频监控和某机关在刑事案件中对张某的讯问笔录，可知张某在被安排担任游泳助理教练后，是在游泳池中培训原告及其他未成年人游泳，而张某正是利用了和原告身体接触的机会，在水中猥亵了原告，这一点也为生效刑事判决所确认。从社会一般人的视角来看，在游泳培训过程中，张某在水中的性侵行为和培训原告游泳的职务行为在外观上无法区分。从雇主的观点看，在雇员故意犯罪的情况下还要自己承担替代责任，也许会觉得委屈，但法院认为，基于雇主在挑选雇员时有着审慎选任义务、雇员行为获得的利益归属于雇主，故法律在雇主、雇员与受害第三人之间作出替代责任的规定，是合理的。更何况法律规定，在雇员存在故意或者重大过失情况下，雇主就其向受害人承担的责任可以转而向雇员追偿，因此，法律在总体上还是能够平衡好雇主、雇员与受害人三方之间的利益的。[1]

再者，雇主对于受害人承担的雇主责任是一种无过错责任，不以雇主存在过错为前提，只要雇员存在过错，雇主就需承担责任。在庭审过程中，被告提出其对于张某的性侵行为无从预料，且在录用前已让张某提交了本人的犯罪记录查询，结果是其没有犯罪记录，因此，被告在这一事件上没有过错，不应承担雇主的替代责任。

过错对于认定构成侵权责任，至关重要，它集中体现在法律规定的"行为人因过错侵害他人民事权益造成损害的，应当承担侵权责任"，[2]而没有过

---

〔1〕《民法典》第1191条第1款规定："……用人单位承担侵权责任后，可以向有故意或者重大过失的工作人员追偿。"

〔2〕《民法典》第1165条规定："行为人因过错侵害他人民事权益造成损害的，应当承担侵权责任。依照法律规定推定行为人有过错，其不能证明自己没有过错的，应当承担侵权责任。"

错要承担侵权责任的，只限于法律有特别规定的情形。[1]在本案中，雇员张某实施了性侵犯罪，其过错是明显的，双方没有异议。被告坚持的是，张某的过错不是被告自身的过错。法院认为，在原告主张被告应承担雇主替代责任的情况下，被告有关其已经做过张某的犯罪记录调查因而没有过错的抗辩，并未打中问题的"靶心"。雇主责任是一种无过错责任，这是考虑到现代工业化条件下需更好保护受害人利益和分担损害后果而设定的一种特别责任。[2]从《民法典》相关法条的文字表述来看，它是很直接地规定雇主对于雇员执行工作任务造成他人损害的应承担侵权责任，并未有规定雇主尽到了注意义务就可以减轻雇主责任。将雇主的替代责任和其他类型替代责任条款做比较，也能得出雇主替代责任是一种无过错责任的结论。例如，监护人对于被监护人承担的责任，也是一种替代责任，但它却有着监护人可以减轻责任的但书条款，法律规定"监护人尽到监护职责的，可以减轻其侵权责任"，而在雇主替代责任的条款中，并未有"可以减轻其侵权责任"的表述。

本案中，在认为被告应对张某损害承担雇主责任之外，原告还提出了一个备位诉请，即被告存在独立的过错，亦应对原告承担侵权责任。被告在庭审中认为其对于原告损害并无过错，同时认为其从事培训业务，故应适用《民法典》第1200条的规定，即只有在其未尽到教育、管理职责时，才承担侵权责任。[3]双方当事人的主要分歧在于被告是否有过错，因此，法院有必要对被告是否存在独立过错做重点分析。

一般认为，过错是对注意义务的违反，而过错的判断，通常是看法律有无规定或者当事人有无约定。法律对于一些民事关系的主体设定了法定义务，这种法定义务大多是基于民事主体之间法律关系的性质和特点所确定的。例如，患者去医院治疗，双方形成医患关系，由于患者在治疗过程中会将自己的身体状况、病情等向医生全盘托出，因此法律规定，医院对患者的隐私、

---

[1]《民法典》第1166条规定："行为人造成他人民事权益损害，不论行为人有无过错，法律规定应当承担侵权责任的，依照其规定。"

[2] 刘士国：《现代侵权损害赔偿研究》，法律出版社1998年版，第311页。

[3]《民法典》第1200条规定："限制民事行为能力人在学校或者其他教育机构学习、生活期间受到人身损害，学校或者其他教育机构未尽到教育、管理职责的，应当承担侵权责任。"笔者认为，被告将这一条款作为本案的适用法律是不恰当的。该条款是适用于限制民事行为能力人在学校或者教育机构学习、生活期间受到伤害的情形，而在本案中，被告并不是学校，也没有教育机构资质，难以被认定为其他教育机构。

病情有保密的义务；[1]类似地，在银行与储户之间构成了储蓄合同关系，储户会按照银行要求将自己的身份信息告知银行，而银行也必然会知道储户的存款数额，因此，法律规定，银行对于储户的身份信息和存款情况负有保密义务及保护存款义务。[2]医院和银行所承担的这种保护隐私、保护存款之义务，就是法律特别规定的义务，当事人只要违反，就可被认定为存在过错。而约定的注意义务，其产生不是基于法律规定，是当事人之间通过意定让一方对另一方的财产或者人身尽到看管、照顾等义务。例如，一方出去旅游，和邻居商量好，由邻居对其房屋进行照看，就是典型的约定义务。

雇主与雇员之间的关系具有一定特殊性，其特殊性在于雇员是以雇主名义对外实施民事行为、与他人交往，而后果归属于雇主，因此法律要求雇主在挑选雇员时应尽到审慎选任的义务，并应依法制定规章制度对雇员进行管理、监督，以保护好他人利益。[3]雇主的这一义务，在多个国家法律中均有规定，有的甚至认为这是雇主的一种默示义务。被告辩称，其曾调查了张某的犯罪记录，是在未发现其存在犯罪记录后才进行录用。被告调查张某的犯罪记录，确实可以证明被告在选任雇员时尽到了一定的注意义务，但是，法院认为，雇主的义务不仅局限于雇佣前的雇员选任，它还包括雇佣后对于雇员的管理、监督，包括但不限于制定规章制度、完善操作流程、避免有风险的不法行为等。在本案审理过程中，法院曾询问被告是否制定了涉及员工管理的劳动纪律与规章制度，被告称有，后因场馆改建等原因丢失，但未有提供证据。法院认为，如此重要的书面材料会因一次改建丢失，难以令人信服，故法院对被告此说不予采信。根据刑事卷宗中所附的被告游泳教练员职责，应是教练员才能去培训学员，其他人包括救生员并不能担任教练员，且教练员不得随意更换，然而，本案中恰恰发生了教练员更换的情况。即使法院认可被告所说的原先教练突发身体不适，才让张某担任教练的说法，这起码表明：一是被告未有建立紧急情况下由其他教练顶替的制度；二是被告在培训过程中随意更换教练，让一个未有被聘用为教练员的救生员张某临时担任教

---

[1]《医师法》第23条规定，医师在执业活动中，应该"依法保护患者隐私和个人信息"。

[2]《商业银行法》第29条规定，商业银行办理个人储蓄存款义务，"应当遵循……为存款人保密的原则"；《储蓄管理条例》第32条规定，除国家法律、行政法规另有规定之外，储蓄机构不得代任何单位和个人查询、冻结或者划拨储蓄存款。

[3]《劳动法》第4条规定，用人单位应当依法建立和完善规章制度。

第五章 未成年人的社会法权益保护

练员。尽管张某在受雇期间获得了社会体育指导员证,但是,哪怕其水性再好,毕竟其在被告处只是救生员岗位,不是教练员岗位。张某在受雇期间获得了社会体育指导员证,和他有无实际受聘担任教练员是不同性质的事,这就像某人拥有会计资格证和实际有无受聘担任会计不是一回事,是一样的道理。张某在当天被临时安排担任原告等未成年人的教练员,被告未对其进行相关培训包括职业操守上的教育和提醒,也可以说是没有时间这样做,而这恰恰说明被告存在管理上的缺失。因此,法院难以认定被告尽到了管理、监督之责。在此之外,法院还注意到,被告的营业执照中列明的经营范围是"体育赛事策划……体育场馆管理、体育咨询",并未有游泳培训项目,但被告却是在实际经营着游泳培训。被告所称营业执照中记载有"健身服务"就可进行游泳培训,是将"健身服务"作无限放大的解释,明显牵强附会。法院注意到,营业执照里面特别列明"依法须经批准的项目,经相关部门批准后方可开展经营"。而游泳是一种高危体育项目,按照政府的要求,就是需经批准获得许可证后方可开展经营的项目。[1]但被告并未有从主管部门获得这样的许可证,实际属于违规经营未成年人游泳培训业务,这本身就构成了过错。

　　法院想特别强调的是,本案原告是一个未成年人,是法律上予以特别保护的弱势群体。《未成年人保护法》明确规定,处理涉及未成年人事项,应当符合"给予未成年人特殊、优先保护"的原则,[2]这一法律规定不仅是对相关政府机构、司法机关处理未成年人事项时提出的要求,也是对被告这样的经营单位提出的要求;这种要求不仅是倡导性的,还是强制性的。回到本案中,被告是经营游泳业务的,其本身就对到此消费的任何游泳者——哪怕是成年人——都负有注意义务。同时,由于培训对象包括了未成年人,因此,被告实际经营的游泳池可看作未成年人集中活动的公共场所,根据游泳池是未成年人集中活动场所、游泳培训必然和未成年人有密切接触特别是肢体接触的特点,我们认为,从法律规定的"特殊、优先保护"要求出发,被告应

---

　　[1]《上海市高危险性体育项目(游泳)经营许可实施办法》规定:本市从事游泳场所的开放、游泳技能的培训等,适用本办法。经营游泳项目需要符合审批条件、提交申请材料、履行审批程序,获得本市区县体育行政部门颁发的经营游泳项目行政许可证之后,才可以经营游泳项目。
　　[2]《未成年人保护法》第4条规定:"保护未成年人,应当坚持最有利于未成年人的原则。处理涉及未成年人事项,应当符合下列要求:(一)给予未成年人特殊、优先保护……"

负有更高的注意义务，采取其能够采取的合理措施[1]——包括事先对游泳者进行防范性侵的提示、告知投诉方式、现场安排专人监管等——防止风险的发生。这里的风险不仅是场馆、设备的损坏、倒塌、坠落的风险，还包括未成年人被他人甚至自己雇员性侵的风险。

同时，法院认为，法律上关于单位要预防性骚扰的规定，也为认定被告未尽到注意义务提供了参考。[2]法律上不仅要求雇主尽到注意义务预防内部发生性侵行为，亦要求雇主尽到注意义务，预防雇员利用职务之便对外部人员实施性侵行为。实际从事未成年人游泳培训业务的被告，应将法律规定的预防性骚扰义务落实到自己的经营活动过程中。但本案的事实是，被告并未对雇员制定诸如职业操守教育、法律规定的培训辅导、工作过程中的专人巡查或监管、员工不当行为（性骚扰、性侵）的投诉等预防、监管制度，对可能的性骚扰、性侵行为几乎可以说是不管不顾。

此外，过错的认定还需根据案件中的特别事实，合理地作出判断。除法律会对一些特定民事关系主体设定义务之外，有时案件中的特定事实，也会使当事人产生本来并未承担的义务。例如，一个成年人走在马路上，对于一个也走在马路上的未成年人并没有照顾安全的义务。但是，假定两个人认识，这个成年人和未成年人说好一起去郊外水库游泳，则这个成年人在游泳过程中就对未成年人产生了照顾其安全的注意义务。因为在这一假定情形中，出现了成年人带着未成年人从事具有一定风险行为的事实，由于未成年人的认知和判断能力较成年人差，同去的成年人就产生了照顾未成年人安全的义务。

法院认为，本案中的一些特定的事实让被告对于原告产生了更高的注意义务，要求被告采取合理的措施，以防止原告这样的未成年人受到性侵。这些特定事实包括，被告实际从事针对未成年人的游泳培训业务长达数年；被告从事的游泳培训，很多参加者是未成年人特别是未成年女性，她们自我防范意识很弱，即使在游泳培训过程中知晓有人对其实施性侵，但客观上也无法有效防范与抵制该行为；游泳培训，有别于通常情况下学生坐在课堂听老师讲解的那种学科培训，游泳培训过程中，未成年人是身着泳衣在水中，这

---

[1]《未成年人保护法》第56条规定："未成年人集中活动的公共场所应当符合国家行业安全标准，并采取相应安全保护措施……"

[2]《民法典》第1010条第2款规定："机关、企业、学校等单位应当采取合理的预防、受理投诉、调查处置等措施，防止和制止利用职权、从属关系等实施性骚扰。"

一过程中必然伴有肢体接触,容易给不法分子以性侵的可乘之机,被告应被认定为可以合理预料到这样的风险。上述事实,属于未成年人游泳培训所特有的情形,决定了未成年人游泳教练岗位的特殊性。法院认为,游泳教练员岗位的特殊性,要求被告采取与之相适应的特殊岗前培训、制定特殊的规章制度、实施特殊的现场监督等合理措施。但是,本案中法院看到的是,被告作为雇主并未对张某进行特殊岗前培训,规章制度中未有防范性骚扰、防范性侵的内容,在游泳池现场未有安排专人对教练员可能的不法行为进行监督、也未有接受学员对不法行为投诉的机制。本案中,在有未成年人向在场负责的教练投诉张某存在不法行为后,在场的教练也没有迅速作出恰当反应,例如进行调查或制止,而只是称"他是救生员"。同时,我们认为,被告已经经营游泳培训业务多年,采取一些特殊的预防措施并非无能为力、所花成本并非无法承受,庭审中被告也未有证明甚至亦未有提及其无法采取这方面预防措施的理由,因此,法院对于本案被告设定这样的注意义务,并未有显著加重被告的负担,更未有强被告所难,而是与其经营业务、经营方式相适应的要求。

综上,不论根据是否违反了法律规定确定的义务,还是根据本案中被告实际对未成年人进行游泳培训、和未成年人有密切接触的事实,都可认定被告在经营未成年人游泳培训过程中违反了合理注意义务。

接下来我们对本案第二个争议焦点,即被告作为一般民事主体,是否需对原告的精神损害承担赔偿责任和赔礼道歉进行分析。

被告在本案中抗辩,原告并未遭受严重精神损害,理由是原告未进行伤情鉴定,未有前往医院进行精神损害方面的治疗;在涉及张某的刑事案件中,原告未有提起刑事附带民事赔偿,也未有对张某提起过单独的民事诉讼,应视为放弃对精神损害赔偿的主张。对于被告的上述抗辩意见,法院完全不能认同,因被告完全忽略了本案的特殊性——原告是一个未成年的、性侵犯罪的受害人。原告不是肢体被打伤,而是受到性侵犯罪,其受到的伤害不只是身体,更多的是心理、精神和人格。让原告去医院治疗,反复叙述被性侵经过,可能会使原告遭受二次伤害,甚至加重伤害——原告在庭审中也强调了这一点——原告及其父母选择不去医院,包括不立即向罪犯张某提起刑事附带民事诉讼或者单独的民事诉讼,也是合理的选择。同时,原告作为一个未成年人,在人生观形成之际遭受性侵,产生精神上的严重痛苦是必然的,她对社会的态度、对未来人生的态度会受到性侵犯罪的负面影响,也是必然的。

精神损害是否严重,应根据侵权行为的性质和恶劣程度、主观上故意还是过失、侵权后果是否重大等来进行判断。本案中被告雇员张某实施的是性侵犯罪,恶劣程度已远超一般的民事侵权,性侵对象是国家特殊保护的未成年人,性侵行为发生在公共场合,会给社会公众造成心理恐慌,其性质如此恶劣,我们几乎不用犹豫就能确信原告会遭受严重精神损害。并非受害人只有去医院精神科进行看病、治疗,或者有了自杀自残倾向才构成严重精神损害,法院认为,未成年人受到性侵会产生严重精神损害,即使不构成"无需证明的事实",也是社会一般人认可的结论。性侵害给未成年人造成的伤害后果更加严重,精神和心理上将会受到更加严重的伤害。这是因为一方面侵害对象是心理没有发育成熟的未成年人,另一方面由于案件的性质是性侵害。遭受性侵害后,未成年人通常会表现出恐惧、不安、自闭、做噩梦,出现精神问题以及成年后适应社会困难等。由于未成年人没有发育成熟的生理和心理状况,其因为性侵害受到的伤害一般较成年人更为严重。

被告庭审中还提出,在根据刑事法律规定张某不承担精神损害赔偿的情况下,被告作为雇主也不应承担精神损害赔偿。

被告的上述抗辩涉及在理论和实务界争论已久的问题,即受到犯罪侵犯的受害人能否针对犯罪人提起刑事附带民事诉讼或者民事诉讼要求赔偿精神损失。[1]由于本案中原告作为受害人未有直接起诉犯罪人,转而起诉的是犯罪人的雇主,基于被告身份的不同和可能的犯罪类型及抗辩会有不同,特别是这一问题的复杂性,我们只是从相关司法政策的文字表述提出观点。在早

---

[1] 有关受害人能否向犯罪人主张精神损害赔偿的文章和专著,不说汗牛充栋,起码可以说是法律界持续关注的热点,每次刑事法律或者司法政策修正,总会成为人们热议的话题。否定受害人向刑事犯罪分子主张精神损害赔偿的理由主要是,精神赔偿数额难以确定;犯罪人已经因为其犯罪行为受到国家制裁,似乎受害人应该可以得到精神抚慰,而且,有的犯罪分子已经服刑甚至伏法了,不可能再赔偿精神损失。主张受害人应该可以主张精神损害赔偿的理由,更多强调的是权利本位,受害人在被侵权后获得民事救济是公民基本权利,不应该因为犯罪分子受到刑事处罚而被剥夺。同时,犯罪行为是更严重的侵权行为,一般侵权行为的受害人都可以主张精神赔偿,而严重的侵权行为——犯罪行为的受害人却不能主张精神赔偿,在常理和逻辑上难以自圆其说,也难以让人信服。在司法实践中,基本上是不支持受害人向刑事被告主张精神赔偿,但也有的刑事案件特别是在性侵未成年人犯罪的案件中,基于案件中的特殊性(主要是性侵犯罪行为的情节恶劣、精神损害特别严重),判决支持了受害人的精神赔偿请求(见[20××]沪刑初××号,[20××]沪刑终××号,该案的分析参见张华、刘芸志、祝丽娟:《遭受性侵害未成年人可以主张精神损害赔偿》,载《人民司法》2021年第29期,第18~22页)。该案后作为典型案例入选最高人民检察院《未成年人检察工作白皮书(2020)》。

期法律政策中规定的是，"因受到犯罪侵犯，提起附带民事诉讼或者单独提起民事诉讼要求赔偿精神损失的……不予受理"，[1]没有作出例外规定，但在就同一问题的最新解释中，不再是"不予受理"，而是变成"一般不予受理"，多了"一般"两个字。[2]我们认为，从增加了"一般"两个字来看，可以看出现行的司法政策对于受害人向犯罪人主张精神损害赔偿已不是绝对排斥，而是有着特殊情况下可以适用的空间，让法院可以根据个案中的特殊情形——通常应该包括受害人的精神损害程度、犯罪的情节和恶劣程度、受害人是否为未成年人等——综合考量。同时，《民法典》中有关精神损害赔偿条款的内容，也表明刑事犯罪受害人仍然有权主张精神损害赔偿，[3]并未将受害人向犯罪人主张精神损害赔偿的请求排除在外。从立法技术来说，如立法本意真想排除受害人向犯罪人主张精神损害赔偿，可很简单地加一个但书条款加以实现，而法条中并没有这样的但书条款。[4]回到本案中，原告未有向犯罪人本人直接提起精神损害赔偿的刑事附带民事诉讼，也未有单独提起精神损害赔偿的民事诉讼，因此，我们认为，在原告是法律特殊保护的未成年人、法律对于受害人向犯罪人主张精神损害赔偿并非绝对排斥的情况下，直接就认定原告向犯罪人的雇主主张精神损害赔偿不应得到支持，是草率的。有学者对未成年人可以向某犯罪人主张精神损害赔偿的理由做了全面的分析，这些理由包括未成年人的"纯粹弱势地位、特殊的被害内涵、最有利于未成年人原则、双向保护原则、被害人保护的先行者"等。[5]

需要特别指出的是，本案中原告主张精神损害赔偿的理由，除被告作为雇主应对其雇员张某的性侵行为承担雇主责任外，还存在着一个独立的法律

---

[1] 最高人民法院《关于适用〈中华人民共和国刑事诉讼法〉的解释》（法释〔2012〕21号）第138条第2款，该解释后被2021年的司法解释取代。

[2] 最高人民法院《关于适用〈中华人民共和国刑事诉讼法〉的解释》（法释〔2021〕1号）第175条第2款。

[3] 《民法典》第1183条第1款规定："侵害自然人人身权益造成严重精神损害的，被侵权人有权请求精神损害赔偿。"

[4] 《民法典》第187条规定了民事主体因同一行为承担不同责任——民事责任、行政责任、刑事责任的，承担行政责任或者刑事责任不影响承担民事责任。虽然这更多的是有关民事主体的财产在不同责任之间如何支付的规定，但起码表明了民事主体不应该因为承担了刑事责任就被免除了民事责任。

[5] 姚建龙、陈子航：《"牛某某性侵未成年人案"观点聚讼与辨正——对新〈刑诉法解释〉第175条的理解与适用》，载《上海政法学院学报（法治论丛）》2022年第2期，第89~92页。

上的理由,即在原告遭受性侵这件事上,被告有着属于其自身的过错,因为这样的自身过错,被告也应对原告的精神损害承担赔偿责任。根据大陆法系理论,原告认为被告(加害人)有过错应该承担侵权责任,是认定被告构成"自己的加害行为",这是一种狭义的侵权行为,是被告的直接行为,承担的也是一种直接责任。这种"自己的加害行为",与"准侵权行为"有所不同。后者是指行为人对自己的动物和物件或者他人的加害行为承担责任的侵权行为,雇主责任就是一种典型的"准侵权行为"。法院在前面已分析了被告在原告受到性侵这一事件中的过错,因此,我们接下来要分析的是原告在法律上能否"跳开"直接实施性侵的犯罪人张某,转而以被告存在过错为由要求其承担赔偿责任。法院认为,原告这样的诉讼"策略"是否可以得到支持,取决于法律的规定,而法律上是允许原告这样做的。一是因为当事人有权选择对其最有利的诉讼理由。在法律制度和框架日益精细的当今,当事人想要通过诉讼实现自己的利益,会面临各种专业的、复杂的法律问题,当事人就必须权衡诉讼的各种风险。当事人通常会在意欲争取的最大利益、诉讼成本、现有证据等作出全面分析后,选择一个最有利于自己的诉讼策略。二是从法律层面而言,当事人的利益有时可以不同的诉提出请求,向不同的当事人进行主张。例如,在违约和侵权竞合的情况下,受害人有权选择请求对方承担违约责任或者侵权责任;[1]在因产品存在缺陷造成他人损害的情形下,被侵权人可以向产品的生产者请求赔偿,也可向产品的销售者请求赔偿。[2]在实践中,在数个人都可能是造成损害后果的原因时,被侵权人为了判决能够尽快得到执行,选择一个"深口袋"提起诉讼而忽略其他加害原因,亦是常见的诉讼策略。我们当然应尊重当事人的选择,只要其选择有法律依据。

综上,法院认为,本案被告作为性侵者张某的雇主,其在从事未成年人游泳培训这一经营过程中,未有充分考虑其雇员密切接触未成年人可能带来的风险,未有对雇员做好必要的涉及职业操守的教育、管理,未有采取合理的预防措施,存在明显过错,导致原告身体和人格受到侵害,故对于原告因此受到的严重精神损害应承担赔偿责任。综合考虑原告是一名未成年人、是

---

[1]《民法典》第186条规定:"因当事人一方的违约行为,损害对方人身权益、财产利益的,受损害方有权选择请求其承担违约责任或者侵权责任。"

[2]《民法典》第1203条第1款规定:"因产品存在缺陷造成他人损害的,被侵权人可以向产品的生产者请求赔偿,也可以向产品的销售者请求赔偿。"

在被告从事游泳培训的场所受到性侵伤害、被告的过错程度等因素，法院酌定精神损害抚慰金为30 000元。同时，由于原告的身体权和人格利益在性侵犯罪过程中受到损害、使原告遭受精神痛苦，原告要求被告进行书面赔礼道歉是合理的要求，法院亦予以支持。综上所述，依照《民法典》第179条第1款第8项、第11项，第995条，第1165条第1款，第1183条第1款，第1191条第1款，《未成年人保护法》第2条，第4条第1项、第2项、第4项之规定判决。

5. 裁判结果

（1）被告上海子木体育发展有限公司应于本判决生效之日起10日内向原告顾某支付精神损害抚慰金30 000元；

（2）被告上海子木体育发展有限公司应于本判决生效之日起10日内向原告顾某进行书面赔礼道歉（内容需经法院审核）。

如未按本判决指定的期间履行给付金钱义务，应按照《民事诉讼法》第260条之规定，加倍支付延迟履行期间的债务利息。

案件受理费550元，由被告上海子木体育发展有限公司承担。

如不服本判决，可在判决书送达之日起15日内，向法院递交上诉状，并按对方当事人的人数提出副本，上诉于上海市第一中级人民法院。

二十二、对未成年人隐私权的特殊保护

（一）条文规定

《未成年人保护法》第六十三条　任何组织或者个人不得隐匿、毁弃、非法删除未成年人的信件、日记、电子邮件或者其他网络通讯内容。

除下列情形外，任何组织或者个人不得开拆、查阅未成年人的信件、日记、电子邮件或者其他网络通讯内容：

（一）无民事行为能力未成年人的父母或者其他监护人代未成年人开拆、查阅；

（二）因国家安全或者追查刑事犯罪依法进行检查；

（三）紧急情况下为了保护未成年人本人的人身安全。

（二）条文解读

本条旨在保护未成年人的个人隐私和信息权益。未成年人的信件、日记

和网络通讯内容可能包含他们的内心感受、个人信息和隐私，泄露或滥用这些信息可能对他们产生严重的负面影响。

首先，保护未成年人的隐私权是一项基本人权，应得到充分的尊重和保护。未成年人处于发展阶段，他们逐渐形成独立的个体以及对外界的认知和判断力。在这个过程中，他们需要一个安全的环境来自由表达自己，分享和记录个人感受，以促进心理和情感健康的成长。

其次，保护未成年人的网络通讯内容也非常重要。在现代社会，网络已经成为未成年人与世界互动的重要平台。保护他们的网络隐私是保障他们网络安全的重要一环，也有助于预防网络欺凌、骚扰和其他形式的不当行为。

针对该规定，笔者还有一些建议：

（1）提高隐私意识和法律素养。社会各界，包括家庭、学校和公共机构等，应加强对保护未成年人隐私权的宣传和教育，加强他们的信息安全意识和法律素养，增强自我保护能力。

（2）加强监督和执法力度。政府和有关机构应加强对未成年人个人信息的保护监督和执法工作，建立相应的投诉举报机制，及时调查处理违法行为，确保相关规定的有效实施。

（3）建立个人信息保护机制。未成年人保护机构、互联网企业、学校等，应建立完善的个人信息保护机制，通过技术手段和管理措施，保护未成年人的个人信息安全，防止不当使用和滥用。

（三）参考条文

◎《未成年人网络保护条例》

第三十一条 网络服务提供者为未成年人提供信息发布、即时通讯等服务的，应当依法要求未成年人或者其监护人提供未成年人真实身份信息。未成年人或者其监护人不提供未成年人真实身份信息的，网络服务提供者不得为未成年人提供相关服务。

网络直播服务提供者应当建立网络直播发布者真实身份信息动态核验机制，不得向不符合法律规定情形的未成年人用户提供网络直播发布服务。

第三十二条 个人信息处理者应当严格遵守国家网信部门和有关部门关于网络产品和服务必要个人信息范围的规定，不得强制要求未成年人或者其监护人同意非必要的个人信息处理行为，不得因为未成年人或者其监护人不同意处理未成年人非必要个人信息或者撤回同意，拒绝未成年人使用其基本功能服务。

第三十三条 未成年人的监护人应当教育引导未成年人增强个人信息保护意识和能力、掌握个人信息范围、了解个人信息安全风险，指导未成年人行使其在个人信息处理活动中的查阅、复制、更正、补充、删除等权利，保护未成年人个人信息权益。

第三十四条 未成年人或者其监护人依法请求查阅、复制、更正、补充、删除未成年人个人信息的，个人信息处理者应当遵守以下规定：

（一）提供便捷的支持未成年人或者其监护人查阅未成年人个人信息种类、数量等的方法和途径，不得对未成年人或者其监护人的合理请求进行限制；

（二）提供便捷的支持未成年人或者其监护人复制、更正、补充、删除未成年人个人信息的功能，不得设置不合理条件；

（三）及时受理并处理未成年人或者其监护人查阅、复制、更正、补充、删除未成年人个人信息的申请，拒绝未成年人或者其监护人行使权利的请求的，应当书面告知申请人并说明理由。

对未成年人或者其监护人依法提出的转移未成年人个人信息的请求，符合国家网信部门规定条件的，个人信息处理者应当提供转移的途径。

第三十五条 发生或者可能发生未成年人个人信息泄露、篡改、丢失的，个人信息处理者应当立即启动个人信息安全事件应急预案，采取补救措施，及时向网信等部门报告，并按照国家有关规定将事件情况以邮件、信函、电话、信息推送等方式告知受影响的未成年人及其监护人。

个人信息处理者难以逐一告知的，应当采取合理、有效的方式及时发布相关警示信息，法律、行政法规另有规定的除外。

第三十六条 个人信息处理者对其工作人员应当以最小授权为原则，严格设定信息访问权限，控制未成年人个人信息知悉范围。工作人员访问未成年人个人信息的，应当经过相关负责人或者其授权的管理人员审批，记录访问情况，并采取技术措施，避免违法处理未成年人个人信息。

第三十七条 个人信息处理者应当自行或者委托专业机构每年对其处理未成年人个人信息遵守法律、行政法规的情况进行合规审计，并将审计情况及时报告网信等部门。

第三十八条 网络服务提供者发现未成年人私密信息或者未成年人通过

网络发布的个人信息中涉及私密信息的,应当及时提示,并采取停止传输等必要保护措施,防止信息扩散。

网络服务提供者通过未成年人私密信息发现未成年人可能遭受侵害的,应当立即采取必要措施保存有关记录,并向公安机关报告。

(四)典型案例

案例一:付某某诉某网络公司隐私权纠纷案

1. 基本案情

某报社与某网络公司签订协议,某网络公司可转载其文件。后来,某网络公司旗下的某网站刊出一组《探访北京戒网瘾学校》相关内容的照片和文章,相关网页第一张照片为未成年人付某某正面全身照,该图片为付某某坐在汽车后排座中间,左右各有一名成年人。付某某头微微低下,目光朝下,但图片没有打马赛克或者做其他模糊处理。

该图片配有说明:"北京某教育中心是一所戒网瘾学校,学校通过军事化管理帮助青少年戒除网瘾。目前,类似这样的戒网瘾学校在中国已经多达250所。为了帮助孩子戒除网瘾,很多父母将孩子送到戒网瘾学校,让他们接受心理测验和军事化训练。"

2. 裁判结果

人民法院经审理后认为,网络服务提供者在刊载网络信息时,应特别注意对未成年人个人隐私和个人信息的保护。某网络公司旗下的某网站作为网络服务提供者,转载《探访北京戒网瘾学校》相关内容的照片和文章中,未经法定代理人同意使用未成年人付某某的正面全身照,且对其面部图像未进行模糊处理。两张照片均可清晰地辨认出是付某某本人,并配有"一名上网成瘾的女孩"和"这名女孩到这里戒瘾"等文字,侵犯了未成年人隐私权。

因某网络公司在国内的影响力,该组照片和文章被大量点击和转载,造成了付某某名誉权受到侵害的事实。依据有关法律规定,判决:(1)某网络公司在其某网站上发布向付某某赔礼道歉声明;(2)赔偿付某某精神损害抚慰金1万元、公证费2500元、律师费3万元。

案例二：北京互联网法院发布网络权益保护十大典型案件之七：李某诉魏某侵害肖像权、隐私权、名誉权纠纷案

1. 基本案情

2019年的某个早上，因李某不愿上学而哭闹，父母将其绑在树上进行教育，路人魏某使用手机拍摄了上述过程，并将视频在某平台上进行传播，引起广大网友的热议。原告李某以拍摄者魏某侵犯其肖像权、名誉权、隐私权为由诉至法院，要求魏某停止侵权、赔礼道歉、赔偿损失。同时，原告李某主张，由于平台的经营者在其父亲向其提出删除视频的时候没有及时处理，导致侵权损失的进一步扩大，应与魏某承担连带责任。

2. 裁判要点

涉及未成年人案件应以"未成年人利益最大化"原则作为解决相关矛盾冲突的基准。未成年人代表国家的未来和民族的希望，身心尚未成熟，为此我国专门制定未成年人保护法，给予未成年人特殊、优先保护。公众对于社会上发生的不当行为均有权发表言论进行批评，但这种批评应当有一定限度，特别是涉及未成年人时，应当把未成年人权益放在首位。法院在认定行为人的行为是否侵犯李某人格权时，需要以"未成年人利益最大化"原则作为解决相关矛盾冲突的基准，综合考虑行为人的职业、影响范围、过错程度，以及行为的目的、方式、后果等因素进行判定。

公共场所也有隐私权。虽然隐私强调私密性，但并不意味着在公开场所进行的活动就一定不构成隐私。如果这些在特定公开场所进行的是仅为一部分人所知悉的活动，一旦被大范围公开即会给权利人的人格利益造成重大损害，亦应当作为隐私予以保护。因此，认定隐私是否存在及其范围，应当从权利人本身的意愿和社会一般合理认知两个视角共同去界定。当涉及权利主体是未成年人的情形时，行为人应当施以更高的注意义务，使未成年人的合法权益得到最大限度的保护。本案中，首先未成年人的父母明确反对被告拍摄；其次被告对视频的传播扩大了原告隐私被人知晓的范围；最后视频中拍摄到了女童的内裤。因此，法院认定隐私权侵权成立。

3. 裁判结果

被告侵犯了原告的肖像权、隐私权，判决被告向原告赔礼道歉，酌情给予精神损害抚慰金及经济损失。

一审宣判后,各方当事人均未上诉,判决已生效。

第四节 未成年人的政府保护

一、政府保护工作机制

(一)条文规定

《未成年人保护法》第八十一条 县级以上人民政府承担未成年人保护协调机制具体工作的职能部门应当明确相关内设机构或者专门人员,负责承担未成年人保护工作。

乡镇人民政府和街道办事处应当设立未成年人保护工作站或者指定专门人员,及时办理未成年人相关事务;支持、指导居民委员会、村民委员会设立专人专岗,做好未成年人保护工作。

(二)条文解读

推动机构专门化和人员专业化可以有效提升专门工作人员的工作积极性、能动性,使其集中精力研究未成年人保护问题,也更便于政府部门间加强内部研讨和交流,是促进未成年人保护工作可持续发展的重要基础。

县级以上人民政府需要承担未成年人保护协调机制的具体工作,在其职能部门内部明确设立相关内设机构或指定专门人员,负责未成年人保护的具体事务;乡镇人民政府和街道办事处作为基层政府机构,应当设立未成年人保护工作站或者指定专门人员,以确保未成年人相关事务能够及时、有效地得到处理。

可以看出,我国政府在未成年人保护工作方面的决心和行动力。通过明确各级政府的职责和角色,确保未成年人保护工作能够得到有效落实。同时,也体现了我国政府注重基层工作,通过基层组织和群众自治来推动未成年人保护工作的理念。这不仅有利于保护未成年人的合法权益,还有助于构建和谐社会,实现可持续发展。

(三)参考条文

◎《社会救助暂行办法》

第十四条 国家对无劳动能力、无生活来源且无法定赡养、抚养、扶养义务人，或者其法定赡养、抚养、扶养义务人无赡养、抚养、扶养能力的老年人、残疾人以及未满 16 周岁的未成年人，给予特困人员供养。

◎国务院《关于加强农村留守儿童关爱保护工作的意见》

三、完善农村留守儿童关爱服务体系

…………

（二）落实县、乡镇人民政府和村（居）民委员会职责。县级人民政府要切实加强统筹协调和督促检查，结合本地实际制定切实可行的农村留守儿童关爱保护政策措施，认真组织开展关爱保护行动，确保关爱保护工作覆盖本行政区域内所有农村留守儿童。乡镇人民政府（街道办事处）和村（居）民委员会要加强对监护人的法治宣传、监护监督和指导，督促其履行监护责任，提高监护能力。村（居）民委员会要定期走访、全面排查，及时掌握农村留守儿童的家庭情况、监护情况、就学情况等基本信息，并向乡镇人民政府（街道办事处）报告；要为农村留守儿童通过电话、视频等方式与父母联系提供便利。乡镇人民政府（街道办事处）要建立翔实完备的农村留守儿童信息台账，一人一档案，实行动态管理、精准施策，为有关部门和社会力量参与农村留守儿童关爱保护工作提供支持；通过党员干部上门家访、驻村干部探访、专业社会工作者随访等方式，对重点对象进行核查，确保农村留守儿童得到妥善照料。县级民政部门及救助管理机构要对乡镇人民政府（街道办事处）、村（居）民委员会开展的监护监督等工作提供政策指导和技术支持。

◎《中国共产党地方委员会工作条例》

第三条 党的地方委员会在本地区发挥总揽全局、协调各方的领导核心作用，按照协调推进"四个全面"战略布局，对本地区经济建设、政治建设、文化建设、社会建设、生态文明建设实行全面领导，对本地区党的建设全面负责。

◎国务院办公厅《关于加强和改进流浪未成年人救助保护工作的意见》

四、健全工作机制，形成救助保护工作合力

（一）加强组织领导。进一步完善政府主导、民政牵头、部门负责、社会参与的流浪未成年人救助保护工作机制。建立民政部牵头的部际联席会议制度，研究解决突出问题和困难，制定和完善相关政策措施，指导和督促地方做好工作。民政部要发挥牵头部门作用，加强组织协调，定期通报各省（区、市）流浪未成年人救助保护工作情况，建立挂牌督办和警示制度。地方各级政府要高度重视，建立由政府分管领导牵头的流浪未成年人救助保护工作机制；要建立和完善工作责任追究机制，对工作不力、未成年人流浪现象严重的地区，追究该地区相关领导的责任。

（四）典型案例

案例：某民政局诉刘某监护权纠纷案——遗弃未成年子女可依法撤销监护权[1]

1. 基本案情

2018年7月22日，刘某在医院生育一名女婴后，于同月24日将该女婴遗弃在医院女更衣室内。女婴被发现后由民政局下属的某儿童福利院代为抚养。公安局经调查发现，刘某还曾在2015年1月29日，将其所生的一名男婴遗弃在居民楼内。民政局向法院提起诉讼，以刘某犯遗弃罪，已不适合履行监护职责，申请撤销刘某的监护权，民政局愿意承担该女婴的监护责任，指定其下属的某儿童福利院抚养女婴。

2. 裁判结果

法院经审理认为，刘某将出生三天的未成年子女遗弃，拒绝抚养，严重侵害了被监护人的合法权益，符合撤销监护人资格的情形。被监护人自被生母刘某遗弃以来，某儿童福利院代为抚养至今，综合考虑被监护人生父不明、刘某父母年龄和经济状况、村民委员会的具体情况，由民政部门取得被监护人的监护权，更有利于保护被监护人的生存、医疗、教育等合法权益。综上，法院判决撤销刘某的监护权，指定民政局作为该名女婴的监护人。其后，刘某被法院以遗弃罪判处刑罚。

3. 典型意义

本案的典型意义在于：父母是未成年子女的法定监护人，有保护被监护人的身体健康，照顾被监护人的生活，管理和教育被监护人的法定职责。监护权既是一种权利，更是法定义务。父母不依法履行监护职责，严重侵害被监护人合法权益的，有关个人或组织可以根据依法申请撤销其监护人资格，并依法指定监护人。在重新指定监护人时，如果没有依法具有监护资格的人，一般由民政部门担任监护人，也可以由具备履行监护职责条件的被监护人住

---

[1] 来源：https://www.court.gov.cn/zixun/xiangqing/288721.html，访问日期：2024年6月29日。

所地的居民委员会、村民委员会担任。国家机关和社会组织兜底监护是家庭监护的重要补充，是保护未成年人合法权益的坚强后盾。未成年人的健康成长不仅需要司法及时发挥防线作用，更需要全社会协同发力，建立起全方位的权益保障体系，为国家的希望和未来保驾护航。

二、家庭教育促进

（一）条文规定

《未成年人保护法》第八十二条　各级人民政府应当将家庭教育指导服务纳入城乡公共服务体系，开展家庭教育知识宣传，鼓励和支持有关人民团体、企业事业单位、社会组织开展家庭教育指导服务。

（二）条文解读

首先，各级人民政府应将家庭教育指导服务纳入城乡公共服务体系，这意味着家庭教育不再仅仅是家庭内部的事务，而是政府和社会共同关注并推动的重要服务内容。此外，家庭教育指导服务将享有一定的资源保障和政策支持，使其更加规范化、系统化和专业化。

其次，政府将积极推动家庭教育知识的普及和宣传，通过各种渠道和形式，如媒体、社区活动、学校课程等，向广大家庭传递科学、正确的家庭教育理念和方法。家庭教育知识的宣传旨在提高家长的教育意识和能力，帮助他们更好地履行教育子女的责任，促进未成年人的健康成长。

最后，各级人民政府不仅自身要推动家庭教育指导服务，还将鼓励和支持其他社会力量参与进来，这包括人民团体、企业事业单位和社会组织等，它们可以根据自身的特点和优势，开展各具特色的家庭教育指导服务。政府可以采取资金扶持、政策优惠、宣传推广等方式进行鼓励与支持，以激发社会力量的积极性和创造力，共同推动家庭教育指导服务的发展。

综上所述，该条强调了政府在家庭教育指导服务中的主导作用，并通过纳入公共服务体系、开展知识宣传和鼓励社会参与等方式，为家庭教育提供了全方位的支持和保障。这有助于提升家庭教育的质量和水平，促进未成年人的全面发展。

（三）典型案例

案例：胡某诉陈某变更抚养权纠纷案——发出全国首份家庭教育令[1]

1. 基本案情

2020年8月，原告胡某和被告陈某协议离婚，约定女儿胡小某由其母即被告陈某抚养，原告每月支付抚养费。一个月后，因被告再婚，有两三个星期未送胡小某去上学。自2020年12月10日起，原告为胡小某找来全托保姆单独居住，原告自己住在距胡小某住处20公里的乡下别墅内，由保姆单独照护胡小某，被告每周末去接孩子。原告胡某认为离婚后，被告陈某未能按约定履行抚养女儿的义务，遂将陈某诉至法院，请求法院判令将女儿胡小某的抚养权变更给原告。经法庭询问，胡小某表示更愿意和妈妈陈某在一起生活。

2. 裁判结果

法院经审理认为，原告胡某与被告陈某协议离婚后，对未成年女儿胡小某仍负有抚养、教育和保护的义务。本案原、被告双方都存在怠于履行抚养义务和承担监护职责的行为，忽视了胡小某的生理、心理与情感需求。鉴于胡小某表达出更愿意和其母亲即被告一起共同生活的主观意愿，法院判决驳回原告的诉讼请求。同时，法院认为，被告陈某在无正当理由的情况下由原告委托保姆单独照护年幼的女儿，属于怠于履行家庭教育责任的行为，根据家庭教育促进法的相关规定，应予以纠正。裁定要求陈某多关注胡小某的生理、心理状况和情感需求，与学校老师多联系、多沟通，了解胡小某的详细状况，并要求陈某与胡小某同住，由自己或近亲属亲自养育与陪伴胡小某，切实履行监护职责，承担起家庭教育的主体责任，不得让胡小某单独与保姆居住生活。

3. 典型意义

《家庭教育促进法》作为我国家庭教育领域的第一部专门立法，将家庭教育由传统的"家事"，上升为新时代的"国事"，开启了父母"依法带娃"的时代，对于全面保护未成年人健康成长具有重大而深远的意义。《家庭教育促进法》规定，父母应当加强亲子陪伴，即使未成年人的父母分居或者离异，也应当相互配合履行家庭教育责任，任何一方不得拒绝或者怠于履行。鉴于本案被告未能按照协议切实履行抚养义务、承担监护职责，人民法院在综合

---

[1] 来源：https://www.court.gov.cn/zixun/xiangqing/347931.html，访问日期：2024年6月29日。

考虑胡小某本人意愿的基础上依法作出判决,并依照《家庭教育促进法》,向被告发出了全国第一份家庭教育令,责令家长切实履行监护职责。家庭教育令发出后,取得了良好的社会反响。发布本案例,旨在提醒广大家长,《家庭教育促进法》第14条明确规定,"父母或者其他监护人应当树立家庭是第一个课堂、家长是第一任老师的责任意识,承担对未成年人实施家庭教育的主体责任,用正确思想、方法和行为教育未成年人养成良好思想、品行和习惯"。希望广大家长认真学习这部重要法律,认真履行为人父母的重大责任,加强家庭家教家风建设,努力为未成年人健康成长营造良好的家庭环境。

三、保障未成年人的受教育权

(一)条文规定

《未成年人保护法》第八十三条 各级人民政府应当保障未成年人受教育的权利,并采取措施保障留守未成年人、困境未成年人、残疾未成年人接受义务教育。

对尚未完成义务教育的辍学未成年学生,教育行政部门应当责令父母或者其他监护人将其送入学校接受义务教育。

(二)条文解读

衡量一个国家的教育发展水平不仅要关注面向全体未成年人的教育,更应当关注弱势未成年人的受教育权是否得到充分保障。未成年人受教育权是一项重要权利,政府应当予以保障。我国实行九年义务教育,义务教育阶段基本都是未成年人。接受教育既是未成年人的权利,同时也是未成年人的法定义务。各级人民政府应当不仅要保障未成年人能够接受九年义务教育,还要保障其能接受高中或者职业教育。

对于留守、困境以及残疾未成年人,政府更应该加以关注。留守未成年人,指的是父母长期因在外务工或其他原因不在身边的未成年人,政府将采取措施确保他们接受义务教育,并可能提供额外的关爱和支持。困境未成年人是面临各种困难和挑战的未成年人,政府将为他们提供必要的帮助,以确保他们不会因为生活困境而失去受教育的机会。至于残疾未成年人,政府应采取相应措施保障他们能够接受适合自身条件的义务教育。

对于辍学的未成年人,应当责令其监护人将其送入学校,这一措施旨在确保每一个未成年人都能够完成基础教育，为他们未来的发展打下坚实的基础。通过这些措施的实施，政府将努力为所有未成年人创造一个公平、公正、包容的教育环境，让他们都能够享有受教育的权利，实现自我发展和成长。

（三）参考条文

◎《宪法》

第四十六条第一款　中华人民共和国公民有受教育的权利和义务。

◎《义务教育法》

第十三条第一款　县级人民政府教育行政部门和乡镇人民政府组织和督促适龄儿童、少年入学，帮助解决适龄儿童、少年接受义务教育的困难，采取措施防止适龄儿童、少年辍学。

第五十八条　适龄儿童、少年的父母或者其他法定监护人无正当理由未依照本法规定送适龄儿童、少年入学接受义务教育的，由当地乡镇人民政府或者县级人民政府教育行政部门给予批评教育，责令限期改正。

◎**国务院办公厅《关于规范农村义务教育学校布局调整的意见》**

六、开展农村义务教育学校布局调整专项督查

省级人民政府教育督导机构要对农村义务教育学校布局是否制订专项规划、调整是否合理、保障措施是否到位、工作程序是否完善、村小学和教学点建设是否合格等进行专项督查，督查结果要向社会公布。对存在问题较多、社会反映强烈的地方，要责成其限期整改。对因学校撤并不当引起严重不良后果的，要依照法律和有关规定追究责任。县级人民政府要认真开展农村义务教育学校布局调整工作检查，及时发现并解决好存在的问题。教育部要会同有关部门加强对各地规范农村义务教育学校布局调整工作的督促指导。

（四）典型案例

案例：2020年最高人民法院发布七件依法严惩侵害未成年人权益典型案例之一镇人民政府申请执行义务教育行政处罚决定书案[1]

1. 基本案情

马某为适龄入学儿童，其监护人马某哈、马某格牙无正当理由，未将马某按时送入学校接受九年义务教育。经青海省化隆回族自治县扎巴镇人民政

---

[1]　来源：https://www.court.gov.cn/zixun/xiangqing/229981.html，访问日期：2024年6月29日。

府认定，马某哈、马某格牙的行为违反了《义务教育法》的规定，于2018年9月作出行政处罚决定书，对马某哈、马某格牙处以罚款，并责令其将马某送入学校就读。被执行人马某哈、马某格牙收到行政处罚决定书后，在法定期限内未申请复议，也未提起诉讼，且拒不履行行政处罚决定。镇人民政府于2019年3月向人民法院申请强制执行。

2. 裁判结果

人民法院依法裁定，准予强制执行青海省化隆回族自治县扎巴镇人民政府作出的行政处罚决定书。裁定作出后，经法院多次执行，两名被执行人拒不履行义务。法院对被执行人马某哈依法作出了行政拘留15日的决定书。在拘留期间，被执行人马某哈、马某格牙履行了行政处罚决定书所确定的义务，马某现已入学就读。

3. 典型意义

青海省化隆回族自治县属特困区，当地农民不重视教育，不让适龄子女接受义务教育的现象较为普遍，严重违反了义务教育法的规定，严重背离了法定监护职责。近年来，化隆回族自治县针对这一情况，采取了多项举措开展"控辍保学"集中行动。一年多来，化隆回族自治县人民法院受理了几十起控辍保学的行政非诉案件，本案就是其中一起。在审理此类案件时，法院采取了巡回就地开庭的方式，以案释法，对旁听群众深入细致地讲解义务教育法、未成年人保护法等有关法律政策，让群众明白了作为监护人不送适龄子女上学是一种违法行为，要依法承担法律责任。法院通过此类案件的审理和执行，有力保护了未成年人合法权益，使100多名留守儿童重返校园，使他们的受教育权得到法律保障。

四、政府发展托育、学前教育的职责

（一）条文规定

《未成年人保护法》第八十四条　各级人民政府应当发展托育、学前教育事业，办好婴幼儿照护服务机构、幼儿园，支持社会力量依法兴办母婴室、婴幼儿照护服务机构、幼儿园。

县级以上地方人民政府及其有关部门应当培养和培训婴幼儿照护服务机构、幼儿园的保教人员，提高其职业道德素质和业务能力。

（二）条文解读

各级人民政府在推动社会发展和民生改善方面承担着重要责任，特别是在托育、学前教育事业方面。各级人民政府应当充分认识到托育和学前教育在促进儿童全面发展中的重要作用，并作为民生工程予以重点发展，可以采取规划引领、政策扶持、财政投入等多种方式，促进婴幼儿照护服务机构、幼儿园的建设和运营。同时，政府还应当鼓励和支持社会力量依法兴办婴幼儿照护服务机构、幼儿园，形成多元化、多层次的托育、学前教育服务供给体系。

此外，政府应当加强对婴幼儿照护服务机构、幼儿园的监管和指导，确保其符合相关标准和要求。鼓励和支持婴幼儿照护服务机构、幼儿园创新服务模式，提高服务质量，满足家长和儿童的多样化需求。通过优化资源配置、改善设施条件等方式，不断提升婴幼儿照护服务机构、幼儿园的办园水平和教育质量。

同时，还要注重保教人员培养和培训，通过制定培训计划、开展专业培训、提供实践机会等方式，提高保教人员的职业道德素质和业务能力。鼓励和支持保教人员参加继续教育和专业培训，不断更新教育观念和教学方法，提高教育质量和效果。

通过发展托育、学前教育事业以及加强保教人员培养和培训，各级人民政府旨在构建一个优质、均衡、普惠的学前教育公共服务体系，为儿童的全面发展奠定坚实基础。同时，这也是政府履行职责、回应社会关切、满足人民群众对美好生活向往的重要举措。

（三）参考条文

◎《宪法》

第十九条第二款 国家举办各种学校，普及初等义务教育，发展中等教育、职业教育和高等教育，并且发展学前教育。

（四）典型案例

案例：北京红黄蓝幼儿园虐童案一审宣判[1]

据媒体报道，2017年11月22日晚开始，有十余名幼儿家长反映朝阳区

---

[1] 来源：http://www.jyb.cn/rmtzgjyb/201812/t20181229_127233.html，访问日期：2024年6月29日。

管庄红黄蓝幼儿园（新天地分园）国际小二班的幼儿遭遇老师扎针、喂不明白色药片，并提供孩子身上多个针眼的照片，幼儿的身体健康权受到幼儿园教师严重侵犯，引起社会一片哗然。经媒体报道，朝阳区政府得悉此事，立即成立工作组，进驻幼儿园，积极配合警方做好调查工作，并责成该幼儿园迅速做好自查和家长、幼儿的安抚工作。2018年5月，就北京红黄蓝幼儿园虐童一案，检察机关已向法院提起公诉，涉事教师因涉嫌虐待被看护人被检察院批准逮捕。最终教师刘某因犯虐待被看护人罪获刑1年6个月，并被责令5年内禁止从事未成年人看护教育工作。

五、政府发展职业教育的职责

（一）条文规定

《未成年人保护法》第八十五条 各级人民政府应当发展职业教育，保障未成年人接受职业教育或者职业技能培训，鼓励和支持人民团体、企业事业单位、社会组织为未成年人提供职业技能培训服务。

（二）条文解读

很多未成年人因为学习较差、严重偏科、无心向学等各种因素，在完成义务教育以后就不再升学，他们因为没有一技之长而混迹社会，有的甚至实施了违法犯罪行为。在社会越来越多元化的今天，考大学并不是唯一的出路，要让未成年人成为社会建设的积极力量，就要发展职业教育，使未成年人在完成九年义务教育以后，能够接受职业教育，在结束职业教育以后能够顺利在社会中找到工作，成为建设社会的一部分积极力量。

各级人民政府在推动社会发展和民生改善方面，特别是在职业教育领域，发挥着至关重要的作用。各级人民政府应当将职业教育纳入经济社会发展总体规划，并制定具体的政策措施推动其发展。同时，应加大对职业教育的投入，改善职业学校和培训机构的基础设施，提升教育教学水平，确保职业教育质量。此外，还应推动职业教育与普通教育的有效衔接，构建职业教育与普通教育相互融通的人才培养体系，为未成年人提供多样化的教育选择和发展路径。当然，政府应制定相关政策，确保未成年人有机会接受职业教育或职业技能培训，特别是在农村地区和贫困地区，更要加大支持力度，缩小城乡、区域之间的教育差距。

另外，政府应建立完善的职业教育或职业技能培训体系，为未成年人提供系统的、有针对性的培训课程，帮助他们掌握实用的职业技能和就业能力。政府要加强与企业的合作，通过校企合作、订单培养等方式，为未成年人提供更多的实习和就业机会，增强他们的职业竞争力。政府要出台相应的政策措施，鼓励和支持社会力量参与，通过财政补贴、税收优惠等方式，为这些社会组织提供必要的支持和帮助，激发他们参与职业教育和职业技能培训的积极性。政府要加强对这些组织的监管和指导，确保他们提供的职业教育和职业技能培训服务符合相关标准和要求，切实保障未成年人的权益和利益。

（三）参考条文

◎《宪法》

第十九条第二款 国家举办各种学校，普及初等义务教育，发展中等教育、职业教育和高等教育，并且发展学前教育。

◎《教育法》

第二十条 国家实行职业教育制度和继续教育制度。

各级人民政府、有关行政部门和行业组织以及企业事业组织应当采取措施，发展并保障公民接受职业学校教育或者各种形式的职业培训……

◎**国务院《关于大力发展职业教育的决定》**

三、坚持以就业为导向，深化职业教育教学改革

（七）推进职业教育办学思想的转变。坚持"以服务为宗旨、以就业为导向"的职业教育办学方针，积极推动职业教育从计划培养向市场驱动转变，从政府直接管理向宏观引导转变，从传统的升学导向向就业导向转变。促进职业教育教学与生产实践、技术推广、社会服务紧密结合，积极开展订单培养，加强职业指导和创业教育，建立和完善职业院校毕业生就业和创业服务体系，推动职业院校更好地面向社会、面向市场办学。

六、特殊教育保障

（一）条文规定

《未成年人保护法》第八十六条 各级人民政府应当保障具有接受普通教育能力、能适应校园生活的残疾未成年人就近在普通学校、幼儿园接受教育；保障不具有接受普通教育能力的残疾未成年人在特殊教育学校、幼儿园

接受学前教育、义务教育和职业教育。

各级人民政府应当保障特殊教育学校、幼儿园的办学、办园条件，鼓励和支持社会力量举办特殊教育学校、幼儿园。

(二) 条文解读

各级人民政府在推动教育公平和普及教育方面，特别是对于残疾未成年人的教育权益保障，承担着重要责任。

首先，应当尽量保障具有接受普通教育能力、能适应校园生活的残疾未成年人能够就近在普通学校、幼儿园接受教育。这意味着需要为这些未成年人提供无障碍的校园环境，包括物理环境、教学设施以及教学资源和材料的无障碍化。教育部门应制定相关政策，确保残疾未成年人平等参与课堂学习和校园活动，并提供必要的支持和帮助。同时，也应加强对教师的培训，提高他们的特殊教育能力和意识，以更好地满足残疾未成年人的学习需求。

其次，对于不具有接受普通教育能力的残疾未成年人，各级人民政府应当保障他们能在特殊教育学校接受教育。政府要为特殊教育学校、幼儿园提供充足的财政支持和资源保障，确保学校具备良好的办学、办园条件。特殊教育学校、幼儿园应根据残疾未成年人的不同特点和需求，制定个性化的教育方案，提供有针对性的教育和康复训练。同时，也应加强与医疗、康复机构的合作，为残疾未成年人提供全方位的支持和服务。

最后，各级人民政府应当鼓励和支持社会力量举办特殊教育学校、幼儿园，以扩大特殊教育的供给和覆盖面。政府可以通过提供政策扶持、财政补贴、税收优惠等方式，鼓励社会力量积极参与特殊教育事业。社会力量举办特殊教育学校、幼儿园时，政府应提供必要的指导和支持，确保其符合相关标准和要求，并保障残疾未成年人的权益和利益。同时，政府也应加强对这些学校的监管和评估，确保其教育质量和教育效果。

总之，各级人民政府应当高度重视残疾未成年人的教育权益保障工作，通过制定政策、提供支持和加强监管等方式，确保残疾未成年人能够接受平等、优质的教育服务，实现其全面发展和融入社会的目标。

(三) 参考条文

◎《残疾人教育条例》

第三条第三款 残疾人教育应当提高教育质量，积极推进融合教育，根据残疾人的残疾类别和接受能力，采取普通教育方式或者特殊教育方式，优先采取普通教育方式。

第四条 县级以上人民政府应当加强对残疾人教育事业的领导，将残疾人教育纳入教育事业发展规划，统筹安排实施，合理配置资源，保障残疾人教育经费投入，改善办学条件。

第十七条 适龄残疾儿童、少年能够适应普通学校学习生活、接受普通教育的，依照《中华人民共和国义务教育法》的规定就近到普通学校入学接受义务教育。

适龄残疾儿童、少年能够接受普通教育，但是学习生活需要特别支持的，根据身体状况就近到县级人民政府教育行政部门在一定区域内指定的具备相应资源、条件的普通学校入学接受义务教育。

适龄残疾儿童、少年不能接受普通教育的，由县级人民政府教育行政部门统筹安排进入特殊教育学校接受义务教育……

◎国家教育委员会《关于开展残疾儿童少年随班就读工作的试行办法》

2. 残疾儿童少年随班就读有利于残疾儿童少年就近入学，有利于提高残疾儿童少年的入学率，有利于残疾儿童与普通儿童互相理解、互相帮助，促进特殊教育和普通教育有机结合，共同提高。

3. 各级教育行政部门必须高度重视和积极开展残疾儿童少年随班就读工作，并使其逐步完善。

七、校园安全保障

（一）条文规定

《未成年人保护法》第八十七条 地方人民政府及其有关部门应当保障校园安全，监督、指导学校、幼儿园等单位落实校园安全责任，建立突发事件的报告、处置和协调机制。

（二）条文解读

地方人民政府及其有关部门应当充分认识到校园安全的重要性，将其纳入工作重点，并制定相关政策和措施来确保校园安全。教育行政部门应当对学校、幼儿园等单位的校园安全工作进行监督和指导，确保其按照相关法律法规和政策要求，建立健全校园安全管理制度，明确校园安全责任。同时，公安、卫生、消防等部门也应积极参与，根据各自职责范围，对学校、幼儿园的校园安全进行专业指导和监督,各部门应当做好自己的分内工作,与其他部门做好协调,为了保障校园安全而共同努力。

另外,地方人民政府应当建立校园突发事件的报告机制,确保学校、幼儿园在发生突发事件时能够及时向有关部门报告,以便及时采取措施。同时,应当建立突发事件的处置机制,包括制定应急预案、组织应急救援队伍、调配应急资源等,确保在突发事件发生时能够迅速有效地进行处置。此外,地方人民政府还应当建立突发事件的协调机制,加强与相关部门的沟通与协作,形成合力,共同应对突发事件。

总之,地方人民政府及其有关部门应当高度重视校园安全工作,通过加强监督指导、建立突发事件的报告、处置和协调机制等措施,确保校园安全稳定,为师生员工提供一个安全、和谐的学习和生活环境。

(三)参考条文

◎《中小学幼儿园安全管理办法》

第六条 地方各级人民政府及其教育、公安、司法行政、建设、交通、文化、卫生、工商、质检、新闻出版等部门应当按照职责分工,依法负责学校安全工作,履行学校安全管理职责。

第七条 教育行政部门对学校安全工作履行下列职责:

(一)全面掌握学校安全工作状况,制定学校安全工作考核目标,加强对学校安全工作的检查指导,督促学校建立健全并落实安全管理制度;

(二)建立安全工作责任制和事故责任追究制,及时消除安全隐患,指导学校妥善处理学生伤害事故;

(三)及时了解学校安全教育情况,组织学校有针对性地开展学生安全教育,不断提高教育实效;

(四)制定校园安全的应急预案,指导、监督下级教育行政部门和学校开展安全工作;

(五)协调政府其他相关职能部门共同做好学校安全管理工作,协助当地人民政府组织对学校安全事故的救援和调查处理。

教育督导机构应当组织学校安全工作的专项督导。

第十条 建设部门对学校安全工作履行下列职责:

(一)加强对学校建筑、燃气设施设备安全状况的监管,发现安全事故隐患的,应当依法责令立即排除;

（二）指导校舍安全检查鉴定工作；

（三）加强对学校工程建设各环节的监督管理，发现校舍、楼梯护栏及其他教学、生活设施违反工程建设强制性标准的，应责令纠正；

（四）依法督促学校定期检验、维修和更新学校相关设施设备。

第十一条 质量技术监督部门应当定期检查学校特种设备及相关设施的安全状况。

第十二条 公安、卫生、交通、建设等部门应当定期向教育行政部门和学校通报与学校安全管理相关的社会治安、疾病防治、交通等情况，提出具体预防要求。

◎国务院办公厅《关于加强中小学幼儿园安全风险防控体系建设的意见》

（十三）健全相关部门日常管理职责体系。政府各相关部门要切实承担起学校安全日常管理的职责。卫生计生部门要加强对学校卫生防疫和卫生保健工作的监督指导，对于学校出现的疫情或者学生群体性健康问题，要及时指导教育部门或者学校采取措施。食品药品监管部门对学校食堂和学校采购的用于学生集体使用的食品、药品要加强监督检查，指导、监督学校落实责任，保障食品、药品符合相关标准和规范。住房城乡建设部门要加强对学校工程建设过程的监管。环保部门要加强对学校及周边大气、土壤、水体环境安全的监管。交通运输部门要加强对提供学生集体用车服务的道路运输企业的监管，综合考虑学生出行需求，合理规划城市公共交通和农村客运线路，为学生和家长选择公共交通出行提供安全、便捷的交通服务。质量监督部门应当对学校特种设备实施重点监督检查，配合教育部门加强对学校采购产品的质量监管，在学校建立产品质量安全风险信息监测采集机制。公安消防部门要依法加强对学校的消防安全检查，指导学校落实消防安全责任，消除火灾隐患。综治、工商、文化、新闻出版广电、城市管理等部门要落实职责，加强对校园周边特别是学生安全区域内有关经营服务场所、经营活动的管理和监督，消除安全隐患。

(四) 典型案例

案例：广西梧州市一小学发生保安持刀砍人事件，约 40 名学生和教职工受伤[1]

据《中国妇女报》报道，2020 年 6 月 4 日，广西梧州市一小学发生保安持刀伤害学生事件，受伤学生和教职工约有 40 名，其中重伤 3 人，分别为学校校长、一名保安、一名学生。案发后，当地政府立即组织受伤人员到旺甫镇卫生院进行初步止血包扎并送往市区医院进行救治。国务院教育督导委员会办公室立即印发重大事项督办单，并由一名副局长带队，会同公安部组成联合督导组，于 6 月 5 日赶赴梧州，督促地方妥善处置事件，及时回应社会关切，同时全面排查校园及周边安全隐患，严防类似事件再次发生。

八、校园周边治安和交通秩序保障

(一) 条文规定

《未成年人保护法》第八十八条 公安机关和其他有关部门应当依法维护校园周边的治安和交通秩序，设置监控设备和交通安全设施，预防和制止侵害未成年人的违法犯罪行为。

(二) 校园周边环境的现状

在校园周边，会存在一些烟草酒水店、彩票投注站、网吧、电子游戏室、营业性酒吧，这些营业场所有的不会设置"未成年人禁入"显著标志，对未成年人进入把关也不严格，久而久之，会诱导学生进行高消费，形成攀比心理，造成性格的扭曲，影响其正确的世界观、人生观、价值观的形成，特别是其中虚拟的凶杀、暴力、色情的内容极易成为他们日后违法犯罪的诱因。

在交通方面，部分学校门前交通混乱，尤其是处于市区或繁华地段的学校，上下学时段或法定节假日前后时段道路拥堵严重。上学、放学道路拥挤、汽车排队成长龙，校园门口常常人满为患，学生教师进出校门困难；主干道正常通行的汽车、自行车、三轮车、摩托车混杂在一起，交通秩序十分混乱，已严重危及师生安全，极易发生交通事故。部分小学校存在着周边交通安全标识

---

[1] 来源：https://www.163.com/dy/article/FE9BIVJJ0550FPC0.html，访问日期：2024 年 6 月 28 日。

设施缺失、对师生安全出行重视程度不够、管理不严及人员配备不到位等情况。

除此以外,校园周边还存在食品安全问题,其中有很多无证及占道经营的摊点,这类摊点无证无照、无固定营业场所,大多流动在学校周边,有些饮食摊点在不办理卫生许可证的情况下,私自组织学生午餐供应,这些食品对学生的健康影响很大。

(三) 条文解读

学校、幼儿园需防范的安全隐患不只存在于校园里,校园周边也有诸多隐患,易发生安全事故,因此,不但要保障学生的校园安全,还要保障校园周边的治安以及交通秩序。

首先,公安机关是维护社会治安的主要力量。在校园周边,公安机关会采取一系列措施,如加强巡逻、设立警务室、配备警力等,以确保校园及其周边地区的安全稳定。

其次,公安机关和其他有关部门会依法设置监控设备和交通安全设施。监控设备可以有效地监控校园周边的情况,及时发现并处理可能发生的违法犯罪行为。而交通安全设施则能够提高交通参与者的安全意识,减少交通事故的发生,从而保障未成年人的安全。

此外,公安机关和其他有关部门还会采取其他措施,如加强宣传教育、开展安全检查等,以预防和制止侵害未成年人的违法犯罪行为。这些措施旨在提高未成年人的自我保护意识,增强他们的安全防范能力,同时也能够及时发现并处理可能存在的安全隐患,为未成年人创造一个安全、稳定、和谐的成长环境。

对于校园周边环境的治理,提出以下几点建议:

1. 成立校园周边环境综合治理领导小组

长期以来,校园周边环境整治工作,都是由各职能部门各自完成。某些治理工作职责不清,出了问题无法监管,谁都不能完全承担管理责任,最后只有学校来负责。建议由当地政府分管领导牵头,综合治理办公室负责具体工作,成立校园周边环境综合治理领导小组。领导小组实行组长负责制。依托教育、公安、安监、工商、文化、卫生、城建等部门,建立组织,落实人员,明确职责,加大检查力度,重视交流合作,形成工作合力,务实落实各项工作。开展坚决取缔校园附近黑网吧,严厉打击黑网吧接纳未成年人上网进行违法犯罪行为的活动,加强对校园周边娱乐场所的清理和管理,坚决扫荡黄、赌、毒等社会不良现象。加强对学校及周边固定门店的管理，联合公安部门打击不法商贩的违法经营活动，要求周边经营食品的商家持有效经营证、健康证上岗，及时取缔违法经营小摊，改善校园及周边环境。

2. 建设校园周边治安、交通的控管机制

建议规定交通部门必须在学校门口及周边增设必要的交通警示标志，在上学、放学等繁忙时段，安排交警到现场进行疏导指挥；建议加大对"三无"车辆的查处和打击力度，加强对公共汽车、出租车、自行车等交通工具的安全管理，为师生的安全出行提供安全保障；公安部门应当落实好维护学校安全的措施，加强警校共建措施；加大力度打击危害师生人身安全的违法犯罪案件；对学校及周边的重点地段、时段要开展有针对性的巡逻。

（四）参考条文

◎《义务教育法》

第二十三条 各级人民政府及其有关部门依法维护学校周边秩序，保护学生、教师、学校的合法权益，为学校提供安全保障。

（五）典型案例

案例：湖北通报"小学伤人事件"：8名学生死亡2名学生受伤[1]

据报道，2019年9月2日8时许，湖北省恩施市朝阳坡村发生一起涉校刑事案件，犯罪嫌疑人于某致8名学生死亡、2名学生受伤，后被恩施警方现场抓获，当地党委、政府全力组织开展伤员救治、心理疏导等善后处置工作。11月4日，被告人于某犯故意杀人罪，被判处死刑，剥夺政治权利终身。于某当庭认罪悔罪，在一审宣判后没有上诉。湖北省高级人民法院依法复核后，报请最高人民法院核准。最高人民法院依法裁定核准了对于某的死刑判决。

九、适合未成年人活动场所和设施的促进

（一）条文规定

《未成年人保护法》第八十九条 地方人民政府应当建立和改善适合未成年人的活动场所和设施，支持公益性未成年人活动场所和设施的建设和运行，鼓励社会力量兴办适合未成年人的活动场所和设施，并加强管理。

---

[1] 来源：https://www.icswb.com/h/163/20190902/619032.html，访问日期：2024年6月28日。

地方人民政府应当采取措施，鼓励和支持学校在国家法定节假日、休息日及寒暑假期将文化体育设施对未成年人免费或者优惠开放。

地方人民政府应当采取措施，防止任何组织或者个人侵占、破坏学校、幼儿园、婴幼儿照护服务机构等未成年人活动场所的场地、房屋和设施。

（二）条文解读

爱玩、好奇心重是孩子的天性，把孩子们关在教室里闷头学习是不现实的，也是不科学的，孩子们只有到自然场所奔跑、打球，到水中游泳，才能释放天性、强健体魄，才能真正健康成长。为此，政府应当积极为未成年人创造条件，建立和改善专门为未成年人设计的活动场所和设施，这些场所和设施应该满足未成年人的身心发展需求，为他们提供学习、娱乐、锻炼等多样化的活动选择。

政府应当在活动场地上为未成年人提供便利，支持设立公益性的未成年人活动场所。在城市建设的规划中，为未成年人留出活动场所的空间，建立一些未成年人社区活动中心、图书馆、少年宫、游泳馆等建筑，为未成年人开展健康有益的活动提供便利。这不仅可以丰富未成年人的课余生活，还有助于培养他们的兴趣爱好和综合素质。

政府还应当鼓励和支持学校向未成年人免费或者优惠开放，特别要在法定节假日、休息日和寒暑假这三个时间段向未成年人开放。现在政府为很多学校建立的硬件活动设施都非常好，但许多学校在放假期间大门紧闭，这些学校设施闲置，造成了资源的浪费。

此外，政府还需要采取措施防止未成年人活动场所被侵占，可以通过加强执法力度、加大处罚力度等措施确保这些场所和设施的安全和完好。如果未成年人的活动场所被挤占、挪用或改变使用性质，政府有关部门要限期改正。如果确因城市社会经济发展需要而必须拆迁或改变使用性质，也应当按照就近安排、方便使用的原则，先建设后拆迁，以确保学校、幼儿园等能正常开展教育教学活动。

（三）参考条文

◎**中共中央办公厅、国务院办公厅《关于进一步加强和改进未成年人校外活动场所建设和管理工作的意见》**

五、切实加强未成年人校外活动场所的规划和建设

20. 各级政府要把未成年人校外活动场所建设纳入当地国民经济和社会发

展总体规划。大中城市要逐步建立布局合理、规模适当、经济实用、功能配套的未成年人校外活动场所,"十一五"期间要实现每个城区、县(市)都有一所综合性、多功能的未成年人校外活动场所。各地要认真贯彻落实建设部、民政部《关于进一步做好社区未成年人活动场所建设和管理工作的意见》,在城市的旧区改建或新区开发建设,配套建设未成年人校外活动场所。人口规模在 30000-50000 人以上的居住区要建设文化活动中心,人口规模在 7000-15000 人的居住小区要建设文化活动站,重点镇和县城关镇要设置文化活动站或青少年之家。社区文化活动中心(站)中都要开辟专门供未成年人活动的场地。

十、卫生保健服务促进

(一)条文规定

《未成年人保护法》第九十条 各级人民政府及其有关部门应当对未成年人进行卫生保健和营养指导,提供卫生保健服务。

卫生健康部门应当依法对未成年人的疫苗预防接种进行规范,防治未成年人常见病、多发病,加强传染病防治和监督管理,做好伤害预防和干预,指导和监督学校、幼儿园、婴幼儿照护服务机构开展卫生保健工作。

教育行政部门应当加强未成年人的心理健康教育,建立未成年人心理问题的早期发现和及时干预机制。卫生健康部门应当做好未成年人心理治疗、心理危机干预以及精神障碍早期识别和诊断治疗等工作。

(二)条文解读

该条主要是针对卫生健康部门提出工作要求,保障未成年人的健康发展。首先,未成年人正处在生长发育和行为形成的关键期,应当对其进行卫生保健和营养指导,这意味着政府需要关注未成年人的健康状况,通过制定和实施相关政策,确保未成年人获得均衡的营养和必要的卫生保健服务。

其次,未成年人是接种疫苗的主要群体,应当规范未成年人的疫苗接种,确保他们按时、按序接种疫苗,从而有效预防和控制传染病的发生。这有助于保护未成年人的健康,减少因传染病导致的健康风险。

同时,卫生健康部门还应加强对未成年人常见病、多发病的防治工作,以及加强传染病防治和监督管理,通过宣传教育、提供医疗服务、加强疾病监测等方式，降低未成年人患病的风险。

再次，政府及其有关部门还应关注未成年人的伤害问题，通过制定和实施相关政策和措施，做好伤害预防和干预工作。通过加强安全教育、提供安全防护设施、建立伤害报告和干预机制等，以减少未成年人因意外伤害导致的健康风险。

最后，针对未成年人的心理健康教育，应建立心理问题的早期发现和及时干预机制，这有助于帮助未成年人建立健康的心理状态，提高他们的心理素质和适应能力，预防和减少心理问题的产生。若部分未成年人有一些心理上的问题，卫生健康部门应当为其提供心理治疗，为未成年人的心理康复保驾护航。

（三）参考条文

◎《基本医疗卫生与健康促进法》

第二十八条　国家发展精神卫生事业，建设完善精神卫生服务体系，维护和增进公民心理健康，预防、治疗精神障碍。

国家采取措施，加强心理健康服务体系和人才队伍建设，促进心理健康教育、心理评估、心理咨询与心理治疗服务的有效接，设立为公提供公益服务的心理援助热线，加强未成年人、残疾人和老年人等重点人群心理健康服务。

第三十六条第二款　各级人民政府采取措施支持医疗卫生机构与养老机构、儿童福利机构、社区组织建立协作机制，为老年人、孤残儿童提供安全、便捷的医疗和健康服务。

◎《疫苗管理法》

第六十三条第一款　县级以上人民政府应当将疫苗安全工作、购买免疫规划疫苗和预防接种工作以及信息化建设等所需经费纳入本级政府预算，保证免疫规划制度的实施。

（四）典型案例

案例：长春长生疫苗事件震惊全国[1]

据搜狐网等媒体报道，2017年11月，长春长生生物科技有限公司和武汉

---

[1] 来源：https://www.sohu.com/a/427013527_120835151/?pvid=000115_3w_a，访问日期：2024年6月29日。

生物制品研究所有限责任公司生产的各一批次共计65万余支百白破疫苗效价指标不符合标准。2018年7月15日，长春长生生物科技有限公司违法违规生产狂犬病疫苗，其生产存在记录造假等严重违反《药品生产质量管理规范》的行为。10月16日，国家药监局和吉林省食药监局分别对长春长生生物科技有限公司作出多项行政处罚，罚没款项共计91亿余元，对长春长生生物科技有限公司董事长高某芳等14名直接负责的主管人员和其他直接责任人员作出依法不得从事药品生产经营活动的行政处罚，涉嫌犯罪的，由司法机关依法追究刑事责任。

十一、困境未成年人分类保障

（一）条文规定

《未成年人保护法》第九十一条　各级人民政府及其有关部门对困境未成年人实施分类保障，采取措施满足其生活、教育、安全、医疗康复、住房等方面的基本需要。

（二）条文解读

对于困境未成年人，各级政府应当对其实施分类保障，以确保他们的需求得到满足。在生活方面，通过提供生活补贴、食品援助等方式，确保困境未成年人及其家庭的基本生活需求得到满足。在教育方面，通过采取学费减免、助学金等措施保障困境未成年人接受义务教育的权利。在安全问题上，通过加强社区巡逻、建立安全保护机制等方式，为他们提供安全的生活环境。对于受到虐待、遗弃等伤害的未成年人，政府会及时介入并提供必要的保护和救助。在医疗问题上，卫生健康部门应当为困境未成年人提供医疗服务和康复支持，包括定期体检、疾病治疗、康复训练等。政府也会提供资金和政策支持，确保医疗机构为这些孩子提供优质的医疗服务。在住房问题上，政府应当为无家可归或住房条件恶劣的困境未成年人提供住房援助，如提供临时住所、住房补贴等，旨在确保这些孩子有一个稳定、安全的居住环境。通过这些分类保障措施，各级人民政府及其有关部门旨在确保困境未成年人能够享受到与其他孩子同等的权利和机会，为他们的健康成长和发展提供有力保障。

十二、民政部门承担临时监护职责的情形

（一）条文规定

《未成年人保护法》第九十二条 具有下列情形之一的，民政部门应当依法对未成年人进行临时监护：

（一）未成年人流浪乞讨或者身份不明，暂时查找不到父母或者其他监护人；

（二）监护人下落不明且无其他人可以担任监护人；

（三）监护人因自身客观原因或者因发生自然灾害、事故灾难、公共卫生事件等突发事件不能履行监护职责，导致未成年人监护缺失；

（四）监护人拒绝或者怠于履行监护职责，导致未成年人处于无人照料的状态；

（五）监护人教唆、利用未成年人实施违法犯罪行为，未成年人需要被带离安置；

（六）未成年人遭受监护人严重伤害或者面临人身安全威胁，需要被紧急安置；

（七）法律规定的其他情形。

（二）条文解读

该条规定了应当由民政部门对未成年人进行临时监护的情形，旨在确保未成年人在其父母或其他监护人无法履行监护职责时，能够得到必要的保护和照顾。

第1项至第3项规定是客观上确实没查找到父母或者其他监护人的情形，当未成年人因各种原因流浪乞讨或身份不明，且暂时无法找到其父母或其他监护人时，民政部门应依法承担起临时监护的责任，确保这些孩子的基本生活需求得到满足，并努力寻找其合适的监护人。如果是未成年人的监护人下落不明，且没有其他人能够或愿意担任其监护人，这时，民政部门应为这些孩子提供临时监护，保障他们的基本权益。还有一种情况是监护人可能因为自身客观原因（如疾病、残疾等），或发生突发事件而无法履行监护职责，此时，民政部门应当对未成年人进行临时监护，确保未成年人的安全。

第4项至第6项针对的是监护人主观上实施了侵害未成年人权益的情形，

若监护人拒绝履行监护职责或者在履行职责时消极怠慢，导致未成年人没有人照顾，身体健康得不到保障，那么民政部门应当介入并提供临时监护。若监护人利用未成年人实施违法犯罪或者未成年人受到监护人的严重伤害，此时，未成年不宜再与监护人共同相处，应当由民政部门对其进行临时监护，确保其能得到必要的保护和照顾。

总之，该条通过列举的方式要求民政部门在特定情况下对未成年人进行临时监护，确保未成年人的基本权益得到保障，给未成年人一个良好的成长环境。

(三) 参考条文

◎《民法典》

第三十一条 对监护人的确定有争议的，由被监护人住所地的居民委员会、村民委员会或者民政部门指定监护人，有关当事人对指定不服的，可以向人民法院申请指定监护人；有关当事人也可以直接向人民法院申请指定监护人。

居民委员会、村民委员会、民政部门或者人民法院应当尊重被监护人的真实意愿，按照最有利于被监护人的原则在依法具有监护资格的人中指定监护人。

依据本条第一款规定指定监护人前，被监护人的人身权利、财产权利以及其他合法权益处于无人保护状态的，由被监护人住所地的居民委员会、村民委员会、法律规定的有关组织或者民政部门担任临时监护人……

(四) 典型案例

案例：某民政局诉刘某监护权纠纷案——遗弃未成年子女可依法撤销监护权[1]

1. 基本案情

2018年7月22日，刘某在医院生育一名女婴后，于同月24日将该女婴遗弃在医院女更衣室内。女婴被发现后由民政局下属的某儿童福利院代为抚养。公安局经调查发现，刘某还曾在2015年1月29日，将其所生的一名男婴遗弃在居民楼内。民政局向法院提起诉讼，以刘某犯遗弃罪，已不适合履行监护职责，申请撤销刘某的监护权，民政局愿意承担该女婴的监护责任，指定其下属的某儿童福利院抚养女婴。

---

[1] 来源：https://www.court.gov.cn/zixun/xiangqing/288721.html，访问日期：2024年6月29日。

2. 裁判结果

法院经审理认为,刘某将出生三天的未成年子女遗弃,拒绝抚养,严重侵害被监护人的合法权益,符合撤销监护人资格的情形。被监护人自被生母刘某遗弃以来,某儿童福利院代为抚养至今,综合考虑被监护人生父不明、刘某父母年龄和经济状况、村民委员会的具体情况,由民政部门取得被监护人的监护权,更有利于保护被监护人的生存、医疗、教育等合法权益。综上,法院判决撤销刘某的监护权,指定民政局作为该名女婴的监护人。其后,刘某被法院以遗弃罪判处刑罚。

3. 典型意义

本案的典型意义在于:父母是未成年子女的法定监护人,有保护被监护人的身体健康,照顾被监护人的生活,管理和教育被监护人的法定职责。监护权既是一种权利,更是法定义务。父母不依法履行监护职责,严重侵害被监护人合法权益的,有关个人或组织可以根据依法申请撤销其监护人资格,并依法指定监护人。在重新指定监护人时,如果没有依法具有监护资格的人,一般由民政部门担任监护人,也可以由具备履行监护职责条件的被监护人住所地的居民委员会、村民委员会担任。国家机关和社会组织兜底监护是家庭监护的重要补充,是保护未成年人合法权益的坚强后盾。未成年人的健康成长不仅需要司法及时发挥防线作用,更需要全社会协同发力,建立起全方位的权益保障体系,为国家的希望和未来保驾护航。

十三、民政部门承担临时监护职责的方式

(一)条文规定

《未成年人保护法》第九十三条　对临时监护的未成年人,民政部门可以采取委托亲属抚养、家庭寄养等方式进行安置,也可以交由未成年人救助保护机构或者儿童福利机构进行收留、抚养。

临时监护期间,经民政部门评估,监护人重新具备履行监护职责条件的,民政部门可以将未成年人送回监护人抚养。

(二)条文解读

最适合未成年人成长的环境是家庭,因此,只要条件允许,还是要尽可能让未成年人在家庭中生活。本条规定了对临时监护的未成年人如何进行安

置和抚养，一共提出了两种措施，同时也规定了将被临时监护未成年人送回监护人抚养的内容。

民政部门可以将被临时监护的未成年人交由亲属抚养或家庭寄养等。在可能的情况下，民政部门会优先考虑将未成年人安置在其亲属家中，因为亲属通常能够提供更稳定、更亲近的抚养环境。这有助于减少未成年人的心理创伤，并维持他们与家庭的联系。如果找不到合适的亲属抚养，民政部门还可以选择将未成年人寄养在符合条件的家庭中。这些家庭通常经过严格的筛选和培训，以确保能够为未成年人提供适当的照顾和教育。以外，还可以将未成年人交由救助保护机构或者儿童福利机构进行收留抚养。

当然，临时监护并非永久性的措施，其目标是暂时的保护和照顾，以便在适当的时候将未成年人重新送回其监护人身边。因此，民政部门会定期评估监护人的情况，如果经过评估，监护人被认为已经重新具备了履行监护职责的能力，并且这种能力的恢复是有利于未成年人权益和福祉的，民政部门将会把未成年人送回监护人抚养。这一决定是基于对未成年人最佳利益的考虑，旨在确保他们能够在一个稳定、健康的环境中成长。

（三）参考条文

◎最高人民法院、最高人民检察院、公安部、民政部《关于依法处理监护人侵害未成年人权益行为若干问题的意见》

3.……民政部门应当设立未成年人救助保护机构（包括救助管理站、未成年人救助保护中心），对因受到监护侵害进入机构的未成年人承担临时监护责任，必要时向人民法院申请撤销监护人资格……

16.未成年人救助保护机构可以采取家庭寄养、自愿助养、机构代养或者委托政府指定的寄宿学校安置等方式，对未成年人进行临时照料，并为未成年人提供心理疏导、情感抚慰等服务……

17.未成年人的其他监护人、近亲属要求照料未成年人的，经公安机关或者村（居）民委员会确认其身份后，未成年人救助保护机构可以将未成年人交由其照料，终止临时监护。

关系密切的其他亲属、朋友要求照料未成年人的，经未成年人父、母所在单位或者村（居）民委员会同意，未成年人救助保护机构可以将未成年人交由其照料，终止临时监护……

38.被撤销监护人资格的侵害人，自监护人资格被撤销之日起三个月至一年内，可以书面向人民法院申请恢复监护人资格，并应当提交相关证据。

人民法院应当将前款内容书面告知侵害人和其他监护人、指定监护人。

◎《家庭寄养管理办法》

第二条 本办法所称家庭寄养，是指经过规定的程序，将民政部门监护的儿童委托在符合条件的家庭中养育的照料模式。

第三条 家庭寄养应当有利于寄养儿童的抚育、成长，保障寄养儿童的合法权益不受侵犯。

第七条 未满十八周岁、监护权在县级以上地方人民政府民政部门的孤儿、查找不到生父母的弃婴和儿童，可以被寄养。

需要长期依靠医疗康复、特殊教育等专业技术照料的重度残疾儿童，不宜安排家庭寄养。

第八条 寄养家庭应当同时具备下列条件：

（一）有儿童福利机构所在地的常住户口和固定住所。寄养儿童入住后，人均居住面积不低于当地人均居住水平；

（二）有稳定的经济收入，家庭成员人均收入在当地处于中等水平以上；

（三）家庭成员未患有传染病或者精神疾病，以及其他不利于寄养儿童抚育、成长的疾病；

（四）家庭成员无犯罪记录，无不良生活嗜好，关系和睦，与邻里关系融洽；

（五）主要照料人的年龄在三十周岁以上六十五周岁以下，身体健康，具有照料儿童的能力、经验，初中以上文化程度。

具有社会工作、医疗康复、心理健康、文化教育等专业知识的家庭和自愿无偿奉献爱心的家庭，同等条件下优先考虑。

第九条 每个寄养家庭寄养儿童的人数不得超过二人，且该家庭无未满六周岁的儿童。

第十条 寄养残疾儿童，应当优先在具备医疗、特殊教育、康复训练条件的社区中为其选择寄养家庭。

第十一条 寄养年满十周岁以上儿童的，应当征得寄养儿童的同意。

(四) 典型案例

案例：陈某与厦门市社会福利中心收养关系纠纷案——为维护被监护人合法权益，监护人可单方解除寄养合同

1. 基本案情

2021年2月25日，陈某与厦门市社会福利中心下属厦门市儿童福利院签订《抚养协议》，约定由陈某夫妇抚养儿童于某至成年，于某因身份问题无法办理收养手续，监护权仍归厦门市儿童福利院。7月9日，福利院经评估，认为陈某家庭在人均居住面积等方面不符合寄养条件，不适宜养育于某。7月14日，福利院工作人员前往陈某家中接回于某，陈某在《抚养协议》尾部注明"于2021年7月14日（不）终止抚养协议"，陈某夫妇在协议中签名捺印。陈某起诉主张协议未解除，福利中心应继续履行，福利中心辩称协议已解除。法官审理查明，陈某系残疾人，其妻子张某系主要照料人，于某在陈某家中寄养时曾走失。案件审理期间，陈某、张某离婚，张某声明放弃就本案享有的权利，于某通过录制视频表示不愿意回到陈某家中寄养。

2. 裁判结果

厦门中院经审理认为，《抚养协议》尾部"于2021年7月14日（不）终止抚养协议"为陈某亲笔书写，其中"不"字事后添加的痕迹明显，陈某如无意解除协议并无需书写该内容，故可认定双方自愿解除协议。退一步，即使双方未合意解除协议，福利中心亦有权单方解除。《抚养协议》实为寄养协议，根据《家庭寄养办法》第2条规定，家庭寄养指的是经过规定的程序将民政部门监护的儿童委托在符合条件的家庭中养育的照料模式，也即寄养是委托抚养行为，根据民法典第464条第2款有关身份关系协议可参照适用合同编规定的规定，参照民法典第933条有关委托人任意解除权的规定，福利中心有权随时单方解除协议。此外，结合福利中心的考察评估及陈某的自认，陈某的经济来源主要为亲属资助，住房条件也不符合要求，陈某系残疾人，并不适宜照料于某，而作为主要照料人的张某也已与陈某离婚且放弃对本案权利的主张，故陈某继续履行协议的主要条件已经丧失。现福利中心不同意由陈某继续抚养于某，陈某要求福利中心继续履行协议无事实和法律依据，不予支持。

3. 典型意义

监护权是监护人对被监护人的人身权利、财产权利和其他合法权利实施监督、保护的身份权。监护人将被监护人寄养他人抚养是委托抚养的行为，并不解除监护人与被监护人之间的监护关系，也不影响监护人在必要时单方解除委托抚养协议自行抚养的权利，尤其是在被监护人的身心健康可能遭受不利影响的情况下，委托抚养协议更应及时解除。监护人在选择寄养家庭时应充分考察、评估被寄养家庭的条件，并在寄养过程中及时跟踪、了解被寄养人的生活、学习状况，必要时立即采取措施最大程度维护被监护人的合法权益。

十四、民政部门承担长期监护职责的情形

（一）条文规定

《未成年人保护法》第九十四条 具有下列情形之一的，民政部门应当依法对未成年人进行长期监护：

（一）查找不到未成年人的父母或者其他监护人；
（二）监护人死亡或者被宣告死亡且无其他人可以担任监护人；
（三）监护人丧失监护能力且无其他人可以担任监护人；
（四）人民法院判决撤销监护人资格并指定由民政部门担任监护人；
（五）法律规定的其他情形。

（二）条文解读

该条一共列举了5种需要民政部门长期监护的情形。

前两项针对的是没有监护人的情况，此时应当由民政部门对未成年人进行长期监护，如果当未成年人因为各种原因与父母或其他监护人失去联系，且经过努力仍无法找到他们时，未成年人的安全就处于一个非常不稳定的状态。在这种情况下，民政部门有责任介入，为这些孩子提供长期监护，确保他们得到必要的照顾和教育。若未成年人的监护人因故去世或被宣告死亡，且没有其他合适的亲属或个人愿意或能够担任监护人，那么未成年人将面临无人照顾的困境。此时，民政部门也应当承担起长期监护的责任，为这些孩子提供稳定的生活环境和必要的支持。

第3项和第4项针对的是监护人丧失监护能力的情形，由于监护人无法

继续履行监护职责，因此应当由民政部门介入，对未成年人进行长期监护。在监护人履行监护职责的过程中，可能因为疾病、残疾或其他原因丧失监护能力，无法继续履行监护职责，如果此时没有其他合适的亲属或个人能够或愿意担任监护人，民政部门就应当介入，为这些孩子提供长期监护。这可以确保未成年人在其父母或其他监护人无法照顾他们时，仍然能够得到必要的照顾和教育。若监护人因为严重失职、虐待或疏忽等行为，被人民法院判决撤销其监护人资格，此时，如果没有其他合适的亲属或个人能够或愿意担任监护人，人民法院可以指定民政部门作为未成年人的监护人。

除上述列举的四种情形外，法律还可能规定其他需要民政部门对未成年人进行长期监护的情形。这些情形可能因地区、时间等因素而有所不同，但总体上都是为了确保未成年人在其父母或其他监护人无法履行监护职责时能够得到必要的保护和照顾。

综上所述，该条强调了民政部门在特定情形下对未成年人进行长期监护的法律责任。这些情形通常涉及未成年人与其父母或其他监护人失去联系、监护人丧失监护能力或被撤销监护人资格等情况。民政部门通过提供长期监护，可以确保这些孩子得到必要的照顾和教育，促进他们的健康成长。

（三）参考条文

◎《民法典》

第三十二条 没有依法具有监护资格的人的，监护人由民政部门担任，也可以由具备履行监护职责条件的被监护人住所地的居民委员会、村民委员会担任。

（四）典型案例

案例一：北京市西城区民政局申请撤销刘某某监护权案[1]

1. 基本案情

刘某某是孤儿小芳的养母。在收养小芳期间，刘某某和同居男友张某某与小芳共同生活，刘某某和张某某对小芳进行长期、经常性的殴打、辱骂。同时，由于刘某某未对小芳尽到监护和保护义务，导致小芳多年以来遭受刘某某之子于某的性侵害，给小芳的身体和精神造成了严重损害。后北京市公

---

[1] 米振荣主编：《未成年人司法保护的探索和实践》，法律出版社2019年版，第342~343页。

安局海淀分局出具未成年人紧急庇护通知书，将小芳交由他人进行临时照料，后因遭到刘某某骚扰且存在照顾小芳的现实困难，在民政部门协调下，将小芳交由西城区救助管理咨询站进行临时照料至今。现北京市西城区民政局申请变更小芳的监护人为北京市西城区民政局。

2. 裁判结果

法院判决撤销刘某某为小芳的监护人的资格，指定北京市西城区民政局为小芳的监护人。

3. 裁判理由

法院认为，被申请人刘某某系小芳养母，其作为监护人长期对小芳实施家庭暴力，且在收养小芳后未尽监护义务，致使小芳在 2010 年至 2016 年，多次被刘某某之子强奸，并放任其男友长期暴力殴打小芳，严重侵害了小芳的合法权益，损害了未成年人的身心健康。鉴于刘某某不仅本人实施严重损害被监护人小芳身心健康的行为，且怠于履行监护职责，导致小芳遭受他人犯罪侵害，处于危困状态，确属依法应撤销其监护人资格的情形。

小芳自幼被刘某某捡拾并办理收养手续，本案不具备符合法律规定的依法具有监护人资格的其他个人或组织。判决撤销监护人资格，未成年人有其他监护人的，应当由其他监护人承担监护职责，没有依法具有监护资格的人的，监护人由民政部门担任，也可以由具备履行监护职责条件的被监护人住所地的居民委员会、村民委员会担任。西城区救助管理咨询站作为临时庇护机构，自 2016 年 10 月以来始终积极履行庇护照料职责，对小芳给予了及时有效的临时监护、生活照顾、学习帮助，并聘请专业社工对小芳进行心理疏导、情感抚慰等观护教育辅导。根据最有利于未成年人的原则，为维护小芳的合法权益，综合考虑其本人意愿，申请人北京市西城区民政局的申请理由成立，应予以支持。

4. 案例评析

案件审理中，为了解小芳的生活近况和个人意愿，承办法官决定到小芳接受紧急庇护的场所进行探访。鉴于小芳长期遭受家庭暴力以及他人犯罪侵害，身心健康严重受损，为帮助她走出童年的心理阴影，法官专门聘请北京市青少年法律心理咨询中心的心理专家一同前往。考虑到小芳是初三学生，课业压力繁重，法官一行于工作日晚上 7 点赶赴西城区救助管理咨询站，通过实地考察及与帮扶社工座谈，了解了小芳一年来接受紧急庇护期间的生活居住环境及学习、成长情况等。通过面对面的交流谈心，心理专家及时洞察了小芳不想再面对刘某某的心理顾虑，予以了循循善诱的心理抚慰和支持。小芳向法官吐露了自己的心声，勇敢表达自己的真实意愿，表示同意西城区民政局作为自己的指定监护人。

案例二：最高人民法院关于侵害未成年人权益被撤销监护人资格典型案例——徐某被撤销监护人资格案[1]

1. 基本案情

徐某某出生于 2010 年 2 月 21 日，出生后被遗弃在江苏省常州市武进区某寺庙门外，由该寺庙出家人释某抱回寺内。因徐某某需落户口，释某年纪较大，不符合收养要求，2011 年 12 月 29 日，徐某某由寺庙出家人徐某收养，并办理了收养登记手续。徐某某先由徐某的妹妹、妹夫代养，后又送回该寺庙抚养，由徐某及寺内其他人员共同照顾。2014 年 9 月 25 日，徐某某被送至常州市儿童福利院，寺庙支付了保育教育费、寄养儿童伙食费等费用共计 19 480 元。徐某某被送至常州市儿童福利院后，徐某未探望过徐某某，亦未支付过徐某某的相关费用。徐某某患有脑裂畸形疾病，至今未治愈。

2. 裁判结果

江苏省常州市天宁区人民法院认为，监护人不履行监护职责或者侵害被监护人的合法权益的，应当承担责任，人民法院可以根据有关人员或者有关单位的申请，撤销监护人的资格。徐某某生父母不详，且患有脑裂畸形疾病。2014 年 9 月 25 日，徐某某由某寺庙送至常州市儿童福利院抚养至今，其间徐某长期不履行监护职责，庭审中亦明确表示其不具备抚养、监护徐某某的能力。申请人常州市儿童福利院愿意担任徐某某的监护人，并已自 2014 年 9 月 25 日起实际履行了监护职责。故申请人常州市儿童福利院申请撤销被申请人徐某的监护资格，由申请人担任徐某某的监护人，符合法律规定，应当予以支持。判决：①撤销被申请人徐某对徐某某的监护人资格。②指定常州市儿童福利院为徐某某的监护人。该判决为终审判决，现已生效。

3. 典型意义

本案是一起撤销因收养关系形成的监护权案件。不履行监护职责的消极

---

[1] 来源：https://www.court.gov.cn/zixun/xiangqing/21481.html，访问日期：2024 年 6 月 29 日。

不作为行为，导致未成年人身心健康受到侵害的行为，亦应认定为监护侵害行为。徐某与徐某某通过收养关系成为其监护人，但实际上徐某某一直由多人轮流抚养，徐某某患有脑裂畸形，因徐某怠于行使监护职责，无法进行手术医治，已严重影响了徐某某的健康成长，在徐某某被送至常州市儿童福利院后，徐某未探望过徐某某，亦未支付过相关费用，其不履行监护职责的行为构成了对徐某某的侵害。徐某某年仅5岁，且患有脑裂畸形疾病，无法主动维护其自身权益，其是一名弃婴，无法查明其亲生父母及近亲属的情况。常州市儿童福利院作为民政部门设立的未成年人救助保护机构，对徐某某进行了抚养、照顾，实际承担了监护职责，由其作为申请人提出申请符合法律规定，体现了国家监护制度对于未成年人监护权益的补充和保障，指定其作为徐某某的监护人，也符合未成年人利益最大化的原则和本案的实际情况。

十五、对被长期监护未成年人的收养

（一）条文规定

《未成年人保护法》第九十五条　民政部门进行收养评估后，可以依法将其长期监护的未成年人交由符合条件的申请人收养。收养关系成立后，民政部门与未成年人的监护关系终止。

（二）条文解读

民政部门在进行收养评估时，会仔细审查申请收养人的资格、能力、意愿和背景等方面的情况。这是为了确保未成年人能够在新的家庭环境中得到适当的照顾和保护，保障他们的权益和福祉。一旦民政部门认为某个申请人符合收养条件，并且该申请人与未成年人建立了良好的关系，民政部门就可以依法将该未成年人交由该申请人收养。这意味着未成年人将被正式转移到新的家庭环境中，与收养人建立法律上的亲子关系。

收养关系成立后，民政部门不再承担对该未成年人的监护职责，而是由收养人承担起抚养、教育和保护未成年人的责任。这是为了确保未成年人能够在新的家庭环境中得到稳定的照顾和关爱，促进他们的健康成长。

需要注意的是，民政部门在收养过程中扮演着重要的角色，不仅要进行收养评估，确保收养人的资格和条件符合法律要求，还要监督收养关系的建立和维护，确保未成年人的权益得到保障。同时，民政部门也会为收养人和

未成年人提供必要的支持和帮助，促进他们之间的良好互动和关系建立。

（三）参考条文

◎《民法典》

第一千零九十四条 下列个人、组织可以作送养人：

（一）孤儿的监护人；

（二）儿童福利机构；

（三）有特殊困难无力抚养子女的生父母。

◎《家庭寄养管理办法》

第二条 本办法所称家庭寄养，是指经过规定的程序，将民政部门监护的儿童委托在符合条件的家庭中养育的照料模式。

◎**最高人民法院、最高人民检察院、公安部、民政部《关于依法处理监护人侵害未成年人权益行为若干问题的意见》**

44.民政部门担任监护人的，承担抚养职责的儿童福利机构可以送养未成年人。

送养未成年人应当在人民法院作出撤销监护人资格判决一年后进行。侵害人有本意见第40条第2款规定情形的，不受一年后送养的限制。

十六、政府对民政部门监护职责的配合

（一）条文规定

《未成年人保护法》第九十六条 民政部门承担临时监护或者长期监护职责的，财政、教育、卫生健康、公安等部门应当根据各自职责予以配合。

县级以上人民政府及其民政部门应当根据需要设立未成年人救助保护机构、儿童福利机构，负责收留、抚养由民政部门监护的未成年人。

（二）条文解读

本条从两个层面规定了政府相关部门的工作以及未成年人监护机构的设置。虽然民政部门代表国家承担监护职责，但是民政部门也需要其他相关部门的配合，共同将监护工作落到实处。

在民政部门履行监护职责的过程中，相关部门应当提供必要的支持和配合。财政部门在必要的情况下应当提供资金支持，用于未成年人的抚养、教育、医疗等方面的支出。教育部门要为这些未成年人提供教育服务，确保他

们能够接受正常的学校教育。卫生健康部门应当负责未成年人的医疗和健康保障，包括定期体检、疫苗接种等，保障未成年人有一个健康的身体，公安部门要协助民政部门确保未成年人的安全，防止他们受到不法侵害。

此外，县级以上人民政府应按需设立未成年人救助保护机构，用来收留那些应当由民政部门监护的未成年人，为他们提供一个安全、稳定的成长环境。这些机构通常还会提供专业的抚养、教育、心理辅导等服务，以确保未成年人的身心健康发展。

总之，该条强调了民政部门在未成年人监护中的重要职责，并指出其他相关部门需要提供支持和配合。同时，它也提到了设立专门的救助保护机构和儿童福利机构来确保未成年人的权益得到保障。

十七、政府应当开通未成年人保护热线

（一）条文规定

《未成年人保护法》第九十七条　县级以上人民政府应当开通全国统一的未成年人保护热线，及时受理、转介侵犯未成年人合法权益的投诉、举报；鼓励和支持人民团体、企业事业单位、社会组织参与建设未成年人保护服务平台、服务热线、服务站点，提供未成年人保护方面的咨询、帮助。

（二）条文解读

未成年人受到侵害以后，往往不愿意告诉父母或老师，因此，为了让未成年人求助有门，感受到党和政府的温暖以及社会对他们的关爱与支持，国家应当开通一条专门为未成年人提供保护的热线，及时受理、转介相关投诉和举报。

这一热线的设立旨在提供一个便捷的渠道，让公众能够及时向相关部门报告和投诉侵犯未成年人合法权益的行为。通过这一热线，未成年人及其监护人、教育工作者、社会工作者等可以迅速获得帮助和支持。一旦收到侵犯未成年人合法权益的投诉或举报，县级以上人民政府及其相关部门应及时受理并妥善处理。如果投诉或举报涉及其他部门或机构的职责范围，应及时进行转介，确保问题得到妥善解决。

十八、违法犯罪人员信息的免费查询服务

(一) 条文规定

《未成年人保护法》第九十八条 国家建立性侵害、虐待、拐卖、暴力伤害等违法犯罪人员信息查询系统,向密切接触未成年人的单位提供免费查询服务。

(二) 条文解读

在学校及教育培训机构等与未成年人密切接触的单位,由于环境相对封闭且孩子们往往处于较为弱势的地位,一旦发生侵害未成年人权益的案件,其隐蔽性往往更高,难以为外界所知。为了预防此类人对未成年人的侵害,《未成年人保护法》明确规定了国家要建立违法犯罪人员信息查询系统,对象不仅包括达到犯罪程度的人员,也包括违法人员。那些因为情绪冲动暴力伤害未成年人,虽未达到犯罪程度,但被治安处罚的人,也会被列入这个查询系统,未来就不能从事教师、校外培训机构等与未成年人密切相关的职业,只有这样,才能将未成年人的保护落到实处。

此外,法律明确规定政府相关部门不得向密切接触未成年人的单位收取任何费用,以解除密切接触未成年人单位的后顾之忧,减少他们的付出成本,使查询制度更能落地。

(三) 参考条文

◎最高人民检察院、教育部、公安部《关于建立教职员工准入查询性侵违法犯罪信息制度的意见》

第二条 最高人民检察院、教育部与公安部联合建立信息共享工作机制。教育部统筹、指导各级教育行政部门及教师资格认定机构实施教职员工准入查询制度。公安部协助教育部开展信息查询工作。最高人民检察院对相关工作情况开展法律监督。

第十五条 最高人民检察院、教育部、公安部应当建立沟通联系机制,及时总结工作情况,研究解决存在的问题,指导地方相关部门及学校开展具体工作,促进学校安全建设和保护未成年人健康成长。

十九、政府保护的社会支持体系

（一）条文规定

《未成年人保护法》第九十九条 地方人民政府应当培育、引导和规范有关社会组织、社会工作者参与未成年人保护工作，开展家庭教育指导服务，为未成年人的心理辅导、康复救助、监护及收养评估等提供专业服务。

（二）条文解读

地方人民政府应积极培育与未成年人保护工作相关的社会组织，如慈善机构、志愿者组织等，还可以鼓励更多具备法律、教育、社会学等专业背景的优秀人才成立专业社会组织，配合政府开展未成年人保护工作，为它们提供必要的支持和资源。通过引导和规范这些组织及社会工作者的行为，确保他们能够有效地参与到未成年人保护的各项工作中来。

家庭教育对未成年人的成长至关重要。因此，地方人民政府应当积极开展家庭教育指导服务，帮助家长掌握正确的教育方法和理念。例如，长沙市启动了"向阳花"行动，计划开展1100场家庭教育指导服务，惠及34.9万家长。这一行动旨在通过专业的家庭教育指导，提高家长的教育水平，从而为未成年人的健康成长提供更好的家庭环境。

此外，还应当为未成年人提供专业服务，包括但不限于心理辅导、康复救助、监护及收养评估等。这些服务能够帮助未成年人解决成长过程中遇到的问题，如心理问题、身体残疾等，同时也能够保障他们的合法权益不受侵害。在具体实施上，地方人民政府可以制定相关政策法规，明确参与未成年人保护工作的具体要求和标准，加大对家庭教育指导服务的投入，提高服务的覆盖率和质量，加强与有关部门的合作，共同为未成年人提供专业、高效的服务。

（三）典型案例

案例：张某申请国家司法救助案[1]

1. 基本案情

吴某某因情感问题，无端猜忌张某甲，为泄愤，持尖刀扎张某甲要害部

---

〔1〕 来源：http://www.jlsfy.gov.cn/sfalyjcg/449586.jhtml，，访问日期：2024年6月29日。

位，致其急性大失血死亡。吉林省吉林市中级人民法院以故意杀人罪判处吴某某死刑，缓期2年执行，剥夺政治权利终身；吴某某赔偿附带民事诉讼原告人王某某、张某丧葬费人民币36 906.48元。宣判后，王某某、张某不服，提出上诉。吉林省高级人民法院作出［2021］吉刑终92号刑事附带民事裁定，驳回上诉，维持原判。经查，张某系张某甲女儿，15周岁，身患疾病，虽经手术治疗，但仍需要长期服药。张某暂住其姑姑张某乙家，张某乙丧偶，且有孩子和生病的父母需要扶养，家境非常困难，故张某申请司法救助。

2. 裁判结果

吉林省高级人民法院经审查认为，本案救助申请人张某系未成年人，又身患疾病。张某的母亲张某甲被害后，张某暂住其姑姑张某乙家，张某乙丧偶，又有生病的父母及孩子需要扶养，家境非常困难。因此，张某的救助申请符合最高人民法院《关于加强和规范人民法院国家司法救助工作的意见》第3条第1款第3项的救助情形，应予司法救助。综上，根据最高人民法院《关于加强和规范人民法院国家司法救助工作的意见》第12条和《人民法院国家司法救助案件办理程序规定（试行）》第15条的规定，决定给予救助申请人张某司法救助金人民币8万元。

3. 典型意义

本案系吉林省出台《关于建立国家司法救助与社会救助衔接机制的实施意见》后首个司法救助与社会救助衔接案例。本案中，吉林省高级人民法院既针对救助申请人的困难状况，依法及时给予张某司法救助，又主动对接社会救助职能部门，由一次性救助延伸为持续性帮扶，实现了司法救助与社会救助的无缝对接。民政部门将张某纳入最低生活保障范围；教育部门适时对张某进行心理疏导；妇联组织为其争取帮扶资金，并进行后续社会帮扶。此次救助及时帮助被救助人走出急迫生活困境，充分彰显了党和国家的民生关怀，传递了人民司法的温度。